स्वामी विवेकानंद
का
युवा जागरण

स्वामी विवेकानंद का युवा जागरण

नवयुवको, अपनी आत्मशक्ति जगाओ

लेखन एवं संपादन

किशोर मकवाणा

प्र

प्रभात प्रकाशन

प्रकाशक • **प्रभात प्रकाशन प्रा. लि.**
4/19 आसफ अली रोड,
नई दिल्ली–110002

संस्करण • 2026
मूल्य • सात सौ रुपए
मुद्रक • आर–टेक ऑफसेट प्रिंटर्स, दिल्ली

SWAMI VIVEKANANDA KA YUVA JAGRAN
Ed. Shri Kishor Makwana ₹ 700.00
Published by Prabhat Prakashan Pvt. Ltd., 4/19 Asaf Ali Road, New Delhi-2
e-mail: prabhatbooks@gmail.com ISBN 978-93-5562-035-4

अर्पण···

देश की युवाशक्ति को,

जो अपनी बुद्धि शक्ति से

देश को आत्मनिर्भर

बनाने में लगी है···

प्रस्तावना

एक ऐसा विरल व्यक्तित्व, जिसने अपने जीवनकाल के 39 वर्ष की अल्प आयु में इस देश के लोगों के अंदर न केवल आत्मविश्वास का भाव जाग्रत् किया, बल्कि अपने देश, संस्कृति, धर्म, पूर्वज, इतिहास के प्रति स्वाभिमान का भी जागरण किया। देश के युवा वर्ग में एक चेतना का संचार करते हुए भारत के उज्ज्वल भविष्य का स्वप्न दिया एवं इस हेतु संकल्पबद्ध होने के लिए प्रेरित किया। स्वामी विवेकानंद के विचार की आज उतनी ही प्रासंगिकता है।

हजारों वर्षों से देश में दुनिया के विभिन्न कोनों से हुए आक्रमणों के कारण भारत न केवल राजनीतिक दृष्टि से आपितु वैचारिक धरातल पर भी गुलाम था तथा भावना के धरातल पर जिसका विश्वास टूट गया था, उसमें से उसे बाहर निकालने की एक प्रक्रिया का सूत्रपात हुआ 11 सितंबर, 1893 को अमेरिका के विश्व धर्म महापरिषद् के आयोजन से। एक अनाम युवक, जिन्हें कोई नहीं जानता, जिन्हें सभा में भाग लेने की अनुमति नहीं है, क्योंकि उनके पास किसी संस्था का प्रमाण-पत्र नहीं है, जिसका वह प्रतिनिधित्व करते हों; लेकिन नियति की योजना, उन्हें अनुमति मिली एवं जब वह बोलने के लिए खड़े हुए और जैसे ही मुँह से यह वाक्य निकला—'Sisters & brothers of America!' तो कहते हैं कि जो सात हजार लोग उस सभागार के अंदर उपस्थित थे, 'Sister & brothers' ये शब्द उनके कानों में ही नहीं पहुँचा; बल्कि वह उनके हृदयतल में पहुँचा और लोग खड़े होकर लगातार पाँच-सात

मिनट तक तालियों की ध्वनि से स्वागत करते रहे। क्या था इन शब्दो में?

एक-दूसरे देश में जाकर दुनिया के भिन्न-भिन्न देशों के कोने-कोने से आए हुए लोगों के प्रति जो दो शब्द थे—'बहनो और भाईयो', ये केवल शब्द नहीं थे, अपितु हजारों वर्ष से भारत की धरती संपूर्ण विश्व के कल्याण के लिए जो एक साधना हुई, सारी सृष्टि को अपना परिवार मानने की जो भावना थी, वह हजारों वर्षों की भारत की तपस्या एवं परंपरा, मानो उन शब्दों के माध्यम से दुनिया भर से आए हुए उन लोगों के हृदय में प्रविष्ट हुई, जिसका यह स्वाभाविक परिणाम था। इस घटना ने एक युग-परिवर्तन किया और देखते-देखते एक अज्ञात युवक विश्वविख्यात हो गया, जिसे सारी दुनिया 'स्वामी विवेकानंद' के नाम से जानने लगी। स्वामीजी उन शब्दों को उनके देहावसान के 30 वर्ष बाद जब रोमा रोलाँ ने उनके भाषणों में पढ़ा तो उसने लिखा कि "जिसके ये शब्द हैं, आज 30 साल बीतने के बाद भी, कागज के पन्नों पर कुरेदे गए उन शब्दों को पढ़ते हैं तो हृदय के अंदर जैसे विद्युत् का स्पंदन महसूस होता है। कागज पर उकेरे उन शब्दों को पढ़ते हुए मन के अंदर यह भाव जागता है, तो जिस समय ये शब्द उस वक्ता के मुँह से निकले होंगे और जिन लोगों ने प्रत्यक्ष सुना होगा, उनके मन पर क्या उसे होगा, यह सोचा जा सकता है।" जो बात रोमा रोलाँ ने 30 वर्ष बाद लिखी थी, आज भी उस शब्द के अंदर वही सामर्थ्य, जीवंतता, वही प्रेरणा विद्यमान है, यह हम महसूस करते हैं और इस नाते स्वामीजी की आज उस समय से अधिक प्रासंगिकता है।

जब हम सोचते हैं कि आखिर स्वामी विवेकानंदजी पश्चिम में गए तो उनका हेतु क्या था? योगी महर्षि अरविंद ने उसका विवेचन करते हुए कहा कि विवेकानंद का पश्चिम में जाना विश्व के लिए इस बात का जीवंत संकेत था कि भारत अब जाग चुका है, पर केवल जीवित रहने के लिए नहीं, बल्कि विजयी होने के लिए। सिर्फ इतना ही नहीं, हजारों वर्षों की निद्रा को त्याग कर भारत जाग रहा है। अब न केवल भारत खड़ा होगा, बल्कि विश्वविजय भी करेगा, यह संकेत उस धर्म महासभा में उनके जाने की घटना का है और यह जो श्री अरविंद ने व्याख्या की, उससे पूर्व संपूर्ण विश्व में भारत अपने मन

के अंदर कुछ गौरव प्राप्त कर सके, इस तरह की कोई बात नहीं लगती थी। लेकिन जब धर्म महासभा में दुनिया की सभी सभ्यताओं, संस्कृतियों, धर्मों के बीच में भारत की आध्यात्मिकता, भारत का धर्म, संपूर्ण विश्व के कल्याण का जो उसका सामर्थ्य है, उसकी प्रस्तुति उन्होंने की, उसके परिणामस्वरूप न केवल पश्चिमी जगत्, बल्कि भारत के सामाजिक जीवन का हर कोना स्वामी विवेकानंद के उस सामर्थ्य से अनुप्राणि होकर उसमें आत्मविश्वास का संचार हुआ। पश्चिम का कोई भी देश हो, स्वामीजी के विचारों, उनकी वैचारिक व्याख्याओं से प्रभावित हुए बिना नहीं रह सका। उस जमाने के रूस के टॉल्सटॉय हो अथवा प्रख्यात वैज्ञानिक निकोलस टेस्ला, जर्मनी के प्रा. डायसन हो या अमेरिका के स्वतंत्र चिंतक मेरी स्नेल—सब स्वामीजी के विचारों से अनुप्राणित हुए, अभिभूत हुए; लेकिन उस विश्वविजय के बाद भारतीय समाज में मानसिक परिवर्तन हुए। अत: एक व्यक्ति ने संपूर्ण राष्ट्रीय आंदोलन को प्रभावित किया। राष्ट्रीय आंदोलन के किसी भी क्षेत्र में काम करनेवाले कोई भी नेता हों, उनके मन के अंदर एक स्वाभिमान, एक आत्मविश्वास का संचार हुआ, जो उनके इस यात्रा ने किया। महात्मा गांधीजी ने लिखा—"स्वामी विवेकानंद को पढ़ने के बाद मेरे हृदय के अंदर देश के प्रति जो भक्ति थी, वह हजार गुना बढ़ गई।" रवींद्रनाथ टैगोर ने कहा कि "भारत को अगर समझना है तो और कुछ करने की जरूरत नहीं, केवल विवेकानंद को पढ़ो—संपूर्ण भारत, उसका इतिहास, उसकी यात्रा आपकी समझ में आ जाएगी।" सुभाष बाबू ने कहा, "आज अगर वे होते तो मैं अपना जीवन उनके चरणों में समर्पित कर देता," आगे उन्होंने कहा कि "वे भारतीय राष्ट्रीय आंदोलन के आध्यात्मिक पिता थे।" चक्रवर्ती राज गोपालाचारी ने कहा, "उन्होंने भारत की रक्षा की। भारतीय राष्ट्रीय आंदोलन के अंदर कोई छोटा-बड़ा व्यक्ति ऐसा नहीं होगा, जिसको उन्होंने अनुप्राणित न किया हो।"

हम स्वामी विवेकानंद के बारे में विचार करेंगे तो पिछले कुछ वर्षों के अंदर एक बहुत बड़े तात्त्विक, एक बहुत बड़े दार्शनिक, बहुत बड़े आध्यात्मिक नेता, विश्वविख्यात आध्यात्मिक पुरुष के रूप में स्वामी

विवेकानंद का व्यक्तित्व अधिक विशाल समाज के सामने आ रहा है। लेकिन उनके जीवन का जो मूल था, जो मूल भाव था, वह शायद आध्यात्मिक दृष्टि के साथ भारत का पुनर्निर्माण राष्ट्रीय पुरुषार्थ का जागरण आदि जो उनका स्वरूप था, वह जिस रूप में देश के सामने आना चाहिए था, नहीं आया। हमें उनके उस स्वरूप को पुनः देखने की आवश्यकता है।

हम सबसे पहले यह समझें कि आखिर वे आए क्या थे? स्वामी विवेकानंद ने स्वयं के बारे में एक बार जैसा कहा था, भगिनी निवेदिता ने कहा, "वे घनीभूत भारत थे, एक व्यक्ति नहीं।" और निवेदिता ने उसकी व्याख्या करते हुए कहा कि "वास्तव में भारत उनका सबसे गहरी भावनात्मक अनुभूति था, भारत उनके हृदय में धड़कता था, भारत उनके रक्त और मज्जा में अभिव्यक्त होता था।" और अंत में वह कहती हैं, "भारत की संपूर्ण आध्यात्मिकता, पवित्रता, बुद्धिमत्ता, शक्ति, दृष्टि और भवितव्य, यह सब स्वामी विवेकानंद थे।"

सभी प्रकार की आध्यात्मिक साधनाएँ, ज्ञान और सामर्थ्य को प्राप्त करने के बाद अगर वे चाहते कि केवल आध्यात्मिक सुख प्राप्त करना है तो रामकृष्ण परमहंस के देहावसान के बाद हिमालय की किसी कंदरा में बैठकर ईश्वर से साक्षात्कार करते हुए अपना संपूर्ण जीवन बिता सकते थे, लेकिन उन्होंने ऐसा नहीं किया, अपितु उन्होंने भारत-भ्रमण प्रारंभ किया। इस भ्रमण के क्रम में वे हिमालय से लेकर कन्याकुमारी तक सन् 1888 से लेकर 1892 तक घूमते रहे। वे महलों में गए, झोंपड़ियों में गए, गाँव में गए, जंगलों में गए, पहाड़ों में गए और हर तरह से देश को समझने की कोशिश की, अनुभव करने की कोशिश की। उसकी समस्याओं को समझा और अभी संकल्प में हमने सुना है कि जिस समुद्र की लहरों को लाँघकर, शिला पर बैठकर उन्होंने ध्यान लगाया तथा इस ध्यान के अंदर भारत का संपूर्ण इतिहास, आज की परिस्थिति एवं भविष्य के भारत के निर्माण की दिशा निर्धारित की तथा इसे निर्धारित करने के बाद उनके जीवन की आगे की यात्रा प्रारंभ हुई, जिसका पहला चरण था कि यदि देश को जगाना है तो इन गोरी चमड़ीवालों के प्रभाव से एक पराभूत

मानसिकता में देश जी रहा है, वहीं से जब इस देश की महानता की बात उठेगी, तब इस देश का जागना आरंभ होगा और यही उद्देश्य उनका धर्म महासभा में जाने का था।

उनका दृढ़ विश्वास था कि भारत का जीवित रहना और अपनी स्वयं की अध्यात्मिक ताकतों के साथ उसका खड़ा होना न केवल भारत के कल्याण के लिए आवश्यक है, बल्कि यदि दुनिया को भी अगर जीवित रहना है, उसमें शांति बनाए रखती है, उसके अंदर समन्वय और संवाद स्थापित करना है तो भारत का जीवित रहना उससे भी ज्यादा जरूरी है। वे एक जगह बोलते हैं कि "क्या भारत मर जाएगा? यदि ऐसा हुआ तो दुनिया से आध्यात्मिकता का विनाश हो जाएगा। सभी प्रकार की नैतिकताओं का लोप हो जाएगा, विभिन्न धर्मों के बीच में आपसी समन्वय और सहानुभूति का अंत हो जाएगा।" अंत में वे कहते हैं, "लेकिन ऐसा नहीं होगा और यदि हम चाहते हैं कि यह दुनिया हिंसक पशुओं से भरे हुए जंगल के रूप में न बदले तो भारत का जिंदा रहना और खड़ा रहना जरूरी है और इस नाते यदि ऐसा करना है तो भारत के प्रति देखने की दृष्टि कैसी रहनी चाहिए? आज की युवा पीढ़ी के अंदर जब पश्चिम की चकाचौंध देखते हैं तो अपना देश, अपने पूर्वज, अपनी संस्कृति, अपनी परंपरा के बारे में जिसको आज एक विकसित मस्तिष्क कहते हैं, उसको अपनी हर चीज गलत लगने लगती है। अपनी निंदा करने में वह आनंद अनुभव करने लगता है।" लेकिन दृष्टि कैसी होनी चाहिए? जब वे अमेरिका गए, तब अमेरिका और यूरोप अपनी ताकत की चरमसीमा पर थे।

इंग्लैंड के राज्य में सूर्य अस्त नहीं होता था। उस संपूर्ण यूरोप में चार वर्ष घूमने के बाद जब वे 1896 में इंग्लैंड से वापस भारत आने के लिए जहाज के ऊपर चढ़ने लगे तो उनका जो अंग्रेज मित्र था, उसने एक प्रश्न किया कि स्वामीजी, चार वर्ष तक आपने इस यूरोप का अनुभव किया (उसके मन में अहंकार था)। उसने ये शब्द प्रयोग किए कि स्वामीजी, चार वर्षों तक इस यशस्वी, वैभवशाली और शक्तिशाली (Glorious, Luxarious & Powerful) पश्चिम के अनुभव के बाद आपको आपकी मातृभूमि कैसी

लगेगी? स्वामीजी ने तपाक से उत्तर दिया, "यूरोप आने से पहले मैं भारत से प्रेम करता था, लेकिन यहाँ से जाने के बाद भारत की मिट्टी का एक-एक कण मेरे लिए पवित्र है, उसकी पानी की एक-एक बूँद मेरे लिए पवित्र है, उसकी हवा का एक-एक झोंका मेरे लिए पवित्र है, वह मेरे लिए तीर्थस्थल है।" अर्थात् अपने देश के प्रति उनका जो प्रेम भाव है, बल्कि वह कम नहीं हुआ और दृढ़ हुआ है। जहाज जैसे ही भारत की धरती से लगा और जैसे ही जहाज से स्वामीजी नीचे उतरकर भारत की धरती का स्पर्श किया, वैसे ही वह विश्वविख्यात संन्यासी उस धूल में लेटने लगा। उस धूलि को अपने शरीर के ऊपर डालने लगा। लोगों को लगा कि क्या, स्वामीजी पागल हो गए हैं? स्वामीजी यह क्या कर रहे हैं? ऐसा पूछने पर स्वामीजी ने कहा, "इतने वर्षों तक मैं भोग-वासना, स्वार्थपरता, इस सबके वातावरण में यूरोप में रहा, इसलिए इस पवित्र धूलि को अपने ऊपर डालकर मैं अपने आप को पवित्र करने का प्रयत्न कर रहा हूँ।"

अगर भारत का उत्थान करना है तो सबसे पहले भारत पर विश्वास आवश्यक है—अपनी धरती पर, अपनी परंपराओं पर, अपनी संस्कृति पर और अपनी बाकी चीजों पर। यह एक प्रखर संदेश हमको स्वामीजी से प्राप्त होता है। आनेवाले समय में भारत का पुनर्निर्माण करना है, भारत को आत्मनिर्भर बनाना है, तो स्वामीजी के विचार, स्वामीजी की जीवन-दृष्टि तथा उनकी प्रासंगिकता पर विचार करना होगा।

एक बात उन्होंने बार-बार कही कि एक नया भारत खड़ा हो रहा है। यह पूर्व और पश्चिम के मिलने से खड़ा होगा। ऐसा मानना व्यर्थ है कि दुनिया के किसी भी कोने में कुछ भी सीखने के लिए नहीं है। हर देश दूसरे देश को कुछ-न-कुछ सीख दे सकता है। इसलिए आनेवाले समय में यदि देश का उत्थान करना है, तो पश्चिम ने जो विज्ञान और तकनीकी में विकास किया है, हमें उन तत्त्वों को लेना चाहिए; लेकिन पश्चिम का जो सामाजिक जीवन नैतिक मूल्यों से हीन, आंतरिक अंतर्द्वंद्वों में है और यदि उसको उनसे बाहर निकालना है तो भारत के आध्यात्मिक तत्त्व उनके लिए आवश्यक है। दोनों

के सामाजिक जीवनों की तुलना करते हुए स्वामीजी कहा करते थे कि पश्चिम का सामाजिक जीवन एक उन्मुक्त अट्टहास है, लेकिन उसके नीचे बिलखना है तथा उसका अंत सिसकने में होगा। भारत में ऊपर-ऊपर मायूसी है, लेकिन अंदर जाकर देखेंगे तो आज भी उन्मुक्ता, आनंद और उल्लास का अनुभव करेंगे। इसलिए भारत की आध्यात्मिकता और पश्चिम की विज्ञान व तकनीक, इन दोनों के समन्वय से आनेवाले समय में एक नए भारत का निर्माण होगा, इस दिशा में उन्होंने जोर दिया।

यदि ऐसा करना है तो युवा और आनेवाली पीढ़ी के मानस के परिवर्तित करना होगा। तो शिक्षा कैसी हो? वे कहते थे पहले विदेशी शिक्षा से बाहर निकलना चाहिए। दुर्भाग्य से आजादी के बाद भी अपने देश में वही शिक्षा चल रही है। स्वामीजी ने कहा था कि उनके जमाने के पुस्तकों में बच्चों को यही पढ़ाया जाता था कि तुम्हारा पिता मूर्ख था, तुम्हारा दादा महामूर्ख था, तुम्हारे सारे आचार्य पाखंड़ी थे। जब कॉलेज की पढ़ाई कर युवक बाहर आता है तो वह नकारात्मक और निंदा करने की खान बन जाता है। आज आवश्यकता इस बात की है कि हम अपने आप को पहचानें, इसलिए उन्होंने कहा कि तुम ऋषि-मुनियों की संतान हो। 'हिंदू' शब्द यदि आज दुनिया के अंदर निंदा का पात्र है तो हमें अपने पुरुषार्थ से इस प्रकार का उदाहरण पेश करना चाहिए कि लोग यह कहने को बाध्य हो जाएँ कि 'हिंदू' शब्द से अधिक पवित्र शब्द दुनिया के किसी शब्दकोश में नहीं है। इसके बाद उन्होंने कहा कि अगर विकास करना है तो अपनी जड़ को पकड़कर ही विकास संभव है। वे कहते थे कि कोई नदी के प्रवाह को पूरा उलट दे या मोड़ दे तो विकास नहीं, विनाश होगा और उस नदी का अस्तित्व समाप्त हो जाएगा। वैसे ही सामाजिक जीवन का प्रवाह आधुनिकता के चक्कर में अपने अतीत को पूरी तरह भुला दिया तो उसका अर्थ विकास नहीं, विनाश होगा। इसलिए वे कहते हैं कि हमें अपने आपको समझना है, अपनी परंपराओं को समझना है, अपनी आध्यात्मिकता को समझना है, अपनी विरासत को समझना है तथा मन के अंदर उसके प्रति स्वाभिमान लाना है, फिर सारी दुनिया के अंदर जो कुछ है, उसको लेना और

वह लेते समय यह ध्यान रखना कि जो उचित है उसे अपने ढंग से लेना है। यह जो बात स्वामीजी ने कही, वह आज भी सारी दुनिया में मान्य है।

विकास की चर्चा चलती है। विकास, यानी आगे जाना। अपने मौलिक आदर्शों के साथ ही विकास करना है। अगर हम अपने मूल आदर्शों को छोड़कर विकास की ओर जाने की सोचते हैं तो अंत में विनाश होता है। इसलिए उन्होंने बार-बार सावधान किया। हाँ, अपनी जो कुरीतियाँ हैं, अपनी जो कमियाँ हैं, उन्हें दूर करना है। उन्होंने पश्चिम की धरती पर रहते हुए कभी अपने देश की निंदा नहीं की, अपितु निंदा करनेवालों को उनकी ही धरती पर उत्तर दिया। उन्होंने कहाँ कि तुमने भारत के साथ, भारत के समाज और परंपराओं के साथ जो अत्याचार किया है, उसके प्रक्षालन के लिए अटलांटिक महासागर की सतह पर पड़ा हुआ सारा कीचड़ निकालकर तुम्हारे मुँह पर लगा दिया जाए तो भी उसका प्रक्षालन नहीं हो सकता। इस प्रकार पश्चिम की धरती पर वे उनको जवाब देते थे और भारत आने पर हमारी जो कमियाँ हैं, हमारे जो कुसंस्कार हैं, आपस में जो ईर्ष्या है, उसके ऊपर भी उतनी ही कठोरता से प्रहार किया करते थे, उन्होंने कहा है कि समाज के अंदर हमारी जो वास्तविकता है, वह ऐसे ही उत्पन्न नहीं हुई। इस नाते से जब उन्होंने एक विकास का पथ हमें बताया और यह भी बताया कि आनेवाले समय में एक नए भारत का निर्माण करते समय हमें इसका विचार करना होगा कि आध्यात्मिकता, वैज्ञानिकता और तकनीकी के समन्वय से जो नया भारत बनेगा, वह जीवन के स्तर पर सामाजिक जीवन की जितनी भी विकृतियाँ हैं, उन सबको दूर करते हुए, लेकिन हमारे जो वास्तविक धर्म के तत्त्व हैं, उन्हें अपने जीवन के अपनान, यही एक उत्तम मार्ग रहेगा।

दूसरी बात उन्होंने कही कि इस विस्तार को और बढ़ाना है तो सामान्य जन का विकास करना होगा। उन्होंने अपने गुरुभाई शशी महाराज को पत्र लिखा, जिसमें उन्होंने कहा था कि आखिर कन्याकुमारी की शिला पर बैठकर मैंने क्या देखा ? तो मेरा मानना है कि यदि हम साधु-संन्यासी, जो गाँव-गाँव घूमते और धर्म-प्रचार करते हैं, तो मात्र धर्म-प्रचार करना निरा पागलपन है। मैं

चाहता हूँ कि साधु गाँव-गाँव जाएँ और वहाँ जाकर उनके समय जो वैज्ञानिक उपकरण उपलब्ध थे, उसका उल्लेख करते हुए वे कहते हैं कि वो ग्लोब, विश्व का मानचित्र Magic lantem आदि तरह-तरह के उपकरण को लेकर गाँव-गाँव में घूमें और अपने लोगों को धर्म एवं दर्शन के साथ-साथ भूगोल, खगोल, दुनिया में हुई प्रगति आदि इन सबकी जानकारी देते हुए उनके जीवन स्तर को ऊपर उठाने का प्रयत्न करें। इस नाते से ये जो सामान्य जन हैं, उनके प्रति व्यवहार करते समय वह एक संवेदना मन में अनुभव करें। अमेरिका में रहते समय एक बार—बहुत अच्छा बिस्तर है, मुलायम है, लेकिन नींद नहीं आ रही है, वे रो रहे हैं। पूछा कि क्या बात है ? तो वे बोले कि इस बिस्तर पर सोते हुए मुझे लगा कि यहाँ कितनी समृद्धि है, पर मेरे देश के अंदर लोगों की क्या स्थिति है ? गरीबों की क्या स्थिति है ? वे किस ढंग से रहते हैं ? उसकी ही स्मरण करके मुझे रोना आ रहा है।

उनके वापस भारत आने के बाद जब बेलूर मठ बना, रामकृष्ण मिशन बना, तो एक बार वे शिष्यों को पढ़ा रहे थे, तब बंगाल के प्रख्यात नाटककार गिरीशचंद्र घोष आए। गिरीशचंद्रजी थोड़ी देर तक सुनते रहे, फिर उन्होंने कहा कि नरेन, (वे वरिष्ठ बड़े थे, अतः वे नरेन ही कहते थे उनको) कलकत्ता के एक मुहल्ले में एक परिवार है, उनको तीन दिन से रोटी नहीं मिली है। वह जो दूसरा मुहल्ला है, वहाँ पर एक विधवा है, आज घर से चलना कठिन हो गया है। ऐसी पाँच-छह जगह के दुःख-दर्द का विवेचन करने के बाद वे पूछे कि तेरे वेद-वेदांत में इसका इलाज लिखा है क्या ? यह सुनते ही स्वामीजी इतने भावुक हो गए और धाड़-धाड़ आँसू आने लगे, फिर वे उठकर चले गए। तब गिरीश घोष ने स्वामीजी के शिष्यों को कहा कि देखो, जो तुम्हारा गुरु है, उसका सम्मान मैं इसलिए नहीं करता कि वह बहुत बड़ा विद्वान् है, सारी दुनिया के अंदर उसका नाम हो गया है, बल्कि मैं उसका सम्मान इसलिए करता हूँ कि उसके अंदर संवेदनशील हृदय है और यदि सामान्यजन के जीवन में परिवर्तन लाना है तो आज की पीढ़ी के हृदय में इस तरह के संवेदना के भाव होने चाहिए। एक जगह वे कहते हैं कि जब तक करोड़ो लोग भूखे और

अशिक्षित रहेंगे, तब तक मैं प्रत्येक उस आदमी को विश्वासघाती समझूँगा, जो उनके खर्च से शिक्षित तो हुआ है, परंतु वह उन पर तनिक भी ध्यान नहीं देता। इस सामाजिक संवेदना के साथ-साथ लोगों में अपने संपूर्ण इतिहास, अपनी संस्कृति और परंपरा को जाननेवाली दृष्टि होनी चाहिए। वे कहते थे कि भारत में जो मंदिर हैं, सोमनाथ जैसे मंदिर, वे हजारों पुस्तकों से भी ज्यादा उनको भारतीय समाज के जीवन की अमरता का रहस्य समझा सकते हैं, क्योंकि सोमनाथ का मंदिर वह है, जिसे न जाने कितनी बार आक्रमणकारियों ने ध्वस्त किया, लेकिन हर बार वह अपने बल पर उठकर वैभव के साथ खड़ा हुआ। दुनिया की अन्य रियासतें एक बार नष्ट हुई तो इतिहास के कालगर्भ में चली गईं, लेकिन भारत बार-बार धराशायी होकर भी अमर रहा। यही तो भारतीय जीवन है। भारत मृत्युंजयी है। वे ऐतिहासिक दृष्टि के बारे में कहते थे कि जब ग्रीस का अस्तित्व नहीं था, रोम अपने भविष्य के गर्भ में छिपा हुआ था, तब भी भारत पूरी तरह से सक्रिय था। एक अन्य स्थान पर वे कहते हैं कि एक जमाना था, जब ग्रीक सैनिकों के पद-संचलनों के पदाघातों से दुनिया काँपा करती थी। आज वह ग्रीक कहाँ है ? वह इतिहास के पन्नों में सिमट गया। एक समय था, जब रोम का ध्वज दुनिया की हर उस भोग-वस्तु के ऊपर लहराया करता था, आज वह रोम कहाँ है ? उसका बेबिलोन पहाड़ खँडहरों का ढेर बन गया है। जहाँ सीजर राज करता था, वहाँ आज मकड़ियाँ जाला बुनती हैं और अनेक जातियाँ आईं, कुछ समय सीना फुलाकर रहीं और अपने पीछे रक्त व आँसुओं की नदी छोड़कर चली गईं; लेकिन हम आज भी जिंदा हैं, क्यों ? 'सर्वे भवंतु सुखिन' हमारा मंत्र रहा। हमारा जो विश्व-कल्याण का धर्म है, उसको हमने पकड़ा, उस धर्म की रक्षा के लिए, उस धर्म के साक्षात्कार के लिए, उसके लाभ के लिए यह समाज अमर है। आनेवाले समय में यदि विश्व को एक परिवार बनाना है तथा विश्व में पवित्रता, शांति, आध्यात्मिकता स्थापित करनी है तो भारत के उन परंपराओं को पुनर्जीवित करना पड़ेगा।

शिकागो के भाषण में उन्होंने कहा था कि मैं करोड़ो हिंदुओं की ओर से आपका अभिनंदन करता हूँ! सभी धर्मों की माता की ओर से आपका

अभिनंदन करता हूँ। मैं उस जगह से आया हूँ, जिसने यहूदिओं को उस समय शरण दी, जब येरुशलम में रोमन लोगों के अत्याचारों से उनका मंदिर धूल में मिला दिया गया। जब ईरान से प्रताड़ित करके निकाले गए लोग आए तो उनको इस देश ने शरण दी। क्यों? यह जो पूरा आध्यात्मिक चिंतन है, जो सबको एक मानता है, उसके कारण ही हमने शरण दी और यह विशेषता केवल भारत में है। उन्होंने कहा कि यह जो हमारी आध्यात्मिकता है, इसको हमें चारों ओर और अधिक विस्तृत करना पड़ेगा। आनेवाले समय में यदि यह करना है तो उपाय क्या है? तब उन्होंने कहा कि एक संगठन खड़ा करना पड़ेगा। उन्होंने एक जगह कहा कि We want to unite all powers of goodness against all the powers of evil. बुराई की समस्त ताकतों के विरुद्ध हमें अच्छाई की सारी शक्तियों को संगठित करना है और यह जो संगठन होगा, वह ईर्ष्या-रहित होकर प्रेम के बंधन में बाँधकर, मिलकर, एक-दूसरे के साथ आगे बढ़नेवाला एक अभेद्य संगठन हो, तभी आनेवाले समय में एक श्रेष्ठ भारत का निर्माण होगा और यदि यह करना है तो उन्होंने कहा कि मुझे आशा युवकों से है, क्योंकि वे मेरी आशाओं का केंद्र हैं। मैं रहूँ या न रहूँ, लेकिन मेरी वाणी रहेगी। आनेवाले समय में उसको अनुभव करके और लोग निकलेंगे और इस नाते भारत का युवक कैसा हो? भारत के समाज के प्रति उसकी दृष्टि कैसी हो? तो स्वामीजी ने कहा कि हर एक मन के अंदर सोचें, उनके शब्द थे कि बोलो—"अज्ञानी भारतवासी, दरिद्र भारतवासी, ब्राह्मण भारतवासी, चांडाल भारतवासी मेरे भाई हैं। तू भी एक चिथड़े को अपने शरीर से लपेटकर उच्च स्वर से घोषणा कर कि भारतवासी मेरे भाई हैं, भारतवासी मेरे प्राण हैं, भारत के देवी-देवता मेरे ईश्वर हैं, भारत का समाज मेरे बचपन का झूला, जवानी की फूलवारी और बूढ़ापे की काशी है। भारत की मिट्टी मेरा स्वर्ग है और दिन-रात प्रार्थना करो कि हे भोलेनाथ! हे जगदंबे! मुझे मानवता दो, मेरी कायरता को दूर करो, मुझे मनुष्य बनाओ!" और उस नाते से ईश्वर हमें यह एक भाव दे, एक प्रेरणा दे, यह एक उनकी अपेक्षा है।

एक दूसरी बात उन्होंने उस समय कही। आला सिंगा पेरुमल को

अमेरिका से लिखे एक पत्र के अंदर वे लिखते हैं कि मुझे लगता है कि ऐसा समय आएगा कि भारत में लाखों युवक और युवतियाँ पवित्रता के अग्निमंत्र से दीक्षित होकर ईश्वर के प्रति अटल विश्वास से शक्तिमान बनकर गरीबों, पददलितों, पतितों के प्रति हृदय की सहानुभूति से सिंहों के समान साहसी बनकर इस भारत देश के एक कोने से दूसरे कोने तक उद्धार के संदेश, सेवा के संदेश, सामाजिक उत्थान के संदेश, समानता के संदेश देते हुए विचरण करते हुए घूमेंगे।

आज हम उस पर विचार करते समय सोचें, यह जो स्वप्न था—'भारत खड़ा होगा!' लाखों युवक और युवतियाँ इस भाव को मन में रखकर विचरण करते हुए घूमेंगे। इस स्वप्न को साकार करने के लिए हम क्या कर सकते हैं?

स्वामी विवेकानंद ने युवकों से यह भी अपेक्षा रखी थी—

"क्या तुम्हें अपने देश से प्रेम है? यदि 'हाँ', तो आओ! हम लोग उच्चता और उन्नति के मार्ग पर प्रयत्नशील हों। पीछे मुड़कर मत देखो। अत्यंत निकट के और प्रिय संबंधी रोते हैं तो रोने दो, पीछे देखो ही मत। सिर्फ आगे बढ़ते जाओ। भारतमाता कम-से-कम एक हजार युवकों का बलिदान चाहती है—मस्तिष्कवाले युवकों का, पशुओं का नहीं।"

स्वामीजी ने जिंदगी दी, लेकिन हम सब अपनी जिंदगी के कुछ समय देकर आनेवाले समय में एक नया भारत एक नई दिशा में आगे बढ़ सके, सामाजिक जीवन में जैसा चाहिए, वैसा परिवर्तन लाने के लिए, जिन लाखों लोगों की कल्पना आए ने की है, उसका जवाब आज क्या हम आए को दे सकते हैं? स्वामीजी ने कहा था कि यदि 100 लोग मुझे मिल जाए, जो मानवता के प्रति प्रेम से समर्पित अपनी सारी जिंदगी लगाने को तैयार हों तो मैं दुनिया का चेहरा बदल दूँगा। तब मार्गरेट नोबल ने जाकर उनको कहा था कि मैं यह तो नहीं जानती कि 100 लोग कहाँ से आएँगे, पर 100 में से एक मैं इसके लिए समर्पित हूँ। तो जो स्वामीजी ने कहा वे लाखों युवा क्या आनेवाले समय में ऐसे 1000 युवक निकल सकते हैं, जो जिंदगी का एक वर्ष सामाजिक परिवर्तन की प्रक्रिया को गति देने के लिए दें?

समय के समर्पण से ही आनेवाले समय में एक नया भारत बनेगा। आत्मनिर्भर भारत बनेगा, निश्चित बनेगा। भारत को हर ओर से उठाने की आवश्यकता है। उसका विवेचन करते हुए आए ने कहा था, "एक नया भारत खड़ा हो!" वे काव्यात्मक वर्णन करते हैं। कहाँ से खड़ा हो? "मोची की दुकान से, धोबी के मकान से, किसानों के हलों से, खेतों से, खलिहानों से, कारखानों से, कारखाने की चिमनियों से, हाट से, बाजार से, गाँव से, शहर से, जंगल से, पहाड़ से, नदियों से, झरनों से और भारत जहाँ-जहाँ है, हर जगह से एक नया भारत खड़ा हो!" वह भारत हम खड़ा करेंगे और उस नाते से एक नवीन भारत का निर्माण न केवल अपने लिए, बल्कि विश्व के कल्याण हेतु करने की आवश्यकता है।

महान् युग प्रवर्तक स्वामीजी की प्रेरणा हम सबके हृदय के अंदर भी प्रेरणा प्रदान करे और हम अपनी जिंदगी भारतमाता की सेवा में लगाएँ। स्वामीजी बार-बार कहते थे कि देवता के चरणों में मुरझाए हुए सुगंधहीन फूल चढ़ाए नहीं जाते हैं, फूल तब चढ़ाए जाते हैं, जब वे ताजा रहते हैं। युवा पीढ़ी, जिसमें भाव है, शक्ति है, साहस है, सामर्थ्य है। युवा शक्ति अपने जीवन पुष्प को भारत माता के चरणों में समर्पित करने के लिए आगे आएँ…।

स्वामी विवेकानंद के सपनों का महान् और विश्वगुरु भारत बनाने में यह पुस्तक युवा-शक्ति को प्रेरित करेगी, ऐसी अपेक्षा है।

अनुक्रम

युवाओं के प्रेरणा पुरुष स्वामी विवेकानंद

स्वामी विवेकानंद का जन्म कलकत्ते में सोमवार 12 जनवरी, 1863 को हुआ था। इनके पूर्व आश्रम का नाम नरेंद्रनाथ दत्त तथा 'नरेंद्र' था। पिता थे—श्रीमान विश्वनाथ दत्त तथा माता श्रीमती भुवनेश्वरी देवी। दत्त घराना संपन्न एवं प्रतिष्ठित था, दान-पुण्य-विद्वत्ता और साथ ही स्वतंत्रता की तीव्र भावना के लिए प्रख्यात था। नरेंद्रनाथ के पितामह दुर्गाचरण दत्त फारसी तथा संस्कृत के विद्वान् थे। उनकी दक्षता कानून में भी थी, किंतु योग ऐसा कि पुत्र विश्वनाथ के जन्म के बाद उन्होंने संसार से विरक्ति ले ली और साधु हो गए। उस समय उनकी अवस्था केवल पच्चीस वर्ष थी। श्रीमान विश्वनाथ दत्त कलकत्ता हाईकोर्ट में वकालत करते थे। अंग्रेजी और फारसी भाषा में उनका अधिकार था—इतना कि अपने परिवार को फारसी कवि हाफिज की कविताएँ सुनाने में उन्हें बड़ा आनंद आता था। बाइबिल के अध्ययन में भी वे रस लेते थे और इसी प्रकार संस्कृत शास्त्रों में। यद्यपि दान-पुण्य तथा खर्चीले थे, फिर भी धार्मिक तथा सामाजिक बातों में उनका दृष्टिकोण तर्कवादी तथा प्रगतिशील था—यह शायद पाश्चात्य संस्कृति के कारण। भुवनेश्वरजी राजसी तेजस्वितायुक्त प्रगाढ़ धार्मिकता परायण एक संभ्रांत महिला थी। नरेंद्रनाथ के जन्म के पूर्व यद्यपि उन्हें कन्याएँ थीं, पुत्र-रत्न के लिए उनकी विशेष लालसा थी। इस निमित्त वाराणसी निवासी अपने एक संबंधी से उन्होंने वीरेश्वरशिव-चरणों में मनौती अर्पित करने की प्रार्थना की और कहा जाता है कि फलस्वरूप भगवान् शंकर ने उन्हें यह वचन दिया

था कि वे स्वयं पुत्ररूप में उनके यहाँ जन्म लेंगे। कहना न होगा, उसके कुछ समय बाद नरेंद्रनाथ ने जन्म लिया।

बचपन की प्रारंभिक अवस्था में नरेंद्रनाथ बड़े चुलबुले और कुछ उत्पाती थे, किंतु साथ ही आध्यात्मिक बातों के प्रति उनका विशेष आकर्षण था। फलतः राम-सीता, शिव प्रभूति देवताओं की मूर्तियों के सम्मुख ध्यानोपासना का खेल खेलना उन्हें बड़ा रुचिकर था। रामायण और महाभारत की कहानियाँ समय-समय पर वे अपनी माँ से सुनते रहते थे। इन कथाओं से इनके मस्तिष्क पर एक अमिट छाप पड़ गई। साहस, निर्धन के प्रति हृदय-वात्सलता तथा रमते हुए साधु-संतों के प्रति आकर्षण के लक्षण उनमें स्वतः सिद्ध दृष्टिगोचर होते थे। तर्कबुद्धि कुछ ऐसी पैनी थी कि बचपन में ही लगभग प्रत्येक समस्या के समाधान के लिए वे अकाट्य दलीलों की अपेक्षा किया करते थे। इन सब गुणों के प्रादुर्भाव के फलस्वरूप नरेंद्रनाथ का निर्माण हुआ—एक परम ओजस्वी नवयुवक के रूप में।

श्रीरामकृष्ण देव के चरणकमलों में

युवक नरेंद्रनाथ सिंह के सौंदर्य और साहस में पूर्ण सामंजस्य था। उनके शरीर की बनावट कसरती युवक की थी। वाणी अनुवाद एवं स्पंदनपूर्ण तथा बुद्धि अत्यंत कुशाग्र, खेल-कूद में उनका एक विशेष स्थान था तथा दार्शनिक अध्ययन एवं संगीताशास्त्र आदि में उनकी प्रवीणता बड़े उच्च स्तर की थी। अपने साथियों के वे निर्द्वंद नेता थे। कॉलेज में उन्होंने पाश्चात्य विचारधाराओं का केवल अध्ययन ही नहीं किया था, बल्कि उसको आत्मसात् भी किया और इसी के फलस्वरूप इनके मस्तिष्क में प्रखर तर्कशीलता का बीजारोपण हो गया था। उनमें एक ओर जहाँ आध्यात्मिकता के प्रति जनमजात प्रवृत्ति तथा प्राचीन धार्मिक प्रथाओं के प्रति आदर था, दूसरी ओर उतना ही उनका प्रखर बुद्धियुक्त तार्किक स्वभाव था। परिणाम यह हुआ कि इन दोनों विचारधाराओं में संघर्ष उत्पन्न हो गया। इस द्वंद्व परिस्थिति में उन्होंने ब्रह्म समाज में कुछ समाधान पाने का यत्न किया। ब्रह्म समाज उस समय की एक प्रचलित धार्मिक, सामाजिक संस्था थी। ब्रह्म समाजवादी निराकार ईश्वर में विश्वास

करते थे, मूर्ति-पूजा का खंडन करते तथा विभिन्न प्रकार के सामाजिक सुधारों में कार्यरत रहते थे। नरेंद्रनाथ का एक प्रश्न यह था—"क्या ईश्वर का अस्तित्व हैं?" इस प्रश्न के निर्विवाद उत्तर के लिए वे अनेक विख्यात धार्मिक नेताओं से मिले, किंतु संतोषजनक उत्तर न पा सके। उनकी आध्यात्मिक पिपासा और भी बढ़ती ही गई।

शिक्षा का श्रीगणेश

इसी क्रांतिक क्षण में उन्हें अपने प्रोफेसर विल्यम हेस्टी के शब्द याद आए। प्रोफेसर हेस्टी ने यह बतलाया था कि कलकत्ते के समीप दक्षिणेश्वर में एक साधु निवास करते हैं, जिनको वैसी ही समाधि होती हैं ,जैसी वर्डस्वर्थ ने अपनी कविता 'The Excursion' में वर्णित की है। इसी बीच कहीं नरेंद्रनाथ के चचेरे भाई राम-चंद्र दत्त ने भी उनसे इन साधु के बारे में जिक्र किया था और प्रेरणा दी थी कि वह वहाँ जाकर उन साधु के दर्शन करें। यह बात कोई 1881 ईस्वी की है—यही शुभ समय था, जब इन दो महान् आत्माओं का दिव्य मिलन हुआ था। एक, वर्तमान भारत के ईश्वरीय अवतरण भगवान् श्रीरामकृष्ण और दूसरी ओर उनके संदेशवाहक विवेकानंद। नरेंद्रनाथ ने उनसे पूछा, "महानुभाव, क्या आपने ईश्वर को देखा है?"

"हाँ, मैंने उन्हें देखा है, ठीक ऐसे ही, जैसे तुम्हें देख रहा हूँ, बल्कि तुमसे भी अधिक स्पष्ट और प्रगाढ़ रूप से" श्रीरामकृष्णदेव ने दृढ़ता से उत्तर दिया। बड़े प्रसन्न हुए विवेकानंद—चलो अंततोगत्वा कोई ऐसा तो मिला, जो स्वयं अपनी अनुभूति के आधार पर यह तो कह सका कि ईश्वर का अस्तित्व है। नरेंद्रनाथ का संशय स्वाहा हो गया, शिष्य की 'शिक्षा' का श्रीगणेश यही से प्रारंभ हुआ।

मनोरंजक बात यह है कि यदि श्रीरामकृष्णदेव ने नरेंद्रनाथ की विविधरूपेण परीक्षा ले ली थी तो नरेंद्र भी श्रीरामकृष्णदेव के आध्यात्मिक दावे की सत्यता की जाँच करने में चूके नहीं थे। एक समय ऐसा आ गया था, जब 1884 ई. में पिताजी के निधन के बाद नरेंद्रनाथ के परिवार को अनेक कठिनाइयों का सामना करना पड़ा। गुरुदेव ने सुझाव दिया कि दक्षिणेश्वर में माँ काली के श्रीचरणों में

प्रार्थना करो, जिससे कि परिवार का दुःख दूर हो जाए। नरेंद्रनाथ प्रार्थना करने तो गए, किंतु धन और संपत्ति के स्थान पर माँग ली, केवल ज्ञान और भक्ति।

शनैः शनैः उन्होंने गुरुदेव के समक्ष आत्मसमर्पण कर दिया। गुरुदेव श्रीरामकृष्ण ने अपने असीम धैर्य द्वारा इस नवयुवक भक्त की क्रांतिकारी भावना का शमन कर दिया। उन्हें संशयात्मिकता से निश्चयता की ओर एवं वेदना से आध्यात्मिक रसास्वादन की ओर अग्रसर कराया। कहना तो यह होगा कि आध्यात्मिक संबल एवं निर्देश से भी अधिक उनके प्यार ने ही नवयुवक नरेंद्रनाथ को जीत लिया और शिष्य ने भी अपने गुरु को उसी प्रकार भरपूर रूप से प्यार किया। कहना न होगा कि श्रीरामकृष्णदेव की अस्वस्थता ही, जिसके कारण उन्हें कलकत्ता शहर के बाहर काशीपुर ले जाए गया, एक ऐसा साधन बनी, जहाँ से नरेंद्रनाथ की पूर्ण शिक्षा का प्रारंभ श्रीगुरुचरणों के समीप हुआ। यही समय था जब उनके भीतर प्रबल आध्यात्मिक पिपासा जागृत् हुई थी, जिसका विकास उनकी अनेकानेक प्रबल साधनाओं द्वारा हुआ। गुरुदेव ने इस अवसर का बड़ा सुंदर सदुपयोग किया और अपने नेक नवागत भक्तों को नरेंद्रनाथ के नेतृत्व के गत लगा दिया।

एक दिन नरेंद्र ने जब उनसे निर्विकल्प समाधि को समझाने की प्रार्थना की, क्योंकि निर्विकल्प समाधि साधारणतया आध्यात्मिक अनुभूति की सर्वोच्च अवस्था मानी जाती है तो श्रीरामकृष्णदेव ने क्षुब्ध होकर यही कहा, "तुम्हें लज्जा नहीं आती ? मेरी धारणा तो यह थी कि तुम एक महान् वटवृक्ष के समान बढ़ोगे! संसार को शोक-ताप से हजारों का त्राण करोगे, किंतु अब मैं देखता हूँ कि तुम केवल अपनी ही मुक्ति के इच्छुक हो।" किंतु साथ ही यह भूलना न होगा कि नरेंद्रनाथ को परम वांच्छित आत्मानुभूति हो चुकी थी, यद्यपि गुरुदेव ने यह अवश्य कह दिया था कि उसकी चाभी उन्हीं के पास रहेगी और द्वार उस समय तक न खोला जाएगा, जब तक नरेंद्र अपना वह कार्य पूरा न कर लें, जिसके लिए वे इस संसार में आए हैं।

अपनी महासमाधि के तीन-चार दिन पूर्व श्रीरामकृष्णदेव ने नरेंद्रनाथ को अपनी स्वयं की सारी शक्ति दे डाली और उनसे कह दिया, "मेरी इस शक्ति

से, जो तुममें संचारित कर दी है, तुम्हारे द्वारा बड़े-बड़े काम होंगे, और उसके बाद, केवल उसके बाद वहाँ चले जाओगे, जहाँ से आए हो।"

1886 ई. में श्रीरामकृष्णदेव की महासमाधि के बाद अनेक नवयुवक भक्त नरेंद्रनाथ के नेतृत्व में वराहनगर स्थित एक पुराने ध्वस्त घर में एकत्र हुए। यहीं प्रबल तपस्या तथा आध्यात्मिक साधनाओं का प्रारंभ हुआ तथा 'श्रीरामकृष्ण संघ' की नींव पड़ी और इन्हीं दिनों अपने अनेक गुरुभाइयों को साथ लेकर नरेंद्रनाथ ऑटपुर गए, जहाँ बड़े दिन (1886) के अवसर एक खुले स्थान में अग्नि के चारों ओर बैठकर संन्यास आश्रम का संकल्प लिया। वराहनगर में जो दिन व्यतीत हुए, वे बड़े ही आनंद के थे। वहाँ खूब अध्ययन होता था और प्रचंड आध्यात्मिक साधनाएँ।

अब समय आ गया, जबकि संन्यासी भक्तों ने मानो परिव्राजक जीवन का आंतरिक आह्वान सुना। फलतः 1888 ई. के समाप्त होते-होते नरेंद्रनाथ समय-समय पर मठ से बाहर भी जाने लगे।

परिव्राजक विवेकानंद

1888 ई. के अंत से लेकर 1890 के बीच नरेंद्रनाथ के दृष्टिकोण में एक जबरदस्त परिवर्तन हुआ, क्योंकि प्रारंभ में तो वे थोड़े ही समय के लिए बाहर आते-जाते रहे, परंतु बाद में अपने गुरुभाइयों से विदा लेकर एकमात्र अकेले अज्ञात साधु के रूप में भ्रमण में संलग्न हुए। इस अवसर पर तो उनके लिए अपने नाम को गुप्त रखना भी आवश्यक हो गया। फलतः समय-समय पर उन्होंने विभिन्न नाम अपनाए, जिससे कि भारत की विशालता में वे घुल-मिल जाएँ।

अब एक महत्त्वपूर्ण परिवर्तन यह हुआ कि भारतीय साधु की नितांत एकांतिक जीवन की स्वाभाविक इच्छा विलुप्त हो गई और वह इसलिए कि नरेंद्रनाथ को यह जागृति हो उठी कि उन्हें जनजीवन-निर्माण का एक बहुत बड़ा काम करना है। उनका जीवन केवल इसलिए नहीं था कि एकांत में वे स्वयं के मोक्ष के लिए संघर्ष करें। भारतवर्ष को अधिक अच्छी तरह से जानने की तीव्र आकांक्षा से प्रेरित हो एवं ध्वस्त भारतवर्ष की चारों ओर से उठती हुई एक पुकार के फलस्वरूप वे सर्वप्रथम हिंदुओं के पवित्रतम नगर वाराणसी

गए। तदनंतर वे लखनऊ गए; आगरा, वृंदावन, हाथरस तथा ऋषिकेश गए और फिर कुछ समय के लिए वराहनगर वापस आए। हाथरस में उन्हें शरत्चंद्र गुप्त मिले, जो बाद में उनके शिष्य हुए। इनका संन्यासी नाम स्वामी सदानंद हुआ। स्वामी विवेकानंद ने सदानंद को उस कार्य की विज्ञप्ति कराई, जो उन्हें उनके गुरुदेव श्रीरामकृष्ण ने सौंपा था, अर्थात् भारतवर्ष एवं विश्व का आध्यात्मिक पुनरुत्थान। वैसे शरतचंद्र उस समय हाथरस रेलवे स्टेशन के एक उच्च कर्मचारी थे। स्वामीजी को पा जाने के बाद उन्होंने पदत्याग कर दिया एवं अपने गुरु के कार्य में सहायतार्थ निकल पड़े।

स्वामीजी के जीवन में इस बीच 1890 ई. में एक महत्त्वपूर्ण घटना घटी। उनकी भेंट गाजीपुर के पवहारी बाबा से हुई, जिनके प्रति उनके हृदय में जीवन भर से परमोच्च श्रद्धा थी। यह घटना महत्त्वपूर्ण यों थी कि इस समय स्वामीजी दो संघर्ष शक्तियों के बीच व्यथित थे। एक ओर तो यह कि पूर्ण परब्रह्म को चिरशांति में लीन हो जाने की उत्कट इच्छा और दूसरी ओर अपने गुरुदेव श्रीरामकृष्ण के कार्य की पूर्ति में जीवन-दान। उनका अनुमान यह था कि पवहारी बावा उनके हृदय की दारुण व्यथा का उपशम कर देंगे-अव व्यथा, जो उस संघर्ष के फलस्वरूप उत्पन्न हुई थी, जो एक ओर उन्हें ब्रह्म में लीन होने के लिए प्रेरित कर रही थी, किंतु साथ ही उन्हें अपने गुरुदेव द्वारा सौंपे हुए कार्य से दूर करती जा रही थी। इक्कीस दिन तक नरेंद्रनाथ में यह संघर्ष चलता रहा और वे परब्रह्म में लीन होने के मार्ग को जब-जब अपनाने के लिए तत्पर होते थे, तब-तब श्रीरामकृष्णदेव का दिव्य आलोक उन्हें उससे निरत कर देता था।

परिव्राजक विवेकानंद

1890 जुलाई में स्वामीजी ने श्री श्री माँ शारदादेवी के श्रीचरणों में प्रणाम करके विदा ली। श्री श्री माँ श्रीरामकृष्णदेव की धर्मसंगिनी एवं लीलासहचरी थीं तथा गुरुदेव की महासमाधि के बाद वे ही इन साधुजनों की आध्यात्मिक पथ-प्रदर्शक थीं। स्वामीजी ने अपने गुरुभाइयों से भी विदा ली, यह दृढ़ निश्चय करके कि वे समस्त बंधनों को विच्छिन्न कर हिमालय की नीरवता में ही निवास करेंगे। असल में नितांत एकांतवास उन्हें आवश्यक प्रतीत हुआ। रोमाँ रोलाँ के

शब्दों में, यह एक बहुत बड़ा प्रस्थान था। एक गोताखोर के समान वे भारत के समुद्र में कूद पड़े और यह समुद्र उनके पूरे मार्ग पर छा गया। इस समुद्र में तैरनेवाली सहस्रों नगण्य वस्तुओं के बीच में वे एक थे—अज्ञात गेरुआ वस्त्रधारी संन्यासी, किंतु विशेषता यह थी कि प्रचंड बुद्धि एवं प्रखर मेधा की चिनगारी उनकी आँखों में थी। कुछ भी हो, छिपे रूप में एक तेजस्वी राजकुमार थे। परिव्राजक अवस्था में उत्तरप्रदेश, राजस्थान, गुजरात, महाराष्ट्र, मैसूर, केरल, मद्रास तथा हैदराबाद प्रभृति प्रांतों के धार्मिक एवं ऐतिहासिक स्थानों में गए। सर्वत्र प्राचीन भारतवर्ष का गौरव, चाहे वह राजनीतिक हो, सांस्कृतिक अथवा आध्यात्मिक, उनके सम्मुख स्पष्टरूपेण झलक उठा! कहना न होगा कि अतुल अनुभव संचय के बीच भारतीय जनसमुदाय का दैन्य दुःख ही मानो उनके सामने सर्वाधिक रूपेण उठ खड़ा हुआ। वे एक राजसी रियासत से दूसरी रियासत को गए. इसी अनुसंधान में कि भारतीय जनसमुदाय का कष्टनिवारण किस प्रकार हो? इस प्रसंग में उनका संपर्क अनेक महान् व्यक्तियों से हुआ, कितने ही राजा-रजवाड़ों से हुआ, जहाँ उनकी सादर अभ्यर्थना हुई। इनमें से खेतड़ी के महाराज अजीतसिंह उनके परम मित्र तथा अनन्य भक्त हो गए।

लोकमान्य तिलक से भेंट

अलवर में उन्होंने पातंजल महाभाष्य का अध्ययन किया और पूना के वरिष्ठ राजनीतिक नेता बाल गंगाधर तिलक के साथ अतिथि रूप से ठहरे। प्रारंभ में तो तिलक ने उनसे कुछ व्यंगात्मक वार्त्तालाप किया, किंतु फिर जब उन्होंने स्वामीजी की प्रकांड विद्वत्ता तथा ठोस भावधारा को पहचाना, तब उन्होंने उनसे एक आदरणीय अतिथि के रूप में ठहर जाने के लिए प्रार्थना की। पूना से स्वामीजी बेलगाँव आए, वहाँ से बंगलौर तथा मैसूर। महाराज ने स्वामीजी को आर्थिक सेवा का आश्वासन दिया, जिससे कि वे पाश्चात्य देशों में जाकर भारतवर्ष के लिए सहायता प्राप्त कर सकें तथा सनातन धर्म का प्रचार करें। मैसूर में स्वामीजी ने त्रिवेंद्रम और फिर कन्याकुमारी की यात्रा की।

स्वामीजी जहाँ-जहाँ गए, वहाँ उन स्थानों के महत्त्व अथवा जिन लोगों से भेंट हुई, उनकी वरिष्ठता से ही प्रभावित हुए हों, सो बात नहीं। असल

में वहाँ की जनता के क्लेश एवं दैन्य से ही उनकी अंतरात्मा को बड़ा कष्ट हुआ। भारतवर्ष का उन्होंने संपूर्ण भ्रमण किया था, प्रायः पैदल ही चले थे और इस प्रकार लगभग तीन वर्ष की सतत अवधि में उन्हें भारतवर्ष का प्रत्यक्षतः ज्ञान प्राप्त हो गया था। अब मानो उनकी इस यात्रा का अवसान हो गया और कन्याकुमारी मंदिर में माँ कुमारी के श्रीचरणों में अत्यंत भावपूर्ण हो उन्होंने दंडवत् किया। फिर वे समुद्र में उतरे और भारतवर्ष के दक्षिण तट से दूर दिखनेवाली एक चट्टान तक तैरते हुए पहुँच गए। वहाँ वे रात भर आसन मुद्रा में बेठे रहे और गंभीर ध्यानमग्न हो गए। भारतवर्ष के संपूर्ण भ्रमण का पूरा दृश्य उनकी आँखों के सामने होता हुआ गुजर गया। भारत के भूतकाल का उन्होंने चिंतन किया, वर्तमान का किया और भविष्य का, देश की अवनति के कारणों पर मनन किया और उन साधनों पर विचार किया, जिनसे कि देश का पुनः उत्थान हो। उसी क्षण उन्होंने पाश्चात्य देशों में जाने का निर्णय किया, जिससे कि वे भारतवर्ष की निर्धनता निवारण हेतु सहायता प्राप्त करके अपने जीवन के लक्ष्य को रूपांतरित कर सकें।

श्रीरामकृष्ण देव की प्रेरणा

यह निर्णय मन में लेकर उन्होंने रामेश्वरम् तथा मदुरई की यात्रा की। उसके बाद वे मद्रास गए, जहाँ भोलासिंगा पेरुमल के नेतृत्व में नवयुवकों का एक समुदाय उनके आगमन की तीव्र प्रतीक्षा कर रहा था। इन नवयुवकों के सम्मुख उन्होंने अमेरिका जाने का अपना अभिमत व्यक्त किया, जहाँ शिकागो नगर में होनेवाली धर्मसभा में उन्हें भाग लेना था। फलतः उनके नवयुवक भक्तों ने उनकी यात्रा के निमित्त धनराशि एकत्रित की। किंतु स्वामीजी इस समय तक भी निश्चयात्मक रूपेण यह धारणा नहीं कर सके थे कि उनकी अमेरिका यात्रा के संबंध में जगन्माता की इच्छा थी अथवा नहीं; और इसलिए उन्होंने वह समस्त धनराशि निर्धनों में वितरित कर देने को कहा, "इसी अवसर पर एक दिन स्वामीजी को एक सांकेतिक स्वप्न हुआ। उन्होंने देखा कि भगवान् श्रीरामकृष्ण समुद्र के ऊपर से चले जा रहे हैं और उन्हें पीछे-पीछे आने का आदेश दे रहे हैं। श्री श्री माँ शारदादेवी की अनुमति तथा उनका

शुभाशीवांद स्वामीजी को प्राप्त", अतः इस स्वप्नदर्शन के साथ श्री श्री माँ के आशीर्वाद के संयोग ने स्वामीजी की समस्या की मीमांसा कर दी। विशेष बात यह कि श्री श्री माँ को भी इस विषय में श्रीरामकृष्णदेव की सम्मति एक स्वप्न में प्राप्त हो गई थी। निदान, स्वामीजी के नवयुवक भक्तों ने पुनः प्रयोजनीय धनराशि एकत्र करना प्रारंभ कर दिया।

इसके बाद स्वामीजी कुछ समय के लिए हैदराबाद गए। इसी बीच, जबकि उनकी अमेरिका यात्रा के संबंध में आवश्यक प्रबंध हो रहे थे, आकस्मिक रूप से खेतड़ी नरेश के पास से उन्हें एक निमंत्रण आया। महाराजा ने प्रार्थना की थी कि उनके पुत्र-जन्म के उपलक्ष्य में स्वामीजी वहाँ पधारने की कृपा करें। खेतड़ी नरेश स्वामीजी के शिष्य थे। अतः स्वामीजी उस निमंत्रण को अस्वीकार नहीं कर सके। स्वामीजी वहाँ पहुँचे और महाराजा ने उनका भव्य, हार्दिक स्वागत किया। साथ ही यह आश्वासन दिया कि वे स्वामीजी की अमेरिका यात्रा में यथासंभव सहायता प्रदान करेंगे। कहा जाता है कि वहीं स्वामीजी ने महाराजा खेतड़ी के प्रस्ताव पर अपना नाम 'विवेकानंद' धारण किया। महाराजा ने अपने वचन का पालन किया और जब स्वामीजी विदा हुए तो उन्होंने अपने निजी सचिव को उनके साथ यह आदेश देकर बंबई तक भेज दिया कि वे स्वामीजी की यात्रा का सब प्रकार प्रबंध एवं व्यवस्था करके ससम्मान विदाई दें। स्वामीजी की अमेरिका यात्रा 31 मई, 1893 को प्रारंभ हुई।

विश्व मंच पर

स्वामीजी चीन, जापान एवं कनाडा होते हुए अमेरिका गए और लगभग जुलाई मध्य में शिकागो पहुँचे। केंटब में उन्होंने कुछ बुद्ध विहार देखे और जापान में वहाँ की औद्योगिक प्रगति तथा लोगों में रहन-सहन की स्वच्छता देखकर मुग्ध हुए। शिकागो में तो वहाँ के जगमगाते हुए विपुल ऐश्वर्य एवं पाश्चात्य देशीय गवेषणात्मक प्रतिभा को देखकर, वे एक बालक के समान मुह्यमान हो गए। उन्हें बड़ी निराशा यह जानकर हुई कि धर्म सम्मेलन सितंबर तक नहीं होगा, साथ ही बिना परिचय-पत्र के वहाँ कोई भी प्रतिनिधि शामिल

नहीं हो सकेगा। उनके पैर तले तो मानो जमीन सरक गई, किंतु शीघ्र ही अपने को प्रभु के हाथों सौंपकर वे बोस्टन शहर चले आए, जो शिकागो जैसा महँगा नहीं था। ट्रेन में ही उनका परिचय मिस कैथरीन सॅनबोर्न से हो गया, जिन्होंने स्वामीजी को अपने बोस्टन में अतिथि होने के लिए आमंत्रित कर लिया। मिस सॅनबोन के द्वारा उनका परिचय हार्वर्ड यूनिवर्सिटी के विख्यात प्रोफेसर जॉन हेनरी राइट से हो गया। प्रोफेसर राइट ने स्वामीजी को धर्म सम्मेलन के सभापति के नाम एक परिचय-पत्र दे दिया। इस पत्र में डॉ. राइट ने यह लिखा था, "यहाँ एक ऐसा व्यक्ति हैं, जो अपने यहाँ के सारे विद्वान् प्राध्यापकों की इकट्ठी विद्वत्ता से भी कहीं अधिक विद्वान् हैं।"

धर्म-सम्मेलन प्रारंभ होने के कोई दो दिन पूर्व स्वामीजी शिकागो पहुँचे, किंतु उन्हें क्षोभ हुआ यह देखकर कि उस कमेटी का पता उनके पास से न जाने कहाँ खो गया है, जिसके जिम्मे प्राच्य प्रतिनिधियों के ठहरने आदि की व्यवस्था थी। कोई और उपाय न देखकर रेलवे यार्ड में पड़े हुए एक रेल डिब्बे में उन्होंने रात बिताई और सबेरे होते ही इस खोज में निकले कि शायद कोई ऐसा मिल जाए, जो उनकी इस कठिनाई को दूर कर दे! किंतु वहाँ तो 'काले आदमी' के प्रति सहायता ऐसी आसान चीज नहीं थी। थके मांदे, वे सड़क किनारे बैठ गए और अपने को ईश्वरच्छा पर छोड़ दिया। इतने में ही सामने के मकान से एक भद्र राजसी प्रतिभायुक्त महिला निकली; इनके समीप आईं और इन्हें यथोचित सहायता प्रदान की। ये महिला श्रीमती जार्ज डब्ल्यू हेल थीं। वही महिला, जिनका निवासस्थान भविष्य में स्वामीजी का यूनाइटेड स्टेट्स में स्थाई पता हुआ। समस्त हेल परिवार ने स्वामीजी का शिष्यत्व ग्रहण किया।

विश्व धर्म सम्मेलन

धर्म-सम्मेलन का उद्घाटन 11 सितंबर, 1893 को हुआ। आर्ट इंस्टीट्यूट का भव्य हॉल लगभग 7000 श्रेताओं एवं दर्शकों से ठसाठस भरा था। उपस्थित व्यक्तियों में देशभर के सर्वोच्च शिक्षा संपन्न संभ्रांत व्यक्ति थे। मंच पर समस्त विश्व के संघटित धर्मों के प्रतिनिधि विराजमान थे। स्वामीजी

ने इतने विशाल प्रतिष्ठित जनसमुदाय के समक्ष कभी भाषण नहीं दिया था। स्वाभाविक है, उन्हें आरंभ में बड़ी घबराहट हुई, किंतु जब भाषण की बारी आई तो मन-ही-मन उन्होंने देवी सरस्वती को प्रणाम किया और इन शब्दों से अमेरिका के उस अतुल जनसमुदाय को संबोधित किया 'अमेरिका निवासी भगिनी एवं भ्रातृगण'! ऐसा संबोधन तो वहाँ की जनता के लिए बड़ा दिव्य था। फलतः ऐसी तुमुल तालियों की बौछार हुई कि वह लगातार पूर दो मिनट तक जारी रही-साथ ही 'सात हजार व्यक्ति हर्षलुप्त हो अभ्यर्थनार्थ खड़े हो गए। किस अभ्यर्थता के लिए, वे स्वयं नहीं जानते थे।' स्वामीजी के इन दो सरल शब्दों में निहित तीव्र आंतरिक भावना, स्वामीजी का महान् व्यक्तित्व, उनका तेजस्वी मुखमंडल, उनके गेरुआ वस्त्र प्रभूति का इतना भव्य प्रभाव हुआ कि दूसरे ही दिन समाचार-पत्रों ने उन्हें उस पूरे धर्म-सम्मेलन में सर्वश्रेष्ठ एवं महानतम् व्यक्ति कहकर वर्णित किया। कल जो कमंडलु लिए हुए सामान्य से साधु थे, वे आज सर्वोपरि हुए।

इस धर्म-सम्मेलन में स्वामीजी के बाद के जितने भी भाषण हुए, वे सभी श्रद्धा एवं सराहना से सुने गए। इन सब भाषणों में एकसूत्रता थी विश्वबंधुत्व की। जबकि सम्मेलन में आए हुए अन्य प्रतिनिधियों ने केवल अपने-अपने धर्म की ही दुहाई दी। स्वामीजी का भाषण उस धर्म पर हुआ, जो आकाश के समान विशाल एवं समुद्र जैसा गहन है।

अमेरिका में भाषणों का ताँता

धर्म-सम्मेलन का अधिवेशन समाप्त हुआ और इधर स्वामीजी के शांति के दिन भी। अर्थात् अब जो प्रारंभ हुआ, वह स्वामीजी का अत्यंत व्यस्त काल। संयुक्त राष्ट्र अमेरिका के लगभग प्रत्येक भाग में उनके भाषणों का ताँता! एक संस्था से भाषण-भ्रमण के संबंध में उनकी लिखा पढ़ी हो गई, जिसके फलस्वरूप उन्हें लगातार प्रवास में रहकर नाना प्रकार की श्रोता-मंडली के समक्ष भाषण देने पड़े थे।

यद्यपि इस भाषण-प्रवास में उन्हें यह लाभ अवश्य हुआ कि पाश्चात्य जीवन के विभिन्न पहलुओं को उन्होंने प्रत्यक्षतः जान लिया। फिर भी उन्हें यह

दुःख अनुभव हुआ कि वह संस्था उनका नाजाएज फायदा उठा रही है तथा कभी-कभी उन्हें संकोचशील अवस्था में भी डाल देती है। इस पर स्वामीजी को बहुत ग्लानि हुई और उन्होंने उस संस्था से अपना संबंध विच्छेद कर लिया।

अब स्वामीजी की इच्छा यह हुई कि आंतरिक पिपासायुक्त शिष्यों का संगठन हो और इस हेतु इस श्रेणी के विद्यार्थियों के लिए इन्होंने निःशुल्क कक्षाएँ आरंभ कर दीं। पश्चिम में वे दिसंबर 1896 ई. तक थे। उनका यह सारा समय उत्कट व्यस्तता में व्यतीत हुआ। न्यूयार्क में अगणित भाषण तथा कक्षाओं के अतिरिक्त उन्होंने वहाँ एक 'वेदांत समिति' की स्थापना की। थाउजेंड आइलैंड पार्क में अनेक अंतरंग शिष्यों का मंडल तैयार किया, राजयोग ग्रंथ की रचना की तथा दो साफल्यमंडित यात्राएँ इंग्लैंड की करीं, जहाँ उन्होंने अनेक भाषण दिए। इन्हीं में से कुछ भाषणों का संकलन उनका ग्रंथ 'ज्ञानयोग' है। इंग्लैंड में अनेक व्यक्तियों ने उनका शिष्यत्व ग्रहण किया, जिनमें प्रमुख कैप्टन तथा श्रीमती सेवियर भगिनी निवेदिता तथा ई.टी. स्टर्डी हैं। इसके पूर्व न्यूयार्क में स्वामीजी ने जे.जे. गुडविन नामक एक अंग्रेज नवयुवक आशुलिपिक को शिष्य के रूप में ग्रहण किया था। इन्हीं यात्राओं के अवसर पर स्वामीजी ने विख्यात विद्वतप्रवर मैक्स मूलर से सोल्लास भेंट की थी। 1895 के ग्रीष्मकालीन यूरोपीय प्रवास के समय उनकी भेंट प्रख्यात जर्मन प्राच्यवादी पॉल डायसन से भी हुई थी।

विश्व के समस्त धर्मों के आधारभूत वेदांत के संदेश को पाश्चात्यवासियों के समीप तक पहुँचाने में स्वामीजी को अत्यधिक परिश्रम करना पड़ा था, परंतु इसका सुंदर परिणाम यह हुआ कि संयुक्त राज्य अमेरिका में वेदांत प्रचार का कार्य एक स्थाई आधार पर आसीन हो गया। लंदन के कार्य में भी कुछ प्रगति हुई थी। अब स्वामीजी की मातृभूमि उन्हें बुला रही थी। वह उनके संदेश को प्राप्त करने की इच्छुक थी। अत: वे 1896 के अंत में भारतवर्ष के लिए रवाना हुए। अपने अंग्रेज तथा अमेरिका निवासी शिष्यों के अतिरिक्त स्वामीजी ने दो गुरुभाई स्वामी शारदानंद तथा स्वामी अभेदानंद को आगे कार्य संपादन के लिए पाश्चात्य देश में रहने दिया।

विजयश्रीमंडित स्वदेश-आगमन

सेवियर दंपती के साथ स्वामीजी 16 दिसंबर, 6 को लंदन से रवाना हुए और इटली में रोम तथा अन्य स्थानों को देखते हुए नेपल्स पहुँचे, जहाँ से 30 दिसंबर को वे जहाज द्वारा भारतवर्ष के लिए रवाना हुए। नेपल्स में मिस्टर गुडविन भी साथ हो लिए। 15 जनवरी, 1897 को सब लोग कोलंबो आए। स्वामीजी के आगमन का समाचार पहले ही भारतवर्ष पहुँच चुका था और समस्त देश में प्रत्येक स्थान पर लोग उनके स्वागतार्थ जोश से उमड़ रहे थे। अब वे एक अज्ञात संन्यासी नहीं रह गए थे। प्रत्येक शहर में, वह छोटा हो या बड़ा, स्वामीजी की समुचित अभ्यर्थना के लिए समितियों का निर्माण हो गया था। रोमाँ रोलाँ के शब्दों में, "स्वामीजी ने शंखध्वनि द्वारा आशा-चकोर असंख्यात व्यक्तियों को भारत के लिए संदेश देकर राम, शिव और कृष्ण की भूमि के पुनरुत्थान को ध्वनित कर दिया। साथ ही वीरत्व अर्थात् अजर अमर आत्मा का मानो युद्ध के लिए आह्वान किया। वे एक सेनापति थे, जो अपनी मुहिम अथवा अभियान-योजना को समझाते हुए लोगों को एक साथ, एकबारगी उठ खड़े होने के लिए संबोधित कर रहे थे। "मेरे देश उठो, कहाँ है तुम्हारी प्राणशक्ति-तुम्हारी अमर आत्मा में?"

मद्रास से राष्ट्र का आह्वान

मद्रास में उन्होंने पाँच सार्वजनिक भाषण दिए। प्रत्येक भाषण में निर्बलता एवं अंध-विश्वास को उखाड़ फेंकने की बिगुल ध्वनि थी और कहा था एक नवीन भारत निर्माण का संदेश। उन्होंने इस बात पर विशेष जोर दिया कि राष्ट्रीय जीवन का मूल आधार धर्म हैं—ऐसा धर्म, जो समस्त विश्व के आध्यात्मिक ऐक्य का प्रचार करे और जब वह प्राप्त हो जाएगा, तब हर एक चीज स्वतः सिद्ध अपने आप सुधर जाएगी। अपने देशवासियों की पाश्चात्य के प्रति अंध-अनुकरण-वृत्ति की भी उन्होंने तीव्र आलोचना की और इसी प्रकार लोगों की रुढ़िवादिता, जाति संकीर्णता आदि आदि की भी।

मद्रास से जहाज द्वारा स्वामीजी 20 फरवरी को कलकत्ता आए। इस मातृ-नगर ने उनका भव्य स्वागत किया और यहाँ उन्होंने अपने गुरुदेव

भगवान् श्रीरामकृष्ण के संबंध में हृदयस्पर्शी भाव व्यक्त किए "यदि मैंने कभी भी मनसा, वाचा, कर्मणा, किसी भी चीज की उपलब्धि की है, यदि मेरे मुँह से कभी एक भी ऐसा शब्द निकला है, जिससे संसार में किसी को लाभ हुआ हो, तो इन सबके प्रति मैं यही कहूँगा कि इसमें मेरा कुछ नहीं हैं, सबकुछ उन्हीं का रहा है···यदि यह राष्ट्र अपना उत्थान चाहता है तो मेरी बात मानो, राष्ट्र को उन्हीं के शुभ नाम का संबल लेना होगा।"

रामकृष्ण मिशन की स्थापना

अपने कार्य को दृढ़ आधार पर स्थापित करने के उद्देश्य से स्वामीजी ने अपने सब संन्यासी एवं गृहस्थ भक्तों को बलराम बोस के निवासस्थान पर एकत्रित किया और वहाँ 'रामकृष्ण मिशन' की स्थापना हुई। यह 1897 ई. की बात है। इस मिशन के उद्देश्य तथा आदर्श मात्र आध्यात्मिक एवं मानवता संबंधी हुए। अपने विचारों एवं आदर्शों को कार्यांवित करने के यंत्र को स्वामीजी ने संचालित कर दिया।

कलकत्ता में मई 1898 में प्लेग का प्रकोप हुआ। स्वामीजी ने मठ के साधुओं तथा गृहस्थ भक्तों की सहायता से सेवाकार्य का आयोजन किया। प्लेग के उपशम हो जाने पर स्वामीजी अपने पाश्चात्य भक्तों के साथ नैनीताल तथा अलमोड़ा के लिए रवाना हुए। यह अवसर मुख्यत: उनके पाश्चात्य शिष्यों के लिए शिक्षा-दीक्षा का था, विशेषत: भगिनी निवेदिता के लिए। इनमें से कुछ भक्तों को साथ लेकर 16 जून को स्वामीजी ने कश्मीर के लिए प्रस्थान किया। यह कश्मीर-यात्रा स्वामीजी तथा उनके शिष्यगण दोनों के लिए अविस्मरणीय रही। जुलाई के अंत में स्वामीजी भगिनी निवेदिता के साथ पुण्यक्षेत्र अमरनाथ मंदिर के दर्शन के लिए चले। स्थानीय लोकाचार एवं रीति रस्म के छोटे-बड़े सभी अनुष्ठानों का पूर्णत: पालन करते हुए स्वामीजी 2 अगस्त को अमरनाथ गुफा पहुँचे-केवल कौपीन धारण कर और पूरे शरीर में भस्म लगाकर उन्होंने गुफा में प्रवेश किया। पूरा देश मानो भावात्मक संवेग के सिहर उठा था। एक महान् रहस्यपूर्ण अनुभूति उनमें व्याप्त हो गई, ऐसी कि उसके बारे में कभी कुछ नहीं कहा, केवल इतना ही संकेत किया कि भगवान् शंकर उनके सम्मुख

साक्षात् प्रकट हुए थे। इसके बाद वे अकेले-नितांत एकाकी-माँ दुर्गा के मंदिर क्षीरभवानी गए, जो श्रीनगर से कुछ ही मील दूर था। यहाँ स्वामीजी को एक दूसरा चिरस्मरणीय अनुभव हुआ। वे माँ के भाव में मानो ओत-प्रोत थे और स्वरचित एक कविता से उद्धत करते हुए इतना ही कहा, "वह सब सत्य सिद्ध हुआ-एक-एक अक्षर-और मैंने उसे सिद्ध कर दिखाया। मैंने साक्षात् मृत्यु का आलिंगन किया।"

18 अक्टूबर को जब वे कलकत्ता पहुँचे तो वे बहुत कमजोर थे-पीले, अनेक व्याधियुक्त। इस पर भी वे विभिन्न कार्यकलापों में व्यस्त हो गए। गंगा के पश्चिम किनारे पर कलकत्ता से पाँच मील दूर बेलुड़ में एक भूखंड ले लिया गया था और इसी पर मठ के निर्माण का कार्य प्रारंभ हो गया था। 1899 जनवरी में संन्यासीगण मठ के नए भवन में आ गए। यही आज का बेलुड़ मठ है। निवेदिता गर्ल्स स्कूल का उद्घाटन पहले ही हो चुका था। इसी समय बंगला मासिक पत्र 'उद्बोधन' भी प्रारंभ हो गया था और सेवियर दंपती ने स्वामीजी के स्वप्न को भी साकार कर हिमालय अंचल में एक मठ की स्थापना कर दी, यहाँ शुरू हुआ मायावती (अलमोड़ा) का अद्वैत आश्रम। अंग्रेजी मासिक 'प्रबुद्ध भारत' का प्रकाशन मद्रास में पहले ही आरंभ हो गया था, किंतु 7898 में इसके संपादक का निधन हो जाने से एक मास के लिए प्रकाशन स्थगित करना पड़ा। यही मासिक पत्र पुनः अलमोड़ा से 1899 में प्रकाशित हुआ। इसके संपादक थे स्वामी विवेकानंद के एक शिष्य स्वामी स्वरूपानंद, तदनंतर यह पत्र अद्वैत आश्रम, मायावती स्थानांतरित हो गया।

इस अवसर पर मठ के संन्यासी एवं ब्रह्मचारियों को स्वामीजी तीव्र आध्यात्मिक जीवन एवं सेवा के लिए उत्कट रूप से प्रेरित करते थे, जिससे उन्हें स्वयं मोक्षलाभ हो तथा मानव समाज का हित हो-इसे ही स्वामीजी 'आत्मनो मोक्षार्थं जगद्धि ताय च' कहते थे।

स्वामीजी का स्वास्थ्य गिर रहा था, किंतु उनके गुरुभाइयों ने इस विचार से कि संभवतः इससे उनका स्वास्थ्य सुधर जाए, उनके दुबारा पाश्चात्य गमन की योजना का स्वागत किया।

विश्व भ्रमण-एक बार पुनः

स्वामी तुरीयानंद तथा भगिनी निवेदिता को साथ लेकर स्वामीजी ने 20 जून, 1899 को भारत से प्रस्थान किया। स्वामीजी के साथ यह यात्रा उन दोनों के लिए विशेष शिक्षाप्रद थी। इस संबंध में भगिनी निवेदिता ने लिखा है—'शुरू से लेकर अंत तक कथाओं का एक भव्य ताँता सा लगा रहा, कहा नहीं जा सकता था कि किस क्षण स्वामीजी की अंत:प्रज्ञा की झलक दिख जाए अथवा कोई नवीन सत्य मुखरित हो उठे।' मद्रास, कोलंबो तथा एडेन होता हुआ जहाज 31 जुलाई को लंदन पहुँचा। समुद्र यात्रा स्वामीजी के स्वास्थ्य के लिए हितकर सिद्ध हुई।

लंदन में दो सप्ताह बिताकर स्वामीजी ने न्यूयार्क के लिए यात्रा की। यहाँ पहुँचकर वे लेगेट दंपती के साथ हडसन नदी पर स्थित उनके मनोरम ग्राम-निवास रिजली मेनर आए 5 नवंबर तक वे इस ग्राम कुटीर में रहे और फिर पश्चिम तट पर पहुँचे। इधर उन्होंने लॉस एंजलीस, ओकलैंड तथा सैनफ्रैंसिस्को की यात्रा की और थोड़े-थोड़े समय के लिए शिकागो तथा डेट्रायट भी आए। अब उनकी यह धारणा दृढ़तर हो गई कि प्राच्य तथा पाश्चात्य दोनों को पारस्परिक सहायता करनी चाहिए तथा दोनों में सहकारिता की वृद्धि हो। पाश्चात्य की भौतिक चमक-दमक उन्हें चकाचौंध नहीं कर सकती थी और न यही सत्य था कि भारत नी आध्यात्मिक गरिमा द्वारा अपनी सामाजिक तथा भौतिक निर्बलताओं को दबाए रख सके।

प्राच्य-पाश्चात्य सामंजस्य

भगिनी निवेदिता से उन्होंने कहा था, 'पाश्चात्य में सामाजिक जीवन बाह्य उल्लास का एक ढेर मात्र है, किंतु उसके नीचे छिपा है भीषण रुदन, उसकी समाप्ति होती है सिसकियों में···यहाँ भारतवर्ष में बाह्यतः दुःख और क्षोभ है, किंतु अंतस्तल में है—बेफिकरी और आनंद। पाश्चात्य ने बाह्य जगत् पर विजय प्राप्त करने का प्रयास किया, भारत ने अंतर्जगत् पर। अब श्रेयस्कर यह है कि प्राच्य और पाश्चात्य दोनों हाथ में हाथ डालकर एक-दूसरे के हितसाधन में लगें, किंतु इतना अवश्य, कि बिना एक-दूसरे के वैशिष्ट्य

को नष्ट किए। पाश्चात्य को प्राच्य से बहुत कुछ सीखना है और इसी प्रकार प्राच्य को पाश्चात्य से। असल में भविष्य गढ़ा जाए, दोनों आदर्शों के समुचित सामंजस्य से। तब न प्राच्य रहेगा, न पाश्चात्य, बल्कि रहेगी एकमात्र मानवता।'

इस अवधि की एक प्रमुख घटना थी उत्तर कैलिफोर्निया में शांति आश्रम की स्थापना, जिसका संचालन स्वामी तुरीयानंद को सौंपा गया। सैनफ्रैंसिस्को में एक वेदांत केंद्र की भी स्थापना हुई। इसी बीच स्वामीजी ने पश्चिमी शहरों में अनेक व्याख्यान भी दिए। इतना जरूर था कि स्वामीजी स्पष्टत: देख रहे थे कि उनका अंतिम काल समीप आ रहा है। कु. मैकलिऔड को उन्होंने लिखा भी था, "मेरी नौका उस शांत बंदरगाह के समीप पहुँच रही है, जहाँ से वह फिर कभी वापस नहीं आएगी।"

1 अगस्त, 1900 को स्वामीजी धर्म–इतिहास सभा में भाग लेने पेरिस आए। यह सभा पेरिस प्रदर्शिनी के अवसर पर हुई थी। इसके उपरांत कुछ मित्रों के साथ अक्टूबर मास में वे पैरिस से रवाना हो गए और हंगेरी, रूमानिया, सरविया तथा बलगेरिया की यात्रा की। तदनंतर कांसटैंटिनोपल आए। फिर सब लोग एथेंस और कैरो आए। कैरो में स्वामीजी भारत वापस आने के लिए एकाएक व्यग्र हो गए : उन्हें कैप्टन सेवियर के निधन का अंत:भास हुआ। अत: जो भी पहला जहाज मिला, उसी से भारत वापस आ गए और बिना कोई पूर्व सूचना दिए 9 दिसंबर, 1900 को बेलुड़ मठ पहुँच गए। स्वामीजी का अकस्मात् आगमन उनके गुरुभाइयों तथा शिष्यों के लिए बड़ा सुखद आश्चर्य था। उनकी वापसी से आनंद का स्त्रोत उमड़ पड़ा।

यात्रा का अंत

मठ में आने पर स्वामीजी को ठीक ही ज्ञात हुआ कि कैप्टन सेवियर का स्वर्गवास 28 अक्टूबर को हो गया है। अत: तुरंत ही श्रीमती सेवियर को सांत्वना देने के उद्‌देश्य से वे मायावती के लिए रवाना हुए। 3 जनवरी, 1901 को वहाँ पहुँचे और एक पक्ष रहे। अद्वैतमार्ग के प्रति समर्पित इस हिमालय स्थित आश्रम के प्राकृतिक सौंदर्य की भव्यता ने स्वामीजी को मोहित कर

लिया। अस्वस्थता एवं भीषण शीत के बावजूद भी वे समीपवर्ती जंगल तथा एक निर्मित जलकुंड के पास घूमे-फिरे-खूब प्रसन्नचित्त और निश्चिंत।

बेलुड़ वापस आए। यहाँ सात सप्ताह रहे और फिर पूर्व बंगाल तथा आसाम की ओर यात्रा की। उनकी जननी की तीव्र इच्छा उस क्षेत्र के तीर्थस्थानों के दर्शन की थी, अत: वे उनके साथ गई। इस प्रसंग में उन्होंने श्रीमती बुल को लिखा था, "पति के न रहने के बाद हिंदू स्त्री की यह एक महान् इच्छा होती है। मैं अपने लोगों के लिए केवल क्लेश ही लाया हूँ। अपनी माता की यह एक इच्छा पूर्ण करने का मैं प्रयत्न कर रहा हूँ।" इस प्रवास में स्वामीजी नगलबंध, कामाख्या तथा शिलांग गए। ढाका एवं शिलांग में कुछ भाषण दिए और तदनंतर मई 1901 के द्वितीय सप्ताह में मठ लोट आए।

अब स्वामीजी की इच्छा मठ में कुछ निश्चित जीवनयापन की हुई। अब वे कभी-कभी मठ की भूमि पर केवल अर्ध-परिधान में विचरण करते; कभी भोजनादि की व्यवस्था देखते अथवा कभी मठ के साधुओं के साथ बैठकर भक्तिपूर्ण भजन गाते। कभी-कभी वे आए हुए दर्शकों को आध्यात्मिक निर्देशन करते हुए देखे जाते, कभी अपने कक्ष में एकाकी बैठे गंभीर अध्ययन में रत रहते, मठवासियों को कभी शास्त्र के कठिन अंशों की मीमांसा बताते अथवा कभी उनके समीप अपनी भविष्य की कार्यप्रणाली की रूपरेखा व्यक्त करते। अब उन्होंने अपने को समस्त औपचारिक कार्यों से मुक्त कर लिया-अपने गुरुभाइयों के नाम एक न्यासपत्र (डीड ऑफ ट्रस्ट) निष्पन्न करके-और अब उन्हीं के नाम समस्त संपत्ति-बेलुड़ मठ सहित-हस्तांतरित कर दी, जो उस दिन तक उनके नाम थी।

सन् 1901 ई. के अंतिम भाग में जापान से दो विद्वान् बौद्ध उस देश में होनेवाली आगामी धर्म-सभा के लिए स्वामीजी को आमंत्रित करने आए। स्वामीजी उनके निमंत्रण को स्वीकार तो नहीं कर सके, किंतु उनके साथ बोधगया तक गए और वहाँ से फिर वाराणसी। वाराणसी में स्वामीजी यह देखकर विशेष आनंदित हुए कि उनके संदेश एवं आह्वान से प्रेरित कुछ नवयुवकों ने वहाँ निर्धन तथा आर्त की सेवा का कार्य प्रारंभ कर दिया है।

कहना न होगा, उसी सेवाकार्य ने वहाँ के भावी 'श्रीरामकृष्ण मिशन सेवाश्रम' का रूप लिया।

स्वामीजी को ज्ञात था कि उनका अंतकाल समीप आ रहा हैं। अंतिम कुछ दिनों के उनके सारे कार्यकलाप जानबूझकर किए हुए तथा सुस्पष्ट थे। उन्होंने कहा था कि छोटे पौधे बड़े पेड़ के नीचे बढ़ नहीं सकते। 4 जुलाई, 1902 को वे कुछ असाधारणरूपेण प्रात:काल 8 से 3 तक ध्यानमग्न रहे। तीसरे प्रहर स्वामी प्रेमानंद के साथ घूमने गए और उन्हें वैदिक पाठशाला प्रारंभ करने की अपनी एक योजना बताई। सायंकाल वे अपने कक्ष में चले गए और वहाँ एक घंटा ध्यानस्थ रहे। उसके बाद चुपचाप लेट गए, दो गहरी साँसे ली और चिरशांति में लीन हो गए।

उनका पार्थिव शरीर चला गया, किंतु अपनी चिर अमरता का प्रत्येक व्यक्ति को आश्वासन दिलाते रहने के लिए उनके वे शब्द स्थाई एवं चिरव्याप्त हैं, जो उन्होंने मिस्टर एरिक हैमंड को लंदन में कहे थे "संभवत: यह अच्छा होगा कि मैं अपने इस शरीर के बाहर निकल आऊँ और इसे जीर्ण वस्त्र की भाँति उतार फेकूँ, किंतु फिर भी मैं कार्य करते रहने से रुकूँगा नहीं। मानव समाज में मैं तब तक सर्वत्र प्रेरणा प्रदान करता रहूँगा, जब तक कि संसार यह भाव आत्मसात् न कर ले कि वह ईश्वर के साथ एक है।"

"यदि आप भारत को जानना चाहते हैं तो विवेकानंद का अध्ययन करें। उनमें सबकुछ सकारात्मक है, कुछ भी नकारात्मक नहीं। राष्ट्र के प्रत्येक व्यक्ति को संबोधित करते हुए उन्होंने कहा कि 'तुम में से प्रत्येक के अंदर ईश्वर की शक्ति है, दीन व दु:खी के अंदर का ईश्वर तुममें से अपनी सेवा की अपेक्षा करता है।' उनके इस संदेश ने नवयुवकों के हृदय को पूर्ण व्यापकता के साथ झकझोरा। यही कारण है कि यह संदेश राष्ट्र की सेवा में विविध प्रकारों एवं बलिदान की विभिन्न शक्लों के रूप में फलदायी सिद्ध हआ।"

—रवींद्र नाथ टैगोर

□

हे अमर पुत्रो!
हमारी मातृभूमि भारत, पूर्वापेक्षा अधिक महिमान्वित दिखाई दे रही है

क्या भारत मर जाएगा? तब तो संसार से क्या सारी आध्यात्मिकता का समूल नाश हो जाएगा, सारे सदाचारपूर्ण आदर्श जीवन का विनाश हो जाएगा, धर्मों के प्रति सारी मधुर सहानुभूति नष्ट हो जाएगी, सारे ध्येयवाद का भी लोप हो जाएगा और उसके स्थान में कामरूपी देव और विलासितारूपी देवी राज्य करेगी? धन उनका पुरोहित होगा। प्रताड़ना, पाश्विक बल और प्रतिद्वंद्विता, ये ही उनकी पूजा-पद्धति होगी और मानव-आत्मा उनकी बलिसामग्री हो जाएगी। ऐसी दुर्घटना कभी हो नहीं सकती··· क्या वह कभी मर जाएगा? वह भारत, जो प्राचीन काल से सभी उदात्तता, नीति और आध्यात्मिकता का जन्मस्थान रहा है, वह देश, जिसमें ऋषिगण विचरण करते रहे हैं, जिस भूमि में देवतुल्य मनुष्य अभी भी जीवित और जाग्रत् है, क्या मर जाएगा? भाइयो! मैं उस यूनानी ऋषि डायोजीनिस को लालटेन को उधार लेकर आपके पीछे-पीछे इस विशाल संसार के शहरों, ग्रामों, मैदानों और जंगलों की ओर चलूँगा। मुझे अगर आप दिखा सकते हो तो ऐसे पुरुष दूसरे देशों में भी दिखा दीजिए।" (हि.ध.प. 26-27)

संसार भारत माता का ऋणी है

* संसार हमारी भारतमाता का बहुत ही ऋणी है। यदि भिन्न-भिन्न जातियों की पारस्परिक तुलना की जाए तो मालूम होगा कि सारा संसार सहिष्णु एवं

'निरीह' हिंदू का जितना ऋणी है, उतना और किसी का नहीं।···जब ग्रीस का अस्तित्व नहीं था, रोम भविष्य के अंधकार गर्भ में छिपा हुआ था, जब आधुनिक यूरोपियनों के पुरखे जर्मन के घने जंगलों के अंदर छिपे रहते थे और जंगली लोगों की तरह अपने शरीर को नीले रंग के रँगा करते थे, तब भी भारतवासी कितने क्रियाशील थे, इस बात की गवाही हमें इतिहास दे रहा है। उससे भी पहले, जिस समय की कोई स्थिति इतिहास नहीं बता सकता, जिस सुदूर अतीत की ओर नजर दौड़ने का साहस किंवदंती को भी नहीं होता, उस अत्यंत प्राचीनकाल से लेकर अब तक न जाने कितनी ही भाव तरंगें भारत से प्रसूत हुई है, पर वे सब तरंगें अपने आगे शांति तथा पीछे आशीर्वाद लेकर अग्रसर हुई हैं।

भारत के राष्ट्रीय आदर्श

क्या तुम यह बता सकते हो कि भारत अन्य सब आर्य जातियों से पिछड़ा हुआ क्यों रहे? भारत की बुद्धि क्या कुछ कम है? क्या यहाँ कुशलता की कमी हैं? उसका शिल्प, उसका गणित, उसके दर्शनशास्त्र आदि का विचार करने पर क्या तुम किसी विषय में कम कह सकते हो? आवश्यक इतना ही है कि वह रोहनिद्रा से, सैकड़ों सदियों को दीर्घ निद्रा से जाग जाए और संसार की समग्र जातियों के बीच उसका गर्थ कार्य है, उसे ग्रहण कर ले।···'त्याग' और 'सेवा' ही भारत के राष्ट्रीय आदर्श है। इन दो बातों में भारत को उन्नत करो। ऐसा होने पर सबकुछ अपने आप ही उन्नत हो जाएगा। (स्व.वि.वा. 81-83)

हे अमर पुत्रो, मेरे देशवासियो, यह हमारा जातीय जहाज युगों से सभ्यता को ले आता, ले जाता रहा है और इसने अपनी अतुलनीय संपदा से संसार को समृद्ध बनाया है। अनेक गौरवपूर्ण शताब्दियों तक हमारा यह जहाज जीवन-सागर में चलता रहा है और करोड़ों आत्माओं को उसने दुःख से दूर संसार के उस पार पहुँचाया है। आज शायद उसमें एक छेद हो गया हो और इससे वह छेद हो गया हो, यह चाहे तुम्हारी गलती से या चाहे किसी और कारण से। तुम जो इस जहाज पर चढ़े हुए हो, अब क्या करोगे? क्या तुम दुर्वचन कहते हुए आपस में झगड़ोगे? क्या तुम मिलकर उस छेद को बंद करने की पूर्ण चेष्टा करोगे? हम सब लोगों को अपनी पूरी जान लड़ाकर खुशी-खुशी

उसे बंद कर देना चाहिए। अगर न कर सकें तो हम लोगों को एक संग डूब मरना होगा। पर किसी के लिए शुभेच्छाएँ छोड़कर बुरे शब्द हमारे मुँह से न निकलें। (वि.सा.खं. 5, 348)

अब आप समझ सकते हैं, कि उस राक्षसी का प्राण-पखेरू कहाँ है? वह धर्म में है। उसका नाश कोई नहीं कर सका, इसीलिए इतनी आपद-विपदा को झेलते हुए भी हिंदू जाति अभी तक बची है। अच्छा, एक भारतीय विद्वान् ने पूछा कि इसी राष्ट्र के प्राण को धर्म में रखने की क्या आवश्यकता है? उसे सामाजिक या राजनीतिक स्वतंत्रता में क्यों न रखा जाए, जैसा कि दूसरे राष्ट्रों में होता है? ऐसी बात कहना तो बड़ा सरल है।···वास्तविक बात यह है कि जो नदी पहाड़ से एक हजार कोस उतर आई हो, वह क्या फिर पहाड़ पर जाएगी या जा सकेगी? यदि वह जाने की चेष्टा भी करे तो परिणाम यही होगा कि इधर-उधर जाकर वह सूख जाएगी। वह नदी चाहे जैसी हो, समुद्र में जाएगी ही, चाहे दो दिन पहले या दो दिन बाद, दो अच्छी जगहों में से होकर अथवा दो गंदी जगहों से गुजरकर। यदि हमारे इस दस हजार वर्ष के जातीय जीवन में भूल हुई तो इस समय अब तो और कोई उपाय है ही नहीं। इस समय यदि नए चरित्र का गठन किया जाए तो मृत्यु की ही संभावना है। (प्रा.पा. 19-20)

भारत अभी भी जीवित है

हे मेरे मित्रो! हमारी जाति अभी भी जीवित है, धुकधुकी चल रही है, केवल बेहोश हो गई है। और देखोगे कि इस देश का प्राण धर्म है, भाषा धर्म है तथा भाव धर्म है। आपकी राजनीति, समाजनीति, रास्ते की सफाई, प्लेग-निवारण, दुर्भिक्ष-पीड़ितों को अन्नदान आदि चिरकाल से इस देश में जैसे हुआ है, वैसे ही होगा। अर्थात् धर्म के द्वारा यदि होगा तो अन्यथा नहीं। आपके रोने-चिल्लाने का कुछ भी असर न होगा। (प्रा.पा. 21)

हे मेरे मित्रो, प्रत्येक देश में एक ही नियम हैं, वही होता है। बाकी लोग केवल भेड़ियाधसान का ही अनुकरण करते हैं। मैंने तुम्हारी पार्लियामेंट, सेनेट, वोट, मेजारिटी, बैलट आदि सब देखा है। सभी जगह शक्तिमान पुरुष है? वे ही जो धर्मवीर हैं। वे ही, ऐसा ही है।···अब प्रश्न यह है कि भारतवर्ष में कौन

हैं, जो हमारे समाज को चलाते हैं, वे ही समाज की राजनीति हैं। हम चुपचाप सुनते हैं और उसे मानते हैं। (प्रा.पा. में परिवर्तन की आवश्यकता होने पर उसे बदल देते 21-22)

• एक बात पर विचार करके देखिए, मनुष्य नियमों को बनाता है या नियम मनुष्यों का बनाते हैं? मनुष्य रुपया पैदा करता है या रुपया मनुष्यों को पैदा करता है? मनुष्य कीर्ति और नाम पैदा करता है या कीर्ति और नाम मनुष्य पैदा करते हैं? मेरे मित्रो, पहले मनुष्य बनिए, तब आप देखेंगे कि वे सब बाकी चीजें स्वयं आपका अनुसरण करेंगी। परस्पर के घृणित द्वेषभाव को छोड़िए···और सदुद्देश्य, सदुपाय सत्साहस एवं सद्वीर्य का अवलंबन कीजिए। आपने मनुष्य योनि में जन्म लिया है तो अपनी कीर्ति यहीं छोड़ जाइए। (प्रा.पा. 22-23)

जगत् हमारी ओर देख रहा है

• कोई भी सत्य, प्रेम तथा निष्कपटता को बाधा नहीं पहुँचा सकता। क्या तुम अपने मन और वाणी को एक कर पाए हो? क्या तुम मृत्यु तक को तुच्छ समझकर निस्स्वार्थ भाव से रह सकते हो? क्या तुम्हारे हृदय में प्रेम है? यदि ये बातें तुम्हारे भीतर विद्यमान हों तो फिर तुम्हें किसी भी चीज से, यहाँ तक कि मृत्यु से भी डरने की आवश्यकता नहीं। वत्स, बढ़े चलो, समग्र जगत् ज्ञानलोक के लिए लालायित है, उस ज्ञानलोक को प्राप्त करने के लिए उत्सुकतापूर्ण दृष्टि से जगत् हमारी ओर देख रहा है। एकमात्र भारत के पास ही ऐसा ज्ञानलोक विद्यमान है, जिसकी कार्यशक्ति न तो इंद्रजाल में है और न छल ही में, वह तो सच्चे धर्म के मर्मस्थल-उच्चतम आध्यात्मिक सत्य के अशेष महिमान्वित उपदेशों में प्रतिष्ठित है। जगत् को इस तत्त्व की शिक्षा प्रदान करने के लिए ही प्रभु ने इस जाति को विभिन्न दुःख-कष्टों के भीतर भी आज तक जीवित रखा है। अब उसे वस्तु को देने का समय उपस्थित हुआ है। हे वीर हृदय युवको, तुम यह विश्वास रखो कि अनेक महान् कार्य करने के लिए तुम लोगों का जन्म हुआ है। कुत्तों की आवाज से न डरो, यहाँ तक कि यदि आकाश से प्रबल वज्रपात भी हो, तो भी न डरो, उठो-कमर कसकर खड़े होओ, कार्य करते चलो। (पत्रा. 1. 166-67)

भारत का पुनरुत्थान आत्मशक्ति से

• भारतवर्ष का पुनरुत्थान होगा, पर वह शारीरिक शक्ति से नहीं, वरन् आत्मा की शक्ति द्वारा। वह उत्थान विनाश की ध्वजा लेकर नहीं, वरन् शांति और प्रेम की ध्वजा से···मैं अपने सामने यह एक सजीव दृश्य अवश्य देख रहा हूँ कि हमारी यह वृद्ध माता पुन: एक बार जाग्रत् होकर अपने सिंहासन पर नवयौवनपूर्ण और पूर्व की अपेक्षा अधिक महामहिमान्वित होकर विराजी हैं; शांति और आशीर्वाद के वचनों के साथ सारे संसार में उसके नाम की घोषणा कर दो। (हि.ध.प. 33-34)

• एक नवीन भारत निकल पड़े-निकले हल पकड़कर, किसानों की कुटी भेदकर, मछुआ, मोची, मेहतरों की झोपड़ियों से। निकल पड़े बनियों की दुकानों से, भुजवा के भाड़ के पास, कारखाने से। हाट से, बाजार से निकले, झाड़ियों, जंगलों, पहाड़ों, पर्वतों से। (परि. 33-34)

• हमारे भारतवर्ष का यह एक महान् दोष है कि हम कोई स्थाई संस्था नहीं बना सकते हैं और उसका कारण यह है कि दूसरों के साथ हम कभी अपने उत्तरदायित्व का बँटवारा नहीं करना चाहते और हमारे बाद क्या होगा-यह भी हम नहीं सोचते। (पत्रा. 2, 198-99)

धोखा देनेवाला नेता नहीं हो सकता

जनरल स्ट्रांग नाम के मेरे एक अंग्रेज मित्र सिपाही-विद्रोह के समय इस देश में थे। वे गदर की कहानी बहुत कहते थे। एक दिन बातों ही बातों में मैंने पूछा, "सिपाहियों के साथ इतनी तोपें, बारूद, रसद थी, और वे शिक्षित तथा दूरदर्शी थे। पर वे इस तरह क्यों हारकर भागे?" उन्होंने उत्तर दिया, "उसमें जो लोग नेता हुए थे, वे सब बहुत पीछे से 'मारो बहादुर', 'लड़ो बहादुर' कह-कहकर चिल्ला रहे थे। स्वयं आफिसर के आगे बढ़े बिना तथा मौत का सामना किए बिना कहीं सिपाही लड़ते हैं? 'सब कामों में ऐसा ही हाल है।' 'सरदार तो सरदार', सिर दे सको तो नेता हो। हम सब लोग धोखा देकर नेता होना चाहते हैं; इसी से कुछ होता नहीं, कोई मानता भी नहीं। (परि.32)

आदेश का पालन सीखें

पहले आदेश पालन करना सीखो। इन सब पाश्चात्य जातियों में स्वाधीनता का प्रभाव जैसा प्रबल है, आदेश पालन करने का भाव भी वैसा ही प्रबल है। हम सभी अपने आपको बड़ा समझते हैं, इससे कोई काम नहीं बनता। महान् उद्यम, महान् साहस, महावीर्य और सबसे पहले आज्ञापालन—ये सब गुण व्यक्तिगत या जातिगत उन्नति के लिए एकमात्र उपाय है। और ये गुण हममें हैं ही नहीं। (पत्रा 1, 361)

ईर्ष्या ही हमारे दाससुलभ जातीय चरित्र का धब्बा है। औरों का तो क्या कहना, स्वयं सर्वशक्तिमान ईश्वर भी इस ईर्ष्या के कारण हमारा कुछ भला नहीं कर सकता···मेरे बारे में समझो कि मुझे जो कुछ करना था, वह सब मैं कर चुका। अब मैं मर गया; यही समझो कि सब कामों का भार तुम्हीं पर है। युवको, समझो कि तुम्हीं इस काम के लिए विधाता से भेजे हुए हो। तुम काम में लग जाओ। (पत्रा 1, 116)

मुझे पूर्ण विश्वास है कि कोई भी मनुष्य या राष्ट्र अपने को दूसरों से अलग रखकर जी नहीं सकता···लेन-देन ही संसार का नियम है और यदि भारत फिर से उठना चाहे तो वह परमावश्यक है कि वह अपने रत्नों को बाहर लाकर पृथ्वी की जातियों में बिखेर दें और इसके बदले में वे जो कुछ दे सकें, उसे हर्ष ग्रहण करें। विस्तार ही जीवन है और संकोच मृत्यु; प्रेम ही जीवन है और द्वेष मृत्यु। हमने उसी दिन से मरना शुरू किया, जब से हम अन्यान्य जातियों से घृणा करने लगे और यह मृत्यु बिना इसके किसी दूसरे उपाय से रुक नहीं सकती कि हम फिर विस्तार को अपनाएँ, जो कि जीवन है। (पत्रा 1, 207-8)

हमारा राष्ट्रीय महापाप

मेरी समझ में देश के जनसाधारण की अवहेलना करना ही हमारा महान् राष्ट्रीय पाप है और वह हमारी अवनति का एक कारण है। जब तक भारत की साधारण जनता उत्तम रूप से शिक्षित नहीं हो जाती, जब तक उसे खाने-पीने को अच्छी तरह से नहीं मिलता, जब तक उसकी अच्छी तरह देख-भाल नहीं होती, तब तक कितना ही राजनीतिक आंदोलन क्यों न हो, उससे कुछ फल

न होगा। ये बेचारे गरीब हमारी शिक्षा के लिए (राजकर के रूप में) पैसा देते हैं, हमारी धार्मिक सिद्धि के लिए (अपने शारीरिक) परिश्रम से बड़े-बड़े मंदिर खड़े करते हैं; पर इसके बदले उनको चिरकाल ठोकरों के सिवाय और क्या मिला है ? वास्तव में वे हमारे गुलाम ही बन गए हैं। यदि हम भारत का पुनरुद्धार चाहते है, तो हमें अवश्य ही उनके लिए कार्य करना होगा (स्वा. वि.वा. 72)

अतएव, हिंदू लोग अतीत के इतिहास की जितनी ही आलोचना करेंगे, उनका भविष्य उतना ही उज्ज्वल होगा; और जो कोई इस अतीत के बारे में प्रत्येक व्यक्ति को विज्ञ करने की चेष्टा कर रहे हैं, वे ही स्वजाति के परम हितकारी हैं। भारत की अवनति इसलिए नहीं हुई कि हमारे पूर्व पुरुषों के नियम एवं आचार-व्यवहार खराब थे, वरन् उसकी अवनति का कारण यह था कि उन नियमों और आचार-व्यवहारों का न्यायतः जो परिणाम होना चाहिए था, उसमें उनको परिणत नहीं होने दिया गया। (ह.भा. 23)

भारत तभी जागेगा

इस देश में साध्य तो अनेक हैं, किंतु साधन नहीं। मस्तिष्क तो है, परंतु हाथ नहीं। हम लोगों के पास वेदांत मत है, लेकिन उसे कार्यरूप में परिणत करने की क्षमता नहीं है। हमारे ग्रंथों में सार्वभौम साम्यवाद का सिद्धांत है, किंतु कार्यों में महा भेदवृत्ति है। महा निस्स्वार्थ, निष्काम कर्म भारत में ही प्रचारित हुआ, परंतु हमारे कर्म अत्यंत निर्मम और अत्यंत हृदयहीन हुआ करते हैं और मांसपिंड की अपनी इस काया को छोड़कर, अन्य किसी विषय में हम सोचते ही नहीं···मेरा भी विश्वास है कि यदि हतश्री, अभागे, निर्बुद्धि, पददलित, चिरबुभुक्षित, झगड़ालू और ईर्ष्यालु भारतवासियों को कोई हृदय से प्यार करने लगे तो भारत पुनः जाग्रत् हो जाएगा। भारत तभी जागेगा, जब विशाल हृदयवाले सैकड़ों स्त्री-पुरुष भोग-विलास और सुख की सभी इच्छाओं को विसर्जित कर मन, वचन और शरीर से उन करोड़ों भारतीयों के कल्याण के लिए सचेष्ट होंगे, जो दरिद्रता तथा मूर्खता के अगाध सागर में निरंतर डूबते जा रहे हैं।

(वि.सा.खं. 6, 307)

• भारत के सभी अनर्थों की जड़ है—जनसाधारण की गरीबी। पश्चात्य देशों के गरीब तो देवता हैं। इसलिए हमारे यहाँ के गरीबों की उन्नति करना अपेक्षाकृत सहज है। अपने से निम्न श्रेणीवालों के प्रति हमारा एकमात्र कर्तव्य है–उनको शिक्षा देना, उन्हें सिखाना कि इस संसार से तुम भी मनुष्य हो, तुम लोग भी प्रयत्न करने पर अपनी सब प्रकार से उन्नति कर सकते हो। अभी वे लोग यह भाव खो बैठे हैं। (पत्रा. 134)

भारत कभी यूरोप नहीं बन सकता

पिछले गत् सौ वर्षों में भारतवर्ष में सुधार सभाओं और सुधारकों की बहुत चहल-पहल रही है, पर शोक की बात यह है कि उनमें से प्रत्येक यत्न असफल रहा। उन लोगों को समाज सुधार का यथार्थ रहस्य विदित नहीं था। उन्होंने यथार्थ में सीखने लायक बड़ी बात को नहीं सीखा। उतावली में उन लोगों ने हमारे समाज के सारे दोषों का उत्तरदायित्व धर्म के मत्थे मढ़ दिया और कथा में वर्णित अपने मित्र के कपाल पर बैठे हुए मच्छर और उसे, दोनों को शायद उन्होंने एक साथ ही मार डाला होता, परंतु सौभाग्य से यहाँ तो स्वयं ही अचल चट्टानों पर जाकर टकराए और उस टकराने की चोट से अपना ही अस्तित्व खो बैठे। उन उदार निस्स्वार्थ आत्माओं की धन्य है, जो अपने विपथगामी प्रयत्नों में श्रम उठाते हुए असफल रहे। उनके सुधार के प्रति उत्साहरूपी वैद्युतिक आघातों की उस निद्रामग्न समाजरूपी कुंभकर्ण को अत्यंत आवश्यकता थी। पर वे पूर्णतः विनाशात्मक थे, रचनात्मक नहीं, और इसी कारण मरणशील थे, अतः मर गए। चलिए, हम उन्हें आशीर्वाद दें और उनके अनुभव से लाभ उठाएँ।···जब तक संपूर्ण हिंदू जाति निर्मूल न हो जाए और उसकी भूमि को नई जाति अधिकृत न करे ले, तब तक समाज के ऐसे विप्लवकारी संस्कार संभव नहीं है। चाहे पूर्व प्रयत्न करें, चाहे पश्चिम, भारत कभी यूरोप नहीं बन सकता, जब तक कि वह मर मिट न जाए। (हि.ध.प. 25–26)

किंतु भली-भाँति स्मरण रखिए, यदि आप धर्म छोड़कर पाश्चात्य जाति की जड़वाद-सर्वत्र सभ्यता के पीछे दौड़िएगा, तो आपका तीन ही पीढ़ियों में

विनाश निश्चित है। धर्म छोड़ने से हिंदू जाति का मेरूदंड ही टूट जाएगा, जिस भित्ति के ऊपर यह जातीय सुविशाल सौध खड़ा है, वही नष्ट हो जाएगा, फिर तो सर्वनाश रखा ही है। (भा.वि. 63)

अब सोने का समय नहीं

• हे भाइयो, हम सभी लोगों को इस समय कठिन परिश्रम करना होगा। अब सोने का समय नहीं है। हमारे कार्यों पर भारत का भविष्य निर्भर है। यह देखिए, भारतमाता धीरे-धीरे आँखें खोल रही है। वे कुछ देर सोई थीं। उठिए, उन्हें जगाइए और पूर्वापेक्षा महागौरव मंडित करके भक्तिभाव से उन्हें अपने चिरंतन सिंहासन पर प्रतिष्ठित कीजिए। (भा.वि. 64)

निंदावाद को एकदम छोड़ दो। तुम्हारा मुँह बंद हो और हृदय खुल जाए। इस देश और सारे जगत् का उद्धार करो। तुम लोगों में से प्रत्येक को यह सोचना होगा कि सारा भार तुम्हारे ही ऊपर है। वेदांत का आलोक घर-घर ले जाओ, घर-घर में वेदांत के आदर्श पर जीवन गठित हो। प्रत्येक जीवात्मा में जो ईश्वरत्व अंतर्निहित है, उसे जगाओ (भा.वि. 122)

अपने स्नायु को बलवान बनाओ। हमें लोहे के पुढ़े और फौलाद के स्नायु की आवश्यकता है हम लोग बहुत दिन रो चुके। अब और रोने की आवश्यकता नहीं है। अब अपने पैरों पर खड़े हो जाओ और मनुष्य बनो। (भा.वि. 153)

दृढ़चित बनो और इससे भी बढ़कर पूर्ण पवित्र और कपटशून्य बनो; विश्वास रखो कि तुम्हारा भविष्य अत्यंत गौरवपूर्ण है।...जिनके पास धन-दौलत नहीं है, जो गरीब हैं, केवल उन्हीं लोगों का भरोसा है, और चूँकि तुम गरीब हो, इसलिए तुम्हारे द्वारा यह कार्य होगा; चूँकि तुम्हारे पास कुछ नहीं है, इसलिए तुम कपटता से शून्य हो सकते हो और अकपट होने के कारण ही तुम सबकुछ त्याग करने के लिए तैयार हो सकते हो। बस, केवल यही बात मैं तुमसे अभी-अभी कह रहा था। (भा.वि. 441-42)

प्रयत्न करते जाओ

ऐ बच्चो, सब के लिए तुम्हारे दिल में दर्द हो-गरीब, मूर्ख, पद दलित मनुष्यों के दुःख को तुम अनुभव करो, संवेदना से तुम्हारे हृदय का स्पंदन रुक जाए, मस्तिष्क चकराने लगे, तुम्हे ऐसा प्रतीत हो कि हम पागल तो नहीं बन रहे हैं, फिर ईश्वर के चरणों में अपना दिल खोल दो, तभी शक्ति सहायता और अदम्य उत्साह तुम्हें मिल जाएगा। गत दस वर्षों से मैं अपना मूलमंत्र घोषित करता आया हूँ—प्रयत्न करते रहो! और अब भी मैं कहता हूँ कि अविराम प्रयत्न करते चलो। जब चारों ओर अंधकार-ही-अंधकार दिखता था, तब मैं कहता था—प्रयत्न करते रहो; अब तो थोड़ा-थोड़ा उजाला दिखाई दे रहा है, पर अब मैं कहता हूँ कि प्रयत्न करते जाओ। वत्स, डरो मत। (पत्रा. 1, 210)

उत्साह से हृदय भर लो और सब जगह फैल जाओ। काम करो, काम करो। नेतृत्व करते समय सब के दास हो जाओ, निस्स्वार्थ होओ और कभी एक मित्र को पीछे-पीछे दूसरे की निंदा करते मत सुनो। अनंत धैर्य रखो, तभी सफलता तुम्हारे हाथ आएगी।···सतर्क रहो! जो कुछ असत्य है, उसे पास न फटकने दो। सत्य पर डटे रहो, बस तभी हम सफल होंगे। शायद थोड़ा अधिक समय लगे, पर सफल हम अवश्य होंगे। इस तरह काम करते जाओ कि मानो मैं कभी था ही नहीं। इस तरह काम करो कि मानो तुममें से हर एक के ऊपर सारा काम निर्भर है। भविष्य की पचास सदियाँ तुम्हारी ओर ताक रही हैं। भारत का भविष्य तुम पर निर्भर है। काम करते जाओ। (पत्रा. 1, 213-14)

मेरी आशा, मेरा विश्वास नवीन पीढ़ी के नवयुवकों पर हैं। उन्हीं में से मैं अपने कार्यकर्ताओं का संग्रह करूँगा। वे सिंहविक्रम से देश की यथार्थ उन्नति संबंधी सारी समस्या का समाधान करेंगे। वर्तमान काल में अनुष्ठेय आदर्श को मैंने एक निर्दिष्ट रूप में व्यक्त कर दिया है और उसको कार्यान्वित करने के लिए मैंने अपना जीवन समर्पित कर दिया हैं।···वे एक केंद्र से दूसरे केंद्र का विस्तार करेंगे, और इस प्रकार हम धीरे-धीरे समग्र भारत में फैल जाएँगे।

अनेक लड़कों की आवश्यकता है, जो सबकुछ छोड़-छाड़कर देश के लिए जीवनोत्सर्ग करें। पहले उनका जीवन निर्माण करना होगा, तब कहीं काम होगा। (वि.का. 98-99)

दूसरों के लिए सोचो

दूसरों के लिए रत्ती भर काम करने से भीतर की शक्ति जाग उठती है, दूसरों के लिए रत्ती भर सोचने से धीरे-धीरे हृदय में सिंह का सा बल आ जाता है। तुम लोगों से मैं इतना स्नेह करता हूँ, परंतु यदि तुम लोग दूसरों के लिए परिश्रम करते-करते मर भी जाओ तो भी उसे देखकर मुझे प्रसन्नता ही होगी… काम में लग जा-कितने दिनों के लिए है यह जीवन? संसार में जब आया है तो एक स्मृति छोड़कर जा, वरना पेड़, पत्थर भी तो पैदा तथा नष्ट होते रहते हैं। (वि.सं…2 28-19)

हमें इस अवसर पर मुख्यत: आवश्यकता है एक वीर के आदर्श की—ऐसा वीर, जिसके सिर से लेकर पैर तक नस-नस में प्रचंड 'रजस्' की भावना ओत-प्रोत हो, ऐसा वीर, जो सत्य को जानने के लिए कूद पड़े और प्राणों तक का मोह न करें। वह वीर, जिसका कवच त्याग हो और खड्ग ज्ञान। हमें इस समय जीवन के युद्धक्षेत्र में आवश्यक है बहादुर सेनानी का जोश, न कि प्रणय में दीवाने व्यक्ति की भावुकता, जो जीवन में सब्जबाग ही देखता रहता है। आत्मविश्वास रखो। तुम्हीं लोग तो पूर्व काल में वैदिक ऋषि थे। अब केवल शरीर बदलकर आए हो। मैं दिव्य चक्षु से देख रहा हूँ, तुम लोगों में अनंत शक्ति है। उस शक्ति को जगा दे; उठ, उठ, लग जा, कमर कस। क्या होगा दो दिन का धन-मान लेकर? मेरा भाव जानता है? मैं मुक्ति आदि नहीं चाहता हूँ। मेरा काम है, तुम लोगों में इन्हीं भावों को जगा देना। एक मनुष्य तैयार करने में लाख जन्म भी लेने पड़ें, तो मैं उसके लिए भी तैयार हूँ। (वि.सं. 256)

वीर की तरह मरें

अरे, मृत्यु जब अवश्यंभावी है, तो कीट-पतंगों की तरह मरने के बजाए वीर की तरह मरना अच्छा है। इस अनित्य संसार में दो दिन अधिक जीवित रहकर भी क्या लाभ? It is better to wear out than to rust out. जरा

जीर्ण होकर थोड़ा-थोड़ा करके क्षीण होते हुए मरने के बजाय, वीर की तरह दूसरों के अल्प कल्याण के लिए भी लड़कर उसी समय मर जाना क्या अच्छा नहीं है ? (वि.सं. 256)

देश में शक्ति नहीं, हृदय में उत्साह नहीं, मस्तिष्क में प्रतिभा नहीं, क्या होगा रे इन जड़ पिंडों से ? मैं हिला-डुलाकर इनमें स्पंदन लाना चाहता हूँ। इसलिए मैंने प्राणांतप्रण किया है। वेदांत के अमोध मंत्र से उन्हें जगाऊँगा। 'उत्तिष्ठत जाग्रत्' इस अभयवाणी को सुनाने के लिए ही मेरा जन्म हुआ है।। तुम लोग इस काम में मेरे सहायक बनो। (वि.सं. 265)

बाधा सिद्धि का पर्व लक्षण

संख्या से कुछ आता-जाता नहीं, धन या दरिद्रता से कुछ आता जाता नहीं, मनसा-वाचा-कर्मणा यदि ऐक्य हो तो मुट्ठी भर लोग दुनिया को उलट दे सकते हैं। यह विश्वास न भूलना। बाधा जितनी ही होगी, उतना ही अच्छा है। बाधा बिना पाए क्या कभी नदी का वेग बढ़ता है ? जो वस्तु जितनी नई होगी, जितनी अच्छी होगी, वह वस्तु पहले-पहल उतनी ही बाधा पाएगी। बाधा ही तो सिद्धि का पूर्व लक्षण है। (परि. 87)

मान हो या अपमान, मैंने तो इन नवयुवकों का संगठन करने के लिए जन्म लिया है। यहीं क्या, प्रत्येक नगर में सैकड़ों मेरे साथ सम्मिलित होने को तैयार हैं, और मैं यह चाहता हूँ कि इन्हें अबाध्य गतिशील तरंगों के समान मैं भारत में सब ओर भेजूँ, और जो लोग दीन, हीन एवं पददलित हैं, उनके द्वार पर सुख-स्वाच्छंद्य, नीति, धर्म एवं शिक्षा पहुँचाऊँ। और यह कार्य मैं करूँगा या मरूँगा। (पत्रा 1, 106)

यदि तुम सचमुच मेरो संतान हो, तो तुम किसी वस्तु से न डरोगे और किसी बात पर न रुकोगे। तुम सिंहतुल्य होंगे। हमें भारत को और पूरे संसार को जाग्रत् करना है।…मेरी संतान को आवश्यकता होने पर एवं अपने कार्य की सिद्धि के लिए आग में कूदने को भी तैयार रहना चाहिए। (पत्रा.1 246, 245)

ऐ भारत! तुम मत भूलना कि तुम्हारी स्त्रियों का आदर्श सीता, सावित्री, दमयंती है; मत भूलना कि तुम्हारे उपास्य सर्वत्यागी उमानाथ शंकर हैं; मत

भूलना कि तुम्हारा विवाह, धन और तुम्हारा जीवन इंद्रिय सुख के लिए अपने व्यक्तिगत सुख के लिए नहीं है; मत भूलना कि तुम जन्म से ही 'माता' के लिए बलिस्वरूप रखे गए हो''तुम मत भूलना कि नीच, अज्ञानी, दरिद्र, चमार और मेहतर तुम्हारा रक्त और तुम्हारे भाई हैं। (व.भा. 46)

जहाँ पर महामारी हुई हो, जहाँ पर लोगों को दुःख ही दुःख हो, जहाँ दुर्भिक्ष पड़ा हो—चला जा उस ओर उन लोगों का दुःख दूर कर। अधिक-से-अधिक क्या होगा, मर ही तो जाएगा। मेरे तेरे जैसे न जाने कितने कीड़े पैदा होते रहते हैं और मरते रहते हैं। इसे दुनिया को क्या हानि-लाभ है। एक महान् उद्देश्य लेकर मर जा। मर तो जाएगा ही, पर अच्छा उद्देश्य लेकर मरना ठीक है। (वि.सं. 220)

आप विदेशी सहायता पर कतई निर्भर न करें। व्यक्ति की तरह जाति को भी अपनी सहायता आप ही करनी होगी। यही यथार्थ में स्वदेश प्रेम है। यदि कोई जाति ऐसा करने में असमर्थ हो तो यह कहना पड़ेगा कि उसके लिए अभी समय नहीं हुआ है, उसे प्रतीक्षा करनी पड़ेगी। (पत्रा. 2, 7)

मृत्युपर्यंत काम करो। मैं तुम्हारे साथ हूँ, और जब मैं न रहूँगा, तब मेरी आत्मा तुम्हारे साथ काम करेगी। यह जीवन आता है और जाता है; नाम, यश, भोग यह सब थोड़े दिन के हैं। संसारी कीड़े की तरह मरने से कहीं अधिक अच्छा है कि कर्तव्य के क्षेत्र में सत्य का उपदेश देते हुए मरो। आगे बढ़ो। (पत्रा. 2, 26)

□

राष्ट्रोत्थान का मार्ग : गर्व से कहो, प्रत्येक भारतवासी मेरा भाई है

स्वामी विवेकानंद ने अमेरिका जाने से पूर्व पाँच वर्षों तक और विदेश यात्रा से लौटकर आने के बाद चार वर्षों तक कुल नौ वर्षों तक विस्तार से भारत-भ्रमण किया। इस भारत-भ्रमण के दौरान उन्होंने देश की स्थिति-परिस्थिति और दशा व दिशा का प्रत्यक्ष दर्शन एवं अनुभव प्राप्त किया। उन्हें लगा कि भारत का गौरवपूर्ण, सुखी-समृद्ध स्वावलंबी जीवन और यहाँ की समृद्ध सामाजिक सांस्कृतिक परंपरा सब में जबरदस्त गिरावट आई हैं। यह देख वे बहुत व्यथित हो गए और तब मन -ही-मन निश्चय किया कि मैं इस चित्र को बदलकर भारत के पुनरुत्थान के लिए काम करूँगा। उनकी इच्छा थी कि जगती के आँगन में भारत फिर से एक स्वाभिमानी, शक्तिशाली, स्वावलंबी, समृद्धशाली, संस्कारित और संगठित राष्ट्र के रूप में अपना स्थान पा सके। राष्ट्रोत्थान के उद्देश्य की पूर्ति के लिए विवेकानंद की हमें निम्नांकित बातों पर ध्यान देना होगा—

शक्ति

सबसे पहले हमें भारत के पुनरोदय के लिए आवश्यक शक्ति संचय एवं शक्ति संपादन करना होगा। इस दृष्टि से उनके विचारों में हमें पाँच प्रकार की शक्ति का संचय करना होगा—संकल्पशक्ति, शारीरिक बल शक्ति, चरित्र शक्ति, अर्थ शक्ति और संगठन शक्ति। देश की दुर्दशा, समस्याओं एवं कठिनाइयों को देखकर हताश-निराश होने की बजाय इस चित्र को बदलने का

संकल्प एवं दृढ़ इच्छाशक्ति का परिचय देना होगा। वे मानते थे कि दृढ़ संकल्प में से ही भावी प्रगति का मार्ग निकलता है। विवेकानंद बलहीन, कमजोर एवं पौरुष शून्य व्यक्ति एवं समाज को अच्छा नहीं मानते थे। अतः व्यक्ति और राष्ट्र दोनों को बल संपन्न बनाने पर जोर देते थे। युवकों को संबोधित करते हुए उन्होंने कहा था कि, "हे मेरे युवक बंधुओ! तुम बलवान बनो, यही तुम्हारे लिए मेरा उपदेश है। बलवान शरीर से अथवा मजबूत पुट्टों से तुम गीता को अधिक समझ सकोगे।" वे आगे कहते हैं कि, "मैं जो चाहता हूँ, वह है लोहे की नसें और फौलाद के स्नायु, जिनके भीतर ऐसा मन निवास करता हो, जो कि वज्र के समान पदार्थ का बना हो। बल, पुरुषार्थ, क्षात्रवीर्य और ब्रह्मतेज।" एक जगह तो उन्होंने यहाँ तक घोषणा कर दी थी कि, "बल ही पुण्य है और दुर्बलता पाप।" वे तो यहाँ तक बोल उठे थे कि, "अब झांझ मृदंग की बजाय रणभेरी, रणसिंगा व डमरू बजना चाहिए। हर हर महादेव की गर्जना हो। शक्ति की पूजा चले।" इस प्रकार विवेकानंद की दृष्टि में देश के भीतर कानून व्यवस्था बनाए रख एवं सीमा पर घुसपैठियों, आतंकवादियों एवं आक्रमणकारियों से सुरक्षा करने के लिए कमजोर नहीं, ताकतवर राज्यों और प्रबल सैन्य शक्ति की आवश्यकता होती है। स्वामीजी शारीरिक बल शक्ति के साथ चरित्र शक्ति एवं संस्कार शक्ति को भी देश के भाग्योदय के लिए आवश्यक मानते थे। अतः वे देश के प्रत्येक व्यक्ति को अवगुणों एवं कमजोरियों को दूर कर प्रेम, स्नेह, आत्मीयता, प्रामाणिकता, महिला के प्रति मातृवत् सम्मान दृष्टि आदि सद्गुणों को अपने भीतर विकसित करने का आग्रह करते रहते थे। भारत अपने सच्चरित्र जीवन के कारण ही विश्व में सम्मान प्राप्त करता रहा है। इस संबंध में एक प्रसंग अत्यंत प्रेरणादायी है। स्वामीजी शिकागो की सड़क पर सैर करने निकले थे। कुछ अमेरिकी युवक-युवतियाँ उनके पीछे-पीछे चलते हुए उनके भगवा चोगे के लिबास पर भददी-भद्दी टिप्पणियाँ करने लगे। तब स्वामीजी रुके, पीछे मुड़कर देखा और तब उन्हें यह इतिहास प्रसिद्ध वाक्य कहा। स्वामीजी का यह वाक्य सुनकर वे सब लज्जित होकर स्वामीजी के चरणों में नतमस्तक हो गए। इसके साथ ही स्वामीजी अर्थ या धनशक्ति को भी देशोत्थान के लिए

आवश्यक मानते थे। उनका पक्का मानना था कि हमें देश में व्याप्त भुखमरी, गरीबी, बेरोजगारी, बीमारी और विषमता को दूर करने के लिए शीघ्र प्रयास करना चाहिए। गरीबी के संबंध में उनके मन की संवेदना इन शब्दों में प्रकट हुई थी, "दरिद्र लोगों का खयाल आते ही मेरा हृदय असीम वेदना से कराह उठता है।" वे तो यहाँ तक कहा करते थे कि गरीब और दुःखी ईश्वर के ही रूप हैं, इन्हीं की पूजा व सेवा करो और इसी क्रम में उन्होंने 'दरिद्र देवो भव' और 'दरिद्रनारायण' की संकल्पनाएँ प्रस्तुत कीं। उन्होंने कृषि एवं उद्योग दोनों क्षेत्रों में उत्पादन बढ़ाने और अपने देश की वस्तुओं का विदेशी व्यापार करने के बारे में अनेक सुझाव दिए। श्री जमशेदजी टाटा को जापानी माचिस को भारत में बेचने की बजाय भारत में ही माचिस उद्योग लगाने और विज्ञान व टैक्नोलॉजी की दृष्टि से अनुसंधान केंद्र बनाने का सुझाव दिया था। इस प्रकार वे भारत को फिर से एक समृद्धशाली एवं स्वावलंबी राष्ट्र के रूप में देखना चाहते थे। इन सबसे ऊपर स्वामीजी ने संगठन शक्ति पर बड़ा जोर दिया था। देश में संगठन के अभाव के संबंध में दुःख प्रकट करते हुए उन्होंने एक पत्र में लिखा था कि, "भारत में तीन मनुष्य एक साथ मिलकर पाँच मिनट के लिए भी कोई काम नहीं कर सकते हैं।" वे कहा करते थे कि "हमारे स्वभाव में संगठन का सर्वथा अभाव हैं, पर इसे हमें अपने स्वभाव में लाना है।" यदि हमें भारत को महान् बनाना है और उसका भविष्य उज्ज्वल बनाना है तो इसके लिए आवश्यकता है संगठन की, और बिखरी हुई इच्छाशक्ति को एकत्र लाने की। हमें ऋग्वेद की ऋचा 'संगच्छध्व संवदध्वम् संवोमनांसिजानताम्' की भावना से काम करना होगा। उनका दृढ़ विश्वास था कि, "कोई सेवाभावी संगठन ही संपूर्ण भारत को संगठित कर पाएगा।"

भक्ति

स्वामी विवेकानंदजी का यह मानना था कि राष्ट्रोत्थान के लिए शक्ति के साथ भक्ति भी अनिवार्य है। उनका जोर दो प्रकार की भक्ति पर था—ईश्वर भक्ति और भारत भक्ति। उनका विश्वास था कि ईश्वर के प्रति पूर्ण निष्ठा रखते हुए धर्म, संस्कृति और अध्यात्म का सहारा लेकर ही हम अपना काम

पूर्ण कर सकते हैं। भारत का प्राण तत्त्व एवं आत्म तत्त्व है धर्म और संस्कृति। यदि भारत का उत्थान होना है तो इसे ही आधार बनाना होगा। इसे छोड़कर किया जानेवाला कोई भी काम न तो हमें स्वीकार्य है और न ही वह हमारे लिए फलदायी हो सकता हैं। वे आग्रहपूर्वक यह बात कहा करते थे कि हमें पाश्चात्य भौतिकतावाद के चक्कर में पड़कर अपने धर्म और अध्यात्म को भुला नहीं देना है। इस संबंध में उनका कथन है कि, "स्मरण रखो, यदि तुम पाश्चात्य भौतिकवादी सभ्यता के चक्कर में पड़कर आध्यात्मिकता का आधार त्याग दोगे तो उसका परिणाम होगा कि तीन पीढ़ियों में तुम्हारा राष्ट्रीय अस्तित्व मिट जाएगा, क्योंकि राष्ट्र का मेरुदंड टूट जाएगा। इसका परिणाम होगा सर्वत्रोमुखी सत्यानाश।" ईश्वर भक्ति के साथ-साथ स्वामीजी देशभक्ति, राष्ट्रभक्ति और भारत भक्ति को भी उतना ही आवश्यक मानते थे। इसीलिए तो उन्होंने यहाँ तक कहा था कि आगामी कुछ वर्षों के लिए हमें सब देवी-देवताओं को भूलकर एक ही देवी की आराधना करनी चाहिए और वह हैं भारत माता। हमारे किसी भी काम की सर्वाधिक महत्त्वपूर्ण कसौटी यह होनी चाहिए कि उससे भारत का हित हो। मेरी संपूर्ण शक्ति, बुद्धि, योग्यता भारत की प्रगति में काम आए। वे भारत के लोगों में अपने देश के प्रति स्वाभिमान का भाव जगाने के लिए कहा करते थे कि, "भारत में जन्म लेने के कारण लज्जित मत होओ, वरन् गौरव का अनुभव करो। दूसरे देशों से हमें कुछ लेना है अवश्य, पर दुनिया को देने के लिए हमारे पास इन देशों से सहस्त्र गुना अधिक है।" भारत के साथ अपना तादात्म्य स्थापित करते हुए उन्होंने कहा था कि, "मैं धनीभूत भारत हूँ।" भारत के प्रति इस प्रकार की भावना के कारण ही जब वे विदेश यात्रा से लौटकर भारत के समुद्र तट पर उतरे तो दौड़कर सर्वप्रथम भारत की मिट्टी में लोट-पोट हो गए। उनके स्वागत में माला गमे हुए और जय-जयकार करते हुए लोग यह दृश्य खकर आश्चर्यचकित हो गए। ऐसा करने का कारण पूछने पर स्वामीजी ने कहा कि इतने वर्षों तक विदेश में रहने के कारण मैं भारत माँ के आँचल से दूर रहा, आज फिर से माँ के आँचल में लिपटकर मैं धन्य हो गया, पवित्र हो गया। ऐसी भी उनकी भारत भक्ति!

अपने एक संदेश में उन्होंने कहा था कि, "गर्व से कहो कि मैं भारतवासी हूँ, प्रत्येक भारतवासी मेरा भाई है। ब्राह्मण भारतवासी, अज्ञानी भारतवासी, दरिद्र-पीड़ित-वंचित भारतवासी सभी मेरे भाई हैं। भारत का समाज मेरे बचपन का झूला, जवानी की फुलवारी और बुढ़ापे की काशी हैं। बोलो भाई बोलो, कि भारत की मिट्टी मेरा स्वर्ग है और भारत के कल्याण में ही मेरा कल्याण है।"

युक्ति

किसी भी देश के समुचित विकास के लिए नीति-रणनीति, तकनीक-टेक्नोलॉजी एवं प्रबंधन का भी महत्त्वपूर्ण स्थान होता है। विज्ञान के क्षेत्र में महत्त्वपूर्ण प्रगति हुई हैं, हम उससे अछूते नहीं रह सकते। इसीलिए स्वामी विवेकानंदजी कहा करते थे कि हमें अपने देश के लोगों, विशेषकर नौजवानों को विज्ञान की शिक्षा देनी चाहिए। कृषि एवं उद्योग दोनों क्षेत्रों में उपयुक्त टेक्नोलॉजी अपनाकर इन क्षेत्रों में उत्पादन बढ़ाया जाना चाहिए। विज्ञान एवं टैक्नोलॉजी के क्षेत्र में नए-नए अनुसंधान किए जाने चाहिए। स्वामीजी का मानना था कि अब समय आ गया है, जब हमें विज्ञान एवं धर्म, भौतिक समृद्धि एवं आध्यात्मिक उन्नति तथा परिश्रम एवं पूर्व के बीच समुचित समन्वय बनाना चाहिए। इतिहास साक्षी हैं कि सब प्रकार के संसाधन होने के बावजूद आधुनिक तकनीक-टेक्नोलॉजी एवं उचित प्रबंधन के अभाव में हम अपेक्षित प्रगति नहीं कर पाए। यहाँ यह बात भी ध्यान में रखनी होगी कि भारत के पारंपारिक तकनीक-टेक्नोलॉजी का प्रचुर भंडार हैं। इसमें आवश्यक संशोधन कर युगानुकूल बनाना होगा और विश्व में विकसित तकनीक व टेक्नोलॉजी को देश की परिस्थिति के अनुसार परिवर्तित कर अपनाना होगा। आज के विज्ञान, तकनीक व टैक्नोलॉजी का गलत उपयोग न हो और पर्यावरण तथा देश के सांस्कृतिक जीवन मूल्यों को नुक्सान न पहुँचाएँ, इसके लिए इसे अध्यात्मिक धरातल के साथ जोड़कर रखना होगा।

गति

स्वामीजी का मानना था कि विकास की दौड़ में भारत पिछड़ गया है, अत: हमें अधिक गति से काम करना होगा। इसके लिए चरित्रवान-

संस्कारवान मनुष्यों की एक सबल सक्रिय कार्यशक्ति खड़ी करनी होगी। इसीलिए स्वामीजी कहा करते थे कि यदि मुझे संस्कारवान और पूर्ण मनोभाव से काम करनेवाले कुछ सौ परिश्रमी नौजवान मिल जाएँ तो मैं देश का चित्र बदल सकता हूँ। इस संबंध में उनका यह कथन ध्यान देने योग्य है—"हमें चाहिए प्रज्ञावान, वीर और तेजस्वी युवक, जो मृत्यु से आलिंगन करने का और समुद्र को लाँघ जाने का साहस रखते हो। सिंह के पौरुष ये युक्त, परमात्मा के प्रति अटूट निष्ठा से संपन्न और पावित्र्य की भावना से उद्दीप्त सहस्रों नर–नारी, दरिद्रों व उपेक्षितों के प्रति हार्दिक सहानुभूति लेकर देश के एक कोने से दूसरे कोने तक भ्रमण करते हुए मुक्ति का, सामाजिक पुनरुत्थान का, सहयोग और समता का संदेश देंगे।" स्वामीजी का यह भी आग्रह रहता था कि समाजोत्थान और समाजसेवा यह काम किसी भी प्रकार की बाधाओं व कठिनाइयों की परवाह न कर, बिना रुके, बिना झुके, सतत चलते रहना चाहिए। अपने इस भाव को वे इस प्रकार प्रकट किया करते थे—

'उत्तिष्ठत जागत पाप्यवरात्रिबोधत' अर्थात् उठो, जागो और लक्ष्य प्राप्ति तक रुको मत। आज समय आ गया है कि स्वामीजी के इस संदेश को हृदयंगम कर हम पूर्ण मनोयोग से राष्ट्रोत्थान के काम में लग जाएँ।

—डॉ. बजरंगलाल गुप्ता

□

भारतमाता को पुनः जगाओ

जो थोड़ा बहुत कार्य मेरे द्वारा हुआ है, मेरी किसी अंतर्निहित शक्ति द्वारा नहीं हुआ, वरन् पाश्चात्य देशों में पर्यटन करते समय अपनी इस परम पवित्र और प्रिय मातृभूमि से जो उत्साह, जो शुभेच्छा तथा जो आशीर्वाद मुझे मिले है, उन्हीं की शक्ति द्वारा संभव हो सका है। हाँ, यह ठीक है कि कुछ काम तो अवश्य हुआ है, पर पाश्चात्य देशों में भ्रमण करने से विशेष लाभ मेरा ही हुआ है। इसका कारण यह है कि पहले मैं जिन बातों को शायद हृदय के आवेग से सत्य मान लेता था, अब उन्हीं को मैं प्रमाणसिद्ध विश्वास तथा प्रत्यक्ष और शक्तिसंपन्न सत्य के रूप में देख रहा हूँ। पहले मैं भी अन्य हिंदुओं की तरह विश्वास करता था कि भारत पृण्यभूमि है—कर्मभूमि है, जैसा कि माननीय सभापति महोदय ने अभी-अभी तुमसे कहा भी है, पर आज मैं इस सभा के सामने खड़े होकर दृढ़ विश्वास के साथ करता हूँ कि यह सत्य ही है। यदि पृथ्वी पर ऐसा कोई देश है, जिसे हम पुण्यभूमि कह सकते हैं, यदि ऐसा कोई स्थान है, जहाँ पृथ्वी के जब जीवों को अपना कर्मफल भोगने के लिए आना पड़ता है, यदि ऐसा कोई स्थान है, जहाँ भगवान् की ओर उन्मुख होने के प्रयत्न में संलग्न रहनेवाले जीवमात्र को अंततः आना होगा, यदि ऐसा कोई देश है, जहाँ मानवजाति की क्षमा, धृति, दया, शुद्धता आदि सद्वृत्तियों का सर्वाधिक विकास हुआ है और यदि ऐसा कोई देश है, जहाँ आध्यात्मिकता तथा सर्वाधिक आत्मान्वेषण का विकास हुआ है तो वह भूमि भारत ही है। अत्यंत प्राचीनकाल से ही यहाँ पर भिन्न धर्मों के संस्थापकों ने

अवतार लेकर सारे संसार को सत्य की आध्यात्मिक, सनातन और पवित्र धारा से बारंबार प्लावित किया है। यहीं से उत्तर, दक्षिण, पूर्व और पश्चिम चारों और दार्शनिक ज्ञान की प्रबल धाराएँ प्रवाहित हुई हैं और यहीं से वह धारा बहेगी, जो आजकल की पार्थिव सभ्यता को आध्यात्मिक जीवन प्रदान करेगी। विदेशों के लाखों स्त्री-पुरुषों के हृदय में जड़वाद की, जो अग्नि धधक रही है, उसे बुझाने के लिए जिस जीवनदायी सलिल की आवश्यकता है, वह यही विद्यमान है। मित्रो, विश्वास रखो, यही होने जा रहा है।

मैं इसी निष्कर्ष पर पहुँचा हूँ। तुम लोगों में जिन्होंने संसार की विभिन्न जातियों के इतिहास का भलीभाँति अध्ययन किया है, इस सत्य से अच्छी तरह परिचित होंगे। संसार हमारे देश का अत्यंत ऋणी है। यदि भिन्न-भिन्न देशों की पारस्परिक तुलना की जाए तो मालूम होगा कि सारा संसार सहिष्णु एवं निरीह भारत का जितना ऋणी है, उतना और किसी देश का नहीं। 'निरीह हिंदू' यह शब्द कभी-कभी तिरस्कार के रूप में प्रयुक्त होते हैं, पर यदि किसी तिरस्कार में अद्‌भुत सत्य का कुछ अंश निहित रहता है तो वह इन्हीं शब्दों में है। हिंदू सदा से जगन्पिता ता की प्रिय संतान रहे हैं। यह ठीक है कि संसार के अन्यान्य स्थानों में सभ्यता का विकास हुआ है, प्राचीन और वर्तमान काल में कितनी ही शक्तिशाली तथा महान् जातियों ने उच्च भावों को जन्म दिया है, पुराने समय में और आजकल भी बहुत से अनोखे तत्त्व एक जाति से दूसरी जाति में पहुँचे हैं और यह भी ठीक है कि किसी राष्ट्र की गतिशील जीवन-तरंगों ने महान् शक्तिशाली सत्य के बीजों को चारों और बिखेरा है, परंतु भाइयो! तुम यह भी देख पाओगे कि ऐसे सत्य का प्रचार हुआ है—रणभेरी के निर्घोष तथा रणसज्जा से सज्जित सेनासमूह की सहायता से। बिना रक्त-प्रवाह के सिक्त हुए, बिना लाखों स्त्री-पुरुषों के खून की नदी बहाए, कोई भी नया भाव आगे नहीं बढ़ा। प्रत्येक ओजस्वी भाव के प्रचार के साथ ही साथ असंख्य लोगों का हाहाकार, अनाथों और असहायों का करुण-क्रंदन और विधवाओं का अजस्त्र अश्रुपात होते देखा गया है।

प्रधानतः इसी उपाय द्वारा अन्यान्य देशों ने संसार को शिक्षा दी है,

परंतु इस उपाय का अवलंबन किए बिना ही भारत हजरों वर्षों से शांतिपूर्वक जीवित रहा है, जब यूनान का अस्तित्व नहीं था, रोम भविष्य के अंधकार-गर्भ में छिपा हुआ था, जब आधुनिक यूरोपियों के पुरखे घने जंगलों के अंदर छिपे रहते थे और अपने शरीर को नीले रंग से रँगा करते थे, तब भी भारत क्रियाशील था। उसने भी पहले, जिस समय का इतिहास में कोई लेखा नहीं है, जिस सुदूर धुँधले अतीत की ओर झाँकने का साहस परंपरा को भी नहीं होता, उस काल से लेकर अब तक न जाने कितने ही भाव एक के बाद एक भारत से प्रसृत हुए हैं, पर उनका प्रत्येक शब्द आगे शांति तथा पीछे आशीर्वाद के साथ कहा गया है। संसार के सभी देशों में केवल एक हमारे ही देश ने लड़ाई-झगड़ा करके किसी अन्य देश को पराजित नहीं किया है, इसका शुभ आशीर्वाद हमारे साथ है और इसी से हम अब तक जीवित हैं।

एक समय था, जब यूनानी सेना के रण-प्रयास के दर्प से संसार काँप उठता था, पर आज वह कहाँ है ? आज तो उसका चिह्न तक कहीं दिखाई नहीं देता। यूनान देश का गौरव आज अस्त हो गया है। एक समय था, जब प्रत्येक पार्थिव भोग्य वस्तु के ऊपर रोम की श्येनांकित विजय-पताका फहराया करती थी, रोमन लोग सर्वत्र जाते और मानवजाति पर प्रभुत्व प्राप्त करते थे। रोम का नाम सुनते ही पृथ्वी काँप उठती थी, पर आज उसी रोम का कैपिटोलाइन पहाड़ एक भग्नावशेष का ढूह मात्र है, जहाँ सीजर राज्य करता था, वहाँ आज मकड़ी जाल बुनती है।

इसी प्रकार कितने ही वैभवशाली राष्ट्र उठे और गिरे। विजयोल्लास और भावावेशपूर्ण प्रभुत्त का कुछ काल तक कलुषित राष्ट्रीय जीवन बिताकर सागर की तरंगों की तरह उठकर फिर मिट गए।

इसी प्रकार ये सब राष्ट्र मनुष्य-समाज पर किसी समय अपना चिह्न अंकित कर अब मिट गए हैं, परंतु हम लोग आज भी जीवित हैं। आज यदि मनु इस भारतभूमि पर लौट आएँ तो उन्हें कुछ भी आश्चर्य न होगा, वे ऐसा नहीं समझेंगे कि कहाँ आ पहुँचे। वे देखेंगे कि हजारों वर्षों के सुचिंतित तथा परीक्षित वे ही प्राचीन विधान यहाँ आज भी विद्यमान हैं, सैकड़ों शताब्दियों

के अनुभव और युगों की अभिज्ञता के फलस्वरूप वही सनातन सा आचार-विचार यहाँ आज भी मौजूद हैं और जितने ही दिन बीतते जा रहे हैं, जितने ही दुःख-दुर्विपाक आते हैं और उन पर लगातार आघात करते हैं, उनसे केवल यही उद्‌देश्य सिद्ध होता है कि वे और भी मजबूत और भी स्थायी रूप धारण करते जा रहे हैं और यह खोजने के लिए कि इन सबका केंद्र कहाँ है, किस हृदय से रक्तसंचार हो रहा है और हमारे राष्ट्रीय जीवन का मूल स्रोत कहाँ है, तुम विश्वास रखो कि वह यहीं विद्यमान है। सारी दुनिया भ्रमण करने के बाद ही मैं यह कह रहा हूँ।

अन्यान्य राष्ट्रों के लिए धर्म, संसार के अनेक कृत्यों में एक धंधामात्र है। वहाँ राजनीति है, सामाजिक जीवन की सुख-सुविधाएँ हैं, धन तथा प्रभुत्व द्वारा जो कुछ प्राप्त हो सकता है और इंद्रियों को जिससे सुख मिलता है, उन सब को पाने की चेष्टा भी है। इन सब विभिन्न जीवन-व्यापारों के भीतर तथा भोग से निस्तेज हुई इंद्रियों को पुनः उत्तेजित करने के लिए उपकरणों की समस्त खोज के साथ वहाँ संभवतः थोड़ा बहुत धर्म-कर्म भी है, परंतु यहाँ भारतवर्ष में मनुष्य की सारी चेष्टाएँ धर्म के लिए हैं, धर्म ही जीवन का एकमात्र उपाय है। चीन-जापान युद्ध हो चुका, पर तुम लोगों में कितने ऐसे व्यक्ति हैं, जिन्हें इस युद्ध का हाल मालूम है? अगर जानते हैं तो बहुत कम लोग। पाश्चात्य देशों में जो जबरदस्त राजनीतिक तथा सामाजिक आंदोलन पाश्चात्य समाज को नए रूप में, नए साँचे में ढालने में प्रयत्नशील हैं, उनके विषय में तुम लोगों में से कितनों को जानकारी है? यदि उनकी किसी को कुछ खबर है तो बहुत थोड़े आदमियों को। पर अमेरिका में एक विराट् धर्म-महासभा बुलाई गई थी और वहाँ एक हिंदू संन्यासी भी भेजा गया था—बड़े ही आश्चर्य का विषय है कि यह बात हर एक आदमी को, यहाँ के कुली-मजदूरों तक को मालूम है। इसी से जाना जाता है कि हवा किस और चल रही है, राष्ट्रीय जीवन का मूल कहाँ पर है।

पहले मैं पृथ्वी का परिभ्रमण करनेवाले यात्रियों, विशेषतः विदेशियों द्वारा लिखी हुई पुस्तकों को पढ़ा करता था, जो प्राच्य देशों के जनसमुदाय की

अज्ञता पर खेद प्रकट करते थे, पर अब मैं समझता हूँ कि यह अंशतः सत्य है, साथ ही अंशतः असत्य भी। इंग्लैंड, अमेरिका, फ्रांस, जर्मनी या जिस किसी देश के एक मामूली किसान को बुलाकर तुम पूछो, "तुम किस राजनीतिक दल के सदस्य हो?" तो तुम देखोगे कि वह फौरन कहेगा, "मैं रैडिकल दल अथवा कंजर्वेटिव दल का सदस्य हूँ।" वह तुमको यह भी बता देगा कि वह अमुक व्यक्ति के लिए अपना मत देनेवाला है। अमेरिका का किसान जानता है कि वह रिपब्लिकन दल का है या डेमोक्रेटिक दल का।

इतना ही नहीं, वरन् वह 'रौप्यसमस्या' के विषय से भी कुछ-कुछ अवगत है। पर यदि तुम उससे उसके धर्म के विषय में पूछो तो वह केवल कहेगा, "मैं गिरजाघर जाया करता हूँ और मेरा संबंध ईसाई धर्म की अमुक शाखा से है।"

वह केवल इतना जानता है और इसे पर्याप्त समझता है। दूसरी और किसी भारतवासी किसान से पूछो कि क्या वह राजनीति के विषय में कुछ जानता है? तो वह उत्तर देगा, "यह क्या है?"

वह समाजवादी आंदोलनों के संबंध में अथवा श्रम और पूँजी के पारस्परिक संबंध के विषय में तथा इसी तरह के अन्यान्य विषयों की जरा भी जानकारी नहीं रखता। उसने जीवन में कभी इन बातों को सुना ही नहीं है। वह कठोर परिश्रम करके जीविकोपार्जन करता है, पर यदि उससे पूछा जाए, "तुम्हारा धर्म क्या है?" तो वह अपने माथे पर का तिलक दिखाते हुए उत्तर देगा, "देखो मित्र, मैंने इसको अपने माथे पर अंकित कर रखा है।" धर्म के प्रश्न पर वह तुमको दो-चार अच्छी बातें भी बता सकता है। यह बात मैं अपने अनुभव के बल पर कह रहा हूँ। यह है हमारे राष्ट्र का जीवन।

प्रत्येक मनुष्य में कोई-न-कोई विशेषता होती है, प्रत्येक व्यक्ति भिन्न-भिन्न मार्गों से उन्नति की ओर अग्रसर होता है। हम कहते हैं, पिछले अनंत जीवनों के कर्मों द्वारा मनुष्य का वर्तमान जीवन एक निश्चित मार्ग से चलता है।

क्योंकि अतीत काल के कर्मों की समष्टि ही वर्तमान में प्रकट होती है; और वर्तमान समय में हम जो कुछ कर्म कर रहे हैं, हमारा भावी जीवन उसी

के अनुसार गठिन हो रहा है। इसीलिए यह देखने में आता है कि इस संसार में जो कोई आता है, उसका एक न एक ओर विशेष झुकाव होता है, इस और मानो उसे आना ही पड़ेगा, मानो उस भाव का अवलंबन किए बिना वह जी ही नहीं सकता। यह बात जैसे व्यक्तिमात्र के लिए सत्य है, वैसे ही जाति के लिए भी। प्रत्येक जाति का भी उसी तरह किसी-न-किसी तरफ विशेष झुकाव हुआ करता है। मानो प्रत्येक जाति का एक-एक विशेष जीवनोद्देश्य हुआ करता है।

हर एक जाति को समस्त मानवजाति के जीवन को सर्वांग संपूर्ण बनाने के लिए किसी व्रतविशेष का पालन करना होता है। अपने व्रतविशेष को पूर्णतः संपन्न करने के लिए मानो हर एक जाति को उसका उद्यापन करना ही पड़ेगा।

राजनीतिक श्रेष्ठता या सामरिक शक्ति प्राप्त करना किसी काल में हमारी जाति का दीवनोद्देश्य न कभी रहा है, न इस समय ही है और यह भी याद रखो कि न तो वह भी आगे ही होगा। हाँ, हमारा दूसरा ही जातीय जीवनोद्देश्य रहा है। वह यह है कि समग्र जाति की आध्यात्मिक शक्ति को मानो किसी डायनेमो में संगृहीत, संरक्षित और नियोजित किया गया है और कभी मौका आने पर वह संचित शक्ति सारी पृथ्वी को एक जलप्लावन में बहा देगी।

जब कभी फारस, यूनान, रोम, अरब या इंग्लैंड वाले अपनी सेनाओं को लेकर दिग्विजय के लिए निकले। उन्होंने विभिन्न राष्ट्रों को एक सूत्र में ग्रथित किया है, तभी भारत के दर्शन और अध्यात्म नवनिर्मित मार्गों द्वारा संसार की जातियों की धमकियों में होकर प्रवाहित हुए हैं। समस्त प्रगति में शांतिप्रिय हिंदू जाति का कुछ अपना योगदान भी है और आध्यात्मिक आलोक ही भारत का वह दान है।

इस प्रकार इतिहास पढ़कर हम देखते हैं कि अब कभी अतीत में किसी प्रबल दिग्विजयी राष्ट्र ने संसार की अन्यान्य जातियों को एक सूत्र में ग्रथित किया है और भारत को उसके एकांत और शेष दुनिया से उसकी प्रथक्कता से, जिसमें बार-बार रहने का वह अभ्यस्त रहा है, मानो निकालकर अन्यान्य जातियों के साथ उसका सम्मेलन कराया है, जब कभी ऐसी घटना घटी है, तभी

परिणामस्वरूप भारतीय आध्यात्मिकता से सारा संसार आप्लावित हो गया है।

उन्नीसवीं शताब्दी के आरंभ में वेद के किसी एक साधारण से लैटिन अनुवाद को पढ़कर, जो अनुवाद किसी नवयुवक फ्रांसीसी द्वारा वेद के किसी पुराने फारसी अनुवाद से किया गया था, विख्यात जर्मन दार्शनिक शोपेनहॉवर ने कहा है, "समस्त संसार में उपनिषद् के समान हितकारी और उन्नायक अन्य कोई अध्ययन नहीं है। जीवन भर उसने मुझे शांति प्रदान की है और मरने पर भी वही मुझे शांति प्रदान करेगा।"

आगे चलकर वे ही जर्मन ऋषि यह भविष्यवाणी कर गए हैं, "यूनानी साहित्य के पुनरुत्थान से संसार की चिंतन प्रणाली में जो क्रांति हुई थी, शीघ्र ही विचार-जगत् में उससे भी शक्तिशाली और दिगंतव्यापी क्रांति का विश्व साक्षी होनेवाला है।" आज उनकी वह भविष्यवाणी सत्य हो रही है, जो लोग आँखें खोले हुए हैं, जो पाश्चात्य जगत् के विभिन्न राष्ट्रों के मनोभावों को समझते हैं, जो विचारशील हैं तथा जिन्होंने भिन्न-भिन्न राष्ट्रों के विषय में विशेष रूप से अध्ययन किया है, वे देख पाएँगे कि भारतीय चिंतन के इस धीर और अविराम प्रवाह के सहारे संसार के भावों, व्यवहारों, पद्धतियों और साहित्य में कितना बड़ा परिवर्तन हो रहा है।

हाँ, भारतीय प्रचार की अपनी विशेषता है, इस विषय में मैं तुम लोगों को पहले ही संकेत कर चुका हूँ। हमने कभी बंदूक या तलवार के सहारे अपने विचारों का प्रचार नहीं किया। यदि अंग्रेजी भाषा में ऐसा कोई शब्द है, जिसके द्वारा संसार को भारत का दान प्रकट किया जाए, यदि अंग्रेजी भाषा में कोई ऐसा शब्द है, जिसके द्वारा मानवजाति पर भारतीय साहित्य का प्रभाव व्यक्त किया जाए तो वह यही एकमात्र शब्द सम्मोहन है। यह सम्मोहिनी शक्ति वैसी नहीं है, जिसके द्वारा मनुष्य एकाएक मोहित हो जाता है, वरन् यह ठीक उसके विपरीत है; यह धीरे-धीरे बिना कुछ मालूम हुए, मानो तुम्हारे मन पर अपना प्रभाव डालती है। बहुतों को भारतीय विचार, भारतीय प्रथा, भारतीय आचार-व्यवहार, भारतीय दर्शन और भारतीय साहित्य पहले पहल कुछ विसदृश से मालूम होते हैं; परंतु यदि वे धैर्यपूर्वक उक्त विषयों का विवेचन

करें, मन लगाकर अध्ययन करें और इन तत्त्वों में निहित महान् सिद्धांतों का परिचय प्राप्त करें तो फलस्वरूप निन्यानबे प्रतिशत लोग आकर्षित होकर उनसे विमुग्ध हो जाएँगे। सवेरे के समय गिरनेवाली कोमल ओस न तो किसी की आँखों से दिखाई देती है और न उसके गिरने से कोई आवाज ही कानों को सुनाई पड़ती है, ठीक उसी के समान यह शांत, सहिष्णु, सर्वसह धर्मप्राण जाति धीर और मौन होने पर भी विचार–साम्राज्य में अपना जबरदस्त प्रभाव डालती जा रही है।

प्राचीन इतिहास का पुनरभिनय फिर से आरंभ हो गया है। कारण, आज जबकि आधुनिक वैज्ञानिक आविष्कारों द्वारा बारंबार होनेवाले आघातों से आपात सुदृढ़ तथा दुर्भेद्य धर्मविश्वास की जड़ें तक हिल रही हैं, जबकि मनुष्यजाति के भिन्न–भिन्न अंशों को अपने अनुयायी कहनेवाले विभिन्न धर्मसंप्रदायों का खास दावा शून्य में पर्यवसित हो हवा में मिलता जा रहा है, जबकि आधुनिक पुरातत्त्वानुसंधान के प्रबल मूसलाघात प्राचीन बद्धमूल संस्कारों को शीशे की तरह चूर–चूर किए डालते हैं, जबकि पाश्चात्य जगत् में धर्म केवल मूढ़ लोगों के हाथ में चला गया है और जबकि ज्ञानी लोग धर्मसंबंधी प्रत्येक विषय को घृणा की दृष्टि देखते लगे हैं, ऐसी परिस्थिति में भारत का, जहाँ के अधिवासियों का धर्मजीवन सर्वोच्च दार्शनिक सत्य सिद्धांतों दोबारा नियमित है, दर्शन संसार के सम्मुख आता है, जो भारतीय मानस की धर्मविषयक सर्वोच्च महत्त्वाकांक्षाओं को प्रकट करता है। इसीलिए आज से सब महान् तत्त्व—असीम अनंत जगत् का एकत्व, निर्गुण ब्रह्मवाद, जीवात्मा का अनंत स्वरूप और उसका विभिन्न जीव–शरीरों में अविच्छेद्य संक्रमणरूपी अपूर्व तत्त्व तथा ब्रह्मांड का अनंतत्त्व—सहज ही रक्षा के लिए अग्रसर हो रहे हैं। पुराने संप्रदाय जगत् को एक छोटा सा मिट्टी का लोंदा भर समझते थे और समझते थे कि काल का आरंभ भी कुछ ही दिनों से हुआ है। केवल हमारे ही प्राचीन धर्मशास्त्रों में यह बात मौजूद है कि देश, काल और निमित्त अनंत हैं एवं इससे भी बढ़कर हमारे यहाँ के तमाम धर्मतत्त्वों के अनुसंधान का आधार मानवात्मा की अनंत महिमा का विषय रहा है, जब क्रम विकासवाद, ऊर्जा

संधारणवाद आदि आधुनिक प्रबल सिद्धांत सब तरह के कच्चे धर्म मतों की जड़ में कुठाराघात कर रहे हैं, ऐसी स्थिति में उसी मानवात्मा की अपूर्व सृष्टि, ईश्वर की अद्भुत वाणी वेदांत के अपूर्व हृदयग्राही तथा मन की उन्नति एवं विस्तार-विधायक तत्त्व समूहों के सिवा और कौन सी वस्तु है, जो शिक्षित मानवजाति की श्रद्धा और भक्ति पा सकती है?

साथ ही मैं यह भी कह देना चाहता हूँ कि भारत के बाहर हमारे धर्म का जो प्रभाव पड़ता है, वह यहाँ के धर्म के उन मूल तत्त्वों का है, जिनकी पीठिका और नींव पर भारतीय धर्म की अट्टालिका खड़ी है। उसकी सैकड़ों भिन्न-भिन्न शाखा-प्रशाखाएँ, सैकड़ों सदियों में समाज की आवश्यकताओं के अनुसार उसमें लिपटे हुए छोटे-छोटे गौण विषय, विभिन्न प्रथाएँ, देशाचार तथा समाज के कल्याण-विषयक छोटे-मोटे विचार आदि बातें वास्तव में 'धर्म' की कोटि में स्थान नहीं पा सकतीं। हम यह भी जानते हैं कि हमारे शास्त्रों में दो कोटि के सत्य का निर्देश किया गया है और उन दोनों में स्पष्ट भेद भी बतलाया गया है। एक ऐसी कोटि, जो सदा प्रतिष्ठित रहेगी—मनुष्य का स्वरूप, आत्मा का स्वरूप, ईश्वर के साथ जीवात्मा का संबंध, ईश्वर का स्वरूप, पूर्णत्व आदि पर प्रतिष्ठित होने के कारण जो चिरंतन सत्य है और इसी प्रकार ब्रह्मांड विज्ञान के सिद्धांत, सृष्टि का अनंततत्त्व अथवा यदि अधिक ठीक कहा जाए तो प्रक्षेपण का सिद्धांत और युग प्रवाह संबंधी अद्भुत नियम आदि शाश्वत सिद्धांत, जो प्रकृति के सार्वभौम नियमों पर आधारित हैं। द्वितीय कोटि के तत्त्वों के अंतर्गत गौण नियमों का निरूपण किया गया है और उन्हीं के द्वारा हमारे दैनिक जीव के कार्य संचालित होते हैं। इन गौण विषयों को श्रुति के अंतर्गत नहीं मान सकते; ये वास्तव में स्मृति के, पुराणों के अंतर्गत हैं। इनके साथ पूर्वोक्त तत्त्व समूह का कोई संपर्क नहीं है। स्वयं हमारे राष्ट्र के अंदर भी ये सब बराबर परिवर्तित होते आए हैं। एक युग के लिए जो विधान है, वह दूसरे युग के लिए नहीं होता। इस युग के बाद फिर जब दूसरा युग आएगा, तब इसको पुनः बदलना पड़ेगा। महामना ऋषिगण आविर्भूत होकर फिर देशकालोपयोगी नए-नए आचार-विधानों का प्रवर्तन करेंगे।

जीवात्मा, परमात्मा और ब्रह्मांड के इन समस्त अपूर्व, अनंत, उदात्त और व्यापक धारणाओं में निहित, जो महान् तत्त्व हैं, वे भारत में ही उत्पन्न हुए हैं। केवल भारत ही ऐसा देश है, जहाँ के लोगों ने अपने कबीले के छोटे-छोटे देवताओं के लिए यह कहकर लड़ाई नहीं की है कि 'मेरा ईश्वर सच्चा है, तुम्हारा झूठा; लाओ, हम दोनों लड़कर इसका फैसला कर लें।' छोटे-छोटे देवताओं के लिए लड़कर फैसला करने की बात केवल यहाँ के लोगों के मुँह से कभी सुनाई नहीं दी। हमारे यहाँ के ये महान् तत्त्व मनुष्य की अनंत प्रकृति पर प्रतिष्ठित होने के कारण हजारों वर्ष पहले के समान आज भी मानवजाति का कल्याण करने की शक्ति रखते हैं और जब तक यह पृथ्वी मौजूद रहेगी, जितने दिनों तक कर्मवाद रहेगा, जब तक हम लोग व्यष्टि जीवन के रूप में जन्म लेकर अपनी शक्ति द्वारा अपनी नियति का निर्माण करते रहेंगे, तब तक इनकी शक्ति इसी प्रकार विद्यमान रहेगी।

सर्वोपरि अब मैं यह बताना चाहता हूँ कि भारत की संसार को कौन सी देन होगी। यदि हम लोग विभिन्न जातियों के भीतर धर्म की उत्पत्ति और विकास की प्रणाली का पर्यवेक्षण करें तो हम सर्वत्र यही देखेंगे कि पहले हर एक उपजाति के भिन्न-भिन्न देवता थे। इन जातियों में यदि परस्पर कोई विशेष संबंध रहता है तो ऐसे भिन्न-भिन्न देवताओं का एक साधारण नाम भी होता है। उदाहरणार्थ, बैबिलोनियन देवता को ही ले लो, जब बैबिलोनियन लोग विभिन्न जातियों में विभक्त हुए थे, तब उनके भिन्न-भिन्न देवताओं का एक साधारण नाम था 'बाल', ठीक इसी प्रकार यहूदी जाति के विभिन्न देवताओं का साधारण नाम 'मोलोक' था। साथ ही तुम देखोगे कि कभी-कभी इन विभिन्न जातियों में कोई जाति सबसे अधिक बलशाली हो उठती थी और इस जाति के लोग अपने राजा के अन्य सब जातियों के राजा स्वीकृत होने की माँग करते थे। इससे स्वभावत: यह होता था कि उस जाति के लोग अपने देवता को अन्यान्य जातियों के देवता के रूप में भी प्रतिष्ठित करना चाहते थे।

बैबिलोनियन लोग कहते थे कि 'बाल मेरोडक' दूसरे महानतम देवता हैं और सभी देवता उससे निम्न। इसी प्रकार यहूदी लोगों के 'मोलोक याहे'

अन्य मोलोक देवताओं से श्रेष्ठ बताए जाते थे और उन प्रश्नों का निर्णय युद्ध द्वारा हुआ करता था। यह संघर्ष यहाँ भी विद्यमान था। प्रतिद्वंद्वी देवगण अपनी श्रेष्ठता के लिए परस्पर संघर्ष करते थे, परंतु भारत और समग्र संसार के सौभाग्य से इस अशांति और लड़ाई-झगड़े के बीच में यहाँ एक वाणी उठी, जिसने उद्घोष किया—'एकं सद्विप्रा बहुधा वदन्ति'—'सत्ता एकमात्र है; पंडित लोग उसी एक का तरह-तरह से वर्णन करते हैं।'

शिव विष्णु की अपेक्षा श्रेष्ठ नहीं है, अथवा विष्णु ही सबकुछ हैं, शिव कुछ नहीं—ऐसी भी बात नहीं है अथवा विष्णु ही सबकुछ हैं, शिव कुछ नहीं—ऐसी भी बात नहीं है, एक सत्ता को ही कोई शिव, कोई विष्णु और कोई और ही किसी नाम से पुकारते हैं। नाम अलग-अलग हैं, पर वह एक ही है। इन्हीं कुछ बातों से भारत का समग्र इतिहास जाना जा सकता है। समग्र भारत का इतिहास जबरदस्त शक्ति के साथ ओजस्वी भाषा में उसी एक मूल सिद्धांत की पुनरुक्ति मात्र है। इस देश में यह सिद्धांत बार-बार दोहराया गया है, यहाँ तक कि अंत में वह हमारी जाति के रक्त के साथ मिलकर एक हो गया है और इसकी धमनियों में प्रवाहित होनेवाले रक्त की प्रत्येक बूँद के साथ मिल गया है, वह इस जीवन का एक अंगस्वरूप हो गया है; जिस उपादान से यह विशाल जातीय शरीर निर्मित हुआ है, उसका वह अंशस्वरूप हो गया है; इस प्रकार यह देश दूसरे के धर्म के प्रति सहिष्णुता के एक अद्भुत लीलाक्षेत्र के रूप में परिणत हो गया है। इसी कारण इस प्राचीन मातृभूमि में हमें सब धर्मों और संप्रदायों को सादर स्थान देने का अधिकार प्राप्त हुआ है।

इस भारत में, आपाततः एक-दूसरे के विरोधी होने पर भी ऐसे बहुत से धर्मसंप्रदाय हैं, जो बिना किसी विरोध के स्थापित हैं और इस अत्यंत विचित्र बात का एकमात्र यही कारण है। संभव है कि तुम द्वैतवादी हो और मैं अद्वैतवादी। संभव है कि तुम अपने को भगवान् का नित्य दास समझते हो और दूसरा यह कहे कि मुझमें और भगवान् में कोई अंतर नहीं है, पर दोनों ही हिंदू हैं और सच्चे हिंदू हैं। यह कैसे संभव हो सकता है ? इस प्रश्न का उत्तर जानने के लिए उसी महावाक्य का स्मरण करो—'एकं सद्विप्रा बहुधा वदन्ति'!

मेरे स्वदेशवासी भाइयो, सबसे ऊपर यही महान् सत्य हमें संसार को सिखाना होगा और देशों के शिक्षित लोग भी नाक-मुँह सिकोड़कर हमारे धर्म को मूर्तिपूजक कहते तथा समझते हैं। मैंने स्वयं उन्हें ऐसा कहते देखा है, पर वे कभी स्थिरचित्त होकर यह नहीं सोचते कि उनका मस्तिष्क कैसे कुसंस्कारों से परिपूर्ण है और आज भी सर्वत्र ऐसा ही है, ऐसी ही घोर सांप्रदायिकता है, मन में इतनी घोर संकीर्णता है। उनका अपना जो कुछ है, मानो वही संसार में सबसे अधिक मूल्यवान है। धन देवता की पूजा और अर्थोपासना ही उनकी राय में सच्चा जीवन-निर्वाह है। उनके पास यत्किंचित् संपत्ति है, वही मानो सबकुछ है और अन्य कुछ नहीं, अगर वे मिट्टी से कोई असार वस्तु बना सके हैं अथवा कोई यंत्र आविष्कृत कर सकते हैं तो और सबको छोड़कर उन्हीं की प्रशंसा करनी चाहिए।

संसार में शिक्षा और अध्ययन के इतने प्रचार के बावजूद सारी दुनिया की यही हालत है। इस जगत् में अब भी असली शिक्षा की आवश्यकता है और सभ्यता—सच पूछो तो सभ्यता का अभी तक कहीं आरंभ भी नहीं हुआ है।

मनुष्य जाति में अब भी 99.9 प्रतिशत लोग प्राय: जंगली अवस्था में ही पड़े हुए हैं। हम इस विषय में पुस्तकों में भले ही पढ़ते हों, हम धार्मिक सहिष्णुता के बारे में सुनते हों तथा इसी प्रकार की अन्यान्य बातें भी हों, किंतु मैं अपने अनुभव के आधार पर कहता हूँ कि संसार में ये भाव बहुत अल्प मात्रा में विद्यमान हैं। 99 प्रतिशत मनुष्य इन बातों को मन में स्थान तक नहीं देते हैं। संसार के जिस किसी देश में मैं गया, वहीं मैंने देखा कि अब भी दूसरे धर्मों के अनुयायियों पर घोर अत्याचार जारी है; कुछ भी नया सीखने के विरुद्ध आज भी वही पुरानी आपत्तियाँ उठाई जाती हैं। संसार में दूसरों के धर्म के प्रति सहिष्णुता का यदि थोड़ा-बहुत भाव आज भी कहीं विद्यमान है, यदि धर्मभाव से कुछ भी सहानुभूति कहीं है तो वह कार्यत: यहीं—इसी आर्यभूमि में है और कहीं नहीं।

इसी प्रकार यह सिर्फ यहीं है कि हम भारतवासी मुसलमानों के लिए मसजिदें और ईसाइयों के लिए गिरजाघर भी बनवा देते हैं, ऐसा और कहीं नहीं है। यदि तुम दूसरे देश में जाकर मुसलमानों से अथवा कोई धर्मावलंबियों

से अपने लिए एक मंदिर बनवाने को कहो तो फिर तुम देखोगे कि तुम्हें क्या सहायता मिलती है! सहायता का तो प्रश्न ही क्या, वे तुम्हारे मंदिर को और हो सके तो तुमको भी विनष्ट कर देने की कोशिश करेंगे। इसी से संसार को अब भी इस महान् शिक्षा की विशेष आवश्यकता है।

संसार को भारतवर्ष से दूसरों के धर्म के प्रति सहिष्णुता की ही नहीं, दूसरों के धर्म के साथ सहानुभूति रखने की भी शिक्षा ग्रहण करनी होगी। इसको 'महिम्नः स्तोत्र' में भलीभाँति व्यक्त किया गया है—'हे शिव, जिस प्रकार विभिन्न नदियाँ विभिन्न पर्वतों से निकलकर सरल तथा वक्र गति से प्रवाहित होती हुई अंततः समुद्र में ही मिल जाती हैं, उसी प्रकार अपनी विभिन्न प्रवृत्तियों के कारण जिन विभिन्न मार्गों को लोग ग्रहण करते हैं, सरल या वक्र रूप में विभिन्न लगने पर भी वे सभी तुम तक ही पहुँचाते हैं।'

यद्यपि लोग भिन्न-भिन्न मार्गों से चल रहे हैं, तथापि सब लोग एक ही स्थान की ओर जा रहे हैं। कोई जरा घूम-फिरकर टेढ़ी राह से चलता है और कोई एकदम सीधी राह से; पर अंततः वे सब उस एक प्रभु के पास आएँगे।

तुम्हारी शिवभक्ति तभी संपूर्ण होगी, जब तुम सर्वत्र शिव को ही देखोगे, केवल शिवलिंग में ही नहीं। वे ही यथार्थ में साधु हैं, वे ही सच्चे हरिभक्त हैं, जो हरि को सब जीवों में, सब भूतों में देखा करते हैं। यदि तुम शिवजी के यथार्थ भक्त हो तो तुम्हें उनको सब जीवों में तथा सब भूतों में देखना चाहिए। चाहे जिस नाम से अथवा चाहे, जिस रूप में उनकी उपासना क्यों न की जाए, तुम्हें समझना होगा कि उन्हीं की पूजा की जा रही है। चाहे कोई काबा की ओर मुँह करके घुटने टेककर उपासना करे या गिरजाघर में अथवा बौद्ध मंदिर में ही करे, वह जाने या अनजाने उसी परमात्मा की उपासना कर रहा है। चाहे जिसके नाम पर, चाहे जिस मूर्त को उद्‌देश्य बनाकर और चाहे जिस भाव से ही पुष्पांजलि क्यों न चढ़ाई जाए, वह उन्हीं के चरणों में पहुँचती है; क्योंकि वे ही सबके एकमात्र प्रभु हैं, सब आत्माओं के अंतरात्मा-स्वरूप हैं। संसार में किस बात की कमी है, इस बात को वे हमारी-तुम्हारी अपेक्षा बहुत अच्छी तरह जानते हैं।

सब तरह के भेदभावों का दूर होना असंभव है। विभिन्नताएँ तो रहेंगी ही; उनके बिना जीवन असंभव है। विचारों का यह पारस्परिक संघर्ष और विभिन्नता ही ज्ञान के प्रकाश और गति का कारण है। संसार में अनंत प्रकार के परस्पर विरोधी विभिन्न भाव विद्यमान रहेंगे और जरूर रहेंगे, परंतु इसी के लिए एक-दूसरे को घृणा की दृष्टि से देखें अथवा परस्पर लड़ें, यह आवश्यक नहीं।

अतएव हमें उसी मूल सत्य की फिर से शिक्षा ग्रहण करनी होगी, जो केवल यहीं से, हमारी इसी मातृभूमि से प्रचारित हुआ था, फिर एक बार भारत को संसार में इसी मूल तत्त्व का—इसी सत्य का प्रचार करना होगा। ऐसा क्यों है? इसलिए नहीं कि यह सत्य हमारे शास्त्रों में लिखा है, वरन् हमारे राष्ट्रीय साहित्य का प्रत्येक विभाग और हमारा राष्ट्रीय जीवन इससे पूर्णतः ओत-प्रोत है। यहीं और केवल यहीं, दैनिक जीवन में इसका अनुष्ठान होता है; और कोई भी व्यक्ति, जिसकी आँखें खुली हैं, यह स्वीकार करेगा कि यहाँ के सिवा और कहीं भी इसका अभ्यास नहीं किया जाता। इसी भाव से हमें धर्म की शिक्षा देनी होगी। भारत इससे भी ऊँची शिक्षाएँ देने की क्षमता अवश्य रखता है; पर वे सब केवल पंडितों के ही योग्य हैं और विनम्रता की, शांत भाव की, इस तितिक्षा की, इस धार्मिक सहिष्णुता की तथा इस सहानुभूति की और भ्रातृभाव की महान् शिक्षा प्रत्येक बालक, स्त्री, पुरुष, शिक्षित, अशिक्षित सब जाति और वर्ग वाले सीख सकते हैं। 'तुमको अनेक नामों से पुकारा जाता है, पर तुम एक हो।'

'एकं सद्विप्रा बहुधा वदन्ति।'

(16 जनवरी, 1896 को फ्लोरल हॉल, कोलंबो में दिया गया भाषण। यह स्वामी विवेकानंद का प्राच्य में दिया गया प्रथम सार्वजनिक भाषण था।)

□

भारत गगन गूँज रहा है

सुदीर्घ रजनी अब समाप्त होती हुई जान पड़ती है। महादुःख का प्राय: अंत ही प्रतीत होता है। महानिद्रा में निमग्न शव मानो जाग्रत् हो रहा है। इतिहास की बात तो दूर रही, जिस सुदूर अतीत के घनांधकार का भेद करने मे किंवदंतियाँ भी असमर्थ हैं, वहीं से एक आवाज हमारे पास आ रही है। ज्ञान, भक्ति और कर्म के अनंत हिमालयस्वरूप हमारी मातृभूमि भारत की हर एक चोटी पर प्रतिध्वनित होकर यह आवाज मृदु, दृढ़ परंतु अभ्रांत स्वर में हमारे पास तक आ रही है। जितना समय बीतता है, उतनी ही वह और भी स्पष्ट तथा गंभीर होती जाती है और देखो, वह निद्रित भारत अब जागने लगा है, मानो हिमालय के प्राणप्रद वायु-स्पर्श से मृतदेह के शिथिलप्राय अस्थिमांस तक में प्राण संचार हो रहा है। जड़ता धीरे-धीरे दूर हो रही है। जो अंधे हैं, वे ही देख नहीं सकते और जो विकृत बुद्धि हैं, वे ही समझ नहीं सकते कि हमारी मातृभूमि अपनी गंभीर निद्रा से अब जाग रही है, अब कोई उसे रोक नहीं सकता, अब यह फिर सो भी नहीं सकती। कोई बाह्य शक्ति इस समय इसे दबा नहीं सकती, क्योंकि यह असाधारण शक्ति का देश अब जागकर खड़ा हो रहा है। महाराज एवं रामनाद-निवासी सज्जनो! आपने जिस हार्दिकता तथा कृपा के साथ मेरा अभिनंदन किया है, इसके लिए आप मेरा आंतरिक धन्यवाद स्वीकार कीजिए। मैं अनुभव करता हूँ कि आप लोग मेरे प्रति सौहार्द तथा कृपा-भाव रखते हैं; क्योंकि जबानी बातों की अपेक्षा एक हृदय दूसरे हृदय के सामने अपने भाव ज्यादा अच्छी तरह प्रकट करता है। आत्मा मौन

परंतु अश्रांत भाषा में दूसरी आत्मा के साथ बात करती है, इसीलिए मैं आप लोगों के भाव को अपने अंतस्तल में अनुभव करता हूँ। रामनाद के महाराज! अपने धर्म और मातृभूमि के लिए पाश्चात्य देशों में इस नगण्य व्यक्ति द्वारा यदि कोई कार्य हुआ है, अपने घर में ही अज्ञात और गुप्तभाव से रक्षित अमूल्य रत्नसमूह के प्रति स्वदेशवासियों के हृदय आकृष्ट करने के लिए यदि कुछ प्रयत्न हुआ है, अज्ञानरूपी अंधेपन के कारण प्यासे मरने अथवा दूसरी जगह के गंदे गड्ढे का पानी पीने की अपेक्षा यदि अपने घर के पास निरंतर बहनेवाले झरने के निर्मल जल को पीने के लिए वे बुलाए जा रहे हैं, हमारे स्वदेशवासियों को यह समझाने के लिए कि भारतवर्ष का प्राण धर्म ही है, उसके जाने पर राजनीतिक उन्नति, समाज-सुधार या कुबेर का ऐश्वर्य भी कुछ नहीं कर सकता, यदि उनको कर्मण्य बनाने का कुछ उद्योग हुआ है, मेरे द्वारा इस दिशा में जो कुछ भी कार्य हुआ है, उसके लिए भारत अथवा अन्य हर देश, जिसमें कुछ भी कार्य संपन्न हुआ है, आपके प्रति ऋणी हैं; क्योंकि आपने ही पहले मेरे हृदय में ये भाव भरे और आप ही मुझे कार्य करने के लिए बार-बार उत्साहित करते रहे हैं। आपने ही मानो अंतर्दृष्टि के बल से भविष्यत् जानकर निरंतर मेरी सहायता की है, कभी भी मुझे उत्साहित करने से आप विमुख नहीं हुए।

इसलिए यह बहुत ही ठीक हुआ कि आप मेरी सफलता पर आनंदित होनेवाले प्रथम व्यक्ति हैं एवं भारत लौटकर मैं पहले आपके ही राज्य में उतरा।

उपस्थित सज्जनो! आपके महाराज ने पहले ही कहा है कि हमें बड़े कार्य करने होंगे, अद्भुत शक्ति का विकास दिखाना होगा, दूसरे राष्ट्रों को अनेक बातें सिखानी होंगी। यह देश दर्शन, धर्म, आचार-शास्त्र, मधुरता, कोमलता और प्रेम की मातृभूमि है। ये सब चीजें अब भी भारत में विद्यमान हैं। मुझे दुनिया के संबंध में जो जानकारी है, उसके बल पर मैं दृढ़तापूर्वक कह सकता हूँ कि इन बातों में पृथ्वी के अन्य प्रदेशों की अपेक्षा भारत अब भी श्रेष्ठ है। इस साधारण घटना को ही लीजिए; गत चार-पाँच वर्षों में संसार में अनेक बड़े-बड़े राजनीतिक परिवर्तन हुए हैं।

पाश्चात्य देशों में सभी जगह बड़े-बड़े संगठनों से विभिन्न देशों में प्रचलित रीति-रिवाजों को एकदम दबा देने की चेष्टा की और वे बहुत कुछ सफल भी हुए हैं। हमारे देशवासियों से पूछिए, क्या उन लोगों ने इन बातों के संबंध में कुछ सुना है? उन्होंने एक शब्द भी नहीं सुना, किंतु शिकागो में एक धर्म-महासभा हुई थी, भारतवर्ष से उस महासभा में एक संन्यासी भेजा गया था, उसका आदर के साथ स्वागत हुआ, उसी समय से वह पाश्चात्य देशों में कार्य कर रहा है, यह बात यहाँ का एक अत्यंत निर्धन भिखारी भी जानता है।

लोग कहते हैं कि हमारे देश का जनसमुदाय बड़ी स्थूलबुद्धि का है, वह किसी प्रकार की शिक्षा नहीं चाहता और संसार का किसी प्रकार का समाचार नहीं जानना चाहता। पहले मूर्खतावश मेरा भी झुकाव ऐसी ही धारणा की ओर था, अब मेरी धारणा है कि काल्पनिक गवेषणाओं एवं द्रुतगति से सारे भूमंडल की परिक्रमा कर डालनेवालों तथा जल्दबाजी में पर्यवेक्षण करनेवालों की लेखनी द्वारा लिखित पुस्तकों के पाठ की अपेक्षा स्वयं अनुभव प्राप्त करने से कहीं अधिक शिक्षा मिलती है। अनुभव द्वारा यह शिक्षा मुझे मिली है कि हमारे देश का जनसमुदाय निर्बोध और मंद नहीं है, वह संसार का समाचार जानने के लिए पृथ्वी के अन्य किसी स्थान के निवासी से कम उत्सुक और व्याकुल भी नहीं है, तथापि प्रत्येक जाति के जीवन का कोई-न-कोई उद्देश्य है। प्रत्येक जाति अपनी निजी विशेषताएँ और व्यक्तित्व लेकर जन्म ग्रहण करती है, सब जातियाँ मिलकर एक सुमधुर एकतान-संगीत की सृष्टि करती हैं, किंतु प्रत्येक जाति मानो राष्ट्रों के स्वर-सामंजस्य में एक-एक पृथक् स्वर का प्रतिनिधित्व करती है। वही उसकी जीवन-शक्ति है, वही उसके जातीय जीवन का मेरुदंड या मूल है।

हमारी इस पवित्र मातृभूमि का मेरुदंड, मूल या जीवन केंद्र एकमात्र धर्म ही है। दूसरे लोग राजनीति को, व्यापार के बल पर अगाध धनराशि का उपार्जन करने के गौरव को, वाणिज्य-नीति की शक्ति और उसके प्रचार को, बाह्य स्वाधीनता-प्राप्ति के अपूर्व सुख को भले ही महत्त्व दें, किंतु हिंदू अपने मन में न तो इसके महत्त्व को समझते हैं और न समझना चाहते ही हैं। हिंदुओं के साथ

धर्म ईश्वर, आत्मा, अनंत और मुक्ति के संबंध में बातें कीजिए; मैं आप लोगों को विश्वास दिलाता हूँ, अन्यान्य देशों के दार्शनिक कहे जानेवाले व्यक्तियों की अपेक्षा यहाँ का एक साधारण कृषक भी इन विषयों में अधिक जानकारी रखता है। सज्जनो, मैंने आप लोगों से कहा है कि हमारे पास अभी संसार को सिखाने के लिए कुछ है। इसीलिए सैकड़ों वर्षों के अत्याचार और लगभग हजारों वर्षों के वैदेशिक शासन और अत्याचारों के बावजूद यह जाति जीवित है। इस जाति के इस समय भी जीवित रहने का मुख्य प्रयोजन यह है कि इसने अब भी ईश्वर और धर्म तथा अध्यात्म-रूप रत्नकोश का परित्याग नहीं किया है।

हमारी इस मातृभूमि में इस समय की धर्म और अध्यात्म विद्या का जो स्त्रोत बहता है, उसकी बाढ़ समस्त जगत् को आप्लावित कर, राजनीतिक उच्चाभिलाषाओं एवं नवीन सामाजिक संगठनों की चेष्टाओं में प्राय: समाप्तप्राय, अर्धमृत तथा पतनोन्मुखी पाश्चात्य और दूसरी जातियों में नवजीवन का संचार करेगी। नाना प्रकार के मतमतांतरों के विभिन्न सुरों से भारत-गगन गूँज रहा है। यह बात सच है कि इन सुरों में कुछ ताल में हैं और कुछ बेताल; किंतु यह स्पष्ट पहचान में आ रहा है कि उन सबमें एक प्रधान सुर, मानो भैरव-राग के सप्तम स्वर में उठकर अन्य दूसरे सुरों को कर्णगोचर नहीं होने दे रहा है और वह प्रधान सुर है—त्याग।

'विषयान् विषवत् त्यज'—भारतीय सभी शास्त्रों की यही एक बात है, यही सभी शास्त्रों का मूलमंत्र है। दुनिया दो दिन का तमाशा है। जीवन तो और भी क्षणिक है। इसके परे, इस मिथ्या संसार के परे उस अनंत अपार का राज्य है; आइए, उसी का पता लगाएँ। यह देश महावीर और प्रकांड मेधा तथा बुद्धि वाले मनीषियों से उद्भासित है, जो इस तथाकथित अनंत जगत् को भी एक गड़हिया मात्र समझते हैं और वे क्रमश: अनंत जगत् को भी छोड़कर दूर अति दूर चले जाते हैं। काल, अनंतकाल भी उनके लिए कोई चीज नहीं है, वे उसके भी पार चले जाते हैं। उनके लिए देश की भी कोई सत्ता नहीं है, वे उसके भी पार जाना चाहते हैं और दृश्य जगत् के अतीत जाना ही धर्म का गूढ़तम रहस्य है। भौतिक प्रकृति का इस प्रकार अतिक्रमण करने की चेष्टा,

जिस प्रकार और चाहे जितना नुकसान सहकर क्यों न हो, किसी प्रकार प्रकृति के मुँह का घूँघट हटाकर एक बार उस देश कालातीत सत्ता के दर्शन का यत्न करना, यही हमारी जाति का स्वाभाविक गुण है। यही हमारा आदर्श है, परंतु निश्चय ही किसी देश के सभी लोग पूर्ण त्यागी तो नहीं हो सकते। यदि आप लोग उसको उत्साहित करना चाहते हैं तो उसके लिए यह एक निश्चित उपाय है। आपकी राजनीति, समाज-सुधार, धनसंचय के उपाय, वाणिज्य-नीति आदि की बातें बतख की पीठ से जल के समान उनके कानों से बाहर निकल जाएँगी। इसलिए आप लोगों को जगत् को यह धार्मिक शिक्षा देनी ही होगी। दूसरी जातियों से हमें भौतिक-विज्ञान सीखना पड़े। किस प्रकार दल-संगठन और उसका परिचालन हो, विभिन्न शक्तियों को नियमानुसार काम में लगाकर किस प्रकार थोड़े यत्न से अधिक लाभ हो, इत्यादि बातें अवश्य ही हमें दूसरों से सीखनी होंगी। पाश्चात्यों से हमें शायद ये सब बातें कुछ-कुछ सीखनी ही होंगी, किंतु स्मरण रखना चाहिए कि हमारा उद्देश्य त्याग ही है। यदि कोई भोग और ऐहिक सुख को ही परम पुरुषार्थ मानकर भारतवर्ष में उनका प्रचार करना चाहे, यदि कोई जड़ जगत् को ही भारतवासियों का ईश्वर कहने की धृष्टता करे तो वह मिथ्यावादी है। इस पवित्र भारतभूमि में उसके लिए कोई स्थान नहीं है, भारतवासी उसकी बात भी नहीं सुनेंगे।

पाश्चात्य सभ्यता में चाहे कितनी ही चमक-दमक क्यों न हो, उसमें कितनी ही शोभा और शक्ति की चाहे कितनी ही अद्भुत अभिव्यक्ति क्यों न हो, मैं इस सभा के बीच खड़ा होकर उनसे साफ-साफ कह देता हूँ कि यह सब मिथ्या है भ्रांति-भ्रांति मात्र। एकमात्र ईश्वर ही सत्य है, एकमात्र आत्मा ही सत्य है और एकमात्र धर्म ही सत्य है। इसी सत्य को पकड़े रखिए तो भी हमारे जो भाई उच्चतम सत्य के अधिकारी अभी नहीं हुए हैं, उनके लिए इस प्रकार का भौतिक विज्ञान शायद कल्याणकारी हो सकता है; उसे अपने लिए कायापयोगी बनाकर लेना होगा। सभी देशों और समाजों में एक भ्रम फैला हुआ है। विशेष दुःख की बात तो यह है कि भारतवर्ष में जहाँ पहले कभी नहीं था, थोड़े दिन हुए इस भ्रम ने प्रवेश किया है। वह भ्रम यह है कि

अधिकारी का विचार न कर सभी के लिए समान व्यवस्था देना। सच बात तो यह है कि सभी के लिए एक मार्ग नहीं हो सकता। मेरी पद्धति आवश्यक नहीं है कि वह आपकी भी हो। आप सभी लोग जानते हैं कि संन्यास ही हिंदू जीवन का आदर्श है। जो जीवन की परवर्ती (वानप्रस्थ) अवस्था में त्याग नहीं करता, वह हिंदू नहीं है और न उसे अपने को हिंदू कहने का कोई अधिकार ही है। संसार के सभी भोगों का आनंद लेकर प्रत्येक हिंदू को अंत में उनका त्याग करना ही होगा। यही हिंदुओं का आदर्श है। हम जानते हैं कि भोग द्वारा अंतस्तल में जिस समय यह धारणा जम जाएगी कि संसार असार है, उसी समय उसका त्याग करना होगा।

जब आप भलीभाँति परीक्षा करके जानेंगे कि जड़ जगत् सारविहीन केवल राख है तो फिर आप उसे त्याग देने की ही चेष्टा करेंगे। मन इंद्रियों की ओर मानो चक्रवत् अग्रसर हो रहा है, उसे फिर पीछे लौटाना होगा। प्रवृत्ति-मार्ग का त्यागकर उसे फिर निवृत्तिमार्ग का आश्रय ग्रहण करना होगा, यही हिंदुओं का आदर्श है, किंतु कुछ भोग भोगे बिना इस आदर्श तक मनुष्य नहीं पहुँच सकता। बच्चों को त्याग की शिक्षा नहीं दी जा सकती। वह पैदा होते ही सुख-स्वप्न देखने लगता है। उनका जीवन इंद्रियसुखों के भोग में है, उसका जीवन कुछ इंद्रियसुखों की समष्टि मात्र है।

प्रत्येक समाज में बालकवत् अज्ञानी लोग हैं। संसार की असारता समझने के लिए उन्हें कुछ भोग भोगना पड़ेगा, तभी वे वैराग्य धारण करने में समर्थ होंगे। हमारे शास्त्रों में इन लोगों के लिए यथेष्ट व्यवस्था है। दुःख का विषय है कि परवर्ती काल में समाज के प्रत्येक मनुष्य को संन्यासी के नियमों में आबद्ध करने की चेष्टा की गई, यह एक भारी भूल हुई। भारत में जो दुःख और दरिद्रता दिखाई पड़ती है, उनमें से बहुतों का कारण यही भूल है। गरीब लोगों के जीवन को इतने कड़े धार्मिक एवं नैतिक बंधनों में जकड़ दिया गया है, जिनसे उनका कोई लाभ नहीं है, उनके कामों में हस्तक्षेप न कीजिए। उन्हें भी संसार का थोड़ा आनंद लेने दीजिए। आप देखेंगे कि वे क्रमशः उन्नत होते जाते हैं और बिना किसी विशेष प्रयत्न के उनके हृदय में आप ही आप त्याग का उद्रेक होगा।

सज्जनो, पाश्चात्य जातियों से इस दिशा में हम थोड़ा बहुत यह सीख सकते हैं, किंतु यह शिक्षा ग्रहण करते समय हमें बहुत सावधान रहना होगा। मुझे बड़े दुःख से कहना पड़ता है कि आजकल हम पाश्चात्य भावनाओं से अनुप्राणित जितने लोगों के उदाहरण पाते हैं, वे अधिकतर असफलता के हैं। इस समय भारत में हमारे मार्ग में दो बड़ी रुकावटें हैं—एक और हमारा प्राचीन हिंदू समाज और दूसरी और अर्वाचीन यूरोपीय सभ्यता। इन दोनों में यदि कोई मुझसे एक को पसंद करने के लिए कहे तो मैं प्राचीन हिंदू समाज को ही पसंद करूँगा, क्योंकि अज्ञ होने पर भी, अपक्व होने पर भी कट्टर हिंदुओं के हृदय में एक विश्वास है, एक बल है, जिससे वह अपने पैरों पर खड़ा हो सकता है, किंतु विलायती रंग में रँगा व्यक्ति सर्वथा मेरुदंडविहीन होता है, वह इधर-उधर के विभिन्न स्रोतों से वैसे ही एकत्र किए हुए अपरिपक्व, विशृंखल, बेमेल भावों की असंतुलित राशि मात्र है। वह अपने पैरों पर खड़ा नहीं हो सकता, उसका सिर हमेशा चक्कर खाया करता है। वह जो कुछ करता है, क्या आप उसका कारण जानना चाहते हैं? अंग्रेजों से थोड़ी शाबाशी पा जाना ही उसके सब कार्यों का मूल प्रेरक है। वह जो समाज-सुधार करने के लिए अग्रसर होता है, हमारी कितनी ही सामाजिक प्रथाओं के विरुद्ध तीव्र आक्रमण करता है, इसका मुख्य कारण यह है कि इसके लिए उन्हें साहबों से वाहवाही मिलती है।

हमारी कितनी ही प्रथाएँ इसीलिए दोषपूर्ण हैं कि साहब लोग उन्हें दोषपूर्ण कहते हैं! मुझे ऐसे विचार पसंद नहीं हैं।

अपने बल पर खड़े रहिए, चाहे जीवित रहिए या मरिए। यदि जगत् में कोई पाप है तो वह है 'दुर्बलता'। दुर्बलता की मृत्यु है, दुर्बलता ही पाप है, इसलिए सब प्रकार से दुर्बलता का त्याग कीजिए। ये असंतुलित प्राणी अभी तक निश्चित व्यक्तित्व नहीं ग्रहण कर सके हैं; और हम उनको क्या कहें—स्त्री, पुरुष या पशु! प्राचीन पंथावलंबी सभी लोग कट्टर होने पर भी मनुष्य थे, उन सभी लोगों में एक दृढ़ता थी, अब भी इन लोगों में कुछ आदर्श पुरुषों के उदाहरण हैं और मैं आपके महाराज को इस कथन के उदाहरण रूप में प्रस्तुत करना चाहता हूँ। समग्र भारतवर्ष में आपके जैसा निष्ठावान हिंदू

नहीं दिखाई पड़ सकता। आप प्राच्य और पाश्चात्य सभी विषयों में अच्छी जानकारी रखते हैं। इनकी जोड़ का कोई दूसरा राजा भारतवर्ष में नहीं मिल सकता। प्राच्य और पाश्चात्य सभी विषयों को छानकर जो उपादेय है, उसे ही आप ग्रहण करते हैं। 'नीच व्यक्ति से भी श्रद्धापूर्वक उत्तम विद्या ग्रहण करनी चाहिए, अंत्यज से भी मुक्तिमार्ग सीखना चाहिए, निम्नतम जाति के नीच कुल की भी उत्तम कन्यारत्न को विवाह में ग्रहण करना चाहिए।'

हमारे महान् अप्रतिम स्मृतिकार मनु ने ऐसा ही नियम निर्धारित किया है। पहले अपने पैरों पर खड़े हो जाइए, फिर सब राष्ट्रों से, जो कुछ अपना बनाकर ले सकें, ले लीजिए। जो कुछ आपके काम का है, उसे प्रत्येक राष्ट्र से लीजिए; किंतु स्मरण रखिएगा कि हिंदू होने के नाते हमको दूसरी सारी बातों का अपने जातीय जीवन की मूल भावनाओं के अधीन रखना होगा। प्रत्येक व्यक्ति ने किसी-न-किसी कार्य-साधना के विशेष उद्‌देश्य से जन्म लिया है; उसके जीवन की वर्तमान गति अनेक पूर्व जन्मों के फलस्वरूप उसे प्राप्त हुई है। आप लोगों में से प्रत्येक व्यक्ति महान् उत्तराधिकार लेकर जनमा है, जो आपके महिमामय राष्ट्र के अनंत अतीत जीवन का सर्वस्व है।

सावधान, आपके लाखों पुरखे आपके प्रत्येक कार्य को बड़े ध्यान से देख रहे हैं। वह उद्‌देश्य क्या है जिसके लिए प्रत्येक हिंदू बालक ने जन्म लिया है ? क्या आपने महर्षि मनु द्वारा ब्राह्मणों के जन्मोद्‌देश्य के विषय में की गई गौरवपूर्ण घोषणा नहीं पढ़ी है ?

ब्राह्मणो जायमानो हि पृथिव्यामधिजायते।
ईश्वरः सर्वभूतानां धर्मकोषस्य गुप्तये॥

'धर्मकोषस्य गुप्तये'—धर्मरूपी खजाने की रक्षा के लिए ब्राह्मणों का जन्म होता है। मुझे कहना यह है कि इस पवित्र मातृभूमि पर ब्राह्मण का ही नहीं, प्रत्युत जिस किसी स्त्री या पुरुष का जन्म होता है, उसके जन्म लेने का कारण यही 'धर्मकोषस्य गुप्तये' है। दूसरे सभी विषयों को हमारे जीवन के इस मूल उद्‌देश्य के अधीन करना होगा। संगीत में भी स्वर-सामंजस्य का यही नियम है। उसी के अनुगत होने से संगीत में ठीक लय आती है। इस

स्थान पर भी वही करना होगा। ऐसा भी राष्ट्र हो सकता है, जिसका मूलमंत्र राजनीतिक प्रधानता हो, धर्म और दूसरे सभी विषय उसके जीवन के प्रमुख मूलमंत्र के नीचे निश्चय ही दब जाएँगे; किंतु यहाँ एक दूसरा राष्ट्र है, जिसका प्रधान जीवनोदेश्य धर्म और वैराग्य है। हिंदुओं का एकमात्र मूलमंत्र यह है कि जगत् क्षणस्थायी, भ्रममात्र और मिथ्या है; धर्म के अतिरिक्त ज्ञान, विज्ञान, भोग, ऐश्वर्य, नाम, यश, धन, दौलत जो कुछ भी हो, सभी को उसी एक सिद्धांत के अंतर्गत करना होगा। एक सच्चे हिंदू के चरित्र का रहस्य इस बात में निहित है कि पाश्चात्य ज्ञान-विज्ञान, पद-अधिकार तथा यश को केवल एक सिद्धांत के, जो प्रत्येक हिंदू बालक में जन्मजात है—आध्यात्मिकता तथा जाति की पवित्रता-अधीन रखता है। इसलिए पूर्वोक्त दो प्रकार के आदमियों में एक तो ऐसे हैं, जिनमें हिंदू जाति के जीवन की मूल शक्ति 'आध्यात्मिकता' मौजूद है। दूसरे पाश्चात्य सभ्यता के कितने ही नकली हीरे-जवाहरात लेकर बैठे हैं, पर उनके भीतर जीवनप्रद शक्तिसंचार करनेवाली वह आध्यात्मिकता नहीं है। दोनों की तुलना में मुझे विश्वास है कि उपस्थित सभी सज्जन एकमत होकर प्रथम के पक्षपाती होंगे; क्योंकि उसी से उन्नति की कुछ आशा की जा सकती हैं, जातीय मूलमंत्र उसके हृदय में जाग रहा है, वही उसका आधार है। अस्तु, उसके बचने की आशा है और शेष की मृत्यु अवश्यंभावी है। जिस प्रकार यदि किसी आदमी के मर्मस्थान में कोई आघात न लगे, अर्थात् यदि उसका मर्मस्थान दुरुस्त रहे तो दूसरे अंगों में कितनी ही चोट लगने पर भी उसे घातक न कहेंगे, उससे वह मरेगा नहीं, इसी प्रकार जब तक हमारी जाति का मर्मस्थान सुरक्षित है, उससे वह मरेगा नहीं, इसी प्रकार जब तक हमारी जाति का मर्मस्थान सुरक्षित है, उसके विनाश की कोई आशंका नहीं हो सकती, अत: भलीभाँति स्मरण रखिए, यदि आप धर्म को छोड़कर पाश्चात्य भौतिकवादी सभ्यता के पीछे दौड़िएगा तो आपका तीन ही पीढ़ियों में अस्तित्व-लोप निश्चित है, क्योंकि इस प्रकार जाति का मेरुदंड ही टूट जाएगा, जिस नींव के ऊपर यह जातीय विशाल भवन खड़ा है, वही नष्ट हो जाएगी; फिर तो परिणाम सर्वनाश होगा ही।

अतएव हे भाइयो, हमारी जातीय उन्नति का यही मार्ग है कि हम लोगों ने अपने पुरखों से उत्तराधिकार-स्वरूप जो अमूल्य संपत्ति पाई है, उसे प्राणपण से सुरक्षित रखना ही अपना प्रथम और प्रधान कर्तव्य समझें। आपने क्या ऐसे देश का नाम सुना है, जिसके बड़े-बड़े राजा अपने को प्राचीन राजाओं अथवा पुरातन दुर्गनिवासी, पथिकों का सर्वस्व लूट लेनेवाले, डाकुओं के वंशधर न बताकर अरण्यवासी अर्धनग्न तपस्वियों की संतान कहने में ही अधिक गौरव समझते हैं? यदि आपने न सुना हो तो सुनिए, हमारी मातृभूमि ही वह देश है। दूसरे देशों में बड़े-बड़े धर्माचार्य अपने को किसी राजा का वंशधर कहने की बड़ी चेष्टा करते हैं और भारतवर्ष में बड़े-बड़े राजा अपने को किसी प्राचीन ऋषि की संतान प्रमाणित करने की चेष्टा करते हैं। इसी से मैं कहता हूँ कि आप लोग अध्यात्म में विश्वास कीजिए या न कीजिए, यदि आप राष्ट्रीय जीवन को दुरुस्त रखना चाहते हैं तो आपको आध्यात्मिकता की रक्षा के लिए सचेष्ट होना होगा। एक हाथ से धर्म को मजबूती से पकड़कर दूसरे हाथ को बढ़ा अन्य जातियों से जो कुछ सीखना हो, सीख लीजिए; किंतु स्मरण रखिएगा कि जो कुछ आप सीखें उसको मूल आदर्श का अनुगामी ही रखना होगा, तभी अपूर्व महिमा से मंडित भावी भारत का निर्माण होगा। मेरा दृढ़ विश्वास है कि शीघ्र ही वह शुभ दिन आ रहा है और भारतवर्ष किसी भी काल में जिस श्रेष्ठता का अधिकारी नहीं था, शीघ्र ही उस श्रेष्ठता का अधिकारी होगा। प्राचीन ऋषियों की अपेक्षा श्रेष्ठतर ऋषियों का आविर्भाव होगा और आपके पूर्वज अपने वंशधरों की इस अभूतपूर्ण उन्नति से बड़े संतुष्ट होंगे। इतना ही नहीं, मैं निश्चित रूप से कहता हूँ, वे परलोक में अपने-अपने स्थानों से अपने वंशजों को इस प्रकार महिमान्वित और महत्त्वशाली देखकर अपने को महान् गौरवान्वित समझेंगे।

हे भाइयो! हम सभी लोगों को इस समय कठिन परिश्रम करना होगा, अब सोने का समय नहीं है। हमारे कार्यों पर भारत का भविष्य निर्भर है। भारतमाता तत्परता से प्रतीक्षा कर रही है। वह केवल सो रही थी। उसे जगाइए और पहले की अपेक्षा और भी गौरवमंडित और शक्तिशाली बनाकर

भक्तिभाव से उसे उसके चिरंतन सिंहासन पर प्रतिष्ठित कर दीजिए। ईश्वरीय तत्त्व का ऐसा पूर्ण विकास हमारी मातृभूमि के अतिरिक्त किसी अन्य देश में नहीं हुआ था, क्योंकि ईश्वरविषयक इस भाव का अभन्यत्र कभी अस्तित्व नहीं था, शायद आप लोगों को मेरी इस बात पर आश्चर्य होता हो; किंतु किसी दूसरे शास्त्र से हमारे ईश्वरतत्त्व के समान भाव जरा दिखाएँ तो सही! अन्यान्य जातियों के एक-एक जातीय ईश्वर या देवता थे, जैसे यहूदियों के ईश्वर, अरबवालों के ईश्वर इत्यादि; और ये ईश्वर दूसरी जातियों के ईश्वर के साथ लड़ाई-झगड़ा किया करते थे, किंतु यह तत्त्व कि ईश्वर कल्याणकारी और परम दयालु है, हमारा पिता, माता, मित्र, प्राणों का प्राण और आत्मा की अंतरात्मा है, केवल भारत ही जानता रहा है।

अंत में जो शैवों के लिए शिव, वैष्णवों के लिए विष्णु, कर्मियों के लिए कर्म, बौद्धों के लिए बुद्ध, जैनों के लिए जिन, ईसाइयों और यहूदियों के लिए जिहोवा, मुसलमानों के लिए अल्लाह औद वेदांतियों के लिए ब्रह्म है, जो सब धर्मों, सब संप्रदायों के प्रभु हैं, जिनकी संपूर्ण महिमा केवल भारत ही जानता था, वे सर्वव्यापी, दयामय प्रभु हम लोगों को आशीर्वाद दें, हमारी सहायता करें, हमें शक्ति दें, जिससे हम अपने उद्‌देश्य को कार्यरूप में परिणत कर सकें।

हम लोगों ने जिसका श्रवण किया, वह खाए हुए अन्न के समान हमारी पुष्टि करे, उसके द्वारा हम लोगों में इस प्रकार का वीर्य उत्पन्न हो कि हम दूसरों की सहायता कर सकें, हम आचार्य और शिष्य कभी भी आपस में विद्वेष न करें।

ॐ सह नाववतु। सह नौ भुनक्तु। सह वीर्य कारवावहै।
तेजस्विनावधीतमस्तु मा विद्विषावहै॥
ॐ शान्तिः शान्तिः शान्तिः। हरिः ॐ॥

(25 जनवरी, 1897 को रामनाद के राजा द्वारा समर्पित मान-पत्र के उत्तर में दिया गया सार्वजनिक भाषण।)

□

हिंदुओ! उठो…जागो…

'स्वल्पमप्यस्य धर्मस्य त्रायते महतो भयात्।'

अर्थात् 'धर्म का थोड़ा भी कार्य करने पर परिणाम बहुत बड़ा होता है।' 'श्रीमद्भगवद्गीता' की उपर्युक्त उक्ति के प्रमाण में यदि उदाहरण की आवश्यकता हो तो अपने इस सामान्य जीवन में मैं इसकी सत्यता का नित्यप्रति अनुभव करता हूँ। मैंने जो कुछ किया है, वह बहुत ही तुच्छ और सामान्य है, तथापि कोलंबो से लेकर इस नगर तक आने में अपने प्रति मैंने लोगों में जो ममता तथा आत्मीयतापूर्ण स्वागत की भावना देखी है, वह अप्रत्याशित है। पर साथ-ही-साथ मैं यह भी कहूँगा कि यह संवर्धना हमारी जाति के अतीत संस्कार और भावों के अनुरूप ही है; क्योंकि हम वही हिंदू हैं, जिनकी जीवन-शक्ति, जिनके जीवन का मूलमंत्र, अर्थात् जिनकी आत्मा ही धर्मस्य है। प्राच्य और पाश्चात्य राष्ट्रों में घूमकर मुझे दुनिया की कुछ अभिज्ञता प्राप्त हई और मैंने सर्वत्र सब जातियों का कोई-न-कोई ऐसा आदर्श देखा है, जिसे उस जाति का मेरुदंड कह सकते हैं, कहीं राजनीति, कहीं समाज-संस्कृति, कहीं बौद्धिक उन्नति और उसी प्रकार कुछ-न-कुछ प्रत्येक के मेरुदंड का काम करता है पर हमारी मातृभूमि भारतवर्ष का मेरुदंड धर्म-केवल धर्म ही है। धर्म ही के आधार पर, उसी की नींव पर, हमारी जाति के जीवन का प्रासाद खड़ा है।

तुममें से कुछ लोगों को शायद मेरी वह बात याद होगी, जो मैंने मद्रासवासियों द्वारा अमेरिका भेजे गए स्नेहपूर्ण मानपत्र के उत्तर में कहीं थी। मैंने इस तथ्य का निर्देश किया था कि भारतवर्ष के एक किसान को जितनी

धार्मिक शिक्षा प्राप्त है, उतनी पाश्चात्य देशों के पढ़े-लिखे सभ्य कहलानेवाले नागरिकों को भी प्राप्त नहीं है और आज मैं अपनी उस बात की सत्यता का प्रत्यक्ष अनुभव कर रहा हूँ। एक समय था, जबकि भारत की जनता की संसार के समाचारों से अनभिज्ञता और दुनिया की जानकारी हासिल करने की चाह के अभाव से मुझे कष्ट होता था, परंतु आज मैं इसका कारण समझ रहा हूँ। भारतवासियों की अभिरुचि जिस ओर है, उस विषय की अभिज्ञता प्राप्त करने के लिए वे संसार के अन्यान्य देशों के, जहाँ मैं गया हूँ, साधारण लोगों की अपेक्षा बहुत अधिक उत्सुक रहते हैं।

अपने यहाँ के किसानों से यूरोप के गुरुतर राजनीतिक परिवर्तनों के विषय में, सामाजिक उथल-पुथल के बारे में पूछो तो वे उस विषय में कुछ भी नहीं बता सकेंगे और न उन बातों को जानने की उनमें उत्कंठा ही है, परंतु भारतवासियों की कौन कहे, सीलोन के किसान भी—भारत से जिसका संबंध बहुत कुछ विच्छिन्न है और भारत के जिनका बहुत कम लगाव है, इस बात को जानते हैं कि अमेरिका में एक धर्म-महासभा हुई थी, जिसमें भारतवर्ष से कोई संन्यासी गया था और उसने वहाँ कुछ सफलता भी पाई थी।

इसी से जाना जाता है कि जिस विषय की ओर उनकी अभिरुचि है, उस विषय की जानकारी रखने के लिए वे संसार की अन्यान्य जातियों के समान ही उत्सुक रहते हैं और वह विषय है धर्म, जो भारतवासियों की मूल अभिरुचि का एकमात्र विषय है। मैं अभी इस विषय पर विचार नहीं कर रहा हूँ कि किसी जाति की जीवन-शक्ति का राजनीतिक आदर्श पर प्रतिष्ठित होना अच्छा है अथवा धार्मिक आदर्श पर; परंतु अच्छा हो या बुरा, हमारी जाति की जीवन-शक्ति धर्म में ही केंद्रीभूत है। तुम इसे बदल नहीं सकते, न तो इसे विनष्ट कर सकते हो और न इसे हटाकर इसकी जगह दूसरी किसी चीज को ही रख सकते हो। तुम किसी विशाल उगते हुए वृक्ष को एक भूमि से दूसरी पर स्थानांतरित नहीं कर सकते और न वह शीघ्र ही वहाँ जड़ें पकड़ सकता है। भला हो या बुरा, भारत में हजारों वर्ष से धार्मिक आदर्श की धारा प्रवाहित हो रही है। भला हो या बुरा, भारत का वायुमंडल इसी धार्मिक आदर्श से बीसियों सदियों तक

पूर्ण रहकर जगमगाता रहा है। भला हो या बुरा, हम इसी धार्मिक आदर्श के भीतर पैदा हुए और पले हैं, यहाँ तक कि अब वह हमारे रक्त में ही मिल गया है; हमारे रोम-रोम में वही धार्मिक आदर्श रम रहा है, वह हमारे शरीर का अंश और हमारी जीवन-शक्ति बन गया है। क्या तुम उस शक्ति की प्रतिक्रिया जाग्रत् कराए बिना, उस वेगवती नदी के तल को, जिसे उसने हजारों वर्ष में अपने लिए तैयार किया है, भरे बिना ही धर्म का त्याग कर सकते हो ? क्या तुम चाहते हो कि गंगा की धारा फिर बर्फ से ढके हुए हिमालय को लौट जाए और फिर वहाँ से नवीन धारा बनकर प्रवाहित हो ? यदि ऐसा होना संभव भी हो तो भी, यह कदापि संभव नहीं हो सकता कि यह देश अपने धर्ममय जीवन के विशिष्ट मार्ग को छोड़ सके और अपने लिए राजनीति अथवा अन्य किसी नवीन मार्ग का अप्रारंभ कर सके। जिस रास्ते में बाधाएँ कम हैं, उसी रास्ते में तुम काम कर सकते हो और भारत के लिए धर्म का मर्ग ही स्वल्पतम बाधावाला मार्ग है। धर्म के पथ का अनुसरण करना हमारे जीवन का मार्ग है, हमारी उन्नति का मार्ग है और हमारे कल्याण का मार्ग भी यही है।

परंतु अन्यान्य देशों में धर्म अनेक आवश्यक वस्तुओं में से केवल एक है। यहाँ पर मैं एक सामान्य उदाहरण देता हूँ, जो मैं अकसर दिया करता हूँ। एक गृहस्वामिनी के अपने वार्त्ताकक्ष में अनेक वस्तुएँ सज्जित रहती हैं और आजकल के फैशन के अनुसार एक जापानी कलश रहना आवश्यक है, अत: वह उसे जरूर प्राप्त करेगी, क्योंकि उसके बिना कमरे की सजावट पूरी नहीं होती। इसी तरह हमारे गृहस्वामी या स्वामिनी की अनेक प्रकार की सांसारिक व्यस्तताएँ हैं, इनके साथ कुछ धर्म भी चाहिए, नहीं तो जीवन अधूरा रह जाता है। इसीलिए वे थोड़ी बहुत धर्मचर्चा करते हैं। राजनीतिक, सामाजिक उन्नति अथवा एक शब्द में, यह संसार ही पाश्चात्य देशवासियों के जीवन का एकमात्र ध्येय और उद्देश्य है। ईश्वर और धर्म तो केवल उनके सांसारिक सुख के ही साधन-स्वरूप हैं। उनका ईश्वर एक ऐसा जीव है, जो उनके लिए दुनिया को साफ-सुथरा रखता है और साधन-संपन्न बनाता है। प्रत्यक्षत: उनकी दृष्टि में ईश्वर का इतना ही मूल्य है। क्या तुम नहीं जानते कि इधर सौ-दो सौ वर्षों

से तुम बारंबार उन लोगों के मुख से कैसी-कैसी बातें सुनते रहे हो, जो अज्ञ होकर भी ज्ञान का प्रदर्शन करते हैं? वे भारतीय धर्म के विरुद्ध, जो युक्तियाँ पेश करते हैं, वे यही हैं कि हमारा धर्म सांसारिक उन्नति करने के की शिक्षा नहीं देता, हमारे धर्म से धन की प्राप्ति नहीं होती, हमारा धर्म हमें देशों का लुटेरा नहीं बनाता, हमारा धर्म बलवानों को दुर्बलों की छाती पर मूँग दलने की शिक्षा नहीं देता और न हमें बलवान बनाकर दुर्बलों का खून चूसने की शक्ति प्रदान करता है। सचमुच हमारा धर्म यह सब काम नहीं करता। हमारा धर्म ऐसी सेना नहीं भेजता, जिसके पैरों के नीचे धरती काँपती है और जो संसार में रक्तपात, लूटमार और अन्य जातियों का सर्वनाश करने में ही अपना गौरव मानती हैं। इसीलिए वे कहते हैं, "तो फिर तुम्हारे धर्म में है क्या? जब इससे उदर-पूर्ति नहीं हो सकती, शक्ति-सामर्थ्य की वृद्धि नहीं होती, तब फिर ऐसे धर्म में रखा ही क्या है?"

वे स्वप्न में भी इस बात की कल्पना नहीं करते कि यही वह युक्ति है, जिसके द्वारा हमारे धर्म की श्रेष्ठता प्रमाणित होती है, क्योंकि हमारा धर्म पार्थिवता पर आश्रित नहीं है। हमारा धर्म तो इसलिए सच्चा धर्म है कि यह सभी को इस तीन दिन के शूद्र इंद्रियाश्रित सीमित संसार को ही अपना अभीष्ट और उद्द्दृष्टि मानने से मना करता है और इसी को हमारा सर्वोच्च ध्येय नहीं बताता। इस पृथ्वी का यह शूद्र क्षितिज, जो केवल कुछ एक हाथ ही विस्तृत है, हमारे धर्म की दृष्टि को सीमित नहीं कर सकता। हमारा धर्म दूर तक, बहुत दूर तक फैला हुआ है; वह इंद्रियों की सीमा से भी आगे तक फैला है; वह देश और काल के भी परे है। वह दूर और दूर विस्तृत होता हुआ उस सीमातीत स्थिति में पहुँचता है। जहाँ इस भौतिक जगत् का कुछ भी शेष नहीं रहता और सारा विश्व-ब्रह्मांड ही आत्मा के दिगंतव्यापी महामहिम अनंत सागर की एक बूँद के समान दिखाई देता है। वह हमें यह सिखाता है कि एकमात्र ईश्वर ही सत्य हैं; संसार असत्य और क्षणभंगुर है; तुम्हारा सोने का ढेर खाक के ढेर जैसा है, तुम्हारी सारी शक्तियाँ परिमित और सीमाबद्ध हैं, बल्कि तुम्हारा यह जीवन भी निस्सार है। यही कारण है कि हमारा धर्म ही सच्चा है।

हमारा धर्म इसलिए भी सत्य है कि उसकी सर्वोच्च शिक्षा है त्याग; और युगों के अनुभव से प्राप्त अपने अगाध विज्ञान और प्रज्ञा को लेकर यह सिर ऊँचा करके खड़ा होता और उन जातियों के सामने, जो हम हिंदुओं की तुलना में अभी दुधमुँहे बच्चे के बराबर है, ललकारकर घोषणा करता हुआ कहता है, "बच्चो! तुम इंद्रिय-जनित सुखों के गुलाम हो। ये सुख सीमाबद्ध हैं, बरबादी के कारण हैं। भोग-विलास के ये तीन दिन अंत में बरबादी ही लाते हैं।"

'इस सबको छोड़ दो, भोग-विलास की लालसा को त्याग दो, संसार की माया में न लिपटो। यही धर्म का मार्ग है।' त्याग द्वारा ही तुम अपने अभीष्ट तक पहुँच सकते हो, भोग-विलास द्वारा नहीं। इसीलिए हमारा धर्म ही सच्चा धर्म है।

हाँ, यह बड़े ही मार्के की बात है कि एक के बाद दूसरा और दूसरे के बाद तीसरा, इस तरह कितने ही राष्ट्र दुनिया के रंगमंच पर आए और कुछ दिनों तक बड़े जोशोखरोश के साथ अपना नाट्य दिखाकर बिना एक भी चिह्न अथवा एक भी लहर छोड़े काल के अनंत सागर में विलीन हो गए और हम यहाँ इस तरह से जीवित हैं, मानो हमारा जीवन अनंत है। पाश्चात्य देशवाले 'बलिष्ठ की अतिजीविता' के नए सिद्धांतों के विषय में बड़ी लंबी-चौड़ी बातें कहते हैं और वे सोचते हैं कि जिनकी भुजाओं में सबसे अधिक बल है, वही सबसे अधिक काल तक जीवित रहेगा। यदि यह बात सच होती तो पुरानी दुनिया की कोई वैसी ही जाति, जिसने अपने भुजबल से कितने ही देशों पर विजय पाई थी, आज अपने अप्रतिहत गौरव से संसार में जगमगाती हुई दिखाई देती और हमारी कमजोर हिंदू जाति, जिसने कभी किसी जाति या राष्ट्र को पराजित नहीं किया है, आज पृथ्वी से विलुप्त हो गई होती पर अब भी हम तीस करोड़ हिंदू जीवित हैं। (एक दिन एक अंग्रेज युवती ने मुझसे कहा कि हिंदुओं ने किया क्या है? उन्होंने तो एक भी देश पर विजय नहीं पाई है!) फिर इस बात में तनिक भी सत्यता नहीं है कि हमारी सारी शक्तियाँ खर्च हो गई हैं, हमारा शरीर बिल्कुल अकर्मण्य हो गया है यह बिल्कुल गलत बात है। हमारे अंदर अभी भी यथेष्ट जीवन-शक्ति विद्यमान है, जो कभी उचित समय पर आवश्यकतानुसार प्रवेग से निकलकर सारे संसार को आप्लावित कर देती है।

हमने मानो बहुत ही पुराने जमाने से सारे संसार को एक समस्यापूर्ति के लिए ललकारा है। पाश्चात्य देशवाले वहाँ इस बात की चेष्टा कर रहे हैं कि मनुष्य अधिक-से-अधिक कितना विभव संग्रह कर सकता है और यहाँ हम लोग इस बात की चेष्टा करते हैं कि कम-से-कम कितने में हमारा काम चल सकता है। यह द्वंद्वयुद्ध और यह पार्थक्य अभी सदियों तक जारी रहेगा, परंतु यदि इतिहास में कुछ भी सत्यता है और वर्तमान लक्षणों से भविष्य का कुछ आभास दिखाई देता है तो अंत में उन्हीं की विजय होगी, जो बहुत ही कम द्रव्यों पर निर्भर रहते हुए जीवन व्यतीत करने और अच्छी तरह से आत्मसंयम का अभ्यास करने की चेष्टा करते हैं; और जो भोग-विलास तथा ऐश्वर्य के उपासक हैं, वे वर्तमान में कितने ही बलशाली क्यों न हों, अंत में अवश्य ही विनष्ट होंगे तथा संसार से विलुप्त हो जाएँगे।

मनुष्य मात्र के जीवन में एक ऐसा समय आता है—नहीं, प्रत्येक राष्ट्र के इतिहास में एक ऐसा समय आता है, जब संसार के प्रति एक प्रकार की वितृष्णा आ जाती है, जो अत्यंत प्रबल तथा पीड़ाजनक प्रतीत होती है। ऐसा जान पड़ता है कि पाश्चात्य देशों में एक संसार-विरक्ति का भाव फैलना आरंभ हो गया है। वहाँ भी विचारशील, विवेकशील महान् व्यक्ति है, जो धन और बाहुबल की इस घुड़दौड़ को बिल्कुल मिथ्या समझने लगे हैं। बहुतेरे प्राय: वहाँ के अधिकतर शिक्षित स्त्री-पुरुष, अब इस होड़ से, इस प्रतिद्वंद्विता से ऊब गए हैं; वे अपनी इस व्यापार-वाणिज्य-प्रधान सभ्यता की पाशविकता से तंग आ गए हैं और इससे अच्छी परिस्थिति में पहुँचना चाहते हैं। वहाँ ऐसे मनुष्यों की भी एक श्रेणी है, जो अब भी राजनीतिक और सामाजिक उन्नति को पाश्चात्य देशों की सारी बुराइयों के लिए रामबाण समझकर उससे सटे रहना चाहते हैं, परंतु वहाँ जो महान् विचारशील व्यक्ति हैं, उनकी धारणा बदल रही है, उनका आदर्श परिवर्तित हो रहा है। वे अच्छी तरह समझ गए हैं कि चाहे जैसी भी राजनीतिक या सामाजिक उन्नति क्यों न हो जाए, उससे मनुष्य-जीवन की बुराइयाँ दूर नहीं हो सकतीं।

उन्नतर जीवन के लिए आमूल हृदय-परिवर्तन की आवश्यकता है; केवल

इसी से मानव-जीवन का सुधार संभव है। चाहे जैसी बड़ी-से-बड़ी शक्ति का प्रयोग किया जाए और चाहे कड़े-से-कड़े कायदे-कानून का आविष्कार ही क्यों न किया जाए, पर इससे किसी जाति की दशा बदली नहीं जा सकती। समाज या जाति की असद्वृत्तियों को सद्वृत्तियों की और फेरने की शक्ति तो केवल आध्यात्मिक और नैतिक उन्नति में ही है। इस प्रकार पश्चिम की जातियाँ किसी नए विचार के लिए, किसी नवीन दर्शन के लिए उत्कंठित और व्यग्र सी हो रही हैं। उनका ईसाई धर्म यद्यपि कई अंशों में बहुत अच्छा है, पर वहाँ वालों ने सम्यक् रूप से उसे समझा नहीं है और अब तक जितना समझा है, वह उन्हें पर्याप्त नहीं दिखाई देता। वहाँ के विचारशील मनुष्यों को हमारे यहाँ के प्राचीन दर्शनों में, विशेषत: वेदांत में वह नई विचार-प्रणाली मिली है, जिसकी वे खोज में रहे हैं और वह आध्यात्मिक खाद्य मिला है, जिसकी भूख से वे व्याकुल से रहे हैं और ऐसा होने में कुछ अनोखापन या आश्चर्य नहीं है। संसार में जितने भी धर्म हैं, उनमें से प्रत्येक की श्रेष्ठता स्थापित करने के अनोखे दावे सुनने का मुझे अभ्यास हो गया है। तुमने भी शायद हाल में मेरे एक बड़े मित्र डॉक्टर बैरोज द्वारा पेश किए गए दावे के विषय में सुना होगा कि ईसाई धर्म ही एक ऐसा धर्म है, जिसे सार्वजनीन कह सकते हैं। मैं अब इस प्रश्न की मीमांसा करूँगा और तुम्हारे सम्मुख उन तर्कों को प्रस्तुत करूँगा, जिनके कारण मैं वेदांत सिर्फ वेदांत को ही सार्वजनीन मानता हूँ। वेदांत के सिवा कोई अन्य धर्म सार्वजनीन नहीं कहला सकता। हमारे वेदांत धर्म के सिवा दुनिया के रंगमंच पर जितने भी अन्यान्य धर्म हैं, वे उनके संस्थापकों के जीवन के साथ संपूर्णत: संश्लिष्ट और संबद्ध हैं। उनके सिद्धांत, उनकी शिक्षाएँ, उनके मत और उनका आचार-शास्त्र जो कुछ है, सब किसी-न-किसी व्यक्तिविशेष या धर्म-संस्थापक के जीवन के आधार पर ही खड़े हैं और उसी से वे अपने आदेश, प्रमाण और शक्ति ग्रहण करते हैं और आश्चर्य तो यह है कि उसी अधिष्ठाता विशेष के जीवन की ऐतिहासिकता पर ही उन धर्मों को सारी नींव प्रतिष्ठित है। यदि किसी तरह उसके जीवन की ऐतिहासिकता पर आघात लगे और उसकी नींव हिल जाए या ध्वस्त हो जाए तो उस पर

खड़ा धर्म का संपूर्ण भवन भरभराकर गिर पड़ता है और सदा के लिए अपना अस्तित्व खो देता है और वर्तमान युग में प्रायः ऐसा ही देखने में आता है कि बहुधा सभी धर्मसंस्थापकों और अधिष्ठाताओं की जीवनी के आधे भाग पर तो विश्वास किया ही नहीं जाता; बाकी बचे आधे हिस्से पर भी संदिग्ध दृष्टि से देखा जाता है।

हमारे धर्म के सिवा संसार में अन्य जितने बड़े धर्म हैं, सभी ऐसे ही ऐतिहासिक जीवनियों के आधार पर खड़े हैं, परंतु हमारा धर्म कुछ तत्त्वों की नींव पर खड़ा है। पृथ्वी में कोई भी व्यक्ति—स्त्री हो अथवा पुरुष—वेदों के निर्माण करने का दम नहीं भर सकता। अनंतकाल-स्थायी सिद्धांतों द्वारा इनका निर्माण हुआ है, ऋषियों ने इन सिद्धांतों का पता लगाया है और कहीं कहीं प्रसंगानुसार उन ऋषियों के नाममात्र आए हैं। हम यह भी नहीं जानते कि वे ऋषि कौन थे और क्या थे? कितने ही ऋषियों के पिता का नाम तक नहीं मालूम होता और इसका तो कहीं जिक्र भी नहीं आया है कि कौन ऋषि कब और कहाँ पैदा हुए है? पर इन ऋषियों को अपने नाम-धाम की परवाह क्या थी? वे सनातन तत्त्वों के प्रचारक थे, उन्होंने अपने जीवन को ठीक वैसे ही साँचे में ढाल रखा था, जैसे मत या सिद्धांत का वे प्रचार किया करते थे, फिर जिस प्रकार हमारे ईश्वर सगुण और निर्गुण दोनों हैं, ठीक उसी प्रकार धर्म भी पूर्णतः निर्गुण है, अर्थात् किसी व्यक्ति विशेष के ऊपर हमारा धर्म निर्भर नहीं करता तो भी इसमें असंख्य अवतार और महापुरुष स्थान पा सकते हैं। हमारे धर्म में जितने अवतार, महापुरुष और ऋषि हैं, उतने और किस धर्म में हैं? इतना ही नहीं, हमारा धर्म यहाँ तक कहता है कि वर्तमान समय तथा भविष्य में और भी बहुतरे महापुरुष और अवतारादि आविर्भूत होंगे। श्रीमद्भागवत में कहा है—'अवतारा: ह्यसंख्येया:।!' हमारे धर्म में नए-नए धर्मप्रवर्तकों के अतएव आने के मार्ग में कोई रुकावट नहीं। इसीलिए भारतवर्ष के धार्मिक इतिहास में यदि कोई एक व्यक्ति या अधिक व्यक्तियों, एक या अधिक अवतारी महापुरुषों अथवा हमारे एक या अधिक पैगंबरों की ऐतिहासिकता अप्रमाणित हो जाए तो भी हमारे धर्म पर किसी प्रकार का आघात नहीं लग सकता। वह पहले की

ही तरह अटल और दृढ़ रहेगा; क्योंकि यह धर्म किसी व्यक्ति विशेष के ऊपर अधिष्ठित न होकर केवल चिरंतन तत्त्वों के ऊपर ही अधिष्ठित है।

संसार भर के लोगों से किसी व्यक्ति विशेष की महत्ता बलपूर्वक स्वीकार कराने की चेष्टा वृथा है, यहाँ तक कि सनातन और सार्वभौम तत्त्व समूह के विषय में भी बहुसंख्यक मनुष्यों को एक मतावलंबी बनाना भी बड़ा कठिन काम है, अगर कभी संसार के अधिकांश मनुष्यों को धर्म के विषय में एक मतावलंबी बनाना संभव है तो वह किसी व्यक्ति विशेष की महत्ता स्वीकार कराने से नहीं हो सकता; वरन् सनातन सत्य सिद्धांतों के ऊपर विश्वास कराने से ही हो सकता है, फिर भी हमारा धर्म विशेष व्यक्तियों की प्रामाणिकता या प्रभाव को पूर्णतया स्वीकार कर लेता है, जैसा कि मैं पहले ही कह चुका हूँ। हमारे दश में 'इष्टनिष्ठा' रूपी, जो अपूर्व सिद्धांत प्रचलित है, उसके अनुसार इन महान् धार्मिक व्यक्तियों में से किसी को भी अपना इष्ट देवता मानने की पूरी स्वाधीनता दी जाती है। तुम चाहे जिस अवतार या आचार्य को अपने जीवन का आदर्श बनाकर विशेष रूप से उपासना करना चाहो, कर सकते हो। यहाँ तक कि तुमको यह सोचने की भी स्वाधीनता है कि जिसका तुमने स्वीकार किया है, वह सब पैगंबरों में महान् है और सब अवतारों में श्रेष्ठ है, इसमें कोई आपत्ति नहीं है; परंतु सनातन तत्त्व समूह पर ही तुम्हारे धर्म-साधन की नींव होनी चाहिए। यहाँ अद्भुत तथ्य यह है कि जहाँ तक वे वैदिक सनातन सत्य सिद्धांतों के ज्वलंत उदाहरण हैं, वहीं तक हमारे अवतार मान्य हैं। भगवान् श्रीकृष्ण का माहात्म्य यही है कि वे भारत में इसी तत्त्ववादी सनातन धर्म के सर्वश्रेष्ठ प्रचारक और वेदांत के सर्वोत्कृष्ट व्याख्याता हुए हैं।

संसार भर के लोगों का वेदांत के विषय में ध्यान देने का दूसरा कारण यह है कि संसार के समस्त धर्मग्रंथों में एकमात्र वेदांत ही ऐसा एक धर्मग्रंथ है, जिसकी शिक्षाओं के साथ बाह्य प्रकृति के वैज्ञानिक अनुसंधान से प्राप्त परिणामों का संपूर्ण सामंजस्य है। अत्यंत प्राचीन समय में समान आकार-प्रचार, समान वंश और सदृश भावों से पूर्ण दो विभिन्न मेधाएँ भिन्न-भिन्न मार्गों से संसार के तत्त्वों का अनुसंधान करने को प्रवृत्त हुई। एक प्राचीन हिंदू मेधा है

और दूसरी प्राचीन यूनानी मेधा। यूनानी जाति के लोग बाह्य जगत् का विश्लेषण करते हुए ही अंतिम लक्ष्य की ओर अग्रसर हुए थे, जिस और हिंदू भी अंतर्जगत् का विश्लेषण करते हुए आगे बढ़े। इन दोनों जातियों की इस विश्लेषण क्रिया के इतिहास की विभिन्न अवस्थाओं की आलोचना करने पर मालूम होता है कि दोनों ने उस सुदूर चरम लक्ष्य पर पहुँचकर एक ही प्रकार की प्रतिध्वनि की है। इससे वह स्पष्ट प्रतीत होता है कि आधुनिक भौतिक विज्ञान के सिद्धांत समूह को केवल वेदांती ही, जो हिंदू कहे जाते हैं, अपने धर्म के साथ सामंजस्यपूर्वक ग्रहण कर सकते हैं।

इससे यह बात स्पष्ट हो जाती है कि वर्तमान भौतिकवाद अपने सिद्धांतों को बिना छोड़े केवल वेदांत के सिद्धांत को ग्रहण कर ले तो वह आप ही आध्यात्मिकता की ओर अग्रसर हो सकता है। हमें और उन सबको जो जानने की चेष्टा करते हैं, यह स्पष्ट दिखाई देता है कि आधुनिक भौतिक विज्ञान उन्हीं निष्कर्षों तक पहुँचा है, जिन तक वेदांत युगों पहले पहुँच चुका था। अंतर केवल इतना ही है कि आधुनिक विज्ञान में ये सिद्धांत जड़ शक्ति की भाषा में लिखे गए हैं। वर्तमान पाश्चात्य जातियों के लिए वेदांत की चर्चा करने का और एक कारण है वेदांत की युक्तिसिद्धता, अर्थात् आश्चर्यजनक युक्तिवाद। पाश्चात्य देशों के कई बड़े-बड़े वैज्ञानिकों ने मुझसे स्वयं वेदांत के सिद्धांतों की युक्तिपूर्णता की मुक्तकंठ से प्रशंसा की है। इनमें से एक वैज्ञानिक महाशय के साथ मेरा विशेष परिचय है। वे अपनी वैज्ञानिक गवेषणाओं में इतने व्यस्त रहते हैं कि उन्हें स्थिरता के साथ खाने-पीने या कहीं घूमने-फिरने की भी फुरसत नहीं रहती, परंतु जब कभी मैं वेदांत संबंधी विषयों पर व्याख्यान देता, तब वे घंटों मुग्ध रहकर सुना करते थे, क्योंकि उनके कथनानुसार 'वेदांत की सब बातें अत्यंत विज्ञान-सम्मत हैं, वर्तमान वैज्ञानिक युग की आकांक्षाओं को वे बड़ी सुंदरता के साथ पूर्ण करती हैं और आधुनिक विज्ञान बड़े-बड़े अनुसंधानों के बाद जिन सिद्धांतों पर पहुँचता है, उनसे इनका बहुत सामंजस्य है।'

विभिन्न धर्मों की तुलनात्मक समालोचना करने पर हमें उसमें से जो दो वैज्ञानिक सिद्धांत प्राप्त होते हैं, मैं उनकी और तुम लोगों का ध्यान आकृष्ट

करना चाहता हूँ। पहला धर्मों की सार्वभौम भावना और दूसरा संसार की वस्तुओं की अभिन्नता पर आधारित है। बैबिलोनियनों और यहूदियों के धार्मिक इतिहास में हमें एक बड़ी दिलचस्प विशेषता दिखाई देती है। बैबिलोनियनों और यहूदियों में बहुत सी छोटी-छोटी शाखाओं के पृथक्-पृथक् देवता थे। इन सारे अलग-अलग देवताओं का एक साधारण नाम भी था। बैबिलोनियनों में इन देवताओं का साधारण नाम था—'बाल'।

उनमें 'बाल मेरोडक' सबसे प्रधान देवता माने जाते थे। समय-समय पर एक उपजाति वाले उसी जाति के अन्यान्य उपजाति वालों को जीतकर अपने में मिला लेते थे। जो उपजाति वाले जितने समय तक औरों पर अधिकार किए रहते थे, उनके देवता भी उतने समय तक औरों के देवताओं से श्रेष्ठ माने जाते थे। वहाँ की 'मेमाईट' जाति के लोग तथाकथित एकेश्वरवाद के जिस सिद्धांत के कारण अपना गौरव समझते हैं, वह इसी प्रकार बना है। यहूदियों के सारे देवताओं का साधारण नाम 'मोलोक' जातिवालों के देवता था। इनमें से इजरायल का नाम था—'मोलोक याहे' या 'मोलोक याव'। इसी इजरायल उपजाति ने अपने समकक्षी कई अन्यान्य उपजातियों को जीतकर अपने देवता 'मोलोक याहे' को औरों के देवताओं से श्रेष्ठ होने की घोषणा की। इस प्रकार के धर्मयुद्धों में कितनी खूनखराबी, अत्याचार तथा बर्बरता हुई है, यह बात शायद तुम लोगों में बहुतों को मालूम होगी। कुछ काल बाद बैबिलोनियनों से यहूदियों के इस 'मोलोक याहे' की प्रधानता का लोप करने की चेष्टा की थी, पर इस चेष्टा में से कृतकार्य नहीं हुए।

मैं समझता हूँ कि भारत की सीमाओं में भी पृथक्-पृथक् उपजातियों में धर्मसंबंधी प्रधानता पाने की चेष्टा हई थी और संभवत: भारतवर्ष में भी प्राचीन आर्य जाति की विभिन्न शाखाओं ने परस्पर अपने अपने देवता की प्रधानता स्थापित करने की चेष्टा की थी, परंतु भारत का इतिहास दूसरे प्रकार होना था, उसे यहूदियों के इतिहास की तरह नहीं होना था। समस्त देशों में भारत को ही सहिष्णुता और आध्यात्मिकता का देश होना था, इसीलिए यहाँ की विभिन्न उपजातियों या संप्रदायों में अपने देवता की प्रधानता का झगड़ा

दीर्घकाल तक नहीं चल सका। जिस समय का हाल बताने में इतिहास असमर्थ है, यहाँ तक कि परंपरा भी, जिसका कुछ आभास नहीं दे सकती है, उस अति प्राचीन युग में भारत में एक महापुरुष प्रकट हुए और उन्होंने घोषित किया, 'एकं सद्विप्रा बहुधा वदन्ति', अर्थात् वास्तव में संसार में एक ही वस्तु (ईश्वर) है; ज्ञानी लोग उसी एक वस्तु का नानारूपों में वर्णन करते हैं। ऐसी चिरस्मरणीय पवित्र वाणी संसार में कभी और कहीं उच्चारित नहीं हुई थी; ऐसा महान् सत्य इसके पहले कभी आविष्कृत नहीं हुआ था और यही महान् सत्य हमारे हिंदू राष्ट्र के राष्ट्रीय जीवन का मेरुदंडस्वरूप हो गया है। सैकड़ों सदियों तक 'एकं सद्विप्रा बहुधा वदंति'—इस तत्त्व का हमारे यहाँ प्रचार होते-होते हमारा राष्ट्रीय जीवन उससे ओत-प्रोत हो गया है। यह सत्य सिद्धांत हमारे खून के साथ मिल गया है और वह जीवन के साथ एक हो गया है। हम लोग इस महान् सत्य को बहुत पसंद करते हैं, इसी से हमारा देश धर्मसहिष्णुता का एक उज्ज्वल दृष्टांत बन गया है! यहाँ और केवल यहीं, लोग अपने धर्म के विद्वेषियों के लिए, परधर्मावलंबी लोगों के लिए उपासना-गृह और गिरजे आदि बनवा देते हैं। समग्र संसार हमसे इन धर्मसहिष्णुता की शिक्षा ग्रहण करने के इंतजार में बैठा हुआ है। हाँ, तुम लोग शायद नहीं जानते कि विदेशों में कितना परधर्म-विद्वेष है। विदेशों में कई जगह तो मैंने लोगों से दूसरों के धर्म के प्रति ऐसा घोर विद्वेष देखा कि उनके आचरण से मुझे जान पड़ा कि यदि ये मुझे मार डालते तो भी आश्चर्य नहीं। धर्म के लिए किसी मनुष्य की हत्या कर डालना पाश्चात्य देशवासियों के लिए इतनी मामूली बात है कि आज नहीं तो कल गर्वित पाश्चात्य सभ्यता के केंद्रस्थल में ऐसी घटना हो सकती है, अगर कोई पाश्चात्य देशवासी हिम्मत बाँधकर अपने देश के प्रचलित धर्ममत के विरुद्ध कुछ कहे तो उसे समाज बहिष्कार का भयानकतम रूप स्वीकार करना पड़ेगा। यहाँ वे हमारे जातिभेद के संबंध में सहज भाव से बकवादी आलोचना करते दिखाई देते हैं, परंतु मेरी तरह यदि तुम लोग भी कुछ दिनों के लिए पाश्चात्य देशों में जाकर रहो तो तुम देखोगे कि वहाँ के कुछ बड़े-बड़े आचार्य भी, जिनका नाम तुम

सुना करते हो, निरे कापुरुष हैं और धर्म के संबंध में जिन बातों को सत्य समझकर विश्वास करते हैं, जनमत के भय से वे उनका शतांश भी कह नहीं सकते। इसीलिए संसार धर्मसहिष्णुता के महान् सार्वभौम सिद्धांत को सीखने की प्रतीक्षा कर रहा है। आधुनिक सभ्यता के अंदर यह भाव प्रवेश करने पर उसका विशेष कल्याण होगा। वास्तव में उस भाव का समावेश हुए बिना कोई भी सभ्यता स्थायी नहीं हो सकती, जब तक धर्मोन्माद, खून-खराबी और पाशविक अत्याचारों का अंत नहीं होता, तब तक किसी सभ्यता का विकास ही नहीं हो सका, जब तक हम लोग एक-दूसरे के साथ सद्भाव रखना नहीं सीखते, तब तक कोई भी सभ्यता सिर नहीं उठा सकती! और इस पारस्परिक सद्भाव-वृद्धि की पहली सीढ़ी है—एक-दूसरे के धार्मिक विश्वास के प्रति सहानुभूति प्रकट करना। केवल यही नहीं, वास्तव में हृदय के अंदर यह भाव जमाने केलिए केवल मित्रता या सद्भाव से ही काम नहीं चलेगा, वरन् हमारे धार्मिक भावों तथा विश्वासों में चाहे जितना ही अंतर क्यों न हो, इसे परस्पर एक-दूसरे की सहायता करनी होगी। हम लोग भारतवर्ष में यही किया करते हैं, यही मैंने तुम लोगों से अभी कहा है।

इसी भारतवर्ष में हिंदुओं ने ईसाइयों के लिए गिरजे और मुसलमानों के लिए मसजिदें बनवाई हैं और अब भी बनवा रहे हैं। ऐसा ही करना पड़ेगा। वे हमें चाहे जितनी घृणा की दृष्टि से देखें, चाहे जितनी पशुता दिखाएँ, चाहे जितनी निष्ठुरता दिखाएँ अथवा अत्याचार करें और हमारे प्रति चाहे, जैसी कुत्सित भाषा का प्रयोग करें, पर हम ईसाइयों के लिए गिरजे और मुसलमानों के लिए मसजिदें बनवाना नहीं छोड़ेंगे। हम तब तक यह काम न बंद करें, जब तक हम अपने प्रेमबल से उन पर विजय न प्राप्त कर लें, जब तक हम संसार के सम्मुख यह प्रमाणित न कर दे कि घृणा और विद्वेष की अपेक्षा प्रेम द्वारा ही राष्ट्रीय जीवन स्थायी हो सकता है। केवल पशुत्व और शारीरिक शक्ति विजय नहीं प्राप्त कर सकती, क्षमा और नग्नता ही संसार संग्राम में विजय दिला सकती है। हमें संसार को यूरोप के ही नहीं, वरन् सारे संसार के विचारशील मनुष्यों को एक और महान् तत्त्व की शिक्षा देनी होगी। समग्र संसार का

आध्यात्मिक एकत्वरूपी यह महान् सनातन तत्त्व संभवत: ऊँची जातियों की अपेक्षा छोटी जातियों के लिए, शिक्षकों की अपेक्षा अशिक्षित मूक जनता के लिए और बलवानों की अपेक्षा दुर्बलों के लिए ही अधिक आवश्यक है। मद्रास विश्वविद्यालय के शिक्षित सज्जनों को विस्तारपूर्वक यह बताना नहीं पड़ेगा कि यूरोप की वर्तमान वैज्ञानिक अनुसंधान-प्रणाली किस तरह भौतिक दृष्टि से सारे जगत् का एकत्व सिद्ध कर रही है।

भौतिक दृष्टि से भी हम, तुम, सूर्य, चंद्र और सितारे इत्यादि सब अनंत जड़-समुद्र की छोटी-छोटी तरंगों के समान हैं। इधर सैकड़ों सदियों पहले भारतीय मनोविज्ञान ने जड़विज्ञान की तरह यह प्रमाणित कर दिया है कि शरीर और मन दोनों ही समष्टि रूप में जड़समुद्र की शूद्र तरंगें हैं, फिर एक कदम आगे बढ़कर वेदांत में दिखाया गया है कि जगत् के इस एकत्व भाव के पीछे जो आत्मा है, वह भी एक ही है। समस्त ब्रह्मांड में केवल एक आत्मा ही विद्यमान है—सबकुछ एक उसी की सत्ता है। विश्व ब्रह्मांड की जड़ में वास्तव में एकत्व है, इस महान् सत्य को सुनकर बहुतेरे लोग डर जाते हैं। दूसरे देशों की बात दूर रही, इस देश में भी इस सिद्धांत के माननेवालों की अपेक्षा इसके विरोधियों की संख्या ही अधिक है तो भी तुम लोगों से मेरा कहना है कि यदि संसार इससे कोई तत्त्व ग्रहण करना चाहता है और भारत की मूक जनता अपनी उन्नति के लिए चाहती है तो वह यही जीवनदायी तत्त्व है, क्योंकि कोई भी हमारी इस मातृभूमि का पुनरुस्थान अद्वैतवाद को व्यावहारिक और कारगर तरीके से कार्यरूप में परिणत किए बिना नहीं कर सकता।

युक्तिवादी पाश्चात्य जाति अपने यहाँ के सारे दर्शनों और आचारशास्त्रों का मुख्य प्रयोजन खोजने की प्राणपण से चेष्टा कर रही है पर तुम सब भलीभाँति जानते हो कि कोई व्यक्ति विशेष, चाहे वह कितना महान् देवोपम क्यों न हो, जब वह जन्म-मरण के अधीन है तो उसके द्वारा अनुमोदित होने से ही किसी धर्म या आचारशास्त्र की प्रामाणिकता नहीं मानी जा सकती। दर्शन या नीति के विषय में यदि केवल यही एकमात्र प्रमाण पेश किया जाए तो संसार के उच्चकोटि के चिंतनशील लोगों को वह प्रमाण स्वीकृत नहीं हो सकता। वे

किसी व्यक्तिविशेष द्वारा अनुमोदित होने को प्रामाणिकता नहीं मान सकते पर वे उसी दार्शनिक या नैतिक सिद्धांत को मानने के लिए तैयार हैं, जो सनातन तत्त्वों के आधार पर खड़ा हो। आचार शास्त्र की नींव जो सनातन आत्मतत्त्व के सिवा और क्या हो सकती है? यही एक ऐसा सत्य और अनंत तत्त्व है, जो तुममें, हममें और हम सबकी आत्माओं में विद्यमान है।

आत्मा का अनंत एकत्व ही सब तरह के आचरण की नींव है। हममें और तुममें केवल 'भाई-भाई' का ही संबंध नहीं है। मनुष्य जाति को दासता के बंधन से मुक्त करने की चेष्टा से जितने भी ग्रंथ लिखे गए हैं, उन सबमें मनुष्य के इस परस्पर 'भाई-भाई' के संबंध का उल्लेख है, परंतु वास्तविक बात तो यह है कि तुम और हम बिल्कुल एक हैं। भारतीय दर्शन का यही आदेश है। सब तरह के आचारशास्त्र और धर्मविज्ञान का एकमात्र तार्किक आधार यही है।

जिस प्रकार पैरों तले कुचले हमारे जनसमूह को, उसी प्रकार यूरोप के लोगों को भी इस सिद्धांत की चाहना है।

सच तो यह है कि इंग्लैंड, जर्मनी, फ्रांस और अमेरिका में जिस तरीके से राजनीतिक और सामाजिक उन्नति की चेष्टा की जा रही है, उससे स्पष्ट प्रतीत होता है कि उसकी जड़ में, यद्यपि वे इसे नहीं जानते, यही महान् तत्त्व मौजूद है और भाइयो! तुम यह भी देख पाओगे कि साहित्य में जहाँ मनुष्य की मुक्ति विश्व की मुक्ति प्राप्त करने की चेष्टा की चर्चा की गई है, वहीं भारतीय वेदांती सिद्धांत भी परिस्फुटित होते हैं। कहीं-कहीं लेखकों को अपने भावों के मूल प्रेरणास्रोत का पता नहीं है, फिर कहीं-कहीं प्रतीत होता है कि कुछ लेखकों ने अपनी मौलिकता प्रकट करने की चेष्टा की है और कुछ ऐसे साहसी और कृतज्ञ हृदय लेखक भी हैं, जिन्होंने स्पष्ट शब्दों में अपने प्रेरणास्रोत का उल्लेख किया है और उनके प्रति अपनी हार्दिक कृतज्ञता व्यक्त की है।

जब मैं अमेरिका में था, तब कई बार लोगों ने मेरे ऊपर यह अभियोग लगाया था कि मैं द्वैतवाद पर विशेष जोर नहीं देता, बल्कि केवल अद्वैतवाद का ही प्रचार किया करता हूँ। द्वैतवाद के प्रेम, भक्ति और उपासना में कैसा अपूर्व आनंद प्राप्त होता है, यह मैं जानता हूँ। उसकी अपूर्व महिमा को मैं

भलीभाँति समझता हूँ, परंतु भाइयो! हमारे आनंद पुलकित होकर आँखों से प्रेमाश्रु बरसाने का अब समय नहीं है। हमने बहुत बहुत आँसू बहाए हैं। अब हमारे कोमल भाव धारण करने का समय नहीं है। कोमलता की साधना करते करते हम लोग रुई के ढेर की तरह कोमल और मृतप्राय हो गए हैं। हमारे देश के लिए इस समय आवश्यकता है, लोहे की तरह ठोस मांसपेशियों और मजबूत स्नायुवाले शरीरों की। आवश्यकता है इस तरह के दृढ़ इच्छा-शक्ति-संपन्न होने की कि कोई उसका प्रतिरोध करने में समर्थ न हो। आवश्यकता है, ऐसी अदम्य इच्छा-शक्ति की, जो ब्रह्मांड के सारे रहस्यों को भेद सकती हो। यदि यह कार्य करने के लिए अथाह समुद्र के मार्ग में जाना पड़े, सदा सब तरह से मौत का सामना करना पड़े तो भी हमें यह काम करना ही पड़ेगा। यही हमारे लिए परम आवश्यक है और इसका आरंभ, स्थापना और दृढ़ीकरण अद्वैतवाद, अर्थात् सर्वात्मभाव के महान् आदर्श को समझने तथा उसके साक्षात्कार से ही संभव है। श्रद्धा-श्रद्धा!

अपने आप पर श्रद्धा, परमात्मा में श्रद्धा—यही महानता का एकमात्र रहस्य है। यदि पुराणों में कहे गए तैंतीस करोड़ देवताओं के ऊपर और विदेशियों ने बीच-बीच में जिन देवताओं को तुमहारे बीच घुसा दिया है, उन सब पर भी, तुम्हारी श्रद्धा हो और अपने आप पर श्रद्धा न हो तो तुम कदापि मोक्ष के अधिकारी नहीं हो सकते। अपने आप पर श्रद्धा करना सीखो! इसी आत्मश्रद्धा के बल से अपने पैरों आप खड़े होओ और शक्तिशाली बनो। इस समय हमें इसी की आवश्यकता है। हम तैंतीस करोड़ भारतवासी हजारों वर्ष से मुट्ठी भर विदेशियों द्वारा शासित और पददलित क्यों हैं? इसका यही कारण है कि हमारे ऊपर शासन करनेवालों में अपने आप पर श्रद्धा थी पर हममें वह बात नहीं थी। मैंने पाश्चात्य देशों में जाकर क्या सीखा? ईसाई धर्मसंप्रदायों के इन निरर्थक कथनों के पीछे कि मनुष्य पापी था और सदा ने निरुपाय पापी था, मैंने उनकी राष्ट्रीय उन्नति का कारण क्या देखा? देखा कि अमेरिका और यूरोप दोनों के राष्ट्रीय हृदय के अंतरतम प्रदेश में महान् आत्मश्रद्धा भरी हुई है। एक अंग्रेज बालक तुमसे कह सकता है, "मैं अंग्रेज

हूँ, मैं सबकुछ कर सकता हूँ।" एक अमेरिकन या यूरोपियन बालक इसी तरह की बात बड़े दावे के साथ कह सकता है। हमारे भारतवर्ष के बच्चे क्या इस तरह की बात कह सकते हैं? कदापि नहीं। लड़कों की कौन कहे, लड़कों के बाप भी इस तरह की बात नहीं कह सकते। हमने अपनी आत्मश्रद्धा खो दी है। इसीलिए वेदांत के अद्वैतवाद के भावों का प्रसार करने की आवश्यकता है, ताकि लोगों के हृदय जाग जाएँ और वे अपनी आत्मा की महत्ता समझ सकें। इसीलिए मैं अद्वैतवाद का प्रचार करता हूँ और इसका प्रचार किसी सांप्रदायिक भाव से प्रेरित होकर नहीं करता, बल्कि मैं सार्वभौम, युक्तिपूर्ण और अकाट्य सिद्धांतों के आधार पर इसका प्रचार करता हूँ।

यह अद्वैतवाद इस प्रकार प्रचारित किया जा सकता है कि द्वैतवादी और विशिष्टा द्वैतवादी किसी को कोई आपत्ति करने का मौका नहीं मिल सकता और इन सब मतवादों का सामंजस्य दिखाना भी कोई कठिन काम नहीं है। भारत का कोई भी धर्म-संप्रदाय ऐसा नहीं है, जो एक सिद्धांत न मानता हो कि भगवान् हमारे अंदर हैं और देवत्व सबके भीतर विद्यमान है। हमारे वेदांत-मतावलंबियों में जो भिन्न-भिन्न मतवादी हैं, वे सभी यह स्वीकार करते हैं कि जीवात्मा में पहले से ही पूर्ण पवित्रता, शक्ति और पूर्णत्व अंतर्निहित है पर किसी-किसी के अनुसार यह पूर्णत्व मानो कभी संकुचित और कभी विकसित हो जाता है। जो हो पर वह पूर्णत्व है तो हमारे भीतर ही—इसमें कोई संदेह नहीं। अद्वैतवाद के अनुसार वह न संकुचित होता और न विकसित ही होता है। हाँ, कभी वह प्रकट होता और कभी अप्रकट रहता है। फलतः द्वैतवाद और अद्वैतवाद में बहुत ही कम अंतर रहा। इतना कहा जा सकता है कि एक मत दूसरे की अपेक्षा अधिक युक्तिसम्मत है, परंतु परिणाम में दोनों प्रायः एक ही हैं। इस मूल तत्त्व का प्रचार संसार के लिए आवश्यक हो गया है और हमारी इस मातृभूमि में, इस भारतवर्ष में, इसके प्रचार का जितना अभाव है, उतना और कहीं नहीं।

भाइयो! मैं तुम लोगों को दो-चार कठोर सत्यों से अवगत कराना चाहता हूँ। समाचार-पत्रों में पढ़ने में आया कि हमारे यहाँ के एक व्यक्ति को किसी अंग्रेज ने मार डाला है अथवा उसके साथ बहुत बुरा बरताव किया है, बस यह

खबर पढ़ते ही सारे देश में हो-हल्ला मच गया। इस समाचार को पढ़कर मैंने भी आँसू बहाए; पर थोड़ी ही देर बाद मेरे मन में यह सवाल पैदा हुआ कि इस प्रकार की घटना के लिए उत्तरदायी कौन है? चूँकि मैं वेदांतवादी हूँ, मैं स्वयं अपने से यह प्रश्न किए बिना नहीं रह सकता। हिंदू सदा से अंतर्दृष्टिपरायण रहा है। वह अपने अंदर ही उसी के द्वारा सब विषयों का कारण ढूँढ़ा करता है, जब कभी मैं अपने मन से यह प्रश्न करता हूँ कि इसके लिए कौन उत्तरदायी है, तभी मेरा मन बार-बार यह जवाब देता है कि इसके लिए अंग्रेज उत्तरदायी नहीं हैं; बल्कि अपनी इस दुरवस्था के लिए, अपनी इस अवनति और इन सारे दुःख-कष्टों के लिए एकमात्र हमीं उत्तरदायी हैं—हमारे सिवा इन बातों के लिए और कोई जिम्मेदार नहीं हो सकता। हमारे अभिजात पूर्वज साधारण जनसमुदाय को जमाने से पैरों तले कुचलते रहे। इसके फलस्वरूप वे बेचारे एकदम असहाय हो गए। यहाँ तक कि वे अपने आपको मनुष्य मानना भी भूल गए। सदियों तक वे धनी-मानियों की आज्ञा सिर-आँखों पर रखकर केवल लकड़ी काटते और पानी भरते रहे हैं। उनकी यह धारणा बन गई कि मानो उन्होंने गुलाम के रूप में ही जन्म लिया है और यदि कोई व्यक्ति इन पददलित निर्धन लोगों के प्रति सहानुभूति का शब्द कहता है तो मैं प्रायः देखता हूँ कि आधुनिक शिक्षा की डींग हाँकने के बावजूद हमारे देश के लोग इनके उन्नयन के दायित्व से तुरंत पीछे हट जाते हैं। यही नहीं, मैं यह भी देखता हूँ कि यहाँ के धनी-मानी और नवशिक्षित लोग पाश्चात्य देशों के आनुवंशिक संक्रमणवाद आदि अंड-बंड कमजोर मतों को लेकर ऐसी दानवीय और निर्दयतापूर्ण युक्तियाँ पेश करते हैं कि वे पददलित लोग किसी तरह उन्नति न कर सकें और उन पर उत्पीड़न एवं अत्याचार करने का उन्हें काफी सुभीता मिले।

अमेरिका में जो धर्म-महासभा हुई थी, उसमें अन्यान्य जाति तथा संप्रदायों के लोगों के साथ ही एक अफ्रीकी युवक भी आया था। वह अफ्रीका की नीग्रो जाति का था। उसने बड़ा सुंदर व्याख्यान भी दिया था। मुझे उस युवक को देखकर बड़ा कौतूहल हुआ। मैं उससे बीच-बीच में बातचीत करने लगा पर उसके बारे में विशेष कुछ मालूम न हो सका। कुछ दिन बाद इंग्लैंड

में मेरे साथ कुछ अमेरिकनों की मुलाकात हुई। उन लोगों से मुझे उस नीग्रो युवक का परिचय इस प्रकार दिया, 'यह युवक मध्य अफ्रीकी के किसी नीग्रो सरदार का लड़का है। किसी कारण से वहीं के किसी दूसरे नीग्रो सरदार के साथ इसके पिता का झगड़ा हो गया और उसने इस युवक के पिता और माता को मार डाला और दोनों का मांस पकाकर खा गया। उसने इस युवक को भी मारकर इसका मांस खा जाने का हुक्म दे दिया था पर यह बड़ी कठिनाई से वहाँ से भाग निकला और सैकड़ों कोसों का रास्ता तय कर समुद्र के किनारे पहुँचा। वहाँ से यह एक अमेरिकन जहाज पर सवार होकर यहाँ आया।' उस नीग्रो नवयुवक ने ऐसा सुंदर व्याख्यान दिया! इसके बाद मैं तुम्हारे वंशानुक्रम के सिद्धांत पर क्या विश्वास करूँ?

हे ब्राह्मणो! यदि वंशानुक्रम के आधार पर चंडालों की अपेक्षा ब्राह्मण आसानी से विद्याभ्यास कर सकते हैं तो उनकी शिक्षा पर धन व्यय मत करो, वरन् चंडालों को शिक्षित बनाने पर वह सब धन व्यय करो। दुर्बलों की सहायता पहले करो, क्योंकि उनको हर प्रकार के प्रतिदान की आवश्यकता है। यदि ब्राह्मण जन्म से ही बुद्धिमान् होते हैं तो वे किसी की सहायता बिना ही शिक्षा प्राप्त कर सकते हैं। यदि दूसरे लोग जन्म से कुशल नहीं हैं तो उन्हें आवश्यक शिक्षा तथा शिक्षक प्राप्त करने दो। हमें तो ऐसा करना ही न्याय और युक्तिसंगत जान पड़ता है। भारत के इन दीनहीन लोगों को, इन पददलित जाति के लोगों को, उनका अपना वास्तविक रूप समझा देना परमावश्यक है।

जात-पाँत का भेद छोड़कर, कमजोर और मजबूत का विचार छोड़कर, हर एक स्त्री-पुरुष को, प्रत्येक बालक-बालिका को, यह संदेश सुनाओ और सिखाओ कि ऊँच-नीच, अमीर-गरीब और बड़े-छोटे सभी में उसी एक अनंत आत्मा का निवास है, जो सर्वव्यापी है; इसलिए सभी लोग महान् तथा सभी लोग साधु हो सकते हैं। आओ, हम प्रत्येक व्यक्ति में घोषित करें—

'उत्तिष्ठत जाग्रत् प्राप्य वरान् निबोधत'

'उठो, जागो और जब तक तुम अपने अंतिम ध्येय तक नहीं पहुँच जाते, तब तक चैन न लो!'

उठो, जाओ, निर्बलता की इस मोहनिद्रा से जग जाओ। वास्तव में कोई भी दुर्बल नहीं है। आत्मा अनंत, सर्वशक्ति संपन्न और सर्वज्ञ है। इसलिए उठो, अपने वास्तविक रूप को प्रकट करो। तुम्हारे अंदर जो भगवान् है, उसकी सत्ता को ऊँचे स्वर में घोषित करो, उसे अस्वीकार मत करो। हमारी जाति के ऊपर घोर आलस्य, दुर्बलता और व्यामोह छाया हुआ है। इसलिए ऐ आधुनिक हिंदुओ! अपने को इस व्यामोह से मुक्त करो। इसका उपाय तुमको अपने धर्मशास्त्रों में ही मिल जाएगा। तुम अपने को और प्रत्येक व्यक्ति को अपने सच्चे स्वरूप की शिक्षा दो और घोरतम मोहनिद्रा में पड़ी हुई जीवात्मा को इस नींद से जगा दो, जब तुम्हारी जीवात्मा प्रबुद्ध होकर सक्रिय हो उठेगी, तब तुम आप ही शक्ति का अनुभव करोगे, महिमा और महत्ता पाओगे, साधुता आएगी, पवित्रता भी आप ही चली आएगी, मतलब यह कि जो कुछ अच्छे गुण हैं, वे सभी तुम्हारे पास आ पहुँचेंगे। 'गीता' में यदि कोई ऐसी बात है, जिसे मैं अत्यधिक पसंद करता हूँ तो ये दो श्लोक है। कृष्ण के उपदेश के सारस्वरूप इन श्लोकों से बड़ा भारी बल प्राप्त होता है—

ॐ समं सर्वेषु भूतेषु तिष्ठन्तं परमेश्वरम्।
विनश्यत्स्वविनश्यन्तं यः पश्यति स पश्यति॥
समं पश्यन्हि सर्वत्र समवस्थितमीश्वरम्।
न हिनस्त्यात्मनात्मानं ततो याति परां गतिम्॥

'विनाश होनेवाले सब भूतों में जो लोग अविनाशी परमात्मा को स्थित देखते हैं, यथार्थ में उन्हीं का देखना सार्थक है; क्योंकि ईश्वर को सर्वत्र समान भाव से देखकर वे आत्मा द्वारा आत्मा की हिंसा नहीं करते, इसलिए वे परमगति को प्राप्त होते हैं।'

इस प्रकार इस देश और अन्यान्य देशों में कल्याणकार्य की दृष्टि से वेदांत के प्रचार और प्रसार के लिए विस्तृत क्षेत्र है। इस देश में और विदेशों में भी, मनुष्यजाति के दुःख दूर करने के लिए तथा मानव-समाज की उन्नति के लिए हमें परमात्मा की सर्वव्यापकता और सर्वत्र समान रूप से उसकी विद्यमानता का प्रचार करना होगा। जहाँ भी बुराई दिखाई देती है, वहीं अज्ञान भी मौजूद रहता है।

मैंने अपने ज्ञान और अनुभव द्वारा मालूम किया है और यही शास्त्रों में भी कहा गया है कि भेद-बुद्धि से ही संसार में सारे अशुभ और अभेद-बुद्धि से ही सारे शुभ फलते हैं। यदि सारी विभिन्नताओं के अंदर ईश्वर के एकत्व पर विश्वास किया जाए तो सब प्रकार से संसार का कल्याण किया जा सकता है। यही वेदांत का सर्वोच्च आदर्श है। प्रत्येक विषय में आदर्श पर विश्वास करना एक बात है और प्रतिदिन के छोटे-छोटे कामों में उसी आदर्श के अनुसार काम करना बिल्कुल दूसरी बात है। एक ऊँचा आदर्श दिखा देना अच्छी बात है, इसमें संदेह नहीं; पर उस आदर्श तक पहुँचने का उपाय कौन सा है ?

स्वभावतः यहाँ वही कठिन और उद्विग्न करनेवाला जातिभेद तथा समाज-सुधार का सवाल और उपस्थित होता है, जो कई सदियों से सर्वसाधारण के मन में उठता रहा है। मैं तुमसे यह बात स्पष्ट शब्दों में कह देना चाहता हूँ कि मैं केवल जाति-पाँति का भेद मिटानेवाला अथवा समाज-सुधारक मात्र नहीं हूँ। सीधे अर्थ में जातिभेद या समाज-सुधार से मेरा कुछ मतलब नहीं। तुम चाहे जिस जाति या समाज के क्यों न हो, उससे कुछ बनता-बिगड़ता नहीं, पर तुम किसी और जातिवाले को घृणा की दृष्टि से क्यों देखो ? मैं केवल प्रेम और मात्र प्रेम की शिक्षा देता हूँ और मेरा यह कहना विश्वात्मा की सर्वव्यापकता और समतारूपी वेदांत के सिद्धांत पर आधारित है। प्रायः पिछले एक सौ वर्ष से हमारे देश में समाज-सुधारकों और उनके तरह तरह के समाज-सुधार-संबंधी प्रस्तावों की बाढ़ आ गई है।

व्यक्तिगत रूप से इन समाज-सुधारकों में मुझे कोई दोष नहीं मिलता। अधिकांश अच्छे व्यक्ति और सदुद्देश्वाले हैं और किसी किसी विषय में उनके उद्देश्य बहुत ही प्रशंसनीय हैं, परंतु इसके साथ ही साथ यह भी बहुत ही निश्चित और प्रामाणिक बात है कि सामाजिक सुधारों के इन सौ वर्षों में सारे देश का कोई स्थायी और बहुमूल्य हित नहीं हुआ है। व्याख्यान-मंचों से हजारों व्याख्यान दिए जा चुके हैं, हिंदू जाति और हिंदू सभ्यता के माथे पर कलंक और निंदा की न जाने कितने बौछारें हो चुकी हैं, परंतु इतने पर भी समाज का कोई वास्तविक उपकार नहीं हुआ है।

इसका क्या कारण है? कारण ढूँढ़ निकालना बहुत मुश्किल काम नहीं है। यह भर्त्सना ही इसका कारण है। मैंने पहले ही तुमसे कहा है कि हमें सबसे पहले अपनी ऐतिहासिक जातीय विशेषता की रक्षा करनी होगी। मैं यह स्वीकार करता हूँ कि हमें अन्यान्य जातियों से बहुत कुछ शिक्षा प्राप्त करनी पड़ेगी; पर मुझे बड़े दुःख से साथ कहना पड़ता है कि हमारे अधिकांश समाज-सुधार आंदोलन केवल पाश्चात्य कार्यप्रणाली के विवेकशून्य अनुकरण मात्र है। इस कार्यप्रणाली से भारत का कोई उपकार होना संभव नहीं है। इसलिए हमारे यहाँ जो सब समाज-सुधार के आंदोलन हो रहे हैं, उनका कोई फल नहीं होता।

दूसरे, किसी भी भर्त्सना करना किसी प्रकार भी दूसरे के हित का मार्ग नहीं है। एक छोटा सा बच्चा भी जान सकता है कि हमारे समाज में बहुतेरे दोष हैं और दोष भला किस समाज में नहीं हैं? ऐ मेरे देशवासी भाइयो! मैं इस अवसर पर तुम्हें यह बात बता देना चाहता हूँ कि मैंने संसार की जितनी भिन्न-भिन्न जातियों को देखा है, उनकी तुलना करके मैं इसी निश्चय पर पहुँचा हूँ कि अन्यान्य जातियों की अपेक्षा हमारी यह हिंदू जाति ही अधिक नीतिपरायण और धार्मिक है और हमारी सामाजिक प्रथाएँ ही अपने उद्देश्य तथा कार्यप्रणाली में मानवजाति को सुखी करने में सबसे अधिक उपयुक्त हैं। इसीलिए मैं कोई सुधार नहीं चाहता। मेरा आदर्श है, राष्ट्रीय मार्ग परसमाज की उन्नति, विस्तृति तथा विकास, जब मैं देश के प्राचीन इतिहास की पर्यालोचना करता हूँ, तब सारे संसार में मुझे कोई ऐसा देश नहीं दिखाई देता, जिसने भारत के समान मानव-हृदय को उन्नत और संस्कृत बनाने की चेष्टा की हो। इसीलिए मैं अपनी हिंदू जाति की न तो निंदा करता हूँ और न उसे अपराधी ठहराता हूँ। मैं उनसे कहता हूँ, "जो कुछ तुमने किया है, अच्छा ही किया है; पर इससे भी इच्छा करने की चेष्टा करो।" पुराने जमाने में इस देश में बहुत से अच्छे काम हुए हैं; पर अब भी उससे बढ़े-चढ़े काम करने का पर्याप्त समय और अवकाश है। यह निश्चित है कि तुम जानते हो कि हम एक जगह एक अवस्था में चुपचाप बैठे नहीं रह सकते। यदि हम एक जगह स्थिर रहें तो हमारी मृत्यु

अनिवार्य हैं। हमें या तो आगे बढ़ना होगा या पीछे हटना होगा—हमें उन्नति करने रहना होगा, नहीं तो हमारी अवनति आप से आप होती जाएगी। हमारे पूर्वपुरुषों ने प्राचीनकाल में बहुत बड़े-बड़े काम किए हैं पर हमें उनकी अपेक्षा भी उच्चतर जीवन का विकास करना होगा और उनकी अपेक्षा और भी महान् कार्यों की ओर अग्रसर होना पड़ेगा, अब पीछे हटकर अवनति को प्राप्त होना कैसे हो सकता है? ऐसा कभी नहीं हो सकता। नहीं, हम कदापि वैसा होने नहीं देंगे। पीछे हटने से हमारी जाति का अध:पतन और मरण होगा, अतएव 'कर्म करो'—यही अग्रसर होकर महत्तर का अनुष्ठान तुम्हारे सामने मेरा वक्तव्य है।

मैं किसी क्षणिक समाज-सुधार का प्रचारक नहीं हूँ। मैं समाज के दोषों का सुधार करने की चेष्टा नहीं कर रहा हूँ।

मैं तुमसे केवल इतना ही कहता हूँ कि तुम आगे बढ़ो और हमारे पूर्वपुरुष समग्र मानवजाति की उन्नति के लिए जो सर्वांगसुंदर प्रणाली बता गए हैं, उसी का अवलंबन कर उनके उद्देश्य को संपूर्ण रूप से कार्य में परिणत करो।

तुमसे मेरा कहना यही है कि तुम लोग मानव के एकत्व और उसके नैसर्गिक ईश्वरत्व भावरूपी वेदांती आदर्श के अधिकाधिक समीप पहुँचते जाओ। यदि मेरे पास समय होता तो मैं तुम लोगों को बड़ी प्रसन्नता के साथ यह दिखाता और बताता कि आज हमें जो कुछ कार्य करना है, उसे हजारों वर्ष पहले हमारे स्मृतिकारों ने बता दिया है और उनकी बातों से हम यह भी जान सकते हैं कि आज हमारी जाति और समाज के आचार-व्यवहार में जो सब परिवर्तन हुए हैं और होंगे, उन्हें भी उन लोगों ने आज से हजारों वर्ष पहले जान लिया था। वे भी जातिभेद को तोड़नेवाले थे, पर आजकल की तरह नहीं। जातिभेद को तोड़ने से उनका मतलब यह नहीं था कि शहर भर के लोग एक साथ मिलकर शराब-कबाब उड़ाएँ या जितने मूर्ख और पागल हैं, वे सब चाहे जिसके साथ शादी कर लें और सारे देश को एक बहुत बड़ा पागलखाना बना दें और न उनका यही विश्वास था कि जिस देश में जितने ही अधिक विधवा-विवाह हों, वह देश उतना ही उन्नत समझा जाए। इस प्रकार से किसी जाति को उन्नत होते मुझे अभी देखना है।

ब्राह्मण ही हमारे पूर्वपुरुषों के आदर्श थे। हमारे सभी शास्त्रों में ब्राह्मण का आदर्श विशिष्ट रूप से प्रतिष्ठित है।

यूरोप के बड़े-बड़े धर्माचार्य भी यह प्रमाणित करने के लिए हजारों रुपए खर्च कर रहे हैं कि उनके पूर्वपुरुष उच्च वंशों के थे और तब तक वे संतुष्ट नहीं होंगे, जब तक अपनी वंश परंपरा किसी भयानक क्रूर शासक से स्थापित नहीं कर लेंगे, जो पहाड़ पर रहकर राही बटोहियों की ताक में रहते थे और मौका पाते ही उन पर आक्रमण कर लूट लेते थे। आभिजात्य प्रदान करनेवाले इन पूर्वजों का यही पेशा था और हमारे धर्माध्यक्ष कार्डिनल इनमें से किसी से अपनी वंशपरंपरा स्थापित किए बिना संतुष्ट नहीं रहते, फिर दूसरी ओर भारत के बड़े-से-बड़े राजाओं के वंशधर इस बात की चेष्टा कर रहे हैं कि हम अमुक कौपीनधारी, सर्वस्वत्यागी, वनवासी, फल-मूलाहारी और वेदपाठी ऋषि की संतान हैं। भारतीय राजा भी अपनी वंश परंपरा स्थापित करने के लिए वहीं जाते हैं, अगर तुम अपनी वंशपरंपरा किसी महर्षि से स्थापित कर सकते हो तो ऊँची जाति के माने जाओगे, अन्यथा नहीं।

अतएव हमारा उच्च वंश का आदर्श अन्यान्य देशवासियों के आदर्श से बिल्कुल भिन्न है। आध्यात्मिक साधना संपन्न महात्यागी ब्राह्मण ही हमारे आदर्श हैं। इस ब्राह्मण-आदर्श से मेरा क्या मतलब है ? आदर्श ब्राह्मणत्व वही है, जिसमें सांसारिकता एकदम न हो और असली ज्ञानपूर्ण मात्रा में विद्यमान हो। हिंदू जाति का यही आदर्श है। क्या तुमने नहीं सुना है, शास्त्रों में लिखा है कि ब्राह्मण के लिए कोई कानून-कायदा नहीं है—वे राजा के शासनाधीन नहीं हैं और उनके लिए फाँसी की सजा नहीं हो सकती ? यह बात बिल्कुल सच है। स्वार्थ पर मूढ़ लोगों ने जिस भाव से इस तत्त्व की व्याख्या की है, उस भाव से उसको मत समझो; सच्चे वेदांती भाव से इस तत्त्व को समझने की चेष्टा करो। यदि ब्राह्मण कहने से ऐसे मनुष्य का बोध हो, जिसने स्वार्थपरता का एकदम नाश कर डाला है, जिसका जीवन ज्ञान और प्रेम को प्राप्त करने में तथा इनका विस्तार करने में ही बीतता है, जो देश ऐसे ही सच्चरित्र, नैष्ठिक तथा आध्यात्मिक ब्राह्मणों, स्त्री तथा पुरुषों से परिपूर्ण है, वह देश यदि विधि-निषेध

के परे हो तो इसमें आश्चर्य की कौन सी बात है? ऐसे लोगों पर शासन करने के लिए सेना या पुलिस इत्यादि की क्या आवश्यकता है? ऐसे आदमियों पर शासन करने का ही क्या काम है? अथवा ऐसे लोगों को किसी शासन-तंत्र के अधीन रहने की ही क्या जरूरत है? ये लोग साधु स्वभाव महात्मा हैं—ईश्वर के अंतरंगस्वरूप हैं, ये ही हमारे आदर्श ब्राह्मण हैं और हम शास्त्रों में देखते हैं—सत्ययुग में पृथ्वी पर केवल एक जाति थी और वह ब्राह्मण थी। महाभारत में हम देखते हैं, पुराकाल में सारी पृथ्वी पर केवल ब्राह्मणों का ही निवास था। क्रमशः ज्यों-ज्यों उनकी अवनति होने लगी, वह जाति भिन्न-भिन्न जातियों में विभक्त होती गई, फिर जब कल्पचक्र घूमता-घूमता सत्ययुग आ पहुँचेगा, तब फिर से सभी ब्राह्मण ही हो जाएँगे। वर्तमान युगचक्र भविष्य में सत्ययुग के आने की सूचना दे रहा है, इसी बात की ओर मैं तुम्हारा ध्यान आकृष्ट करना चाहता हूँ। ऊँची जातियों को नीची करने, मनचाहे आहार-विहार करने और क्षणिक सुखभोग के लिए अपने अपने वर्णाश्रम-धर्म की मर्यादा तोड़ने से यह जातिभेद की समस्या हल नहीं होगी। इसकी मीमांसा तभी होगी, जब हम लोगों में से प्रत्येक मनुष्य वेदांती धर्म का आदेश पालन करने लगेगा, जब हर कोई सच्चा धार्मिक होने की चेष्टा करेगा और प्रत्येक व्यक्ति आदर्श बन जाएगा। तुम आर्य हो या अनार्य, ऋषिसंतान हो, ब्राह्मण हो या अत्यंत नीच अंत्यज जाति के ही क्यों न हो, भारतभूमि के प्रत्येक निवासी के प्रति तुम्हारे पूर्वपुरुषों का दिया हुआ एक महान् आदेश है। तुम सबके प्रति बस एक ही आदेश है कि चुपचाप बैठे रहने से काम न होगा, निरंतर उन्नति के लिए चेष्टा करते रहना होगा। ऊँची-से-ऊँची जाति से लेकर नीची-से-नीची जाति के लोगों को भी ब्राह्मण होने की चेष्टा करनी होगी। वेदांत का यह आदर्श केवल भारतवर्ष के लिए ही नहीं, वरन् सारे संसार के लिए उपयुक्त है। हमारे जातिभेद का लक्ष्य यही है कि धीरे-धीरे सारी मानवजाति आध्यात्मिक मनुष्य के महान् आदर्श को प्राप्त करने के लिए अग्रसर हो, जो धृति, क्षमा, शौच, शांति, उपासना और ध्यान का अभ्यासी है। इस आदर्श में ईश्वरप्राप्ति अनुस्यूत है।

इस उद्देश्य को कार्यरूप में परिणत करने का उपाय क्या है? मैं तुम

लोगों को फिर एक बार याद दिला देना चाहता हूँ कि कोसने, निंदा करने या गालियों की बौछार करने से कोई सदुद्देश्यपूर्ण नहीं हो सकता। लगातार वर्षों तक इस प्रकार की कितनी ही चेष्टाएँ की गई हैं, पर कभी अच्छा परिणाम प्राप्त नहीं हुआ। केवल पारस्परिक सद्भाव और प्रेम द्वारा ही अच्छे परिणाम की आशा की जा सकती है।

यह महान् विषय है और मेरी दृष्टि में जो योजनाएँ हैं, उनकी व्याख्या के लिए कई भाषणों की आवश्यकता होगी, जिनमें मैं प्रतिदिन उठानेवाले अपने विचारों को व्यक्त कर सकूँ, अतएव आज मैं यहीं पर अपने भाषण का उपसंहार करता हूँ। हिंदुओ! मैं तुम्हें केवल इतनी ही याद दिला देना चाहता हूँ कि हमारा यह राष्ट्रीय बेड़ा हमें सदियों से इस पार से उस पार करता आ रहा है, शायद आजकल इसमें कुछ छेद हो गए हैं, शायद यह कुछ पुराना भी पड़ गया है। यदि यही बात है तो हम सारे भारतवासियों को प्राणों की बाजी लगाकर इन छेदों को बंद कर देने और इसका जीर्णोद्धार करने की चेष्टा करनी चाहिए। हमें अपने सभी देश भाइयों को इस खतरे की सूचना दे देनी चाहिए। वे जागें और हमारी सहायता करें। मैं भारत के एक छोर से दूसरे छोर तक जोर से चिल्लाकर लोगों को इस परिस्थिति और कर्तव्य के प्रति जागरूक करूँगा। मान लो, लोगों ने मेरी बात अनसुनी कर दी तो भी मैं इसके लिए उन्हें न तो कोसूँगा और न भर्त्सना ही करूँगा।

पुराने जमाने में हमारी जाति ने बहुत बड़े-बड़े काम किए हैं और यदि हम उनसे भी बड़े-बड़े काम न कर सकें, तो एक साथ शांतिपूर्वक डूब मरने में हमें संतोष होगा। देशभक्त बनो—जिस जाति ने अतीत में हमारे लिए इतने बड़े-बड़े काम किए हैं, उसे प्राणों से भी अधिक प्यारी समझो। हे स्वदेशवासियो! मैं संसार के अन्यान्य राष्ट्रों के साथ अपने राष्ट्र की जितनी ही अधिक तुलना करता हूँ, उतना ही अधिक तुम लोगों के प्रति मेरा प्यार बढ़ता जाता है।

तुम लोग शुद्ध, शांत और सत्स्वभाव हो और तुम्ही लोग सदा अत्याचारों से पीड़ित रहते आए हो, इस मायामय जड़ जगत् की पहेली ही कुछ ऐसी है। जो हो, तुम इसकी परवाह मत करो। अंत में आत्मा की ही जय अवश्य होगी।

इस बीच आओ हम काम में संलग्न हो जाएँ। केवल देश की निंदा करने से काम नहीं चलने का। हमारी इस परम पवित्र मातृभूमि के काल-जर्जर कर्मजीर्ण आचारों और प्रथाओं की निंदा मत करो। एकदम अंधविश्वासपूर्ण और अतार्किक प्रथाओं के विरुद्ध भी एक शब्द मत कहो, क्योंकि उनके द्वारा भी अतीत में हमारी जाति और देश का कुछ-न-कुछ उपकार अवश्य हुआ है।

सदा याद रखना कि हमारी सामाजिक प्रथाओं के उद्देश्य ऐसे महान् हैं, जैसे संसार के किसी और देश की प्रथाओं के नहीं हैं। मैंने संसार में प्राय: सर्वत्र जाति-पाँति का भेदभाव देखा है, पर उद्देश्य ऐसा महिमामय नहीं हैं, अतएव जब जातिभेद का होना अनिवार्य है, तब उसे धन पर खड़ा करने की अपेक्षा पवित्रता और आत्म-त्याग के ऊपर खड़ा करना कहीं अच्छा है। इसलिए निंदा के शब्दों का उच्चारण एकदम छोड़ दो। तुम्हारा मुँह बंद हो और हृदय खुल जाए। इस देश और सारे जगत् का उद्धार करो। तुम लोगों में से प्रत्येक को यह सोचना होगा कि सारा भार तुम्हारे ही ऊपर है। वेदांत का आलोक घर-घर ले जाओ, प्रत्येक जीवात्मा में जो ईश्वरत्व अंतर्निहित है, उसे जगाओ। तब तुम्हारी सफलता का परिणाम जो भी हो, तुम्हें इस बात का संतोष होगा कि तुमने एक महान् उद्देश्य की सिद्धि में ही अपना जीवन बिताया है, कर्म किया है और प्राण-उत्सर्ग किया है, जैसे भी हो, महत्-कार्य की सिद्धि होने पर मानवजाति का दोनों लोकों में कल्याण होगा।

(कुंभकोणम में दिया गया भाषण)

□

नवयुवको! दृढ़ इच्छाशक्ति सर्वशक्तिमान है

मैं समझता हूँ कि मुझमें अनेक दोषों के होते हुए भी थोड़ा साहस है। मैं भारत से पाश्चात्य देशों में कुछ संदेश ले गया था और उसे मैंने निर्भीकता से अमेरिका और इंग्लैंडवासियों के सामने प्रकट किया। आज का विषय आरंभ करने से पूर्व मैं साहसपूर्वक दो शब्द तुम लोगों से कहना चाहता हूँ। कुछ दिनों से मेरे चारों ओर कुछ ऐसी परिस्थितियाँ उपस्थित हो रही हैं, जो मेरे कार्य की उन्नति में विशेष रूप से विघ्न डालने की चेष्टा कर रही हैं; यहाँ तक कि यदि संभव हो सके तो वे मुझे एक बारगी कुचलकर मेरा अस्तित्व ही नष्ट कर डालें! पर ईश्वर को धन्यवाद कि ये सारी चेष्टाएँ विफल हो गई हैं और इस प्रकार की चेष्टाएँ सदैव विफल ही सिद्ध होती हैं। मैं गत तीन वर्षों से देख रहा हूँ, कुछ लोग मेरे एवं मेरे कार्यों के संबंध में कुछ भ्रांत धारणाएँ बनाए हुए हैं, जब तक मैं विदेश में था, मैं चुप रहा; मैं एक शब्द भी नहीं बोला, पर आज मैं अपने देश की भूमि पर खड़ा हूँ, मैं स्पष्टीकरण के रूप में कुछ शब्द कहना चाहता हूँ। इन शब्दों का क्या फल होगा अथवा ये शब्द तुम लोगों के हृदय में किन-किन भावों का उद्रेक करेंगे, इसकी मैं परवाह नहीं करता। मुझे बहुत कम चिंता है; क्योंकि मैं वही संन्यासी हूँ, जिसने लगभग चार वर्ष पहले अपने दंड और कमंडल के साथ तुम्हारे नगर में प्रवेश किया था और वही सारी दुनिया इस समय भी मेरे सामने पड़ी है। बिना और अधिक भूमिका के मैं अब अपने विषय को आरंभ करता हूँ।

सबसे पहले मुझे थियोसॉफिकल सोसाइटी के संबंध में कुछ कहना है। यह कहने की आवश्यकता नहीं कि उक्त सोसाइटी से भारत का कुछ भला हुआ है और इसके लिए प्रत्येक हिंदू उक्त सोसाइटी, विशेषकर श्रीमती बेसेंट का कृतज्ञ है, यद्यपि मैं श्रीमती बेसेंट के संबंध में बहुत कम ही जानता हूँ, पर जो कुछ भी मुझे उनके बारे में मालूम है, उसके आधार पर मेरी यह धारणा है कि वे हमारी मातृभूमि की सच्ची हितचिंतक हैं और यथाशक्ति उसकी उन्नति की चेष्टा कर रही हैं; इसलिए वे प्रत्येक सच्ची भारत-संतान की विशेष कृतज्ञता की अधिकारिणी हैं। प्रभु उन पर तथा उनके संबंधित सब पर आशीर्वाद की वर्षा करें, परंतु यह एक बात है और थियोसॉफिकल सोसाइटी में सम्मिलित होना एक दूसरी बात। भक्ति, श्रद्धा और प्रेम एक बात है और कोई मनुष्य जो कुछ कहे, उसे बिना विचारे, बिना तर्क किए, बिना उसका विश्लेषण किए निगल जाना सर्वथा दूसरी बात। एक अफवाह चारों ओर फैल रही है और वह यह कि अमेरिका तथा इंग्लैंड में जो कुछ काम मैंने किया है, उसमें थियोसॉफिस्टों ने मेरी सहायता की है। मैं तुम लोगों को स्पष्ट शब्दों में बता देना चाहता हूँ कि इसका प्रत्येक शब्द गलत है, प्रत्येक शब्द झूठ है।

हम लोग इस जगत् में उदार भावों एवं विभिन्न मतवालों के प्रति सहानुभूति के संबंध में बड़ी लंबी-चौड़ी बातें सुना करते हैं। यह है तो बहुत अच्छी बात पर कार्यक्रम हम देखते हैं कि जब कोई मनुष्य किसी दूसरे मनुष्य की सब बातों में विश्वास करता है, केवल तभी तक वह उससे सहानुभूति पाता है; पर ज्योंही वह किसी विषय में उससे भिन्न विचार रखने का साहस करता है, त्योंही वह सहानुभूति गायब हो जाती है, वह प्रेम खत्म हो जाता है।

फिर कुछ ऐसे भी लोग हैं, जिनका अपना अपना स्वार्थ रहता है और यदि किसी देश में ऐसी कोई बात हो जाए, जिससे उनके स्वार्थ में कुछ धक्का लगता हो तो उनके हृदय में इतनी ईर्ष्या और घृणा उत्पन्न हो जाती है कि वे उस समय क्या कर डालेंगे, कुछ कहा नहीं जा सकता। यदि हिंदू अपने घरों को साफ करने की चेष्टा करते हों तो इससे ईसाई मिशनरियों का क्या बिगड़ता है ? यदि हिंदू प्राणपण से अपना सुधार करने का प्रयत्न करते

हों तो इसमें ब्रह्म समाज और अन्यान्य सुधार-संस्थाओं का क्या जाता है? ये लोग हिंदुओं के सुधार के विरोध में क्यों खड़े हों? ये लोग इस आंदोलन के प्रबलतम शत्रु क्यों हों? क्यों? यही मेरा प्रश्न है। मेरी समझ में तो उनकी घृणा और ईर्ष्या की मात्रा इतनी अधिक है कि इस विषय में उनसे किसी प्रकार का प्रश्न करना भी सर्वथा निरर्थक है। आज से चार वर्ष पहले जब मैं अमेरिका जा रहा था—सात समुद्र पार, बिना किसी परिचय-पत्र के, बिना किसी जान-पहचान के, एक धनहीन, मित्रहीन, अज्ञात संन्यासी के रूप में, तब मैंने थियोसॉफिकल सोसाइटी के नेता से भेंट की। स्वभावत: मैंने सोचा था कि जब ये अमेरिकावासी हैं और भारतभक्त हैं तो स्वभावत: अमेरिका के किसी सज्जन के नाम मुझे एक परिचय-पत्र दे देंगे, किंतु जब मैंने उनके पास जाकर इस प्रकार के परिचय-पत्र के लिए प्रार्थना की तो उन्होंने पूछा, "क्या आप हमारी सोसाइटी के सदस्य बनेंगे?"

मैंने उत्तर दिया, "मैं किस प्रकार आपकी सोसाइटी का सदस्य हो सकता हूँ? मैं तो आपके अधिकांश सिद्धांतों पर विश्वास नहीं करता।"

उन्होंने कहा, "तब मुझे खेद है, मैं आपके लिए कुछ भी नहीं कर सकता।"

क्या यही मेरे लिए रास्ता बना देना था? जो हो, मैं अपने कतिपय मद्रासी मित्रों की सहायता से अमेरिका गया।

उन मित्रों में से अनेक यहाँ पर उपस्थित हैं; केवल एक ही अनुपस्थित हैं—न्यायाधीश सुब्रमण्यम अय्यर, जिनके प्रति अपनी परम कृतज्ञता प्रकट करना शेष है। उनमें प्रतिभाशाली पुरुष की अंतर्दृष्टि विद्यमान है। इस जीवन में मेरे सच्चे मित्रों में से वे एक हैं, वे भारतमाता के सच्चे सपूत हैं। अस्तु, धर्म-महासभा के कई मास पूर्व ही मैं अमेरिका पहुँच गया। मेरे पास रुपए बहुत कम थे और वे शीघ्र ही समाप्त हो गए। इधर जाड़ा भी आ गया और मेरे पास सिर्फ गरमी के कपड़े। उस घोर शीतप्रधान देश में मैं आखिर क्या करूँ, यह कुछ सूझता न था। यदि मैं मार्ग में भीख माँगने लगता तो परिणाम यही होता कि मैं जेल भेज दिया जाता। उस समय मेरे पास केवल कुछ ही डॉलर बचे

थे। मैंने अपने मद्रासवासी मित्रों के पास तार भेजा। यह बात थियोसॉफिस्टों को मालूम हो गई और उनमें से एक ने लिखा, 'अब शैतान शीघ्र ही मर जाएगा; ईश्वर की कृपा से अच्छा हुआ, बला टली!' तो क्या यही मेरे लिए रास्ता बना देना था? मैं ये बातें इस समय कहना नहीं चाहता था, किंतु मेरे देशवासी यह सब जानने के इच्छुक थे, अतः कहनी पड़ीं। गत तीन वर्षों तक इस संबंध में एक शब्द भी मैंने मुँह से नहीं निकाला। चुपचाप रहना ही मेरा मूलमंत्र रहा, किंतु आज ये बातें मुँह से निकल पड़ीं, पर बात यहीं पर पूरी नहीं हो जाती। मैंने धर्म-महासभा में कई थियोसॉफिस्टों को देखा। मैंने उनसे बातचीत करने और मिलने-जुलने की चेष्टा की। उन लोगों ने जिस अवज्ञा भरी दृष्टि से मेरी ओर देखा, वह आज भी मेरी नजरों पर नाच रही है, मानो वह कह रही थी, "यह कहाँ का क्षुद्र कीड़ा, यहाँ देवताओं के बीच आ गया?"

मैं पूछता हूँ, क्या यही मेरे लिए रास्ता बना देना था? हाँ तो धर्म-महासभा में मेरा बहुत नाम तथा यश हो गया और तब से मेरे ऊपर अत्यधिक कार्यभार आ गया। पर प्रत्येक स्थान पर इन लोगों ने मुझे दबाने की चेष्टा की।

थियोसॉफिकल सोसाइटी के सदस्यों को मेरे व्याख्यान सुनने की मनाही कर दी गई। यदि वे मेरा व्याख्यान सुनते आते तो वे सोसाइटी की सहानुभूति खो देते; क्योंकि इस सोसाइटी के गुप्त विभाग का यह नियम ही है कि जो मनुष्य उक्त विभाग का सदस्य होता है, उसे केवल कुथमी और मोरिया (वे जो भी हों) के पास ही शिक्षा ग्रहण करनी पड़ती है, अवश्य उनके दृश्य प्रतिनिधि मिस्टर जज और मिसेज बेसेंट से, अतः उक्त विभाग के सदस्य होने का अर्थ यह है कि मनुष्य अपना स्वाधीन विचार बिल्कुल छोड़कर पूर्ण रूप से इन लोगों के हाथ में आत्मसमर्पण कर दे। निश्चय ही मैं यह सब तो नहीं कर सकता था और जो मनुष्य ऐसा करे, उसे मैं हिंदू कह भी नहीं सकता। मेरे हृदय में स्वर्गीय मिस्टर जज के लिए बड़ी श्रद्धा है। वे गुणवान, उदार, सरल और थियोसॉफिस्टों के योग्यतम प्रतिनिधि थे। उनमें और श्रीमती बेसेंट में जो विरोध हुआ था, उसके संबंध में कुछ भी राय देने का मुझे अधिकार नहीं है, क्योंकि दोनों ही अपने अपने 'महात्मा' की सत्यता का दावा करते हैं और यहाँ

आश्चर्य की बात तो यह है कि दोनों एक ही 'महात्मा' का दावा करते हैं। ईश्वर जाने, सत्य क्या है—वे ही एकमात्र निर्णायक हैं और जब दोनों पक्षों में प्रमाण की मात्रा बराबर है, तब ऐसी अवस्था में किसी भी पक्ष में अपनी राय प्रकट करने का किसी को अधिकार नहीं।

हाँ तो इस प्रकार उन लोगों ने समस्त अमेरिका में मेरे लिए मार्ग प्रशस्त किया! पर वे यहीं पर नहीं रुके, वे दूसरे विरोधी पक्ष ईसाई मिशनरियों से जा मिले। इन ईसाई मिशनरियों ने मेरे विरुद्ध ऐसे-ऐसे भयानक झूठ गढ़े, जिनकी कल्पना तक नहीं की जा सकती, यद्यपि मैं उस परदेश में अकेला और मित्रहीन था, तथापि उन्होंने प्रत्येक स्थान में मेरे चरित्र पर दोषारोपण किया। उन्होंने मुझे प्रत्येक मकान के बाहर निकाल देने की चेष्टा की और जो भी मेरा मित्र बनता, उसे मेरा शत्रु बनाने का प्रयत्न किया। उन्होंने मुझे भूखों मार डालने की कोशिश की; और यह कहते मुझे दुःख होता है कि इस काम में मेरे एक भारतवासी भाई का ही हाथ था। वे भारत में एक सुधारक दल के नेता हैं। ये सज्जन प्रतिदिन घोषित करते हैं कि 'ईसा भारत में आए हैं।' तो क्या इसी प्रकार ईसा भारत में आएँगे?

क्या इसी प्रकार भारत का सुधार होगा? इस सज्जन को मैं अपने बचपन से ही जानता था। ये मेरे परम मित्र भी थे।

जब मैं उनसे मिला तो बड़ा ही प्रसन्न हुआ, क्योंकि मैंने बहुत दिनों से अपने किसी देशभाई को नहीं देखा था, पर उन्होंने मेरे प्रति ऐसा व्यवहार किया! जिस दिन धर्म-महासभा ने मुझे सम्मानित किया, जिस दिन शिकागो में मैं लोकप्रिय हो गया, उसी दिन से उनका स्वर बदल गया और छिपे-छिपे मुझे हानि पहुँचाने में उन्होंने कोई कसर उठा नहीं रखी। मैं पूछता हूँ, क्या इसी तरह ईसा भारतवर्ष में आएँगे? क्या बीस वर्ष ईसा की उपासना कर उन्होंने यही शिक्षा पाई है? हमारे ये बड़े सुधारकगण कहते हैं कि ईसाई धर्म और ईसाई लोग भारतवासियों को उन्नत बनाएँगे।

तो क्या वह इसी प्रकार होगा? यदि उक्त सज्जन को इसका एक उदाहरण लिया जाए तो निस्संदेह स्थिति कोई आशाजनक प्रतीत नहीं होती।

एक बात और। मैंने समाज-सुधारकों के मुखपत्र में पढ़ा था कि मैं शूद्र हूँ और मुझसे पूछा गया कि एक शूद्र को संन्यासी होने का क्या अधिकार है? तो इस पर मेरा उत्तर यह है कि मैं उन महापुरुष का वंशधर हूँ, जिनके चरण-कमलों पर प्रत्येक ब्राह्मण 'चित्रगुप्ताय पुष्पांजलि यमाय धर्मराजाय वै नमः' उच्चारण करते हुए प्रदान करता है और जिनके वंशज विशुद्ध क्षत्रिय हैं। यदि अपने पुराणों पर विश्वास हो तो इन समाज-सुधारकों को जान लेना चाहिए कि मेरी जाति ने पुराने जमाने में अन्य सेवाओं के अतिरिक्त, कई शताब्दियों तक आधे भारतवर्ष का शासन किया था। यदि मेरी जाति की गणना छोड़ दी जाए तो भारत की वर्तमान सभ्यता का क्या शेष रहेगा? अकेले बंगाल में ही मेरी जाति में सबसे बड़े दार्शनिक, सबसे बड़े धर्म प्रचारक उत्पन्न हुए हैं। मेरी ही जाति ने वर्तमान समय के सबसे बड़े वैज्ञानिकों से भारतवर्ष को विभूषित किया है। इन निंदकों को थोड़ा अपने देश के इतिहास का तो ज्ञान प्राप्त करना था, ब्राह्मण, क्षत्रिय तथा वैश्य इन तीनों वर्णों के संबंध में जरा अध्ययन तो करना था; जरा यह तो जानना था कि तीनों ही वर्णों को संन्यासी होने और वेद के अध्ययन करने का समान अधिकार है। ये बातें मैंने यों ही प्रसंगवश कह दीं। वे जो मुझे शूद्र कहते हैं, इसकी मुझे तनिक भी पीड़ा नहीं। मेरे पूर्वजों ने गरीबों पर जो अत्याचार किया था, इससे इसका कुछ परिशोध हो जाएगा।

यदि मैं चांडाल होता तो मुझे और भी आनंद आता, क्योंकि मैं उन महापुरुष का शिष्य हूँ, जिन्होंने सर्वश्रेष्ठ ब्राह्मण होते हुए भी एक चांडाल के घर को साफ करने की अपनी इच्छा प्रकट की थी। अवश्य वह इस पर सहमत हुआ नहीं और भला होता भी कैसे? एक तो ब्राह्मण, फिर उस पर संन्यासी, वे आकर घर साफ करेंगे, इस पर क्या वह कभी राजी हो सकता था? निदान, एक दिन आधी रात को उठकर गुप्त रूप से उन्होंने उस चांडाल के घर में प्रवेश किया और उसका पाखाना साफ कर दिया, उन्होंने अपने लंबे-लंबे बालों से उस स्थान को पोंछ डाला।

और यह काम वे लगातार कई दिनों तक करते रहे, ताकि वे अपने को सबका दास बना सकें। मैं उन्हीं महापुरुष के श्रीचरणों को अपने मस्तक

पर धारण किए हूँ। वे ही मेरे आदर्श हैं, मैं उन्हीं आदर्श पुरुष के जीवन का अनुकरण करने की चेष्टा करूँगा। सबका सेवक बनकर ही एक हिंदू अपने को उन्नत करने की चेष्टा करता है। उसे इसी प्रकार, न कि विदेशी प्रभाव की सहायता से, सर्वसाधारण को उन्नत करना चाहिए। बीस वर्ष की पश्चिमी सभ्यता मेरे मन में उस मनुष्य का दृष्टांत उपस्थित कर देती है, जो विदेश में अपने मित्र को भूखा मार डालना चाहता है।

क्यों? केवल इसीलिए कि उसका मित्र लोकप्रिय हो गया है और उसके विचार में वह मित्र उसके धनोपार्जन में बाधक होता है और असल, सनातन हिंदू धर्म के उदारहरणस्वरूप हैं ये दूसरे व्यक्ति, जिनके संबंध में मैंने अभी कहा है। इससे विदित हो जाएगा कि सच्चा हिंदू धर्म किस प्रकार कार्य करता है। हमारे इन सुधारकों में से एक भी, ऐसा जीवन गठन करके दिखाए तो सही, जो एक चांडाल की भी सेवा के लिए तत्पर हो, फिर तो मैं उसके चरणों के समीप बैठकर शिक्षा ग्रहण करूँ, पर हाँ, उसके पहले नहीं। लंबी-चौड़ी बातों की अपेक्षा थोड़ा कुछ कर दिखाना लाख गुना अच्छा है।

अब मैं मद्रास की समाज-सुधारक समितियों के बारे में कुछ कहूँगा। उन्होंने मेरे साथ बड़ा सद्य: व्यवहार किया है। उन्होंने मेरे लिए अनेक मधुर शब्दों का प्रयोग किया है और मुझे बताया है कि मद्रास और बंगाल के समाज-सुधारकों में बड़ा अंतर है। मैं उनसे इस बात में सहमत हूँ। मैंने अकसर तुम लोगों से कहा है और तुम लोगों में से बहुतों को याद भी होगा कि मद्रास इस समय बड़ी अच्छी अवस्था में है। बंगाल में जैसी क्रिया-प्रतिक्रिया चल रही है, वैसी मद्रास में नहीं है। यहाँ पर धीरे-धीरे स्थायी रूप से सब विषयों में उन्नति हो रही है; यहाँ पर समाज का क्रमशः विकास हो रहा है, किसी प्रकार की प्रतिक्रिया नहीं। बंगाल में कहीं-कहीं कुछ-कुछ पुनरुस्थान हुआ है, पर मद्रास में यह पुनरुस्थान नहीं है, यह है समाज की स्वाभाविक उन्नति, अतएव दोनों प्रदेशों के निवासियों की विभिन्नता के संबंध में समाज-सुधारक जो कुछ कहते हैं, उनसे मैं सर्वथा सहमत हूँ, परंतु एक विभिन्नता और है, जिसे वे नहीं समझते। इन संस्थाओं में से कुछ मुझे डराकर अपना

सदस्य बनाना चाहती हैं। ये लोग ऐसा करें, यह एक आश्चर्यजनक बात है। जो मनुष्य अपने जीवन में चौदह वर्ष तक लगातार फाकाकशी का मुकाबला करता रहा हो, जिसे यह भी न मालूम रहा हो कि दूसरे दिन का भोजन कहाँ से आएगा, सोने के लिए स्थान कहाँ मिलेगा, वह इतनी सरलता से धमकाया नहीं जा सकता। जो मनुष्य बिना कपड़ों के और बिना यह जाने कि दूसरे समय भोजन कहाँ से मिलेगा, उस स्थान पर रहा हो, जहाँ का तापमान शून्य से भी तीस डिग्री कम हो, वह भारत में इतनी सरलता से नहीं डराया जा सकता। यही पहली बात है, जो मैं उनसे कहूँगा, मुझमें अपनी थोड़ी दृढ़ता है, मेरा थोड़ा निज का अनुभव भी है और मेरे पास संसार के लिए एक संदेश है, जो मैं बिना किसी डर के, बिना भविष्य की चिंता किए सबको दूँगा।

सुधारकों से मैं कहूँगा कि मैं स्वयं उनसे कहीं बढ़कर सुधारक हूँ। वे लोग केवल इधर-उधर थोड़ा सुधार करना चाहते हैं और मैं चाहता हूँ आमूल सुधार। हम लोगों का मतभेद है केवल सुधार की प्रणाली में। उनकी प्रणाली विनाशात्मक है और मेरी संघटनात्मक। मैं सुधार में विश्वास नहीं करता, मैं विश्वास करता हूँ स्वाभाविक उन्नति में।

मैं अपने को ईश्वर के स्थान पर प्रतिष्ठित कर अपने समाज के लोगों के सिर पर यह उपदेश मढ़ने का साहस नहीं कर सकता कि तुम्हें इसी भाँति चलना होगा, दूसरी तरह नहीं। मैं तो सिर्फ उस गिलहरी की भाँति होना चाहता हूँ, जो राम के सेतु बाँधने के समय अपने योगदानस्वरूप थोड़ी बालू लाकर संतुष्ट हो गई थी। यही मेरा भाव है। यह अद्भुत प्रवाह हम लोगों के सम्मुख बह रहा है। कौन जानता है, कौन साहसपूर्वक कह सकता है कि यह अच्छा है या बुरा और यह किस प्रकार चलेगा ? हजारों घटनाचक्र उसके चारों ओर उपस्थित होकर उसे एक विशिष्ट प्रकार की स्फूर्ति देकर कभी उसकी गति को मंद और कभी उसे तीव्र कर देते हैं। उसके वेग को नियमित करने का कौन साहस कर सकता है ? हमारा काम तो फल की ओर दृष्टि न रख केवल काम करते जाना है, जैसा कि 'गीता' में कहा है। राष्ट्रीय जीवन को जिस ईंधन की जरूरत है, देते जाओ, बस वह अपने ढंग से उन्नति करता जाएगा;

कोई उसकी उन्नति का मार्ग निर्दिष्ट नहीं कर सकता। हमारे समाज में बहुत सी बुराइयाँ हैं, पर इस तरह बुराइयाँ तो दूसरे समाजों में भी हैं। यहाँ की भूमि विधवाओं के आँसू से कभी-कभी तर होती है तो पाश्चात्य देश का वायुमंडल अविवाहित स्त्रियों की आहों से भरा रहता है। यहाँ का जीवन गरीबी की चपेटों से जर्जरित है तो वहाँ पर लोग विलासिता के विष से जीव-मृत हो रहे हैं। यहाँ पर लोग इसलिए आत्महत्या करना चाहते हैं कि उनके पास खाने को कुछ नहीं है तो वहाँ खाद्यान्न (भोग) की प्रचुरता के कारण लोग आत्महत्या करते हैं। बुराइयाँ सभी जगह हैं। यह तो पुराने वातरोग की तरह है। यदि उसे पैर से हटाओ तो वह सिर में चला जाता है। वहाँ से हटाने पर वह दूसरी जगह भाग जाता है। बस उसे केवल एक जगह से दूसरी जगह ही भगा सकते हैं।

ऐ बच्चो, बुराइयों के निराकरण की चेष्टा करना ही सही उपाय नहीं है। हमारे दर्शन शास्त्रों में लिखा है कि अच्छे और बुरे का नित्य संबंध है। वे एक ही सिक्के के दो पहलू हैं। यदि तुम्हारे पास एक है तो दूसरा अवश्य रहेगा।

जब समुद्र में एक स्थान पर लहर उठती है तो दूसरे स्थान पर गड्ढा होना अनिवार्य है। इतना ही नहीं, सारा जीवन ही दोषयुक्त है। बिना किसी की हत्या किए एक साँस तक नहीं ली जा सकती, बिना किसी का भोजन छीने हम एक कौर भी नहीं खा सकते। यही प्रकृति का नियम है, यही दार्शनिक सिद्धांत है।

इसलिए हमें केवल यह समझ लेना होगा कि सामाजिक दोषों के निराकरण का कार्य उतना वस्तुनिष्ठ नहीं है, जितना आत्मनिष्ठ है। हम कितनी भी लंबी-चौड़ी डींग क्यों न हाँकें, समाज के दोषों को दूर करने का कार्य जितना स्वयं के लिए शिक्षात्मक है, उतना समाज के लिए वास्तविक नहीं। समाज के दोष दूर करने के संबंध में सबसे पहले इस तत्त्व को समझ लेना होगा और इसे समझकर अपने मन को शांत करना होगा, अपने खून की चढ़ती गरमी को रोकना होगा, अपनी उत्तेजना को दूर करना होगा। संसार का इतिहास भी हमें यह बताता है कि जहाँ कहीं इस प्रकार की उत्तेजना से समाज के सुधार करने का प्रयत्न हुआ है, यहाँ केवल यही फल हुआ कि जिस

उद्देश्य से वह किया गया था, उस उद्देश्य को ही उसने विफल कर दिया।

दासत्व को नष्ट कर देने के लिए अमेरिका में जो लड़ाई ठनी थी, उसकी अपेक्षा, अधिकार और स्वतंत्रता की स्थापना के लिए किसी बड़े सामाजिक आंदोलन की कल्पना ही नहीं की जा सकती। तुम सभी लोग उसे जानते हो।

पर उसका फल क्या हुआ ? यही कि आजकल के दास इस युद्ध के पूर्व के दासों की अपेक्षा सौगुनी अधिक बुरी दशा को पहुँच गए। इस युद्ध के पूर्व ये बेचारे नीग्रो कम-से-कम किसी की संपत्ति तो थे और संपत्ति होने के नाते इनकी देखभाल की जाती थी कि ये कहीं दुर्बल और बेकाम न हो जाएँ, पर आज तो ये किसी की संपत्ति नहीं हैं।

इसके जीवन का कुछ भी मूल्य नहीं है। मामूली बातों के लिए ये जीते जी जला दिए जाते हैं, गोली से उड़ा दिए जाते हैं और इनके हत्यारों पर कोई कानून ही लागू नहीं होता। क्यों? इसलिए कि ये 'निग्रो' हैं, मानो ये मनुष्य तो क्या पशु भी नहीं हैं! समाज के दोषों को प्रबल उत्तेजनापूर्ण आंदोलन द्वारा अथवा कानून के बल पर सहसा हटा देने का यही परिणाम होता है।

इतिहास इस बात का साक्षी है—इस प्रकार का आंदोलन चाहे किसी भले उद्देश्य से ही क्यों न किया गया हो।

यह मेरा प्रत्यक्ष अनुभव है। प्रत्यक्ष अनुभव से ही मैंने यह सीखा है। यही कारण है कि मैं केवल दोष ही देखनेवाली इन संस्थाओं का सदस्य नहीं हो सकता। दोषारोपण अथवा निंदा करने की भला आवश्यकता क्या? ऐसा कौन सा समाज है, जिसमें दोष न हों? सभी समाजों में तो दोष हैं। यह तो सभी कोई जानते हैं, आज का एक बच्चा भी इसे जानता है; वह भी सभा मंच पर खड़ा होकर हमारे सामने हिंदू धर्म की भयानक बुराइयों पर एक लंबा भाषण दे सकता है। जो भी अशिक्षित विदेशी पृथ्वी की प्रदक्षिणा करता हुआ भारत में पहुँचता है, वह रेल पर से भारत को उड़ती नजर से देख भर लेता है और बस फिर भारत की भयानक बुराइयों पर बड़ा सारगर्भित व्याख्यान देने लगता है!

हम जानते हैं कि यहाँ बुराइयाँ हैं, पर बुराई तो हर कोई दिखा सकता

है। मानव समाज का सच्चा हितैषी तो वह है, जो इन कठिनाइयों से बाहर निकलने का उपाय बताए। यह तो इस प्रकार है कि कोई एक दार्शनिक एक डूबते हुए लड़के को गंभीर भाव से उपदेश दे रहा था तो लड़के ने कहा, "पहले मुझे पानी से बाहर निकालिए, फिर उपदेश दीजिए।" बस ठीक इसी तरह भारतवासी भी कहते हैं, "हम लोगों ने बहुत व्याख्यान सुन लिए, बहुत सी संस्थाएँ देख लीं, बहुत से पत्र पढ़ लिए, अब तो ऐसा मनुष्य चाहिए, जो हमसे वास्तविक प्रेम करता है, जो हमारे प्रति सच्ची सहानुभूति रखता है?" इन आंदोलनों का बस उसी आदमी हमें जरूरत है। यहीं पर मेरा इन समाज सुधारक से सर्वथा मतभेद है। आज सौ वर्ष हो गए, ये आंदोलन चल रहे हैं, पर सिवाय निंदा और विद्वेषपूर्ण साहित्य की रचना के इनसे और क्या लाभ हुआ है? ईश्वर करता, यहाँ ऐसा न होता। इन्होंने पुराने समाज की कठोर आलोचना की है, उस पर तीव्र दोषारोपण किया है, उसकी कटु निंदा की है और अंत में पुराने समाज ने भी इनके समान स्वर उठाकर ईंट का जवाब ईंट से दिया है। इसके फलस्वरूप प्रत्येक भारतीय भाषा में ऐसे साहित्य की रचना हो गई है, जो जाति के लिए, देश के लिए कलंक स्वरूप है। क्या यही सुधार है? क्या इसी तरह देश गौरव के पथ पर बढ़ेगा? यह दोष है किसका?

इसके बाद एक और महत्त्वपूर्ण विषय पर हमें विचार करना है। भारतवर्ष में हमारा शासन सदैव राजाओं द्वारा हुआ है, राजाओं ने ही हमारे सब कानून बनाए हैं। अब वे राजा नहीं हैं और इस विषय में अग्रसर होने के लिए हमें मार्ग दिखलाने वाला अब कोई नहीं रहा। सरकार साहस नहीं करती। वह तो जनमत की गति देखकर ही अपनी कार्यप्रणाली निश्चित करती है। अपनी समस्याओं को हल कर लेनेवाला एक कल्याणकारी और प्रबल लोकमत स्थापित करने में समय लगता है, काफी लंबा समय लगता है और इस बीच हमें प्रतीक्षा करनी होगी, अतएव सामाजिक सुधार की संपूर्ण समस्या यह रूप लेती है—कहाँ हैं वे लोग, जो सुधार चाहते हैं? पहले उन्हें तैयार करो।

सुधार चाहनेवाले लोग हैं कहाँ? कुछ थोड़े से लोग किसी बात को

उचित समझते हैं और बस उसे अन्य सब पर जबरदस्ती लादना चाहते हैं। इन अल्पसंख्यक व्यक्तियों के अत्याचार के समान दुनिया में और कोई अत्याचार नहीं।

मुट्ठी भर लोग, जो सोचते हैं कि कतिपय बातें दोषपूर्ण हैं, राष्ट्र को गतिशील नहीं कर सकते। राष्ट्र में आज प्रगति क्यों नहीं है? क्यों वह जड़भावापन्न है? पहले राष्ट्र को शिक्षित करो, अपनी निजी विधायक संस्थाएँ बनाओ, फिर तो कानून आप ही आ जाएँगे। जिस शक्ति के बल से, जिसके अनुमोदन से कानून का गठन होगा, पहले उसकी सृष्टि करो। आज राजा नहीं रहे; जिस नई शक्ति से, जिस नए दल की सम्मति से नई व्यवस्था गठित होगी, वह लोकशक्ति कहाँ है? पहले उसी लोकशक्ति को संगठित करो, अतएव समाज-सुधार के लिए भी प्रथम कर्तव्य है—

लोगों को शिक्षित करना और जब तक यह कार्य संपन्न नहीं होता, तब तक प्रतीक्षा करनी ही पड़ेगी।

गत शताब्दी में सुधार के लिए जो भी आंदोलन हुए हैं, उनमें से अधिकांश केवल ऊपरी दिखावा मात्र रहे हैं।

उनमें से प्रत्येक ने केवल प्रथम दो वर्णों से ही संबंध रखा है, शेष दो से नहीं। विधवा-विवाह के प्रश्न से 70 प्रतिशत भारतीय स्त्रियों का कोई संबंध नहीं है और देखो, मेरी बात पर ध्यान दो, इस प्रकार के सब आंदोलनों का संबंध भारत के केवल उच्च वर्णों से ही रहा है, जो जनसाधारण का तिरस्कार करके स्वयं शिक्षित हुए हैं। इन लोगों ने अपने अपने घर को साफ करने एवं अंग्रेजों के सम्मुख अपने को सुंदर दिखाने में कोई कसर बाकी नहीं रखी, पर यह तो सुधार नहीं कहा जा सकता। सुधार करने में हमें चीज के भीतर उसकी जड़ तक पहुँचना होता है। इसी को मैं आमूल सुधार कहता हूँ। आग जड़ में लगाओ और क्रमशः ऊपर उठने दो एवं एक अखंड भारतीय राष्ट्र संगठित करो। पर यह एक बड़ी भारी समस्या है और इसका समाधान भी कोई सरल नहीं है, अतएव शीघ्रता करने की आवश्यकता नहीं। यह समस्या तो गत कई शताब्दियों से हमारे देश के महापुरुषों को ज्ञात थी।

आजकल, विशेषतः दक्षिण में, बौद्ध धर्म और उसके अज्ञेयवाद की आलोचना करने की एक प्रथा सी चल पड़ी है। यह उन्हें स्वप्न में भी ध्यान नहीं आता कि जो विशेष दोष आजकल हमारे समाज में वर्तमान हैं, वे सब बौद्ध धर्म द्वारा ही छोड़े गए हैं। बौद्ध धर्म ने हमारे लिए यही वसीयत छोड़ी है। जिन लोगों ने बौद्ध धर्म की उन्नति और अवनति का इतिहास कभी नहीं पढ़ा, उनके द्वारा लिखी गई पुस्तकों में हम पढ़ते हैं कि बौद्ध धर्म के इतने विस्तार का कारण था—गौतमबुद्ध द्वारा प्रचारित अपूर्व आचार-शास्त्र और उनका लोकोत्तर चरित्र। भगवान् बुद्धदेव के प्रति मेरी यथेष्ट श्रद्धा-भक्ति है, पर मेरे शब्दों पर ध्यान दो, बौद्ध धर्म का विस्तार उक्त महापुरुष के मत और अपूर्व चरित्र के कारण उतना नहीं हुआ, जितना बौद्धों द्वारा निर्माण किए गए बड़े-बड़े मंदिरों एवं भव्य प्रतिमाओं के कारण, समग्र देश के सम्मुख किए गए भड़कीले उत्सवों के कारण इसी भाँति बौद्ध धर्म ने उन्नति की। इन सब बड़े-बड़े मंदिरों एवं आडंबर भरे क्रियाकलापों के सामने घरों में हवन के लिए प्रतिष्ठित छोटे-छोटे अग्निकुंड ठहर न सके, पर अंत में इन सब क्रियाकलापों में भारी अवनति हो गई, ऐसी अवनति कि उसका वर्णन भी श्रोताओं के सामने नहीं किया जा सकता। जो इस संबंध में जानने के इच्छुक हों, वे इसे किंचित् परिमाण में दक्षिण भारत के नाना प्रकार के कलाशिल्प से युक्त बड़े-बड़े मंदिरों में देख लें और बौद्धों से उत्तराधिकार के रूप में हमने केवल यही पाया।

इसके बाद महान् सुधारक श्रीशंकराचार्य और उनके अनुयायियों का अभ्युदय हुआ। उस समय से आज तक इन कई सौ वर्षों में भारतवर्ष की सर्वसाधारण जनता को धीरे-धीरे उस मौलिक विशुद्ध वेदांत के धर्म की ओर लाने की चेष्टा की गई है। उन सुधारकों को बुराइयों का पूरा ज्ञान था, पर उन्होंने समाज की निंदा नहीं की। उन्होंने यह नहीं कहा कि "जो कुछ तुम्हारे पास है, वह सब गलत है, उसे तुम फेंक दो।" ऐसा कभी नहीं हो सकता था। आज मैंने पढ़ा, मेरे मित्र डॉ. बैरोज कहते हैं कि ईसाई धर्म के प्रभाव ने 300 वर्षों में यूनानी और रोमन धर्म के प्रभाव को उलट दिया। पर जिसने कभी

यूरोप, यूनान और रोम को देखा है, वह ऐसा कभी नहीं कह सकता। रोमन और यूरानी धर्मों का प्रभाव प्रोटेस्टेंट देशों तक में सर्वत्र व्याप्त है। प्राचीन देवता नए वेश में वर्तमान हैं—केवल नाम भर बदल दिए गए हैं। देवियाँ हो गई हैं 'मेरी', देवता हो गए हैं 'संत' और अनुष्ठानों ने नए-नए रूप धारण कर लिए हैं।

यहाँ तक कि प्राचीन उपाधि पॉंटिफेक्स मैक्सिमस (प्रधान पुरोहित) पूर्ववत् ही विद्यमान है, अतएव अचानक परिवर्तन नहीं हो सकते। शंकराचार्य और रामानुज इसे जानते थे। इसलिए उस समय प्रचलित धर्म को धीरे-धीरे उच्चतम आदर्श तक पहुँचा देना ही उनके लिए एक उपाय शेष था। यदि वे दूसरी प्रणाली का सहारा लेते तो वे पाखंडी सिद्ध होते, क्योंकि उनके धर्म का प्रधान मत ही है क्रम-विकासवाद। उनके धर्म का मूल तत्त्व यही है कि इन सब नाना प्रकार की अवस्थाओं में से होकर आत्मा उच्चतम लक्ष्य पर पहुँचती है, अत: ये सभी अवस्थाएँ आवश्यक और हमारी सहायक हैं। भला कौन इनकी निंदा करने का साहस कर सकता है?

आजकल मूर्तिपूजा को गलत बताने की प्रथा सी चल पड़ी है और सब लोग बिना किसी आपत्ति के उसमें विश्वास भी करने लग गए हैं। मैंने भी एक समय ऐसा ही सोचा था और उसके दंडस्वरूप मुझे ऐसे व्यक्ति के चरण-कमलों में बैठकर शिक्षा ग्रहण करनी पड़ी, जिन्होंने सबकुछ मूर्तिपूजा के ही द्वारा प्राप्त किया था—मेरा अभिप्राय श्रीरामकृष्णदेव से है। यदि मूर्तिपूजा द्वारा श्रीरामकृष्ण जैसे व्यक्ति उत्पन्न हो सकते हैं, तब तुम क्या पसंद करोगे—सुधारकों का धर्म या मूर्तिपूजा? मैं इस प्रश्न का उत्तर चाहता हूँ। यदि मूर्तिपूजा द्वारा इस प्रकार श्रीरामकृष्ण उत्पन्न हो सकते हों तो और हजारों मूर्तियों की पूजा करो। प्रभु तुम्हें सिद्धि दे! जिस किसी भी उपाय से हो सके, इस प्रकार के महापुरुषों की सृष्टि करो और इतने पर भी मूर्तिपूजा की निंदा की जाती है! क्यों? यह कोई नहीं जानता, शायद इसलिए कि हजारों वर्ष पहले किसी यहूदी ने इसकी निंदा की थी, अर्थात् उसने अपनी मूर्ति को छोड़कर और सबकी मूर्तियों की निंदा की थी। उस यहूदी ने कहा था, यदि

ईश्वर का भाव किसी विशेष प्रतीक या सुंदर प्रतिमा द्वारा प्रकट किया जाए तो यह भयानक दोष है, एक जघन्य पाप है; परंतु यदि उसका अंकन एक संदूक के रूप में किया जाए, जिसके दोनों किनारों पर दो देवदूत बैठे हैं और ऊपर बादल का एक टुकड़ा लटक रहा है तो वह बहुत ही पवित्र, पवित्रतम होगा। यदि ईश्वर पेंडुकी का रूप धारण करके आए तो वह महापवित्र होगा, पर यदि वह गाय का रूप लेकर आए तो यह मूर्ति पूजकों का कुसंस्कार होगा! उसकी निंदा करो।

दुनिया का बस यही भाव है। इसीलिए कवि ने कहा है, 'हम मर्त्य जीव कितने निर्बोध है!'

परस्पर एक-दूसरे के दृष्टिकोण से देखना और विचार करना कितना कठिन है! और यही मनुष्यसमाज की उन्नति में घोर विघ्न स्वरूप है। यही है ईर्ष्या, घृणा और लड़ाई-झगड़े की जड़।

अरे बालको, अपरिपक्व बुद्धिवाले नासमझ लड़को, तुम लोग कभी मद्रास के बाहर तो गए नहीं और खड़े होकर सहस्रों प्राचीन संस्कारों से नियंत्रित तीस करोड़ मनुष्यों पर कानून चलाना चाहते हो! क्या तुम्हें लज्जा नहीं आती?

दूर हो जाओ धर्मनिंदा के इस कुकर्म से और पहले खुद अपना सबक सीखो। श्रद्धाहीन बालको, तुम कागज पर कुछ पंक्तियाँ घसीट सकने में और किसी मूर्ख को पकड़कर उन्हें छपवा लेने में अपने को समर्थ समझकर सोचते हो कि तुम जगत् के शिक्षक हो, तुम्हारा मत ही भारत का जनमत है! तो क्या ऐसी बात है? इसीलिए मैं मद्रास के समाज-सुधारकों से कहना चाहता हूँ कि मुझमें उनके प्रति बड़ी श्रद्धा और प्रेम है। उनके विशाल हृदय, उनकी स्वदेश-प्रीति, पीड़ित और निर्धन के प्रति उनके प्रेम के कारण ही मैं उनसे प्यार करता हूँ, किंतु भाई जैसे भाई से स्नेह करता है और साथ ही उसके दोष भी दिखा देता है, ठीक इसी तरह मैं उनसे कहता हूँ कि उनकी कार्यप्रणाली ठीक नहीं है। वह प्रणाली भारत में सौ वर्ष तक आजमाई गई, पर वह कामयाब न हो सकी, अब हमें किसी नई प्रणाली का सहारा लेना होगा।

क्या भारतवर्ष में कभी सुधारकों का अभाव था? क्या तुमने भारत का इतिहास पढ़ा है? रामानुज, शंकर, नानक, चैतन्य, कबीर और दादू कौन थे? ये सब बड़े-बड़े धर्माचार्य जो भारत-गगन में अत्यंत उज्ज्वल नक्षत्रों की तरह एक के बाद एक उदित हुए और फिर अस्त हो गए, कौन थे? क्या रामानुज के हृदय में नीच जातियों के लिए प्रेम नहीं था? क्या उन्होंने अपने सारे जीवन चांडाल तक को अपने संप्रदाय में ले लेने मिला लेने, की चेष्टा नहीं की?

क्या नानक ने मुसलमान और हिंदू दोनों को समान भाव से शिक्षा देकर समाज में एक नई अवस्था लाने का प्रयत्न नहीं किया? इन सबने प्रयत्न किया और उनका काम आज भी जारी है। भेद केवल इतना है कि वे आज के समाज-सुधारकों की तरह दंभी नहीं थे; वे इनके समान अपने मुँह से कभी अभिशाप नहीं उगलते थे। उनके मुँह से केवल आशीर्वाद ही निकलता था। उन्होंने कभी भर्त्सना नहीं की। उन्होंने लोगों से कहा कि जाति को सतत उन्नतिशील होना चाहिए। उन्होंने अतीत में दृष्टि डालकर कहा, "हिंदुओ, तुमने अभी तक जो किया, अच्छा ही किया, पर भाइयो, तुम्हें अब इससे भी अच्छा करना होगा।"

उन्होंने यह नहीं कहा, "पहले तुम दुष्ट थे और अब तुम्हें अच्छा होना होगा।"

उन्होंने यही कहा, "पहले तुम अच्छे थे, अब और भी अच्छे बनो।" इससे जमीन-आसमान का फर्क पैदा हो जाता है। हम लोगों को अपनी प्रकृति के अनुसार उन्नति करनी होगी। विदेशी संस्थाओं ने बलपूर्वक जिस कृत्रिम प्रणाली को हममें प्रचलित करने की चेष्टा की है, उसके अनुसार काम करना वृथा है। वह असंभव है। जय हो प्रभु! हम लोगों को तोड़-मरोड़कर नए सिरे से दूसरे राष्ट्रों के ढाँचे में गढ़ना असंभव है! मैं दूसरी कौमों की सामाजिक प्रथाओं की निंदा नहीं करता। वे उनके लिए अच्छी हैं, पर हमारे लिए नहीं। उनके लिए जो कुछ अमृत है, हमारे लिए वही विष हो सकता है। पहले यही बात सीखनी होगी। अन्य प्रकार के विज्ञान, अन्य प्रकार के परंपरागत संस्कार और अन्य प्रकार के आचारों से उनकी वर्तमान सामाजिक प्रथा गठित हुई है

और हम लोगों के पीछे हैं, हमारे अपने परंपरागत संस्कार और हजारों वर्षों के कर्म, अतएव हमें स्वभावगत: अपने संस्कारों के अनुसार ही चलना पड़ेगा और यह हमें करना ही होगा।

तब फिर मेरी योजना क्या है? मेरी योजना है—प्राचीन महान् आचार्यों के उपदेशों का अनुसरण करना। मैंने उनके कार्य का अध्ययन किया है और जिस प्रणाली से उन्होंने कार्य किया, उनके आविष्कार करने का मुझे सौभाग्य मिला। वे सब महान् समाज-संस्थापक थे। बल, पवित्रता और जीवन-शक्ति के वे अद्भुत आधार थे। उन्होंने सबसे अद्भुत कार्य किया—समाज में बल, पवित्रता और जीवन-शक्ति संचारित की। हमें भी सबसे अद्भुत कार्य करना है। आज अवस्था कुछ बदल गई है, इसलिए कार्यप्रणाली में कुछ थोड़ा सा परिवर्तन करना होगा; बस इतना ही, इससे अधिक़ कुछ नहीं। मैं देखता हूँ कि प्रत्येक व्यक्ति की भाँति प्रत्येक राष्ट्र का भी एक विशेष जीवनोद्देश्य है।

वही उसके जीवन का केंद्र है, उसके जीवन का प्रधान स्वर है, जिसके साथ अन्य सब स्वर मिलकर समरसता उत्पन्न करते हैं। किसी देश में जैसे इंग्लैंड में, राजनीतिक सत्ता ही उसकी जीवन-शक्ति है। कला-कौशल की उन्नति करना किसी दूसरे राष्ट्र का प्रधान लक्ष्य है। ऐसे ही और दूसरे देशों का भी समझो, किंतु भारतवर्ष में धार्मिक जीवन ही राष्ट्रीय जीवन का केंद्र है और वही राष्ट्रीय जीवनरूपी संगीत का प्रधान स्वर है। यदि कोई राष्ट्र अपनी स्वाभाविक जीवन-शक्ति को दूर फेंक देने की चेष्टा करे—शताब्दियों से जिस दिशा की ओर उसकी विशेष गति हुई है, उससे मुड़ जाने का प्रयत्न करे और यदि वह अपने इस कार्य में सफल हो जाए तो वह राष्ट्र मृत हो जाता है, अतएव यदि तुम धर्म को फेंककर राजनीति, समाज नीति अथवा अन्य किसी दूसरी नीति को अपनी जीवन-शक्ति का केंद्र बनाने में सफल हो जाओ तो उसका फल यह होगा कि तुम्हारा अस्तित्व तक न रह जाएगा। यदि तुम इससे बचना चाहो तो अपनी जीवन-शक्तिरूपी धर्म के भीतर से ही तुम्हें अपने सारे कार्य करने होंगे, अपनी प्रत्येक क्रिया का केंद्र इस धर्म को ही

बनाना होगा। तुम्हारे स्नायुओं का प्रत्येक स्पंदन तुम्हारे इस धर्मरूपी मेरुदंड के भीतर से होकर गुजरे।

मैंने देखा है कि 'सामाजिक जीवन पर धर्म का कैसा प्रभाव पड़ेगा', यह बिना दिखाए मैं अमेरिकावासियों में धर्म का प्रचार नहीं कर सकता था। इंग्लैंड में भी बिना यह बताए कि "वेदांत द्वारा कौन-कौन से आश्चर्यजनक राजनीतिक परिवर्तन हो सकेंगे", मैं धर्मप्रचार नहीं कर सका। इसी भाँति भारत में सामाजिक सुधार का प्रचार तभी हो सकता है, जब यह दिखा दिया जाए कि उस नई प्रथा से आध्यात्मिक जीवन की उन्नति में कौन सी विशेष सहायता मिलेगी। राजनीति का प्रचार करने के लिए हमें दिखाना होगा कि उसके द्वारा हमारे राष्ट्रीय जीवन की आकांक्षा-आध्यात्मिक उन्नति की कितनी अधिक पूर्ति हो सकेगी। इस संसार में प्रत्येक व्यक्ति को अपना अपना मार्ग चुन लेना पड़ता है, उसी भाँति प्रत्येक राष्ट्र को भी। हमने युगों पूर्व अपना पथ निर्धारित कर लिया था और अब हमें उसी से लगे रहना चाहिए, उसी के अनुसार चलना चाहिए, फिर हमारा यह चयन भी तो उतना कोई बुरा नहीं।

जड़ के बदले चैतन्य का, मनुष्य के बदले ईश्वर का चिंतन करना क्या संसार में इतनी बुरी चीज है? परलोक में दृढ़ आस्था, इस लोक के प्रति तीव्र विरक्ति, प्रबल त्याग-शक्ति एवं ईश्वर और अविनाशी आत्मा में दृढ़ विश्वास तुम लोगों में सतत विद्यमान है। क्या तुम इसे छोड़ सकते हो? नहीं, तुम इसे कभी नहीं छोड़ सकते। तुम कुछ दिन भौतिकवादी होकर और भौतिकवाद की चर्चा करके भले ही मुझमें विश्वास जमाने की चेष्टा करो, पर मैं जानता हूँ कि तुम क्या हो। तुमको थोड़ा धर्म अच्छी तरह समझा देने भर की देर है कि तुम परम आस्तिक हो जाओगे। सोचो, अपना स्वभाव भला कैसे बदल सकते हो?

अत: भारत में किसी प्रकार का सुधार या उन्नति की चेष्टा करने के पहले धर्म प्रचार आवश्यक है। भारत को समाजवादी अथवा राजनीतिक विचारों से प्लावित करने के पहले आवश्यक है कि उसमें आध्यात्मिक विचारों की बाढ़ ला दी जाए। सर्वप्रथम, हमारे उपनिषदों पुराणों और अन्य सब शास्त्रों में जो अपूर्व सत्य छिपे हुए हैं, उन्हें इन सब ग्रंथों के पत्रों से बाहर निकालकर,

मठों की चारदीवारियाँ भेदकर, वनों की शून्यता से दूर लाकर, कुछ संप्रदाय-विशेषों के हाथों से छीनकर देश में सर्वत्र बिखेर देना होगा, ताकि ये सत्य दावानल के समान सारे देश को चारों ओर से लपेट ले, उत्तर से दक्षिण और पूर्व से पश्चिम तक सब जगह फैल जाएँ, हिमालय से कन्याकुमारी और सिंधु से ब्रह्मपुत्र तक सर्वत्र वे धधक उठें। सबसे पहले हमें यही करना होगा। सभी को इन सब शास्त्रों में निहित उपदेश सुनाने होंगे, क्योंकि उपनिषद् में कहा है, "पहले इसे सुनना होगा, फिर मनन करना होगा और उसके बाद निदिध्यासन।" पहले लोग इन सत्यों को सुनें और जो भी व्यक्ति अपने शास्त्र के इन महान् सत्यों को दूसरों को सुनाने में सहायता पहुँचाएगा, वह आज एक ऐसा कर्म करेगा, जिसके समान कोई दूसरा कर्म ही नहीं।

महर्षि व्यास ने कहा है, "इस कलियुग में मनुष्यों के लिए एक ही कर्म शेष रह गया है। आजकल यज्ञ और कठोर तपस्याओं से कोई फल नहीं होता। इस समय दान ही एकमात्र कर्म है।" और दानों में धर्मदान, अर्थात् आध्यात्मिक ज्ञान का दान ही सर्वश्रेष्ठ है। दूसरा दान है विद्यादान, तीसरा प्राणदान और चौथा अंगदान। इस अपूर्व दानशील हिंदू जाति की ओर देखो! इस निर्धन, अत्यंत निर्धन देश में लोग कितना दान करते हैं, इसकी ओर जरा नजर डालो। यहाँ के लोग इतने अतिथिसेवी हैं कि एक व्यक्ति बिना एक कौड़ी अपने पास रखे उत्तर से दक्षिण तक यात्रा करके आ सकता है और हर स्थान में उसका ऐसा सत्कार होगा, मानो वह परम मित्र हो। यदि यहाँ कहीं पर रोटी का एक टुकड़ा भी है तो कोई भिक्षुक भूख से नहीं मर सकता।

इस दानशील देश में हमें पहले प्रकार के दान के लिए, अर्थात् आध्यात्मिक ज्ञान के विस्तार के लिए साहसपूर्वक अग्रसर होना होगा और यह ज्ञान-विस्तार भारतवर्ष की सीमा में ही आबद्ध नहीं रहेगा, इसका विस्तार तो सारे संसार भर में करना होगा और अभी तक यही होता भी रहा है। जो लोग कहते हैं कि भारत के विचार कभी भारत से बाहर नहीं गए, जो सोचते हैं कि मैं ही पहला संन्यासी हूँ, जो भारत के बाहर धर्म प्रचार करने गया, वे अपनी जाति के इतिहास को नहीं जानते। यह कई बार घटित हो चुका है, जब

कभी भी संसार को इसकी आवश्यकता हुई, उसी समय इस निरंतर बहनेवाले आध्यात्मिक ज्ञानस्रोत ने संसार को प्लावित कर दिया। राजनीति-संबंधी विद्या का विस्तार-रणभेरियों और सुसज्जित सेनाओं के बल पर किया जा सकता है। लौकिक एवं समाज-संबंधी विद्या का विस्तार आग और तलवारों के बल पर हो सकता है, पर आध्यात्मिक विद्या का विस्तार तो शांति द्वारा ही संभव है।

जिस प्रकार चक्षु और कर्ण के गोचर न होता हुआ भी मृदु ओसबिंदु गुलाब की कलियों को विकसित कर देता है, बस वैसा ही आध्यात्मिक ज्ञान के विस्तार के संबंध में भी समझो। यही एक दान है, जो भारत दुनिया को बार-बार देता आया है, जब कभी कोई दिग्विजयी जाति उठी, जिसने संसार के विभिन्न देशों को एक साथ ला दिया और आपस में यातायात तथा संचार की सुविधा कर दी, त्योंही भारत उठा और उसने संसार की समग्र उन्नति में अपने आध्यात्मिक ज्ञान का भाग भी प्रदान कर दिया। बुद्धदेव के जन्म के बहुत पहले से ही ऐसा होता आया है और इसके साथ आज भी चीन, एशिया माइनर और मलय द्वीपसमूह में मौजूद हैं, जब उस महाबलशाली दिग्विजयी यूनानी ने उस समय के ज्ञात संसार के सब भागों को एक साथ ला दिया था, तब भी यही घटना घटी थी—भारत के आध्यात्मिक ज्ञान की बाढ़ ने बाहर उमड़कर संसार को प्लावित कर दिया था।

आज पाश्चात्य देशवासी जिस सभ्यता का गर्व करते हैं, वह उसी प्लावन का अवरोध मात्र है। आज फिर से वही सुयोग उपस्थित हुआ है। इंग्लैंड की शक्ति ने सारे संसार की जातियों को एकता के सूत्र में इस प्रकार बाँध दिया है, जैसा पहले कभी नहीं हुआ था। अंग्रेजों के यातायात और संचार के साधन संसार के एक छोर से लेकर दूसरे छोर तक फैले हुए हैं। आज अंग्रेजों की प्रतिभा के कारण संसार अपूर्व रूप से एकता की डोर में बँध गया है। इस समय संसार के भिन्न-भिन्न स्थानों में जिस प्रकार के व्यापारिक केंद्र स्थापित हुए हैं, वैसे मानवजाति के इतिहास में पहले कभी नहीं हुए थे, अतएव इस सुयोग में भारत फौरन उठकर ज्ञात अथवा अज्ञात रूप से जगत् को अपने आध्यात्मिक ज्ञान का दान दे रहा है, अब इन सब मार्गों के सहारे भारत की

यह भावराशि समस्त संसार में फैलती रहेगी। मैं जो अमेरिका गया, वह मेरी या तुम्हारी इच्छा से नहीं हुआ, वरन् भारत के भाग्यविधाता भगवान् ने मुझे अमेरिका भेजा और वे ही इसी भाँति सैकड़ों आदमियों को संसार के अन्य सब देशों में भेजेंगे। इसे दुनिया की कोई ताकत नहीं रोक सकती, अतएव तुमको भारत के बाहर भी धर्मप्रचार के लिए जाना होगा। इसका प्रचार जगत् की सब जातियों और मनुष्यों में करना होगा। पहले यही धर्मप्रचार आवश्यक है। धर्मप्रचार करने के बाद इसके साथ ही साथ लौकिक विद्या और अन्यान्य आवश्यक विधाएँ आप ही आ जाएँगी, पर यदि तुम लौकिक विद्या, बिना धर्म के ग्रहण करना चाहो तो मैं तुमसे साफ कहे देता हूँ कि भारत में तुम्हारा ऐसा प्रयास व्यर्थ सिद्ध होगा, वह लोगों के हृदयों में स्थान प्राप्त न कर सकेगा। यहाँ तक कि इतना बड़ा बौद्ध धर्म भी कुछ अंशों में इसी कारणवश यहाँ अपना प्रभाव न जमा सका।

इसलिए मेरे मित्रो, मेरा विचार है कि मैं भारत में कुछ ऐसे शिक्षालय स्थापित करूँ, जहाँ हमारे नवयुवक अपने शास्त्रों के ज्ञान में शिक्षित होकर भारत तथा भारत के बाहर अपने धर्म का प्रचार कर सकें। मनुष्य केवल मनुष्य भर चाहिए। बाकी सबकुछ अपने आप हो जाएगा। आवश्यकता है वीर्यवान, तेजस्वी, श्रद्धासंपन्न और दृढ़विश्वासी निष्कपट नवयुवकों की, जो ऐसे सौ मिल जाएँ तो संसार का कायाकल्प हो जाए। इच्छा-शक्ति संसार में सबसे अधिक बलबती है। उसके सामने दुनिया की कोई चीज नहीं ठहर सकती; क्योंकि यह भगवान् साक्षात् भगवान् से आती है। विशुद्ध और दृढ़ इच्छाशक्ति सर्वशक्तिमान है। क्या तुम इसमें विश्वास नहीं करते? सबके समक्ष अपने धर्म के महान् सत्यों का प्रचार करो, संसार इनकी प्रतीक्षा कर रहा है। सैकड़ों वर्षों से लोगों को मनुष्य की हीनावस्था का ही ज्ञान कराया गया है। उनसे कहा गया है कि वे कुछ नहीं हैं। संसार भर में सर्वत्र सर्वसाधारण से कहा गया है कि तुम लोग मनुष्य ही नहीं हो। शताब्दियों से इस प्रकार डराए जाने के कारण वे बेचारे सचमुच ही करीब-करीब पणशुत्व को प्राप्त हो गए हैं, उन्हें कभी आत्मतत्त्व के विषय में सुनने का मौका नहीं दिया गया, अब

उनको आत्मतत्त्व सुनने दो, यह जान लेने दो कि उनमें से नीच से नीच में भी आत्मा विद्यमान है—

वह आत्मा, जो न कभी मरती है, न जन्म लेती है, जिसे न तलवार काट सकती है न आग जला सकती है और न हवा सुखा सकती है, जो अमर है, अनादि और अनंत है, जो शुद्धस्वरूप है, सर्वशक्तिमान और सर्वव्यापी है, उन्हें अपने में विश्वास करने दो। आखिर अंग्रेजों में और तुममें किसलिए इतना अंतर है? उन्हें अपने धर्म अपने कर्तव्य आदि के संबंध में कहने दो, पर मुझे अंतर मालूम हो गया है। अंतर यही है कि अंग्रेज अपने ऊपर विश्वास करता है और तुम नहीं, जब वह सोचता है कि मैं अंग्रेज हूँ तो वह उस विश्वास के बल पर जो चाहता है, वही कर सकता है। इस विश्वास के आधार पर उसके अंदर छिपा हुआ ईश्वरभाव जाग उठता है और तब वह उसकी जो भी अच्छा होती है, वही कर सकने में समर्थ होता है। इसके विपरीत लोग तुमसे कहते आए हैं, तुम्हें सिखाते आए हैं कि तुम कुछ भी नहीं हो, तुम कुछ भी नहीं कर सकते और फलस्वरूप तुम आज इस प्रकार अकर्मण्य हो गए हो, अतएव आज हम जो चाहते हैं, वह है—बल, अपने में अटूट विश्वास। हम लोग शक्तिहीन हो गए हैं। इसीलिए गुप्तविद्या और रहस्यविद्या—इन रोमांचक वस्तुओं ने धीरे-धीरे हममें घर कर लिया है। भले ही उनमें अनेक सत्य हों, पर उन्होंने लगभग हमें नष्ट कर डाला है। अपने स्नायु बलवान बनाओ। आज हमें जिसकी आवश्यकता है, वह है—लोहे के पुट्ठे और फौलाद के स्नायु। हम लोग बहुत दिन रो चुके, अब और रोने की आवश्यकता नहीं, अब अपने पैरों पर खड़े हो जाओ और 'मर्द' बनो। हमें ऐसे धर्म की आवश्यकता है, जिससे हम मनुष्य बन सकें। हमें ऐसे सिद्धांतों की जरूरत है, जिससे हम मनुष्य बन सकें। हमें ऐसी स्वाँगसंपन्न शिक्षा चाहिए, जो हमें मनुष्य बना सके और यह रही सत्य की कसौटी, जो भी तुमको शारीरिक, मानसिक और आध्यात्मिक दृष्टि से दुर्बल बनाए, उसे जहर की भाँति त्याग दो, उसमें जीवन-शक्ति नहीं है, वह कभी सत्य नहीं हो सकता। सत्य तो बलप्रद है, वह पवित्रता है, वह ज्ञानस्वरूप है। सत्य तो वह है जो शक्ति दे, जो हृदय के अंधकार को दूर कर

दे, जो हृदय में स्फूर्ति भर दे। भले ही इन रहस्य विद्याओं में कुछ सत्य हो पर ये तो साधारणतया मनुष्य को दुर्बल ही बनाती हैं। मेरा विश्वास करो, मेरा यह जीवन भर का अनुभव है। मैं भारत के लगभग सभी स्थानों में घूम चुका हूँ, सभी गुफाओं का अन्वेषण कर चुका हूँ और हिमालय पर भी रह चुका हूँ। मैं ऐसे लोगों को भी जानता हूँ, जो जीवन भर वहीं रहे हैं और अंत में मैं इसी निष्कर्ष पर पहुँचा हूँ कि इन सब रहस्यविद्याओं से मनुष्य दुर्बल ही होता है। मैं अपने देश से प्रेम करता हूँ; मैं तुम्हें और अधिक पतित और ज्यादा कमजोर नहीं देख सकता, अतएव तुम्हारे कल्याण के लिए, सत्य के लिए और जिससे मेरी जाति और अधिक अवनत न हो जाए, इसलिए मैं जोर से चिल्लाकर कहने के लिए बाध्य हो रहा हूँ—बस ठहरो! अवनति की ओर और न बढ़ो, जहाँ तक गए हो, बस उतना ही काफी हो चुका, अब वीर्यवान होने का प्रयत्न करो, कमजोर बनानेवाली इन सब रहस्यविद्याओं को तिलांजलि दे दो और अपने उपनिषदों का—उस बलप्रद, आलोकप्रद, दिव्य दर्शनशास्त्र का आश्रय ग्रहण करो। सत्य जितना ही महान् होता है, उतना ही सहज बोधगम्य होता है, स्वयं अपने अस्तित्व के समान सहज, जैसे अपने अस्तित्व को प्रमाणित करने के लिए और किसी की आवश्यकता नहीं होती, बस वैसा ही। उपनिषद् के सत्य तुम्हारे सामने हैं। इनका अवलंबन करो, इनकी उपलब्धि कर इन्हें कार्य में परिणत करो। बस देखोगे, भारत का उद्धार निश्चित है। एक बात और कहकर मैं समाप्त करूँगा। लोग देशभक्ति की चर्चा करते हैं। मैं भी देशभक्ति में विश्वास हूँ और देशभक्ति के संबंध में मेरा भी आदर्श है। बड़े काम करने के लिए तीन बातों की आवश्यकता होती है। पहला है, हृदय की अनुभव-शक्ति। बुद्धि या विचारशक्ति में क्या है? वह तो कुछ दूर जाती है और बस वहीं रुक जाती है, पर हृदय तो प्रेरणास्रोत है! प्रेम असंभव द्वारों को भी उद्घाटित कर देता है। यह प्रेम ही जगत् के सब रहस्यों का द्वार है, अतएव ऐ मेरे भावी सुधारको! मेरे भावी देशभक्तो, तुम अनुभव करो। क्या तुम अनुभव करते हो? क्या तुम हृदय से अनुभव करते हो कि देव और ऋषियों की करोड़ों संतानें आज पशुतुल्य हो गई हैं? क्या तुम हृदय से अनुभव करते हो कि लाखों

आदमी आज भूखों मर रहे हैं और लाखों लोग शताब्दियों से इसी भाँति भूखों मरते आए हैं? क्या तुम अनुभव करते हो कि अज्ञान के काले बादल ने सारे भारत को ढक लिया है? क्या तुम यह सब सोचकर बेचैन हो जाते हो? क्या इस भावना ने तुमको निद्राहीन कर दिया है? क्या यह भावना तुम्हारे रक्त के साथ मिलकर तुम्हारी धमनियों में बहती है? क्या वह तुम्हारे हृदय के स्पंदन से मिल गई है? क्या उसने तुम्हें पागल सा बना दिया है? क्या देश की दुर्दशा की चिंता ही तुम्हारे ध्यान का एकमात्र विषय बन बैठी है? और क्या इस चिंता में विभोर हो जाने से तुम अपने नाम-यश, पुत्र-कलत्र, धन-संपत्ति, यहाँ तक कि अपने शरीर की भी सुध बिसरा गए हो? क्या तुमने ऐसा किया है? यदि 'हाँ' तो जानो कि तुमने देशभक्त होने की पहली सीढ़ी पर पैर रखा है—हाँ, केवल पहली ही सीढ़ी पर। तुममें से अधिकांश जानते हैं, मैं अमेरिका धर्म-महासभा के लिए नहीं गया, वरन् इस भावना का दैत्य मुझमें, मेरी आत्मा में था। मैं पूरे बारह वर्ष सारे देश में भ्रमण करता रहा, पर अपने देशवासियों के लिए कार्य करने का मुझे कोई रास्ता ही नहीं मिला। यही कारण था कि मैं अमेरिका गया। तुममें से अधिकांश, जो मुझे उस समय जानते थे, इस बात को अवश्य जानते हैं। इस धर्म-महासभा की कौन परवाह करता था? यहाँ मेरे देशवासी, मेरे ही रक्त-मांसमय देहस्वरूप मेरे देशवासी, दिन पर दिन डूबते जा रहे थे। उनकी कौन खबर ले? बस यही मेरा पहला सोपान था।

अच्छा, माना कि तुम अनुभव करते हो; पर पूछता हूँ, क्या केवल स्वार्थ की बातों में शक्तिक्षय न करके उस दुर्दशा का निवारण करने के लिए तुमने कोई यथार्थ कर्तव्य-पथ निश्चित किया है? क्या लोगों की भर्त्सना न कर उनकी सहायता का कोई उपाय सोचा है? क्या स्वदेशवासियों को उनकी इस जीवन्मृत अवस्था से बाहर निकालने के लिए कोई मार्ग ठीक किया है? क्या उनके दुःखों को कम करने के लिए दो सांत्वनादायक शब्दों को खोजा है?

यही दूसरी बात है, किंतु इतने ही से पूरा न होगा। क्या तुम पर्वताकार विघ्न-बाधाओं को लाँघकर कार्य करने के लिए तैयार हो? यदि सारी दुनिया हाथ में नंगी तलवार लेकर तुम्हारे विरोध में खड़ी हो जाए तो भी क्या तुम जिसे

सत्य समझते हो, उसे पूरा करने का साहस करोगे? यदि तुम्हारे पुत्र-कलत्र तुम्हारे प्रतिकूल हो जाएँ, भाग्यलक्ष्मी तुमसे रूठकर चली जाए, नाम की कीर्ति भी तुम्हारा साथ छोड़ दे तो भी क्या तुम उस सत्य में संलग्न रहोगे? फिर भी क्या तुम उसके पीछे लगे रहकर अपने लक्ष्य की और सतत बढ़ते रहोगे? जैसा कि महान् राजा भर्तृहरि ने कहा, 'लक्ष्मी इच्छा जाए, मृत्यु है, चाहे नीतिनिपुण लोग निंदा करें या प्रशंसा, आए या जहाँ उसकी हो चली' आज हो या सौ वर्ष बाद, धीर पुरुष तो वह है, जो न्याय के पथ से तनिक भी विचलित नहीं होता।' क्या तुममें ऐसी दृढ़ता है?

बस यही तीसरी बात है। यदि तुममें से तीन बातें हैं तो तुमसे से प्रत्येक अद्‌भुत कार्य कर सकता है, तब फिर तुम्हें समाचार-पत्रों में छपवाने की अथवा व्याख्यान देते हुए फिरते रहने की आवश्यकता न होगी। स्वयं तुम्हारा मुख ही दीप्त हो उठेगा, फिर तुम चाहे पर्वत की कंदरा में रहो तो भी तुम्हारे विचार पर्वत की चट्टानों को भेदकर बाहर निकल आएँगे और सैकड़ों वर्ष तक सारे संसार में प्रतिध्वनित होते रहेंगे और हो सकता है, तब तक ऐसे ही रहें, जब तक उन्हें किसी मस्तिष्क का आधार न मिल जाए और वे उसी के माध्यम से कार्यशील हो उठें। विचार, निष्कपटता और पवित्र उद्‌देश्य में ऐसी ही जबरदस्त शक्ति है।

मुझे डर है कि तुम्हें देर हो रही है पर एक बात और। ऐ मेरे स्वदेशवासियों! मेरे मित्रो, मेरे बच्चो, राष्ट्रीय जीवनरूपी यह जहाज लाखों लोगों को जीवनरूपी समुद्र के पार करता रहा है। कई शताब्दियों से इसका यह कार्य चल रहा है और इसकी सहायता से लाखों आत्माएँ इस सागर में उस पार अमृतधाम में पहुँची हैं। पर आज शायद तुम्हारे ही दोष से इस पोत में कुछ खराबी हो गई है, इसमें एक-दो छेद हो गए हैं तो क्या तुम इसे कोसोगे? संसार मे जिसने तुम्हारा सबसे अधिक उपकार किया है, उसके विरुद्ध खड़े होकर उस पर गाली बरसाना क्या तुम्हारे लिए उचित है? यदि हमारे इस समाज में, इस राष्ट्रीय जीवनरूपी जहाज में छेद हैं तो हम तो उसकी संतान हैं।

आओ चलें, उन छेदों को बंद कर दें, उसके लिए हँसते-हँसते अपने

हृदय का रक्त बहा दें और यदि हम ऐसा न कर सके तो हमें मर जाना ही उचित है। हम अपना भेजा निकालकर उसकी डाट बनाएँगे और जहाज के उन छेदों में भर देंगे, पर उसकी कभी भर्त्सना न करें! इस समाज के विरुद्ध एक कड़ा शब्द तक न निकालो। उसकी अतीत की गौरव-गरिमा के लिए मेरा उस पर प्रेम है। मैं तुम सबको प्यार करता हूँ, क्योंकि तुम देवताओं की संतान हो, महिमाशाली पूर्वजों के वंशज हो। तब भला मैं तुम्हें कैसे कोस सकता हूँ? यह असंभव है। तुम्हारा सब प्रकार से कल्याण हो। ऐ मेरे बच्चो! मैं तुम्हारे पास आया हूँ, अपनी सारी योजनाएँ तुम्हारे सामने रखने के लिए। यदि तुम उन्हें सुनो तो मैं तुम्हारे साथ काम करने को तैयार हूँ, पर यदि तुम उनको न सुनो और मुझे ठुकराकर अपने देश के बाहर भी निकाल दो तो भी मैं तुम्हारे पास वापस आकर यही कहूँगा, "भाई, हम सब डूब रहे हैं।" मैं आज तुम्हारे बीच बैठने आया हूँ और यदि हमें डूबना है तो आओ, हम सब साथ ही डूबें, पर एक भी कटु शब्द हमारे होंठों पर न आने पाए।

(मद्रास के विक्टोरिया हॉल में दिया गया भाषण)

□

भारत का भविष्य उज्ज्वल है, अटूट विश्वास रखो

यह वही प्राचीन भूमि है, जहाँ दूसरे देशों को जाने से पहले तत्त्वज्ञान ने आकर अपनी वासभूमि बनाई थी। यह वही भारत है, जहाँ के आध्यात्मिक प्रवाह का स्थूल प्रतिरूप उसके बहनेवाले समुद्राकार नद हैं, जहाँ चिरंतन हिमालय श्रेणीबद्ध उठा हुआ अपने हिमशिखरों द्वारा मानो स्वर्गराज्य के रहस्यों की ओर निहार रहा है। यह वही भारत है, जिसकी भूमि पर संसार के सर्वश्रेष्ठ ऋषियों की चरणरज पड़ चुकी है। यहीं सबसे पहले मनुष्य, प्रकृति तथा अंतर्जगत् के रहस्योद्घाटन की जिज्ञासाओं के अंकुर उगे थे। आत्मा का अमरत्व, अंतर्यामी ईश्वर एवं जगत्प्रपंच तथा मनुष्य के भीतर सर्वव्यापी परमात्मा-विषयक मतवादों का पहले-पहल यहीं उद्भव हुआ था और यहीं धर्म और दर्शन के आदर्शों ने अपनी चरम उन्नति प्राप्त की थी। यह वही भूमि है, जहाँ से उमड़ती हुई बाढ़ की तरह धर्म तथा दार्शनिक तत्त्वों ने समग्र संसार को बार-बार प्लावित कर दिया और यही भूमि है, जहाँ से पुनः ऐसी ही तरंगें उठकर निस्तेज जातियों में शक्ति और जीवन का संचार कर देंगी। यह वही भारत है, जो शताब्दियों के आघात, विदेशियों के शत-शत आक्रमण और सैकड़ों आचार-व्यवहारों के विपर्यय सहकर भी अक्षय बना हुआ है।

यह वही भारत है, जो अपने अविनाशी वीर्य और जीवट के साथ अब तक पर्वत से भी दृढ़तर भाव से खड़ा है।

आत्मा जैसे अनादि, अनंत और अमृतस्वरूप है, वैसे ही हमारी भारतभूमि का जीवन है और हम इसी देश की संतान हैं।

भारत की संतानो! तुमसे आज मैं यहाँ कुछ व्यावहारिक बातें कहूँगा और तुम्हें तुम्हारे पूर्व गौरव की याद दिलाने का उद्देश्य केवल इतना ही है। कितनी ही बार मुझसे कहा गया है कि अतीत की ओर नजर डालने से सिर्फ मन की अवनति ही होती है और इससे कोई फल नहीं होता; अतः हमें भविष्य की ओर दृष्टि रखनी चाहिए। यह सच है, परंतु अतीत से ही भविष्य का निर्माण होता है, अतः जहाँ तक हो सके, अतीत की ओर देखो, पीछे जो चिरंतन निर्झर बह रहा है। आकंठ उसका जल पीओ और उसके बाद सामने देखो और भारत को उज्ज्वलतर, महत्तर और पहले से और भी ऊँचा उठाओ। हमारे पूर्वज महान् थे। पहले यह बात हमें ज्ञात करनी होगी। हमें समझना होगा कि हम किन उपादानों से बने हैं, कौन सा खून हमारी नसों में बह रहा है। उस खून पर हमें विश्वास करना होगा और अतीत के उसके कृतित्व पर भी, इस विश्वास और अतीत गौरव के ज्ञान से हम अवश्य एक ऐसे भारत की नींव डालेंगे, जो पहले से श्रेष्ठ होगा। अवश्य ही यहाँ बीच बीच में दुर्दशा और अवनति के युग भी रहे हैं पर उनको मैं अधिक महत्त्व नहीं देता। हम सभी उसके विषय में जानते हैं। ऐसे युगों का होना आवश्यक था। किसी विशाल वृक्ष से एक सुंदर पका हुआ फल पैदा हुआ। फल जमीन पर गिरा, मुरझाया और सड़ा। इस विनाश से जो अंकुर उगा, संभव है वह पहले के वृक्ष से बड़ा हो जाए। अवनति के जिस युग के भीतर से हमें गुजरना पड़ा, वे सभी आवश्यक थे। इसी अवनति के भीतर से भविष्य का भारत आ रहा है, वह अंकुरित हो चुका है, उसके नए पल्लव निकल चुके हैं और उस शक्तिधर विशालकाय ऊर्ध्वमूल वृक्ष का निकलना शुरू हो चुका है और उसी के संबंध में मैं तुमसे कहने जा रहा हूँ।

किसी भी दूसरे देश की अपेक्षा भारत की समस्याएँ अधिक जटिल और गुरुतर हैं। जाति, धर्म, भाषा, शासन-प्रणाली—ये ही एक साथ मिलकर एक राष्ट्र की सृष्टि करते हैं। यदि एक एक जाति को लेकर हमारे राष्ट्र से तुलना की जाए तो हम देखेंगे कि जिन उपादानों से संसार के दूसरे राष्ट्र संगठित हुए

हैं, वे संख्या में यहाँ के उपादानों से कम हैं, मानो संसार की सभी जातियाँ इस भूमि में अपना अपना खून मिला रही हैं। भाषा का यहाँ एक विचित्र ढंग का जमावड़ा है, आचार-व्यवहारों के संबंध में दो भारतीय जातियों में जितना अंतर है, उतना पूर्वी और यूरोपीय जातियों में नहीं।

हमारी एकमात्र सम्मिलन-भूमि है—हमारी पवित्र परंपरा, हमारा धर्म। एकमात्र सामान्य आधार वही है और उसी पर हमें संगठन करना होगा। यूरोप में राजनीतिक विचार ही राष्ट्रीय एकता का कारण है, किंतु एशिया में राष्ट्रीय ऐक्य का आधार धर्म ही है, अतः भारत के भविष्य-संगठन की पहली शर्त के तौर पर उसी धार्मिक एकता की ही आवश्यकता है। देश भर में एक ही धर्म सबको स्वीकार करना होगा। एक ही धर्म से मेरा क्या मतलब है? यह उस तरह का एक ही धर्म नहीं, जिसका ईसाइयों, मुसलमानों या बौद्धों में प्रचार है। हम जानते हैं, हमारे विभिन्न संप्रदायों के सिद्धांत ऐसे हैं, जो सभी संप्रदायों द्वारा मान्य हैं। इस तरह हमारे संप्रदायों के ऐसे कुछ सामान्य आधार अवश्य हैं। उनको स्वीकार करने पर हमारे धर्म में अद्‌भुत विविधिता के लिए गुंजाइश हो जाती है, साथ ही विचार और अपनी रुचि के अनुसार जीवन-निर्वाह के लिए हमें संपूर्ण स्वाधीनता प्राप्त हो जाती है। हम लोग, कम-से-कम वे जिन्होंने इस पर विचार किया है, यह बात जानते हैं और अपने धर्म के ये जीवनप्रद सामान्य तत्त्व हम सबके सामने लाएँ और देश के सभी स्त्री-पुरुष-बाल-वृद्ध, उन्हें जाने-समझें तथा जीवन में उतारें, यही हमारे लिए आवश्यक है। सर्वप्रथम यही हमारा कार्य है।

अतः हम देखते हैं कि एशिया में और विशेषतः भारत में जाति, भाषा, समाज-संबंधी सभी बाधाएँ धर्म की इस एकीकरण-शक्ति के सामने उड़ जाती हैं। हम जानते हैं कि भारतीय मन के लिए धार्मिक आदर्श से बड़ा और कुछ भी नहीं है। धर्म ही भारतीय जीवन का मूलमंत्र है और हम केवल सबसे कम बाधावाले मार्ग का अनुकरण करके ही कार्य में अग्रसर हो सकते हैं। यह केवल सत्य ही नहीं कि धार्मिक यहाँ सबसे बड़ा आदर्श है, किंतु भारत के लिए कार्य करने का एकमात्र संभाव्य उपाय यही है। पहले उस पथ को सुदृढ़ किए बिना, दूसरे मार्ग से कार्य करने पर उसका फल घातक होगा। इसीलिए भविष्य के

भारत-निर्माण का पहला कार्य, वह पहला सोपान, जिसे युगों के उस महाचल पर खोदकर बनाना होगा, भारत की यह धार्मिक एकता ही है। यह शिक्षा हम सबको मिलनी चाहिए कि हम हिंदू—द्वैतवादी, विशिष्टाद्वैतवादी या अद्वैतवादी अथवा दूसरे संप्रदाय के लोग, जैसे शैव, वैष्णव, पाशुपत आदि भिन्न-भिन्न मतों के होते हुए भी आपस में कुछ समान भाव भी रखते हैं और अब वह समय आ गया है कि अपने हित के लिए, अपनी जाति के हित के लिए हम इन तुच्छ भेदों और विवादों को त्याग दें। सचमुच ये झगड़े बिल्कुल वाहियात हैं। हमारे शास्त्र इनकी निंदा करते हैं, हमारे पूर्व पुरुषों ने इनके बहिष्कार का उपदेश दिया है और वे महापुरुषगण, जिनके वंशज हम अपने को बताते हैं और जिनका खून हमारी नसों में बह रहा है, अपनी संतानों को छोटे-छोटे भेदों के लिए झगड़ते हुए देखकर उनको घोर घृणा की दृष्टि से देखते हैं।

लड़ाई-झगड़े छोड़ने के साथ ही अन्य विषयों की उन्नति अवश्य होगी, यदि जीवन का रक्त सशक्त एवं शुद्ध है तो शरीर में विषैले कीटाणु नहीं रह सकते। हमारी आध्यात्मिकता ही हमारा जीवन-रक्त है। यदि यह साफ बहता रहे, यदि यह शुद्ध एवं सशक्त बना रहे तो सबकुछ ठीक है। राजनीतिक-सामाजिक, चाहे जिस किसी तरह की ऐहिक त्रुटियाँ हों, चाहे देश की निर्धनता ही क्यों न हो, यदि खून शुद्ध है तो सब सुधर जाएँगे, क्योंकि यदि रोगवाले कीटाणु शरीर से निकाल दिए जाएँ तो फिर दूसरी कोई बुराई खून में नहीं समा सकती। उदाहरणार्थ, आधुनिक चिकित्साशास्त्र की एक उपमा लो। हम जानते हैं कि किसी बीमारी के फैलने के दो कारण होते हैं—एक तो बाहर से कुछ विषैले कीटाणुओं का प्रवेश, दूसरा शरीर की अवस्थाविशेष। यदि शरीर की अवस्था ऐसी न हो जाए कि वह कीटाणुओं को घुसने दे, यदि शरीर की जीवन-शक्ति इतनी क्षीण न हो जाए कि कीटाणु शरीर में घुसकर बढ़ते रहें तो संसार में किसी भी कीटाणु में इतनी शक्ति नहीं, जो शरीर में पैठ कर बीमारी पैदा कर सके। वास्तव में प्रत्येक मनुष्य के शरीर के भीतर सदा करोड़ों कीटाणु प्रवेश करते रहते हैं, परंतु जब तक शरीर बलवान है, हमें उनकी कोई खबर नहीं रहती, जब शरीर कमजोर हो जाता है, तभी ये विषैले कीटाणु उस

पर अधिकार कर लेते हैं और रोग पैदा करते हैं। राष्ट्रीय जीवन के बारे में भी यही बात है, जब राष्ट्रीय जीवन कमजोर हो जाता है, तब हर तरह के रोग के कीटाणु उसके शरीर में इकट्ठे जमकर उसकी राजनीति, समाज, शिक्षा और बुद्धि को रुग्ण बना देते हैं, अतएव उसकी चिकित्सा के लिए हमें इस बीमारी की जड़ तक पहुँचकर रक्त से कुल दोषों को निकाल देना चाहिए, तब उद्‌देश्य यह होगा कि मनुष्य बलवान हो, खून शुद्ध और शरीर तेजस्वी हो, जिससे वह सब बाहरी विषों को दबा और हटा देने लायक हो सके।

हमने देखा है कि हमारा धर्म ही हमारे तेज, हमारे बल, यही नहीं, हमारे राष्ट्रीय जीवन का भी मूल आधार है। इस समय मैं यह तर्क-वितर्क करने नहीं जा रहा हूँ कि धर्म उचित है या नहीं, सही है या नहीं और अंत तक यह लाभदायक है या नहीं, किंतु अच्छा हो या बुरा, धर्म ही हमारे राष्ट्रीय जीवन का प्राण है; तुम उससे निकल नहीं सकते। अभी और चिरकाल के लिए भी तुम्हें उसी का अवलंब ग्रहण करना होगा और तुम्हें उसी के आधार पर खड़ा होना होगा, चाहे तुम्हें इस पर उतना विश्वास हो या न हो, जो मुझे है। तुम इसी धर्म में बँधे हुए हो और अगर तुम इसे छोड़ दो तो चूर-चूर हो जाओगे। वही हमारी जाति का जीवन है और उसे अवश्य ही सशक्त बनाना होगा।

तुम जो युगों के धक्के सहकर भी अक्षय हो, इसका कारण केवल यही है कि धर्म के लिए तुमने बहुत कुछ प्रयत्न किया था, उस पर सबकुछ निछावर किया था। तुम्हारे पूर्वजों ने धर्मरक्षा के लिए सबकुछ साहसपूर्वक सहन किया था, मृत्यु को भी उन्होंने हृदय से लगाया था। विदेशी विजेताओं द्वारा मंदिर के बाद मंदिर तोड़े गए, परंतु उस बाढ़ के बह जाने में देर नहीं हुई कि मंदिर के कलश फिर खड़े हो गए। दक्षिण के ये ही कुछ पुराने मंदिर और गुजरात के सोमनाथ के जैसे मंदिर तुम्हें विपुल ज्ञान प्रदान करेंगे। वे जाति के इतिहास के भीतर वह गहरी अंतर्दृष्टि देंगे, जो ढेरों पुस्तकों से भी नहीं मिल सकती। देखो कि किस तरह ये मंदिर सैकड़ों आक्रमणों और सैकड़ों पुनरुत्थानों के साथ धारण किए हुए हैं, ये बार-बार नष्ट हुए और बार-बार ध्वंसावशेष से उठकर नया जीवन प्राप्त करते हुए अब पहले की ही तरह अटल रूप से खड़े हैं।

इसलिए इस धर्म में ही हमारे राष्ट्र का मन है, हमारे राष्ट्र का जीवन-प्रवाह है। इसका अनुसरण करोगे तो यह तुम्हें गौरव की ओर ले जाएगा। इसे छोड़ोगे तो मृत्यु निश्चित है, अगर तुम उस जीवन-प्रवाह से बाहर निकल आए तो मृत्यु ही एकमात्र परिणाम होगा और पूर्ण नाश ही एकमात्र परिणति। मेरे कहने का यह मतलब नहीं कि दूसरी चीज की आवश्यकता ही नहीं, मेरे कहने का यह अर्थ नहीं कि राजनीतिक या सामाजिक उन्नति अनावश्यक है; किंतु मेरा तात्पर्य यही है और मैं तुम्हें सदा इसकी याद दिलाना चाहता हूँ कि ये सब यहाँ गौण विषय हैं, मुख्य विषय धर्म है। भारतीय मन पहले धार्मिक है, फिर कुछ और, अतः धर्म को ही सशक्त बनाना होगा पर यह किया किस तरह जाए? मैं तुम्हारे सामने अपने विचार रखता हूँ। बहुत दिनों से, यहाँ तक कि अमेरिका के लिए मद्रास का समुद्री तट छोड़ने के वर्षों पहले से ये मेरे मन में थे और उन्हीं को प्रचारित करने के लिए मैं अमेरिका और इंग्लैंड गया था। धर्म-महासभा या किसी और वस्तु की मुझे बिल्कुल परवाह नहीं थी, वह तो एक सुयोग मात्र था। वस्तुतः मेरे ये संकल्प ही थे, जो सारे संसार में मुझे लिए फिरते रहे।

मेरा विचार है, पहले हमारे शास्त्र ग्रंथों में भरे पड़े आध्यात्मिकता के रत्नों को, जो कुछ ही मनुष्यों के अधिकार में मठों और अरण्यों में छिपे हुए हैं, बाहर लाना होगा। जिन लोगों के अधिकार में ये छिपे हुए हैं, केवल उन्हीं से इस ज्ञान का उद्धार करना पर्याप्त न होगा, वरन् उससे भी दुर्भेद्य पेटिका, अर्थात् जिस भाषा में ये सुरक्षित हैं, उस संस्कृत भाषा के शताब्दियों के पर्त खाए हुए अभेद्य शब्दजाल से उन्हें निकालना होगा। तात्पर्य यह है कि मैं उन्हें सबके लिए सुलभ कर देना चाहता हूँ। मैं उन तत्त्वों को निकालकर सबकी, भारत के प्रत्येक मनुष्य की, सामान्य संपत्ति बनाना चाहता हूँ, चाहे वह संस्कृत जानता हो या नहीं। इस मार्ग की बहुत बड़ी कठिनाई हमारी गौरवशाली संस्कृत भाषा ही है और यह कठिनाई तब तक दूर नहीं हो सकती, जब तक हमारे राष्ट्र के सभी मनुष्य संस्कृत के अच्छे विद्वान् न हो जाएँ। यह कठिनाई तुम्हारी समझ में आ जाएगी, जब मैं कहूँगा कि आजीवन इस संस्कृत भाषा का अध्ययन करने पर भी जब मैं इसकी कोई नई पुस्तक उठाता हूँ, तब वह मुझे बिल्कुल नई जान पड़ती है।

अब सोचो कि जिन लोगों ने कभी विशेष रूप से इस भाषा का अध्ययन करने का समय नहीं पाया, उनके लिए यह भाषा कितनी अधिक क्लिष्ट होगी! अतः मनुष्यों की बोलचाल की भाषा में उन विचारों की शिक्षा देनी होगी। साथ ही संस्कृत की भी शिक्षा अवश्य होती रहनी चाहिए, क्योंकि संस्कृत शब्दों की ध्वनिमात्र से ही जाति को एक प्रकार का गौरव, शक्ति और बल प्राप्त हो जाता है।

महान् धर्माचार्य रामानुज, चैतन्य और कबीर ने भारत की नीची जातियों को उठाने का जो प्रयत्न किया था, उसमें उन्हें अपने ही जीवनकाल में अद्भुत सफलता मिली थी, किंतु फिर उनके बाद उस कार्य का जो शोचनीय परिणाम हुआ, उसकी कारण मीमांसा होनी चाहिए और जिस कारण उन बड़े-बड़े धर्माचायों के तिरोभाव के प्रायः एक ही शताब्दी के भीतर वह उन्नति रुक गई, उसकी भी मीमांसा होनी चाहिए। इसका रहस्य यह है, उन्होंने नीची जातियों को उठाया; वे सब चाहते थे कि ये उन्नति के सर्वोच्च शिखर पर आरूढ़ हो जाएँ, परंतु उन्होंने जनता में संस्कृत का प्रचार करने में अपनी शक्ति नहीं लगाई। यहाँ तक कि भगवान् बुद्ध ने भी यह भूल की कि उन्होंने जनता में संस्कृत भाषा का अध्ययन बंद कर दिया। वे तुरंत फल पाने के इच्छुक थे, इसीलिए उस समय की भाषा पाली में संस्कृत से अनुवाद कर उन्होंने उन विचारों का प्रचार किया। वह बहुत ही सुंदर हुआ था। जनता ने उनका अभिप्राय समझा, क्योंकि वे जनता की बोलचाल की भाषा में उपदेश देते थे। यह बहुत ही अच्छा हुआ था। इससे उनके भाव बहुत शीघ्र फैले और बहुत दूर-दूर तक पहुँचे, किंतु इसके साथ-साथ संस्कृत का भी प्रचार होना चाहिए था। ज्ञान का विस्तार हुआ, सही पर उसके साथ-साथ प्रतिष्ठा नहीं बनी, संस्कार नहीं बना। संस्कृति ही युग के आघातों को सहन कर सकती है, मात्र ज्ञानराशि नहीं। तुम संसार के सामने प्रभूत ज्ञान रख सकते हो, परंतु इससे उसका विशेष उपकार न होगा। संस्कार को रक्त में व्याप्त हो जाना चाहिए। वर्तमान समय में हम कितने ही राष्ट्रों के संबंध में जानते हैं, जिनके पास विशाल ज्ञान का आगार है, परंतु इससे क्या? वे बाघ की तरह नृशंस हैं,

वे बर्बरों के सदृश हैं, क्योंकि उनका ज्ञान संस्कार में परिणत नहीं हुआ है। सभ्यता की तरह ज्ञान भी चमड़े की ऊपरी सतह तक ही सीमित है, छिछला है और एक खरोंच लगते ही वह पुरानी नृशंसता जाग उठती है।

ऐसी घटनाएँ हुआ करती हैं। यही भय है। जनता को उसकी बोलचाल की भाषा में शिक्षा दो, उसको भाव दो, वह बहुत कुछ जान जाएगी, परंतु साथ ही कुछ और भी जरूरी है, उसको संस्कृति का बोध दो, जब तक तुम यह नहीं कर सकते, तब तक उनकी उन्नत दशा कदापि स्थायी नहीं हो सकती। एक ऐसे नवीन वर्ण की सृष्टि होगी, जो संस्कृत भाषा सीखकर शीघ्र ही दूसरे वर्णों के ऊपर उठेगी और पहले की तरह उन पर अपना प्रभुत्व फैलाएगी। ऐ पिछड़ी जाति के लोगो! मैं तुम्हें बतलाता हूँ कि तुम्हारे बचाव का, तुम्हारी अपनी दशा को उन्नत करने का एकमात्र उपाय संस्कृत पढ़ना है और यह लड़ना-झगड़ना और उच्च वर्णों के विरोध में लेख लिखना व्यर्थ है। इससे कोई उपकार न होगा, इससे लड़ाई-झगड़े और बढ़ेंगे और यह जाति, दुर्भाग्यवश पहले ही से जिसके टुकड़े-टुकड़े हो चुके हैं और भी टुकड़ों में बँटती रहेगी। जातियों में समता लाने के लिए एकमात्र उपाय उस संस्कार और शिक्षा का अर्जन करना है, जो उच्च वर्णों का बल और गौरव है, यदि यह तुम कर सको तो जो कुछ तुम चाहते हो, वह तुम्हें मिल जाएगा। इसके साथ मैं एक और प्रश्न पर विचार करना चाहता हूँ, जो खासकर मद्रास से संबंध रखता है। एक मत है कि दक्षिण भारत में द्रविड़ नाम की एक जाति के मनुष्य थे, जो उत्तर भारत की आर्य नामक जाति से बिल्कुल भिन्न थे और दक्षिण भारत के ब्राह्मण ही उत्तर भारत से आए हुए आर्य हैं; अन्य जातियाँ दक्षिणी ब्राह्मणों से बिल्कुल ही पृथक् जाति की हैं। भाषा-वैज्ञानिक महाशय, मुझे क्षमा कीजिएगा, यह मत बिल्कुल निराधार है। इसका एकमात्र प्रमाण यह है कि उत्तर और दक्षिण की भाषा में भेद है। दूसरा भेद मेरी नजर में नहीं आता। हम यहाँ उत्तर भारत के इतने लोग हैं, मैं अपने यूरोपीय मित्रों से कहता हूँ कि वे इस सभा के उत्तरी भारत और दक्षिणी भारत के लोगों को चुनकर अलग कर दें। भेद कहाँ है? जरा सा भेद भाषा में है। पूर्वोक्त मतवादी कहते हैं कि

दक्षिणी ब्राह्मण जब उत्तर से आए थे, तब वे संस्कृत बोलते थे, अभी यहाँ आकर द्रविड़ भाषा बोलते-बोलते संस्कृत भूल गए। यदि ब्राह्मणों के संबंध में ऐसी बात है तो फिर दूसरी जातियों के संबंध में भी यही में बात क्यों न होगी? क्यों न कहा जाए कि दूसरी जातियाँ भी एक-एक करके उत्तर भारत से आई हैं, उन्होंने द्राविड़ भाषा को अपनाया और संस्कृत भूल गईं? यह युक्ति तो दोनों ओर लग सकती है। ऐसी वाहियात बातों पर विश्वास न करो। यहाँ ऐसी कोई द्रविड़ जाति रही होगी, जो यहाँ से लुप्त हो गई है और उनमें से जो कुछ थोड़े से रहे थे, वे जंगलों और दूसरे स्थानों में बस गए। यह बिल्कुल संभव है कि संस्कृत के बदले वह द्रविड़ भाषा ले ली गई हो, परंतु ये सब आर्य ही हैं, जो उत्तर से आए। सारे भारत के मनुष्य आर्यों के सिवा और कोई नहीं।

इसके बाद एक दूसरा विचार है कि शूद्र लोग निश्चय ही आदिम जाति के या अनार्य हैं। तब वे क्या हैं? वे गुलाम हैं। विद्वान् कहते हैं कि इतिहास अपने को दोहराता है। अमेरिकी, अंग्रेज, डच और पुर्तगाली बेचारे अफ्रीकियों को पकड़ लेते थे, जब तक वे जीवित रहते, उनमें घोर परिश्रम कराते थे और इनकी मिश्रित संतानें भी दासता में उत्पन्न होकर चिरकाल तक दासता में ही पड़ी रहती थीं। इस अद्भुत उदाहरण से मन हजारों वर्ष पीछे जाकर यहाँ भी उसी तरह की घटनाओं की कल्पना करता है और हमारे पुरातत्त्ववेत्ता भारत के संबंध में स्वप्न देखते हैं कि भारत काली आँखोंवाले आदिवासियों से भरा हुआ था और उज्ज्वल आर्य बाहर से आए, परमात्मा जाने कहाँ से आए! कुछ लोगों के मत से वे मध्य तिब्बत से आए, दूसरे कहते हैं, वे मध्य एशिया से आए। कुछ स्वदेशप्रेमी अंग्रेज हैं, जो सोचते हैं कि आर्य लाल बालवाले थे। अपनी रुचि के अनुसार दूसरे सोचते हैं कि वे सब काले बालवाले थे, अगर लेखक खुद काले बालवाला मनुष्य हुआ तो सभी आर्य काले बालवाले थे। कुछ दिन हुए यह सिद्ध करने का प्रयत्न किया गया था कि आर्य स्विट्जरलैंड की झीलों के किनारे बसते थे। मुझे जरा भी दुःख न होता, अगर वे सबके सब, इन सब सिद्धांतों के साथ वहीं डूब मरते। आजकल कोई कहते हैं कि वे उत्तरी ध्रुव में रहते थे। ईश्वर आर्यों और उनके निवास स्थानों पर कितना

दृष्टि रखे। इन सिद्धांतों की सत्यता के बारे में यही कहना है कि हमारे शास्त्रों में एक भी शब्द नहीं है, जो प्रमाण दे सके कि आर्य भारत के बाहर से किसी देश से आए। हाँ, प्राचीन भारत में अफगानिस्तान भी शामिल था, बस इतना ही और यह सिद्धांत भी कि शूद्र अनार्य और असंख्य थे, बिल्कुल अतार्किक और अयौक्तिक है। उन दिनों यह संभव ही नहीं था कि मुट्ठी भर आर्य यहाँ आकर लाखों अनार्यों पर अधिकार जमाकर बस गए हों। अजी, वे अनार्य उन्हें खा जाते, पाँच ही मिनट में उनकी चटनी बना डालते। इस समस्या की एकमात्र व्याख्या महाभारत में मिलती है। उसमें लिखा है कि सत्ययुग के आरंभ में एक ही जाति ब्राह्मण थी और फिर पेशे के भेद से वह भिन्न-भिन्न जातियों में बँटती गई। बस, यही एकमात्र व्याख्या सच और युक्तिपूर्ण है। भविष्य में जो सत्ययुग आ रहा है, उसमें ब्राह्मणेतर सभी जातियाँ फिर ब्राह्मण रूप में परिणत होंगी।

इसलिए भारतीय जाति समस्या की मीमांसा इसी प्रकार होती है कि उच्च वर्णों को गिराना नहीं होगा, ब्राह्मणों का अस्तित्व लोप करना नहीं होगा। भारत में ब्राह्मणत्व ही मनुष्य का चरम आदर्श है। इसे शंकराचार्य ने गीता के भाष्यारंभ में बड़े ही सुंदर ढंग से पेश किया है, जहाँ कि उन्होंने ब्राह्मणत्व की रक्षा के लिए प्रचारक के रूप में श्रीकृष्ण के आने का कारण बतलाया है। यही उनके अवतरण का महान् उद्देश्य था। इस ब्राह्मण का, इस ब्रह्मज्ञ पुरुष का, इस आदर्श और सिद्धपुरुष का रहना परमावश्यक है, इसका लोप कदापि नहीं होना चाहिए और इस समय इस जातिभेद की प्रथा में जितने दोष हैं, उनके रहते हुए भी हम जानते हैं कि हमें ब्राह्मणों को यह श्रेय देने के लिए तैयार रहना होगा कि दूसरी जातियों की अपेक्षा उन्हीं में से अधिक संख्यक मनुष्य यथार्थ ब्राह्मणत्व को लेकर आए हैं। यह सच है। दूसरी जातियों को उन्हें यह श्रेय देना ही होगा, यह उनका प्राप्य है। हमें बहुत स्पष्टवादी होकर साहस के साथ उनके दोषों की आलोचना करनी चाहिए पर साथ ही उनका प्राप्य श्रेय भी उन्हें देना चाहिए।

अंग्रेजी की पुरानी कहावत याद रखो—'हर एक मनुष्य को उसका प्राप्य दो।' अत: मित्रो, जातियों का आपस में झगड़ना बेकार है। इससे क्या लाभ

होगा? इससे हम और भी बँट जाएँगे और भी कमजोर हो जाएँगे और भी गिर जाएँगे। एकाधिकार तथा उसके दावे के दिन चले गए, भारतभूमि से वे चिरकाल के लिए अंतर्हित हो गए और यह भारत में ब्रिटिश शासन का एक सुफल है। यहाँ तक कि मुसलमानों के शासन से भी हमारा उपकार हुआ था, उन्होंने भी इस एकाधिकार को तोड़ा था। सबकुछ होने पर भी वह शासन सर्वांशतः बुरा नहीं था। कोई भी वस्तु सर्वांशतः न बुरी होती है और न अच्छी ही। मुसलमानों की भारत विजय पददलितों और गरीबों का मानो उद्धार करने के लिए हुई थी। यही कारण है कि हमारी एक पंचमांश जनता मुसलमान हो गई। यह सारा काम तलवार से ही नहीं हुआ। यह सोचना कि यह सभी तलवार और आग का काम था, बेहद पागलपन होगा, अगर तुम सचेत न होगे तो मद्रास के तुम्हारे एक पंचमांश—नहीं, अर्धांश लोग ईसाई हो जाएँगे, जैसा मैंने मालाबार प्रदेश में देखा, क्या वैसी वाहियात बातें संसार में पहले भी कभी थीं? जिस रास्ते से उच्च वर्ग के लोग चलते हैं, गरीब पैरिया उससे नहीं चलने पाता, परंतु ज्योंही उसने कोई बेढब अंग्रेजी नाम या कोई मुसलमानी नाम रख लिया कि बस सारी बातें सुधर जाती हैं। यह सब देखकर इसके सिवा तुम और क्या निष्कर्ष निकाल सकते हो कि सब मालाबारी पागल हैं और उनके घर पागलखाने हैं? और जब तक वे होश सँभालकर अपनी प्रथाओं का संशोधन न कर लें, तब तक भारत की सभी जातियों को उनकी खिल्ली उड़ानी चाहिए। ऐसी बुरी और नृशंस प्रथाओं को आज भी जारी रखना क्या उनके लिए लज्जा का विषय नहीं है? उनके अपने बच्चे तो भूखों मरते हैं, परंतु ज्योंही उन्होंने किसी दूसरे धर्म का आश्रय लिया कि फिर उन्हें अच्छा भोजन मिल जाता है, अब जातियों में आपसी लड़ाई बिल्कुल नहीं होनी चाहिए।

उच्च वर्णों को नीचे उतारकर इस समस्या की मीमांसा न होगी, किंतु नीची जातियों को ऊँची जातियों के बराबर उठाना होगा और यद्यपि कुछ लोगों को, जिनका अपने शास्त्रों का ज्ञान और अपने पूर्वजों के महान् उद्देश्यों को समझने की शक्ति शून्य से अधिक नहीं, तुम कुछ-का-कुछ कहते हुए सुनते हो, फिर भी मैंने जो कुछ कहा है, हमारे शास्त्रों में वर्णित कार्यप्रणाली वही

है। वे इसे नहीं समझते; समझते वे हैं, जिनके मस्तिष्क है तथा जो पूर्वजों के कार्यों का समस्त प्रयोजन समझ लेने की क्षमता रखते हैं। वे तटस्थ होकर युग-युगांतरों से गुजरते हुए राष्ट्रीय जीवन की विचित्र गति को लक्ष्य करते हैं। वे नए और पुराने सभी शास्त्रों में क्रमशः इसकी परंपरा देख पाते हैं।

अच्छा तो वह योजना, वह प्रणाली क्या है? उस आदर्श का एक छोर ब्राह्मण है और दूसरा छोर चांडाल तथा संपूर्ण कार्य चांडाल को उठाकर ब्राह्मण बनाना है। शास्त्रों में धीरे-धीरे तुम देख पाते हो कि नीची जातियों को अधिकाधिक अधिकार दिए जाते हैं। कुछ ग्रंथ भी हैं, जिनमें तुम्हें ऐसे कठोर वाक्य पढ़ने को मिलते हैं, अगर शूद्र वेद सुन लें तो उसके कानों में सीसा गलाकर भर दो और अगर वे वेद की एक भी पंक्ति याद कर लें तो उनकी जीभ काट डालो, यदि वे किसी ब्राह्मण को 'ऐ ब्राह्मण' कह दें तो भी उनकी जीभ काट लो। यह पुराने जमाने की नृशंस बर्बरता है, इसमें जरा भी संदेह नहीं; परंतु स्मृतिकारों को दोष न दो, क्योंकि उन्होंने समाज के किसी अंश में प्रचलित प्रथाओं को ही सिर्फ लिपिबद्ध किया है। ऐसे आसुरी प्रकृति के लोग प्राचीनकाल में कभी-कभी पैदा हो गए थे। ऐसे असुर लोग कमोबेश सभी युगों में होते आए हैं। इसलिए बाद के समय में तुम देखोगे कि इस स्वर में थोड़ी नरमी आ गई है, जैसे 'शूद्रों को तंग न करो, परंतु उन्हें उच्च शिक्षा भी न दो।' फिर धीरे-धीरे हम दूसरी स्मृतियों में—खासकर उन स्मृतियों में, जिनका आजकल पूरा प्रभाव है—यह लिखा पाते हैं कि अगर शूद्र ब्राह्मणों के आचार-व्यवहारों का अनुकरण करें तो वे अच्छा करते हैं, उन्हें प्रोत्साहित करना चाहिए। इस प्रकार यह सब होता जा रहा है। तुम्हारे सामने इन सब कार्य-पद्धतियों का विस्तृत वर्णन करने का मुझे समय नहीं है और न ही इसका कि इनका विस्तृत विवरण कैसे प्राप्त किया जा सकता है, किंतु प्रत्यक्ष घटनाओं का विचार करने से हम देखते हैं, सभी जातियाँ धीरे-धीरे उठेंगी। आज जो हजारों जातियाँ हैं, उनमें से कुछ तो ब्राह्मणों में शामिल भी हो रही हैं। कोई जाति अगर अपने को ब्राह्मण कहने लगे तो इस पर कोई क्या कर सकता है? जातिभेद कितना भी कठोर क्यों न हो, वह इसी रूप में सृष्ट हुआ है।

कल्पना करो कि यहाँ कुछ जातियाँ हैं, जिनमें हर एक की जनसंख्या दस हजार है, अगर ये सब इकट्ठी होकर अपने को ब्राह्मण कहने लगें तो इन्हें कौन रोक सकता है? ऐसा मैंने अपने ही जीवन में देखा है। कुछ जातियाँ जोरदार हो गई और ज्योंही उन सबकी एक राय हुई, फिर उनसे 'नहीं' भला कौन कह सकता है? क्योंकि और कुछ भी हो, हर एक जाति दूसरी जाति से संपूर्ण पृथक् है। कोई जाति किसी दूसरी जाति के कार्यों में, यहाँ तक एक ही जाति की भिन्न-भिन्न शाखाएँ भी एक-दूसरे के कार्यों में हस्तक्षेप नहीं करतीं और शंकराचार्य आदि शक्तिशाली युगप्रवर्तक ही बड़े-बड़े वर्णनिर्माता थे। उन लोगों ने जिन अद्भुत बातों का आविष्कार किया था, वे सब मैं तुमसे नहीं कह सकता और संभव है कि तुममें से कोई-कोई उससे अपना रोष प्रकट करे, किंतु अपने भ्रमण और अनुभव से मैंने उनके सिद्धांत ढूँढ़ निकाले और इससे मुझे अद्भुत परिणाम प्राप्त हुए। कभी उन्होंने दल के दल बलूचियों को लेकर क्षण भर में उन्हें क्षत्रिय बना डाला, दल के दल धीवरों को लेकर क्षण भर में ब्राह्मण बना दिया। वे सब ऋषिमुनि थे और हमें उनकी स्मृति के सामने सिर झुकाना होगा। तुम्हें भी ऋषिमुनि बनाना होगा। कृतकार्य होने का यही गूढ़ रहस्य है। न्यूनाधिक सभी को ऋषि होना होगा। ऋषि का अर्थ क्या है? ऋषि का अर्थ है—पवित्र आत्मा। पहले पवित्र बनो, तभी तुम शक्ति पाओगे। 'मैं ऋषि हूँ' कहने मात्र ही से न होगा, किंतु जब तुम यथार्थ ऋषित्व का लाभ करोगे तो देखोगे, दूसरे आप ही आप तुम्हारी आज्ञा मानते हैं। तुम्हारे भीतर से कुछ रहस्यमय वस्तु निःसृत होती है, जो दूसरों को तुम्हारा अनुसरण करने को बाध्य करती है, जिससे वे तुम्हारी आज्ञा का पालन करते हैं। यहाँ तक कि अपनी इच्छा के विरुद्ध अज्ञात भाव से वे तुम्हारी योजनाओं की कार्यसिद्धि में सहायक होते हैं। यही ऋषित्व है।

विस्तृत कार्यप्रणाली के बारे में यही कहना है कि पीढ़ियों तक उसका अनुसरण करना होगा। मैंने तुमसे जो कुछ कहा है, वह एक सुझाव मात्र है। जिसका उद्देश्य यह दिखाना है कि ये लड़ाई-झगड़े बंद हो जाने चाहिए। मुझे विशेष दुःख इस बात पर होता है कि वर्तमान समय में भी जातियों के

बीच में इतना मतभेद चलता रहता है। इसका अंत हो जाना चाहिए। यह दोनों ही पक्षों के लिए व्यर्थ है, खासकर ब्राह्मणों के लिए, क्योंकि इस तरह के एकाधिकार और विशेष दावों के दिन अब चले गए। हर एक अभिजात वर्ग का कर्तव्य है कि अपने कुलीन-तंत्र की कब्र वह आप ही खोदे और वह जितना शीघ्र इसे कर सके, उतना ही अच्छा है। जितनी ही वह देर करेगा, उतनी ही वह सड़ेगी और उसकी मृत्यु भी उतनी ही भयंकर होगी, अतः यह ब्राह्मण जाति का कर्तव्य है कि भारत की दूसरी सब जातियों के उद्धार की चेष्टा करे। यदि वह ऐसा करती है, तभी वह ब्राह्मण है; अगर वह धन के चक्कर में पड़ी रहती है तो वह ब्राह्मण नहीं है। इधर तुम्हें भी उचित है कि यथार्थ ब्राह्मणों की ही सहायता करो। इससे तुम्हें स्वर्ग मिलेगा, पर यदि तुम अपात्र को दान दोगे तो उसका फल स्वर्ग न होकर उसके विपरीत होगा, हमारे शास्त्रों का यही कथन है। इस विषय में तुम्हें सावधान हो जाना चाहिए। यथार्थ ब्राह्मण वे ही हैं, जो सांसारिक कोई कर्म नहीं करते। सांसारिक कर्म दूसरी जातियों के लिए है, ब्राह्मणों के लिए नहीं। ब्राह्मणों से मेरा यह निवेदन है कि वे जो कुछ जानते हैं, उसकी शिक्षा देकर और सदियों से उन्होंने जिस ज्ञान एवं संस्कृति का संचय किया है, उसका प्रचार करके भारतीय जनता को उन्नत करने के लिए भरसक प्रयत्न करें। यथार्थ ब्राह्मणत्व क्या है, इसका स्मरण करना भारतीय ब्राह्मणों का स्पष्ट कर्तव्य है। मनु कहते हैं, "ब्राह्मणों को जो इतना सम्मान और विशेष अधिकार दिए जाते हैं, इसका कारण यह है कि उनके पास धर्म का भंडार है।" उन्हें वह भंडार खोलकर उनके रत्न संसार में बाँट देने चाहिए। यह सच है कि ब्राह्मणों ने ही पहले भारत की सब जातियों में धर्म का प्रचार किया और उन्होंने ही सबसे पहले, उस समय जबकि दूसरी जातियों में त्याग के भाव का उन्मेष ही नहीं हुआ था, जीवन के सर्वोच्च सत्य के लिए सबकुछ छोड़ा। यह ब्राह्मणों का दोष नहीं कि वे उन्नति के मार्ग पर अन्य जातियों के आगे बढ़े। दूसरी जातियों ने भी ब्राह्मणों की तरह समझने और कहने की चेष्टा क्यों नहीं की? क्यों उन्होंने सुस्त बैठे रहकर ब्राह्मणों को बाजी मार लेने दी?

परंतु दूसरों की अपेक्षा अधिक अग्रसर होना तथा सुविधाएँ प्राप्त करना एक बात है और दुरुपयोग के लिए उन्हें बनाए रखना दूसरी बात। शक्ति जब कभी बुरे उद्देश्य के हेतु लगाई जाती है तो वह आसुरी हो जाती है, उसका उपयोग सदुद्देश्य के लिए ही होना चाहिए, अतः युगों की यह संचित शिक्षा तथा संस्कार, जिनके ब्राह्मण संरक्षक होते आए हैं, अब साधारण जनता को देना पड़ेगा और चूँकि उन्होंने साधारण जनता को वह समर्पित नहीं की, इसीलिए मुसलमानों का आक्रमण संभव हो सका था।

हम जो हजार वर्ष तक भारत पर धावा बोलनेवाले जिस किसी के पैरों तले कुचले जाते रहे, इसका कारण यही है कि ब्राह्मणों ने शुरू से ही साधारण जनता के लिए वह खजाना खोल नहीं दिया। हम इसीलिए अवनत हो गए और हमारा पहला कार्य यही है कि हम अपने पूर्वजों के बटोरे हुए धर्मरूपी अनमोल रत्न, जिन तहखानों में छिपे हुए हैं, उन्हें तोड़कर बाहर निकालें और उन्हें सबको दें। यह कार्य सबसे पहले ब्राह्मणों को ही करना होगा। बंगाल में एक पुराना अंधविश्वास है कि जिस गोखुरे साँप ने काटा हो, वह खुद यदि अपना विष खींच ले तो आदमी जरूर बच जाता है, अतएव ब्राह्मणों को ही अपना विष खींच लेना होगा। ब्राह्मणेतर जातियों से मैं कहता हूँ, ठहरो, जल्दी मत करो, ब्राह्मणों से लड़ने का मौका मिलते ही उसका उपयोग न करो, क्योंकि मैं पहले दिखा चुका हूँ कि तुम अपने ही दोष से कष्ट पा रहे हो। तुम्हें आध्यात्मिकता का उपार्जन करने और संस्कृत सीखने से किसने मना किया था?

इतने दिनों तक तुम क्या करते रहे? क्यों तुम इतने दिनों तक उदासीन रहे? और दूसरों ने तुमसे बढ़कर मस्तिष्क, वीर्य, साहस और क्रिया-शक्ति का परिचय दिया, इस पर अब चिढ़ क्यों रहे हो? समाचार-पत्रों में इन सब व्यर्थ वाद-विवादों और झगड़ों में शक्ति क्षय न करके, अपने ही घरों में इस तरह लड़ते-झगड़ते न रहकर, जो कि पाप है—ब्राह्मणों के समान ही संस्कार प्राप्त करने के लिए अपनी सारी शक्ति लगा दो, बस तभी तुम्हारा उद्देश्य सिद्ध होगा। तुम क्यों संस्कृत के पंडित नहीं होते? भारत की सभी जातियों में संस्कृत शिक्षा का प्रचार करने के लिए तुम क्यों नहीं करोड़ों रुपए खर्च

करते? मेरा प्रश्न तो यही है। जिस समय तुम यह कार्य करोगे, उसी क्षण तुम ब्राह्मणों के बराबर हो जाओगे। भारत में शक्तिलाभ का रहस्य यही है।

संस्कृत में पांडित्य होने से ही भारत में सम्मान प्राप्त होता है। संस्कृत भाषा का ज्ञान होने से ही कोई भी तुम्हारे विरुद्ध कुछ कहने का साहस न करेगा। यही एकमात्र रहस्य है, अतः इसे जान लो और संस्कृत पढ़ो। अद्वैतवादी की प्राचीन उपमा दी जाए तो कहना होगा कि समस्त जगत् अपनी माया से आप ही सम्मोहित हो रहा है। इच्छा-शक्ति ही जगत् में अमोघ शक्ति है। प्रबल इच्छा-शक्ति का अधिकारी मनुष्य एक ऐसी ज्योतिर्मयी प्रभा अपने चारों ओर फैला देता है कि दूसरे लोग स्वतः उस प्रभा से प्रभावित होकर उसके भाव से भावित हो जाते हैं। ऐसे महापुरुष अवश्य ही प्रकट हुआ करते हैं और इसके पीछे भावना क्या है? जब वे आविर्भूत होते हैं, तब उनके विचार हम लोगों के मस्तिष्क में प्रवेश करते हैं और हममें से कितने ही आदमी उनके विचारों तथा भावों को अपना लेते हैं और शक्तिशाली बन जाते हैं। किसी संगठन या संघ में इतनी शक्ति क्यों होती है? संगठन को केवल भौतिक या जड़शक्ति मत मानो। इसका क्या कारण है अथवा वह कौन सी वस्तु है, जिसके द्वारा कुल चार करोड़ अंग्रेज पूरे तीस करोड़ भारतवासियों पर शासन करते हैं? इसका मनोवैज्ञानिक स्पष्टीकरण क्या है? यही कि वे चार करोड़ मनुष्य अपनी इच्छा-शक्ति को समवेत कर देते हैं, अर्थात् शक्ति का अनंत भंडार बना लेते हैं और तुम तीस करोड़ मनुष्य अपनी-अपनी इच्छाओं को एक-दूसरे से पृथक् किए रहते हो, बस यही इसका रहस्य है कि वे कम होकर भी तुम्हारे ऊपर शासन करते हैं, अतः यदि भारत को महान् बनाना है, उसका भविष्य उज्ज्वल बनाना है तो इसके लिए आवश्यकता है संगठन की, शक्ति-संग्रह की और बिखरी हुई इच्छाशक्ति को एकत्र कर उसमें समन्वय लाने की।

'अथर्ववेद संहिता' की एक विलक्षण ऋचा याद आती है, जिसमें कहा गया है, 'तुम सब लोग एक-मन हो जाओ, सब लोग एक ही विचार के बन जाओ, क्योंकि प्राचीनकाल में एक-मन होने के कारण ही देवताओं ने बलि

पाई है।' देवता मनुष्य द्वारा इसीलिए पूजे गए कि वे एकचित्त थे, एक-मन हो जाना ही समाज गठन का रहस्य है और यदि तुम 'आर्य' और 'द्रविड़', 'ब्राह्मण' और 'अब्राह्मण' जैसे तुच्छ विषयों को लेकर—'तू-तू, मैं-मैं करोगे'—झगड़े और पारस्परिक विरोधभाव को बढ़ाओगे तो समझ लो कि तुम उस शक्ति-संग्रह से दूर हटते जाओगे, जिसके द्वारा भारत का भविष्य बनने जा रहा है। इस बात को याद रखो कि भारत का भविष्य संपूर्णतः उसी पर निर्भर करता है, बस इच्छा-शक्ति का संचय और उनका समन्वय कर उन्हें एकमुखी करना ही वह सारा रहस्य है।

प्रत्येक चीनी अपनी शक्तियों को भिन्न-भिन्न मार्गों से परिचालित करता है तथा मुट्ठी पर जापानी अपनी इच्छाशक्ति एक ही मार्ग से परिचालित करते हैं और उसका फल क्या हुआ है, यह तुम लोगों से छिपा नहीं है। इसी तरह की बात सारे संसार में देखने में आती है। यदि तुम संसार के इतिहास पर दृष्टि डालो तो तुम देखोगे कि सर्वत्र छोटे-छोटे सुगठित राष्ट्र बड़े-बड़े असंगठित राष्ट्रों पर शासन कर रहे हैं। ऐसा होना स्वाभाविक है, क्योंकि छोटे संगठित राष्ट्र अपने भावों को आसानी के साथ केंद्रीभूत कर सकते हैं और इस प्रकार वे अपनी शक्ति को विकसित करने में समर्थ होते हैं। दूसरी ओर जितना बड़ा राष्ट्र होगा, उतना ही संगठित करना कठिन होगा। वे मानो अनियंत्रित लोगों की भीड़ मात्र हैं, वे कभी परस्पर संबद्ध नहीं हो सकते। इसलिए ये सब मतभेद के झगड़े एकदम बंद हो जाने चाहिए।

इसके सिवा हमारे भीतर एक और बड़ा भारी दोष है। महिलाएँ मुझे क्षमा करेंगी, पर असल बात यह है कि सदियों से गुलामी करते-करते हमारा राष्ट्र औरतों के राष्ट्र के समान बन गया है। चाहे इस देश में हो या किसी अन्य देश में, कहीं भी तुम तीन स्त्रियों को, शायद ही कभी एक साथ पाँच मिनट से अधिक देर तक झगड़ा किए बिना देख पाओगे। यूरोपीय देशों में स्त्रियाँ बहुत बड़ी-बड़ी सभा समितियाँ स्थापित करती हैं तथा अपनी शक्ति और अधिकारों की बड़ी-बड़ी घोषणाएँ करती हैं, फिर वे आपस में झगड़ा करने लग जाती हैं। इसी बीच कोई पुरुष आता है और उन पर अपना प्रभुत्व जमा

लेता है। सारे संसार में स्त्रियों पर शासन करने के लिए अब भी पुरुषों की आवश्यकता होती है। हमारी भी ठीक वही हालत है। हम भी स्त्रियों के समान हो गए हैं। यदि कोई स्त्री स्त्रियों का नेतृत्व करने चलती है तो सब मिलकर फौरन उसकी खरी आलोचना करना शुरू कर देती हैं, उसकी खिल्ली उड़ाने लग जाती हैं और अंत में उसे नेतृत्व से हटाकर, उसे बैठाकर ही दम लेती हैं। यदि कोई पुरुष आता है और उनके साथ जरा सख्त बरताव करता है, बीच-बीच में डाँट-फटकार सुना देता है तो बस वे ठीक हो जाती हैं। इस प्रकार के वशीकरण की वे अभ्यस्त हो गई हैं। सारा संसार ही इस प्रकार के वशीकरण एवं सम्मोहन करनेवालों से भरा है। ठीक इसी तरह यदि हम लोगों में से किसी ने आगे बढ़ना चाहा, हमें रास्ता दिखाने की कोशिश की तो हम फौरन उसकी टाँग पकड़कर पीछे खींचेंगे और उसे बिठा देंगे, परंतु यदि कोई विदेशी हमारे बीच में कूद पड़े और हमें पैरों से ठोकर मारे तो हम बड़ी खुशी से उसके पैर सहलाने लग जाएँगे। हम लोग इसके अभ्यस्त हो गए हैं।

क्या ऐसी बात नहीं है? और कहीं गुलाम स्वामी बन सकता है। इसलिए यह गुलामी वृत्ति छोड़ दो। आगामी पचास वर्ष के लिए यह जननी जन्मभूमि भारतमाता ही हमारी आराध्य देवी बन जाए, तब तक के लिए हमारे मस्तिष्क से व्यर्थ के देवी देवताओं के हट जाने में कुछ भी हानि नहीं है। अपना सारा ध्यान इसी एक ईश्वर पर लगाओ, हमारा देश ही हमारा जाग्रत् देवता है। सर्वत्र उसके हाथ हैं, सर्वत्र उसके पैर हैं और सर्वत्र उसके कान हैं। समझ लो कि दूसरे देवी-देवता सो रहे हैं। जिन व्यर्थ के देवी-देवताओं को हम देख नहीं पाते, उनके पीछे तो हम बेकार दौड़ें और जिस विराट् देवता को हम अपने चारों ओर देख रहे हैं, उसकी पूजा ही न करें? जब हम इस प्रत्यक्ष देवता की पूजा कर लेंगे, तभी हम दूसरे देवी-देवियों की पूजा करने योग्य होंगे अन्यथा नहीं।

आधा मील भी चलने की हममें शक्ति नहीं और हम हनुमानजी की तरह एक ही छलाँग में समुद्र पार करने की इच्छा करें, ऐसा नहीं हो सकता। जिसे देखो, वही योगी बनने की धुन में है; जिसे देखो, वही समाधि लगाने जा रहा

है! ऐसा नहीं होने का। दिन भर तो दुनिया के सैकड़ों प्रपंचों में लिप्त रहोगे, कर्मकांड में व्यस्त रहोगे और शाम को आँख मूँदकर, नाक दबाकर साँस चढ़ाओ-उतारोगे। क्या योग की सिद्धि और समाधि को इतना सहज समझ रखा है कि ऋषि लोग तुम्हारे तीन बार नाक फड़फड़ाने और साँस चढ़ाने से हवा में उड़ते हुए चले जाएँगे? क्या इसे तुमने कोई हँसी-मजाक मान लिया है? ये सब विचार वाहियात हैं। हमें जिसकी आवश्यकता है, वह है चित्तशुद्धि, हृदय का पावित्र्य और उसकी प्राप्ति कैसे होती है? इसके लिए सबसे पहले उस विराट् की पूजा करो, जिसे तुम अपने चारों ओर देख रहे हो। उसकी पूजा करो। 'पूजा' ही ठीक शब्द है, किसी अन्य शब्द से काम नहीं चलेगा। ये मनुष्य और पशु, जिन्हें हम आसपास और आगे-पीछे देख रहे हैं, ये ही हमारे ईश्वर हैं। इनमें सबसे पहले पूज्य हैं हमारे अपने देशवासी। परस्पर ईर्ष्या-द्वेष करने और झगड़ने के बजाय हमें उनकी पूजा करनी चाहिए। यह ईर्ष्या-द्वेष करने और झगड़ने के बजाय हमें उनकी पूजा करनी चाहिए। यह ईर्ष्या-द्वेष और कलह अत्यंत भयावह कर्म है। इसका फल हम भोग रहे हैं, फिर भी हमारी आँखें नहीं खुलतीं। अस्तु, यह विषय इतना विस्तृत है कि मेरी समझ में ही नहीं आता कि मैं कहाँ पर अपना वक्तव्य समाप्त करूँ। इसलिए मद्रास में मैं किस प्रकार काम करना चाहता हूँ, इस विषय में संक्षेप में अपना मत व्यक्त करके व्याख्यान समाप्त करता हूँ। सबसे पहले हमें अपने देश की आध्यात्मिक और लौकिक शिक्षा का भार ग्रहण करना होगा। क्या तुम इस बात की सार्थकता को समझ रहे हो? तुम्हें इस विषय पर सोचना-विचारना होगा, इस पर तर्क-वितर्क और आपस में परामर्श करना होगा, दिमाग लगाना होगा और अंत में उसे कार्य रूप में परिणत करना होगा, जब तक तुम यह काम पूरा नहीं करते हो, तब तक तुम्हारे देश का उद्धार होना असंभव है। जो शिक्षा तुम अभी पा रहे हो, उसमें कुछ अच्छा अंश तो है, पर दोष बहुत अधिक हैं। इतने कि ये उस भले अंश को दबा देते हैं। सबसे पहली बात तो यह है कि यह शिक्षा मनुष्य बनानेवाली नहीं कही जा सकती। यह शिक्षा संपूर्णतः निषेधात्मक है। निषेधात्मक शिक्षा या निषेध की बुनियाद पर

आधारित शिक्षा मृत्यु से भी भयानक होती है। कोमलमति बालक पाठशाला में भरती होता है और सबसे पहली बात, जो वह सीखता है, वह यह कि तुम्हारा बाप मूर्ख है। दूसरी बात जो वह सीखता है, वह यह कि तुम्हारा दादा पागल है। तीसरी बात यह है कि तुम्हारे जितने आचार्य हैं, वे पाखंडी हैं और चौथी बात यह कि तुम्हारे जितने पवित्र धर्मग्रंथ हैं, उनमें झूठी और कपोल कल्पित बातें भरी हुई हैं! इस प्रकार की निषेधात्मक बातें सीखते-सीखते जब बालक सोलह वर्ष की अवस्था को पहुँचता है, तब वह निषेधों की खान बन जाता है—उसमें न जान रहती है और न रीढ़, अतः इसका जैसा परिणाम होना चाहिए था, वैसा ही हुआ है।

पिछले पचास वर्षों से दी जानेवाली इस शिक्षा ने तीनों प्रांतों में एक भी स्वतंत्र विचारों का मनुष्य पैदा नहीं किया और जो स्वतंत्र विचार के लोग हैं, उन्होंने यहाँ शिक्षा नहीं पाई है, विदेशों में पाई है अथवा अपने भ्रममूलक कुसंस्कारों का निवारण करने के लिए पुनः अपने पुराने शिक्षालयों में जाकर अध्ययन किया है। शिक्षा का मतलब यह नहीं है कि तुम्हारे दिमाग में ऐसी बहुत सी बातें इस तरह ठूँस दी जाएँ कि अंतर्द्वंद्व होने लगे और तुम्हारा दिमाग उन्हें जीवन भर पचा न सके। जिस शिक्षा से हम अपना जीवन-निर्माण कर सकें, मनुष्य बन सकें, चरित्र-गठन कर सकें और विचारों का सामंजस्य कर सकें, वही वास्तव में शिक्षा कहलाने योग्य है। यदि तुम पाँच ही भावों को पचाकर तदनुसार जीवन और चरित्र गठित कर सके हो तो तुम्हारी शिक्षा उस आदमी की अपेक्षा बहुत अधिक है, जिसने एक पूरे पुस्तकालय को कंठस्थ कर रखा है। कहा भी है—

'यथा खरश्चन्दनभारवाही भारस्य वेत्ता न तु चन्दनस्य।'

अर्थात् 'जिसके कि वह गधा, ऊपर चंदन लकड़ियों का बोझ लाद दिया गया हो, बोझ ही जान सकता है, चंदन के मूल्य को वह नहीं समझ सकता।' यदि तरह तरह की जानकारियों का संग्रह करना ही शिक्षा है, तब तो ये पुस्तकालय संसार में सर्वश्रेष्ठ मुनि है और विश्वकोश ही ऋषि। इसलिए हमारा आदर्श यह होना चाहिए कि अपने देश की समग्र आध्यात्मिक और

लौकिक शिक्षा के प्रचार का भार अपने हाथों में ले लें, जहाँ तक संभव हो, राष्ट्रीय रीती से राष्ट्रीय सिद्धांतों के आधार पर शिक्षा का विस्तार करें।

यह ठीक है कि यह एक बहुत बड़ी योजना है। मैं नहीं कह सकता कि यह कभी कार्य रूप में परिणत होगी या नहीं, पर इसका विचार छोड़कर हमें यह काम फौरन शुरू कर देना चाहिए, लेकिन कैसे? किस तरह से काम में हाथ लगाया जाए? उदाहरण के लिए मद्रास का ही काम ले लो। सबसे पहले हमें एक मंदिर की आवश्यकता है, क्योंकि सभी कार्यों में प्रथम स्थान हिंदू लोग धर्म को ही देते हैं। तुम कहोगे कि ऐसा होने से हिंदुओं के विभिन्न मतावलंबियों में परस्पर झगड़े होने लगेंगे। पर मैं तुमको किसी मत विशेष के अनुसार वह मंदिर बनाने को नहीं कहता। वह इन सांप्रदायिक भेदभावों के परे होगा। उसका एकमात्र प्रतीक होऊँ, जो कि हमारे किसी भी धर्मसंप्रदाय के लिए महानतम प्रतीक है। यदि हिंदुओं में कोई ऐसा संप्रदाय हो, जो इस ओंकार को न माने तो समझ लो कि वह हिंदू कहलाने योग्य नहीं है। वहाँ सब लोग अपने अपने संप्रदाय के अनुसार ही हिंदुत्व की व्याख्या कर सकेंगे, पर मंदिर हम सबके लिए एक ही होना चाहिए। अपने संप्रदाय के अनुसार जो देवी-देवताओं की प्रतिमा-पूजा करना चाहें, अन्यत्र जाकर करें, पर इस मंदिर में वे औरों से झगड़ा न करें। इस मंदिर में वे ही धार्मिक तत्त्व समझाए जाएँगे, जो सब संप्रदायों में समान हैं। साथ ही हर एक संप्रदाय वाले को अपने मत की शिक्षा देने का यहाँ पर अधिकार रहेगा, पर एक प्रतिबंध रहेगा कि वे अन्य संप्रदायों से झगड़ा नहीं करने पाएँगे। तुम्हें जो कहना है कहो, संसार तुम्हारी राय जानना चाहता है, पर उसे यह सुनने का समय नहीं है कि तुम औरों के विषय में क्या विचार प्रकट कर रहे हो। उन्हें तुम अपने ही पास रखे रहो।

इस मंदिर के संबंध में एक दूसरी बात यह है कि इसके साथ ही एक और संस्था हो, जिससे धार्मिक शिक्षक और प्रचारक तैयार किए जाएँ और वे भी घूम-फिरकर धर्मप्रचार करने को भेजे जाएँ, परंतु ये केवल धर्म का ही प्रचार न करें, वरन् उनके साथ-साथ लौकिक शिक्षा का भी प्रचार करें, जैसे

हम धर्म का प्रचार द्वार-द्वार जाकर करते हैं, वैसे ही हमें लौकिक शिक्षा का भी प्रचार करना पड़ेगा। यह काम आसानी से हो सकता है। शिक्षकों तथा धर्म-प्रचारकों द्वारा हमारे कार्य का विस्तार होता जाएगा और क्रमशः अन्य स्थानों में ऐसे मंदिर प्रतिष्ठित होंगे, इस प्रकार समस्त भारत में यह कार्य फैल जाएगा। यही मेरी योजना है। तुमको यह बड़ी भारी मालूम होगी, पर इसकी इस समय बहुत आवश्यकता है। तुम पूछ सकते हो, इस काम के लिए धन कहाँ से आएगा? धन की जरूरत नहीं।

धन कुछ नहीं है। पिछले बारह वर्षों से मैं ऐसा जीवन व्यतीत कर रहा हूँ कि मैं यह नहीं जानता कि आज यहाँ खा रहा हूँ तो कल कहाँ खाऊँगा और न मैंने कभी इसकी परवाह ही की। धन या किसी भी वस्तु की जब मुझे इच्छा होगी, तभी वह प्राप्त हो जाएगी, क्योंकि वे सब मेरे गुलाम हैं, न कि मैं उनका गुलाम हूँ। जो मेरा गुलाम है, उसे मेरी इच्छा होते ही मेरे पास आना पड़ेगा, अतः उसकी कोई चिंता न करो, अब प्रश्न यह है कि काम करनेवाले लोग कहाँ है? मद्रास के नवयुवको, तुम्हारे ऊपर ही मेरी आशा है। क्या तुम अपनी जाति और राष्ट्र की पुकार सुनोगे? यदि तुम्हें मुझ पर विश्वास है तो मैं कहूँगा कि तुममें प्रत्येक का भविष्य उज्ज्वल है। अपने आप पर अगाध, अटूट विश्वास रखो, वैसा ही विश्वास, जैसा मैं बाल्यकाल में अपने ऊपर रखता था और जिसे मैं अब कार्यान्वित कर रहा हूँ। तुम सभी अपने आप पर विश्वास रखो। यह विश्वास रखो कि प्रत्येक की आत्मा में अनंत शक्ति विद्यमान है, तभी तुम सारे भारतवर्ष को पुनरुज्जीवित कर सकोगे, फिर तो हम दुनिया के सभी देशों में खुलेआम जाएँगे और आगामी दस वर्षों में हमारे भाव उन सब विभिन्न शक्तियों के एक अंशस्वरूप हो जाएँगे, जिनके द्वारा संसार का प्रत्येक राष्ट्र संगठित हो रहा है।

हमें भारत में बसनेवाली और भारत के बाहर बसनेवाली सभी जातियों के अंदर प्रवेश करना होगा। इसके लिए हमें कर्म करना होगा और इस काम के लिए मुझे युवक चाहिए। वेदों में कहा है, 'युवक, बलशाली, स्वस्थ, तीव्र मेधावाले और उत्साहयुक्त मनुष्य ही ईश्वर के पास पहुँच सकते हैं।'

तुम्हारे भविष्य को निश्चित करने का यही समय है। इसीलिए मैं कहता हूँ कि अभी इस भरी जवानी में, इस नए जोश के जमाने में ही काम करो, जीर्ण-शीर्ण हो जाने पर काम नहीं होगा। काम करो, क्योंकि काम करने का यही समय है। सबसे अधिक ताजे, बिना स्पर्श किए हुए और बिना सूँघे फूल ही भगवान् के चरणों पर चढ़ाए जाते हैं और वे उसे ही ग्रहण करते हैं। अपने पैरों आप खड़े हो जाओ, देर न करो, क्योंकि जीवन क्षणस्थायी है। वकील बनकर मुकदमे लड़ने की अभिलाषा रखने से कहीं अधिक महत्त्वपूर्ण कार्य करने हैं। अपनी जाति, देश, राष्ट्र और समग्र मानव समाज के कल्याण के लिए आत्मोत्सर्ग करना इससे बहुत ऊँचा है।

इस जीवन में क्या है ? तुम हिंदू हो, इसलिए तुम्हारा यह सहज विश्वास है कि तुम अनंतकाल तक रहनेवाले हो। कभी-कभी मेरे पास नास्तिकता के विषय पर वार्त्तालाप करने के लिए कुछ युवक आया करते हैं, पर मेरा विश्वास है कि कोई हिंदू नास्तिक नहीं हो सकता। संभव है कि किसी ने पाश्चात्य ग्रंथ पढ़े हों और अपने को जड़वादी समझने लग गया हो पर ऐसा केवल कुछ समय के लिए होता है। यह बात तुम्हारे खून के भीतर नहीं है।

जो बात तुम्हारी रग-रग में रमी हुई है, उसे तुम निकाल नहीं सकते और न उसकी जगह और किसी धारणा पर तुम्हारा विश्वास ही हो सकता है। इसीलिए वैसी चेष्टा करना व्यर्थ होगा। मैंने भी बाल्यावस्था में ऐसी चेष्टा की थी, पर वैसा नहीं हो सकता। जीवन की अवधि अल्प है, पर आत्मा अमर और अनंत है और मृत्यु अनिवार्य है।

इसलिए आओ, हम अपने आगे एक महान् आदर्श खड़ा करें और उसके लिए अपने जीवन का उत्सर्ग कर दें। यही हमारा निश्चय हो और वे भगवान्, जो हमारे शास्त्रों के अनुसार साधुओं के परित्राण के लिए संसार में बार-बार आविर्भूत होते हैं, वे भगवान् श्रीकृष्ण हमें आशीर्वाद दें एवं हमारे उद्देश्य की सिद्धि में सहायक हों।

(मद्रास में दिया गया व्याख्यान)

□

युवको! उठो, जागो, तुम्हारी मातृभूमि को आवश्यकता है!

मनुष्य अपनी व्यक्ति-चेतना को सार्वभौमिक चेतना में लीन कर देना चाहता है, वह जगत्-प्रपंच का कुल संबंध छोड़ देना चाहता है, वह अपने समस्त संबंधों की माया काटकर संसार से दूर भाग जाना चाहता है। वह संपूर्ण दैहिक पुराने संस्कारों को छोड़ने की चेष्टा करता है। यहाँ तक कि वह एक देहधारी मनुष्य है, इसे भी भूलने का भरसक प्रयत्न करता है, परंतु अपने अंतर के अंतर में सदा ही एक मृदु अस्फीट ध्वनि उसे सुनाई पड़ती है, उसके कानों में सदा ही एक स्वर बजता रहता है, न जाने कौन दिन-रात उसके कानों में मधुर स्वर से कहता रहता है, पूर्व में हो या पश्चिम में, 'जननी जन्मभूमिश्च स्वर्गादपि गरीयसी।'

भारत साम्राज्य की राजधानी के अधिवासियो, तुम्हारे पास मैं संन्यासी के रूप में नहीं, धर्मप्रचारक की हैसियत से भी नहीं, बल्कि पहले की तरह कलकत्ते के उसी बालक के रूप में बातचीत करने के लिए आया हुआ हूँ। हाँ, मेरी इच्छा होती है कि आज इस नगर के रास्ते की धूल पर बैठकर बालक की तरह सरल अंत:करण से तुमसे अपने मन की सब बातें खोलकर कहूँ। तुम लोगों ने मुझे अनुपम शब्द 'भाई' कहकर संबोधित किया है, इसके लिए तुम्हें हृदय से धन्यवाद देता हूँ। हाँ, मैं तुम्हारा भाई हूँ, तुम भी मेरे भाई हो। पश्चिमी देशों से लौटने के कुछ ही समय पहले एक अंग्रेज मित्र ने मुझसे पूछा था, "स्वामीजी, चार वर्षों तक विलास की लीलाभूमि, गौरवशाली, महाशक्तिमान

पश्चिमी भूमि पर भ्रमण कर चुकने पर आपकी मातृभूमि अब आपको कैसी लगेगी?" मैं बस यही कह सका, "पश्चिम में आने से पहले भारत को मैं प्यार ही करता था, अब तो भारत की धूलि ही मेरे लिए पवित्र है, भारत की हवा अब मेरे लिए पावन है, भारत अब मेरे लिए तीर्थ है! कलकत्तावासियो, मेरे भाइयो, तुम लोगों ने मेरे प्रति जो अनुग्रह दिखाया है, उसके लिए तुम्हारे प्रति कृतज्ञता प्रकट करने में मैं असमर्थ हूँ अथवा तुम्हें धन्यवाद ही क्या दूँ, क्योंकि तुम मेरे भाई हो—तुमने भाई का, एक हिंदू भाई का ही कर्तव्य निभाया है, क्योंकि ऐसा पारिवारिक बंधन, ऐसा संबंध, ऐसा प्रेम हमारी मातृभूमि की सीमा के बाहर और कहीं नहीं है।"

शिकागो की धर्म-महासभा निस्संदेह एक विराट् समारोह थी। भारत के कितने ही नगरों से हम लोगों ने इस सभा के आयोजक महानुभावों को धन्यवाद दिया है। हम लोगों के प्रति उन्होंने जैसी अनुकंपा प्रदर्शित की है, उसके लिए वे धन्यवाद के पात्र हैं, परंतु इस धर्म महासभा का यथार्थ इतिहास मैं तुम्हें सुना देना चाहता हूँ। उनकी इच्छा थी कि वे अपनी प्रभुता की प्रतिष्ठा करें। महासभा के कुछ व्यक्तियों की इच्छा थी कि ईसाई धर्म की प्रतिष्ठा करें और दूसरे धर्मों को हास्यास्पद सिद्ध करे, परंतु फल कुछ और ही हुआ। विधाता के विधान में वैसा ही होना था। मेरे प्रति अनेक लोगों ने सदय व्यवहार किया था। उन्हें यथेष्ट धन्यवाद दिया जा चुका है।

सच्ची बात यह है कि मैं धर्म-महासभा का उद्देश्य लेकर अमेरिका नहीं रहा। वह सभा तो मेरे लिए एक गौण वस्तु थी, उससे हमारा रास्ता बहुत कुछ साफ हो गया और कार्य करने की बहुत कुछ सुविधा हो गई, इसमें संदेह नहीं। इसके लिए हम महासभा के सदस्यों के विशेष रूप से कृतज्ञ हैं, परंतु वास्तव में हमारा धन्यवाद संयुक्त राज्य अमेरिका के निवासी, सहृदय, आतिथ्यशील, महान् अमरीकी जाति को मिलना चाहिए, जिसमें दूसरी जातियों की अपेक्षा भ्रातभाव का अधिक विकास हुआ है। रेलगाड़ी पर पाँच मिनट किसी अमेरिकन के साथ बातचीत करने से वह तुम्हारा मित्र हो जाएगा, दूसरे ही क्षण तुम्हें अपने घर पर अतिथि के रूप में निमंत्रित करेगा और अपने हृदय

की सारी बात खोलकर रख देगा। यही अमरीकी जाति का चरित्र है और हम इसे खूब पसंद करते हैं। मेरे प्रति उन्होंने जो अनुकंपा दिखलाई, उसका वर्णन नहीं हो सकता। मेरे साथ उन्होंने कैसा अपूर्व स्नेहपूर्ण व्यवहार किया, उसे प्रकट करने में मुझे कई वर्ष लग जाएँगे। इसी तरह अटलांटिक महासागर के दूसरे पार रहनेवाली अंग्रेज जाति को भी हमें धन्यवाद देना चाहिए, ब्रिटिश भूमि पर अंग्रेजी के प्रति मुझसे अधिक घृणा का भाव लेकर कभी किसी ने पैर न रखा होगा। इस मंच पर जो अंग्रेज बंधु हैं, वे ही इसका साक्ष्य देंगे, परंतु जितना ही मैं उन लोगों के साथ रहने लगा, जितना ही उनके साथ मिलने लगा, जितना ही ब्रिटिश जाति के जीवन-यंत्र की गति लक्ष्य करने लगा, उस जाति का हृदय-स्पंदन किस जगह हो रहा है, यह जितना ही समझने लगा, उतना ही उन्हें प्यार करने लगा। अब मेरे भाइयो, यहाँ ऐसा कोई न होगा, जो मुझसे ज्यादा अंग्रेजों को प्यार करता हो। उनके संबंध में यथार्थ ज्ञानप्राप्ति करने के लिए यह जानना आवश्यक है कि वहाँ क्या क्या हो रहा है और साथ ही हमें उनके साथ रहना भी होगा। हमारे जातीय दर्शनशास्त्र वेदांत ने जिस तरह संपूर्ण दुःख को अज्ञानप्रसूत कहकर सिद्धांत स्थिर किया है, इसी तरह अंग्रेज और हमारे बीच का विरोधभाव भी प्रायः अज्ञानजन्य है, यही समझना चाहिए। न हम उन्हें जानते हैं, न वे हमें।

दुर्भाग्य से पश्चिमी देशवालों की धारणा में आध्यात्मिकता, यहाँ तक कि नैतिकता भी, सांसारिक उन्नति के साथ चिरसंश्लिष्ट है और जब कभी कोई अंग्रेज या कोई दूसरे पश्चिमी महाशय भारत आते हैं और यहाँ दुःख एवं दरिद्रता का अबाध राज्य देखते हैं तो वे तुरंत इस निष्कर्ष पर पहुँचते हैं कि इस देश में धर्म नहीं टिक सकता, नैतिकता नहीं टिक सकती। उनका अपना अनुभव निस्संदेह सत्य है। यूरोप की निष्ठुर जलवायु और दूसरे अनेक कारणों से वहाँ दरिद्रता और पाप एक जगह रहते देखे जाते हैं, परंतु भारत में ऐसा नहीं है। मेरा अनुभव है कि भारत में जो जितना दरिद्र है, वह उतना ही अधिक साधु है, परंतु इसको जानने के लिए समय की जरूरत है। भारत के राष्ट्रीय जीवन का यह रहस्य समझने के लिए कितने विदेशी दीर्घकाल तक भारत में

रहकर प्रतीक्षा करने के लिए तैयार हैं? इस राष्ट्र के चरित्र का धैर्य के साथ अध्ययन करें और समझें, ऐसे मनुष्य थोड़े ही हैं। यहीं, केवल यहीं ऐसी जाति का वास है, जिसके निकट गरीबी का मतलब अपराध और पाप नहीं है। यही एक ऐसी जाति है, जहाँ न केवल गरीबी का मतलब अपराध नहीं लगाया जाता, बल्कि उसे यहाँ बड़ा ऊँचा आसन दिया जाता है, यहाँ दरिद्र संन्यासी के वेश को ही सबसे ऊँचा स्थान मिलता है। इसी तरह हमें भी पश्चिमी सामाजिक रीति-रिवाजों का अध्ययन बड़े धैर्य के साथ करना होगा। उनके संबंध में एकाएक कोई उन्मत्त धारणा बना लेना ठीक न होगा। उनके स्त्री-पुरुषों का आपस में हेलमेल और उनके आचार-व्यवहार सब एक खास अर्थ रखते हैं, सब में एक पहलू अच्छा भी होता है। तुम्हें केवल यत्नपूर्वक धैर्य के साथ उसका अध्ययन करना होगा। मेरे इस कथन का यह अर्थ नहीं कि हमें उनके आचार-व्यवहारों का अनुकरण करना है अथवा वे हमारे आचारों का अनुकरण करेंगे। सभी जातियों के आचार-व्यवहार शताब्दियों के मंद गति से होनेवाले क्रमविकास के फलस्वरूप हैं और सभी में एक गंभीर अर्थ रहता है। इसलिए न हमें उनके आचार-व्यवहारों का उपहास करना चाहिए और न उन्हें हमारे आचार-व्यवहारों का।

मैं इस सभा के समक्ष एक और बात करना चाहता हूँ। अमेरिका की अपेक्षा इंग्लैंड में मेरा काम अधिक संतोषजनक हुआ है। निर्भीक, साहसी एवं अध्यवसायी अंग्रेज जाति के मस्तिष्क में यदि किसी तरह एक बार कोई भाव संचारित किया जा सके, यद्यपि उसकी खोपड़ी दूसरी जातियों की अपेक्षा स्थूल है, उसमें कोई भाव सहज ही नहीं समाता तो फिर वह कहीं दृढ़ हो जाता है, कभी बाहर नहीं होता। उस जाति की असीम व्यावहारिकता और शक्ति के कारण बीजरूप से समाए हुए उस भाव से अंकुर का उद्गम होता है और बहुत शीघ्र फल देता है। ऐसा किसी दूसरे देश में नहीं है। इस जाति की जैसी असीम व्यावहारिकता और जीवन-शक्ति है, वैसी तुम अन्य किसी जाति में न देखोगे। इस जाति में कल्पना कम है और कर्मण्यता अधिक और कौन जान सकता है कि इस अंग्रेज जाति के भावों का मूलस्रोत कहाँ है! उसके हृदय

के गहन प्रदेश में, कौन समझ सकता है, कितनी कल्पनाएँ और भावोच्छ्वास छिपे हुए हैं! वह वीरों की जाति है, वे यथार्थ क्षत्रिय हैं। भाव छिपाना, उन्हें कभी प्रकट न करना उनकी शिक्षा है, बचपन से उन्हें यही शिक्षा मिली है। बहुत कम अंग्रेज देखने को मिलेंगे, जिन्होंने कभी अपने हृदय का भाव प्रकट किया होगा। पुरुषों की तो बात ही क्या, अंग्रेज स्त्रियाँ भी कभी हृदय के उच्छ्वास को जाहिर नहीं होने देतीं। मैंने अंग्रेज महिलाओं को ऐसे भी कार्य करते हुए देखा है, जिन्हें करने में अत्यंत साहसी बंगाली भी लड़खड़ा जाएँगे, किंतु बहादुरी के इस ठाट-बाट के साथ ही इस क्षत्रियोचित कवच के भीतर अंग्रेज हृदय की भावनाओं का गंभीर प्रखरवण छिपा हुआ है। यदि एक बार भी अंग्रेजों के साथ तुम्हारी घनिष्ठता हो जाए, यदि उनके साथ तुम घुल-मिल गए, यदि उनसे एक बार भी अपने सम्मुख उनके हृदय दास हो जाएँगे। इसलिए मेरी राय में दूसरे स्थानों की अपेक्षा इंग्लैंड में मेरा प्रचार कार्य अधिक संतोषजनक हुआ है। मेरा दृढ़ विश्वास है कि अगर कल मेरा शरीर छूट जाए तो मेरा प्रचारकार्य इंग्लैंड में अक्षुण्ण रहेगा और क्रमशः विस्तृत होता जाएगा।

भाइयो, तुम लोगों ने मेरे हृदय के एक-दूसरे तार—सबसे अधिक कोमल तार का स्पर्श किया है, वह है मेरे गुरुदेव, मेरे आचार्य, मेरे जीवनादर्श, मेरे इष्ट, मेरे प्राणों के देवता श्रीरामकृष्णदेव का उल्लेख! यदि मनसा, वाचा, कर्मणा मैंने कोई सत्कार्य किया हो, यदि मेरे मुँह से कोई ऐसी बात निकली हो, जिससे संसार के किसी भी मनुष्य का कुछ उपकार हुआ हो तो उसमें मेरा कुछ भी गौरव नहीं, वह उनका है, परंतु यदि मेरी जिह्वा ने कभी अभिशाप की वर्षा की हो, यदि मुझसे कभी किसी के प्रति घृणा का भाव निकला हो तो वे मेरे हैं, उनके नहीं। जो कुछ दुर्बल है, वह सब मेरा है, पर जो कुछ भी जीवनप्रद है, बलप्रद है, पवित्र है, वह सब उन्हीं की शक्ति का खेल है, उन्हीं की वाणी है और वे स्वयं हैं। मित्रो, यह सत्य है कि संसार अभी तक उन महापुरुष से परिचित नहीं हुआ। हम लोग संसार के इतिहास में शत-शत महापुरुषों की जीवनी पढ़ते हैं। इसमें उनके शिष्यों के लेखन एवं कार्य-संचालन का हाथ रहा है। हजारों वर्ष तक लगातार उन लोगों ने उन प्राचीन

महापुरुषों के जीवन-चरितों को काँट-काँटकर सँवारा है, परंतु इतने पर भी जो जीवन मैंने अपनी आँखों देखा है, जिसकी छाया में मैं रह चुका हूँ, जिनके चरणों में बैठकर मैंने सब सीखा है, उन श्रीरामकृष्ण का जीवन जैसा उज्ज्वल और महिमान्वित है, वैसा मेरे विचार में और किसी महापुरुष का नहीं। भाइयो, तुम सभी गीता की वह प्रसिद्ध वाणी जानते हो—

"यदा यदा हि धर्मस्य ग्लानिर्भवति भारत।
अभ्युत्थानमधर्मस्य तदात्मानं सृजाम्यहम्॥"
परित्राणाय साधूनां विनाशाय च दुष्कृताम्।
धर्मसंस्थापनार्थाय संभवामि युगे युगे॥

"जब-जब धर्म की हानि और अधर्म का अभ्युत्थान होता है, तब-तब मैं शरीर धारण करता हूँ। साधुओं का परित्राण करने, असाधुओं का नाश करने और धर्म की स्थापना करने के लिए विभिन्न युगों में मैं आया करता हूँ।"

इसके साथ एक और बात तुम्हें समझनी होगी, वह यह कि आज ऐसी ही वस्तु हमारे सामने मौजूद है। इस तरह की एक आध्यात्मिकता की बाढ़ के प्रबल वेग से आने के पहले समाज में कुछ छोटी-छोटी तरंगें उठती दीख पड़ती हैं। इन्हीं में से एक अज्ञात, अनजान, अकल्पित तरंग आती है, प्रबल होती जाती है, दूसरी छोटी-छोटी तरंगों को मानो निगलकर वह अपने में मिला लेती है और इस तरह अत्यंत विपुलाकार और प्रबल होकर वह एक बहुत बड़ी बाढ़ के रूप में समाज पर वेग से गिरती है कि कोई उसकी गति को रोक नहीं सकता। इस समय भी वैसा ही हो रहा है। यदि तुम्हारे पास आँखें हैं तो तुम उसे अवश्य देखोगे। यदि तुम्हारा हृदय-द्वार खुला है तो तुम उसको अवश्य ग्रहण करोगे। यदि तुममें सत्यान्वेषण की प्रवृत्ति है तो तुम उसे अवश्य प्राप्त करोगे। अंधा, बिल्कुल अंधा है वह, जो समय के चिह्न नहीं देख रहा है, नहीं समझ रहा है। क्या तुम नहीं देखते हो, वह दीन ब्राह्मण बालक जो एक दूर गाँव में, जिसके बारे में तुममें से बहुत कम ही लोगों ने सुना होगा, जनमा था, इस समय संपूर्ण संसार में पूजा जा रहा है और उसे वे पूजते हैं, जो शताब्दियों से मूर्तिपूजा के विरोध में आवाज उठाते आए हैं? यह किसकी

शक्ति है? यह तुम्हारी शक्ति है या मेरी? नहीं, यह और किसी की शक्ति नहीं। जो शक्ति यहाँ श्रीरामकृष्ण के रूप में आविर्भूत हुई थी, यह वही शक्ति है; और मैं, तुम, साधु, महापुरुष, यहाँ तक कि अवतार और संपूर्ण ब्रह्मांड भी उसी न्यूनाधिक रूप में पुँजीभूत शक्ति की लीला मात्र है। इस समय हम लोग उस महाशक्ति की लीला का आरंभ मात्र देख रहे हैं। वर्तमान युग का अंत होने के पहले ही तुम लोग इसकी अधिकाधिक आश्चर्यमयी लीलाएँ देख पाओगे। भारत के पुनरुत्थान के लिए इस शक्ति का आविर्भाव ठीक ही समय पर हुआ है, क्योंकि जो मूल जीवन-शक्ति भारत को सदा स्फूर्ति प्रदान करेगी, उसकी बात कभी-कभी हम लोग भूल जाते हैं।

प्रत्येक जाति के लिए उद्देश्य-साधन की अलग-अलग कार्यप्रणालियाँ हैं। कोई राजनीति, कोई समाज-सुधार और कोई किसी दूसरे विषय को अपना प्रधान आधार बनाकर कार्य करती है। हमारे लिए धर्म की पृष्ठभूमि लेकर कार्य करने के सिवा दूसरा उपाय नहीं है। अंग्रेज राजनीति के माध्यम से धर्म भी समझ सकते हैं। अमरीकी शायद समाज-सुधार के माध्यम से भी धर्म समझ सकते हैं, परंतु हिंदू राजनीति, समाजविज्ञान और दूसरा जो कुछ है, सब को धर्म के माध्यम से ही समझ सकते हैं। जातीय जीवन-संगीत का मानो यही प्रधान स्वर है, दूसरे तो उसी में कुछ परिवर्तित किए हुए नाना गौण स्वर हैं और उसी प्रधान स्वर के नष्ट होने की शंका हो रही थी। ऐसा लगता था, मानो हम लोग अपने जातीय जीवन के इस मूलभाव को हटाकर उसकी जगह एक दूसरा भाव स्थापित करने जा रहे थे, हम लोग जिस मेरुदंड के बल से खड़े हुए हैं, मानो उसकी जगह दूसरा कुछ स्थापित करने जा रहे थे, अपने जातीय जीवन के धर्मरूप मेरुदंड की जगह राजनीति का मेरुदंड स्थापित करने जा रहे थे। यदि इसमें हमें सफलता मिलती तो इसका फलपूर्ण विनाश होता; परंतु ऐसा होनेवाला नहीं था। यही कारण है कि इस महाशक्ति का आविर्भाव हुआ। मुझे इस बात की चिंता नहीं है कि तुम इस महापुरुष को किस अर्थ में ग्रहण करते हो और उसके प्रति कितना आदर रखते हो, किंतु मैं तुम्हें यह चुनौती के रूप में अवश्य बता देना चाहता हूँ कि अनेक शताब्दियों से भारत

में विद्यमान अद्भुत शक्ति का यह प्रकट रूप है और एक हिंदू के नाते तुम्हारा यह कर्तव्य है कि तुम इस शक्ति का अध्ययन करो तथा भारत के कल्याण, उसके पुनरुस्थान और समस्त मानवजाति के हित के लिए इस शक्ति द्वारा क्या कार्य किए गए हैं, इसका पता लगाओ। मैं तुमको विश्वास दिलाता हूँ कि संसार के किसी भी देश में सार्वभौम धर्म और विभिन्न संप्रदायों में भ्रातृभाव के उत्थापित और पर्यालोचित होने के बहुत पहले ही, इस नगर के पास एक ऐसे महापुरुष थे, जिनका संपूर्ण जीवन एक आदर्श धर्ममहासभा का स्वरूप था।

हमारे शास्त्रों में सबसे बड़ा आदर्श निर्गुण ब्रह्म है और ईश्वर की इच्छा से यदि सभी निर्गुण ब्रह्म को प्राप्त कर सकते, तब तो बात ही कुछ और थी, परंतु चूँकि ऐसा नहीं हो सकता, इसलिए सगुण आदर्श का रहना मनुष्य जाति के बहुसंख्य वर्ग के लिए बहुत आवश्यक है। इस तरह के किसी महान् आदर्श पुरुष पर हार्दिक अनुराग रखते हुए उनकी पताका के नीचे आश्रय लिए बिना न कोई जाति उठ सकती है, न बढ़ सकती है, न कुछ कर सकती है।

राजनीतिक, यहाँ तक कि सामाजिक या व्यापारिक आदर्शों का प्रतिनिधित्व करनेवाले कोई भी पुरुष सर्वसाधारण भारतवासियों के ऊपर कभी भी अपना प्रभाव नहीं जमा सकते। हमें चाहिए आध्यात्मिक आदर्श। आध्यात्मिक महापुरुषों के नाम पर हमें सोत्साह एक हो जाना चाहिए, हमारे आदर्श पुरुष आध्यात्मिक होने चाहिए। श्रीरामकृष्ण में हमें एक ऐसा ही आदर्श पुरुष मिला है। यदि यह जाति उठना चाहती है तो मैं निश्चयपूर्वक कहूँगा कि इस नाम के चारों और उत्साह के साथ एकत्र हो जाना चाहिए। श्रीरामकृष्ण का प्रचार हम, तुम या चाहे जो कोई करे, इसमें महत्त्व नहीं। तुम्हारे सामने मैं इस महान् आदर्श पुरुष को रखता हूँ और अब इस पर विचार करने का भार तुम पर है। इस महान् आदर्श पुरुष को लेकर क्या करोगे, इसका निश्चय तुम्हें अपनी जाति अपने राष्ट्र के कल्याण के लिए अभी कर डालना चाहिए। एक बात हमें याद रखनी चाहिए कि तुम लोगों ने जितने महापुरुष देखे हैं और मैं स्पष्ट रूप से कहूँगा कि जितने भी महापुरुषों के जीवन-चरित पढ़े हैं, उनमें इनका जीवन सबसे पवित्र था और तुम्हारे सामने

यह तो स्पष्ट ही है कि आध्यात्मिक शक्ति का ऐसा अद्भुत आविर्भाव तुम्हारे देखने की तो बात ही अलग, इसके बारे में तुमने कभी पढ़ा भी न होगा। उनके तिरोभाव के दस वर्ष के भीतर ही इस शक्ति ने संपूर्ण संसार को घेर लिया है, यह तुम प्रत्यक्ष देख रहे हो, अतएव कर्तव्य की प्रेरणा से अपनी जाति और धर्म की भलाई के लिए मैं यह महान् आध्यात्मिक आदर्श तुम्हारे सामने प्रस्तुत करता हूँ। मुझे देखकर उसकी कल्पना न करना। मैं एक बहुत ही दुर्बल माध्यम मात्र हूँ। उनके चरित्र का निर्णय मुझे देखकर न करना। वे इतने बड़े थे कि मैं या उनके शिष्यों में से कोई दूसरा सैकड़ों जीवन तक प्रयत्न करते रहने के बावजूद उनके यथार्थ स्वरूप के एक करोड़वें अंश के तुल्य भी न हो सकेगा। तुम लोग स्वयं ही अनुमान करो। तुम्हारे हृदय के अंतस्तल में वे सनातन साक्षी वर्तमान हैं और मैं हृदय से प्रार्थना करता हूँ कि हमारी जाति के कल्याण के लिए, हमारे देश की उन्नति के लिए तथा समग्र मानवजाति के हित के लिए वही श्रीरामकृष्णदेव तुम्हारा हृदय खोल दें; और इच्छा-अनिच्छा के बावजूद जो महायुगांतर अवश्यंभावी है, उसे कार्यान्वित करने के लिए वे तुम्हें सच्चा और दृढ़ बनावें। तुम्हें और हमें रुचे या न रुचे, इससे प्रभु का कार्य रुक नहीं सकता। अपने कार्य के लिए वे धूलि से भी सैकड़ों और हजारों कर्मी पैदा कर सकते हैं। उनकी अधीनता में कार्य करने का अवसर मिलना ही हमारे परम सौभाग्य और गौरव की बात है।

तुम लोगों ने कहा है, हमें संपूर्ण संसार जीतना है। हाँ, यह हमें करना ही होगा। भारत को अवश्य ही संसार पर विजय प्राप्त करनी है। इसकी अपेक्षा किसी छोटे आदर्श से मुझे कभी भी संतोष न होगा। यह आदर्श, संभव है बहुत बड़ा हो और तुममें से अनेक को इसे सुनकर आश्चर्य होगा, किंतु हमें इसे ही अपना आदर्श बनाना है या तो हम संपूर्ण संसार पर विजय प्राप्त करेंगे या मिट जाएँगे। इसके सिवा और कोई विकल्प नहीं है। जीवन का चिह्न है विस्तार। हमें संकीर्ण सीमा के बाहर जाना होगा, हृदय का प्रसार करना होगा और यह दिखाना होगा कि हम जीवित हैं; अन्यथा हमें इसी पतन की दशा में सड़कर मरना होगा, इसके सिवा दूसरा कोई रास्ता नहीं है। इन दोनों में एक चुन लो,

फिर जियो या मरो। छोटी-छोटी बातों को लेकर हमारे देश में जो द्वेष और कलह हुआ करता है, वह हम लोगों में सभी को मालूम है, परंतु मेरी बात मानो, ऐसा सभी देशों में है। जिन राष्ट्रों के जीवन का मेरुदंड राजनीति है, वे सब राष्ट्र आत्मरक्षा के लिए वैदेशिक नीति का सहारा लिया करते हैं, जब उनके अपने देश में आपस में बहुत अधिक लड़ाई-झगड़ा आरंभ हो जाता है, तब वे किसी विदेशी राष्ट्र से झगड़ा मोल ले लेते हैं। इस तरह तत्काल घरेलू लड़ाई बंद हो जाती है। हमारे भीतर भी गृह विवाद है, परंतु उसे रोकने के लिए कोई वैदेशिक नीति नहीं है। संसार के सभी राष्ट्रों में अपने शास्त्रों का सत्य प्रचार करना ही हमारी सनातन वैदेशिक नीति होनी चाहिए। यह हमें एक अखंड जाति के रूप में संगठित करेगी। तुम राजनीति में विशेष रुचि लेनेवालों से मेरा प्रश्न है कि क्या इसके लिए तुम कोई और प्रमाण चाहते हो? आज की इस सभा से ही मेरी बात का यथेष्ट प्रमाण मिल रहा है।

दूसरे, इन सब स्वार्थपूर्ण विचारों को छोड़ देने पर भी हमारे पीछे निस्स्वार्थ, महान् और सजीव दृष्टांत पाए जाते हैं। भारत के पतन और दारिद्र्य-दुःख का प्रधान कारण यह है कि घोंघे की तरह अपना स्वाँग समेटकर उसने अपना कार्यक्षेत्र संकुचित कर लिया था तथा आर्येतर दूसरी मानव जातियों के लिए, जिन्हें सत्य की तृष्णा थी, अपने जीवनप्रद सत्य रत्नों का भंडार नहीं खोला था। हमारे पतन का एक और प्रधान कारण यह भी है कि हम लोगों ने बाहर जाकर दूसरे राष्ट्रों से अपनी तुलना नहीं की और तुम लोग जानते हो, जिस दिन से राजा राममोहन राय ने संकीर्णता की वह दीवार तोड़ी, उसी दिन से भारत में थोड़ा सा जीवन दिखाई देने लगा, जिसे आज तुम देख रहे हो।

उसी दिन से भारत के इतिहास ने एक दूसरा मोड़ लिया और इस समय वह क्रमशः उन्नति के पथ पर अग्रसर हो रहा है। अतीतकाल में यदि छोटी-छोटी नदियाँ ही यहाँ वालों ने देखी हों तो समझना कि अब बहुत बड़ी बाढ़ आ रही है और कोई भी उसकी गति रोक न सकेगा, अतः तुम्हें विदेश जाना होगा, आदान-प्रदान ही अभ्युदय का रहस्य है। क्या हम दूसरों से सदा लेते ही रहेंगे? क्या हम लोग सदैव पश्चिमवासियों के पद प्रांत में बैठकर ही सब

बातें, यहाँ तक कि धर्म भी सीखेंगे? हाँ, हम उन लोगों से कल-कारखाने के काम सीख सकते हैं और भी दूसरी बहुत सी बातें उनसे सीख सकते हैं; परंतु हमें भी उन्हें कुछ सिखाना होगा और वह है हमारा धर्म, हमारी आध्यात्मिकता।

संसार सर्वांगीण सभ्यता की अपेक्षा कर रहा है। शत-शत शताब्दियों की अवनति, दुःख और दुर्भाग्य के आवर्त्त में पड़कर भी हिंदू जाति उत्तराधिकार में प्राप्त धर्मरूपी जिन अमूल्य रत्नों को यत्वपूर्वक अपने हृदय से लगाए हुए हैं, उन्हीं रत्नों की आशा से संसार उसकी और आग्रह भरी दृष्टि से निहार रहा है। तुम्हारे पूर्वजों के उन्हीं अपूर्व रत्नों के लिए भारत से बाहर के मनुष्य किस तरह उद्ग्रीव हो रहे हैं, यह मैं तुम्हें कैसे समझाऊँ? यहाँ हम अनर्गल बकवास किया करते हैं, आपस में झगड़ते रहते हैं, श्रद्धा के जितने गंभीर विषय हैं, उन्हें हँसकर उड़ा देते हैं, यहाँ तक कि इस समय प्रत्येक पवित्र वस्तु को हँसकर उड़ा देने की प्रवृत्ति एक जातीय दुर्गुण हो गई है। इसी भारत में हमारे पूर्वज जो संजीवन अमृत रख गए हैं, उसका एक कणमात्र पाने के लिए भी भारत के बाहर के लाखों मनुष्य कितने आग्रह के साथ हाथ फैलाए हुए हैं, यह हमारी समझ में भला कैसे आ सकता है! इसलिए हमें भारत के बाहर जाना ही होगा। हमारी आध्यात्मिकता के बदले में वे जो कुछ दें, वहीं हमें लेना होगा। चैतन्य राज्य के अपूर्व तत्त्व समूहों के बदले हम जड़ राज्य के अद्भुत तत्त्वों को प्राप्त करेंगे। चिरकाल तक शिष्य रहने से हमारा काम न होगा, हमें आचार्य भी होना होगा। समभाव के न रहने पर मित्रता संभव नहीं और जब एक पक्ष सदा ही आचार्य का आसन पाता रहता है और दूसरा पक्ष सदा ही उसके पदप्रांत में बैठकर शिक्षा ग्रहण किया करता है, तब दोनों में कभी भी समभाव की स्थापना नहीं हो सकती। यदि अंग्रेज और अमेरिकी जाति से समभाव रखने की तुम्हारी इच्छा हो तो जिस तरह तुम्हें उनसे शिक्षा प्राप्त करनी है, इसी तरह उन्हें शिक्षा देनी भी होगी और अब भी कितनी ही शताब्दियों तक संसार को शिक्षा देने की सामग्री तुम्हारे पास पर्याप्त है। इस समय यही करना होगा। उत्साह की आग हमारे हृदय में जलनी चाहिए। हम बंगालियों को कल्पना-शक्ति के लिए प्रसिद्धि मिल चुकी है और मुझे विश्वास है कि यह शक्ति हममें

है भी, कल्पनाप्रिय भावुक जाति कहकर हमारा उपहास भी किया गया है, परंतु मित्रो! मैं तुमसे कहना चाहूँगा कि निस्संदेह बुद्धि का आसन ऊँचा है, किंतु यह अपनी परिसीमित सीमा के बाहर नहीं बढ़ सकती।

हृदय केवल हृदय के भीतर से ही दैवी प्रेरणा का स्फुरण होता है और उसकी अनुभवशक्ति से ही उच्चतम जटिल रहस्यों की मीमांसा होती है, इसीलिए बंगालियों को ही भावुक यह काम करना होगा।

"उत्तिष्ठत जाग्रत् प्राप्य वरान्निबोधत।"

"उठो, जागो और तब तक नहीं रुको, जब तक लक्ष्य न प्राप्त हो जाए, तब तक बराबर उसकी ओर बढ़ते जाओ।"

कलकत्ता निवासी युवको! उठो, जागो, शुभ मुहूर्त आ गया है। सब चीजें अपने आप तुम्हारे सामने खुलती जा रही हैं। हिम्मत करो और डरो मत। केवल हमारे ही शास्त्रों में ईश्वर के लिए 'अभी' विशेषण का प्रयोग किया गया है।

हमें 'अभी' अपने कार्य में को निर्भय होना होगा, तभी हम सिद्धि प्राप्त करेंगे। उठो, जागो, तुम्हारी मातृभूमि इस महाबलि की आवश्यकता है। इस कार्य की सिद्धि युवकों से ही हो सकेगी। 'युवा, आशिष्ठ, दृढिष्ठ, बलिष्ठ, मेधावी', उन्हीं के लिए यह कार्य है और ऐसे सैकड़ों-हजारों युवक कलकत्ते में हैं, जैसा कि तुम लोग कहते हो, यदि मैंने कुछ किया है तो याद रखना, मैं वही एक नगण्य बालक हूँ, जो किसी समय कलकत्ते की सड़कों पर खेला करता था, अगर मैंने इतना किया तो इससे कितना अधिक तुम कर सकोगे! उठो, जागो, संसार तुम्हें पुकार रहा है।

भारत के अन्य भागों में बुद्धि है, धन भी है, परंतु उत्साह की आग केवल हमारी ही जन्मभूमि में है। उसे बाहर आना ही होगा, इसलिए कलकत्ते के युवको, अपने रक्त में उत्साह भरकर जागो, मत सोचो कि तुम गरीब हो, मत सोचो कि तुम्हारे मित्र नहीं हैं, अरे क्या कभी तुमने देखा है कि रुपया मनुष्य का निर्माण करता है? नहीं, मनुष्य ही सदा रुपए का निर्माण करता है। यह संपूर्ण संसार मनुष्य की शक्ति से, उत्साह की शक्ति से, विश्वास की शक्ति से निर्मित हुआ है।

तुममें से जिन लोगों ने उपनिषदों में सबसे अधिक सुंदर कठोपनिषद् का अध्ययन किया है, उन्हें स्मरण होगा कि किस तरह वे राजा एक महायज्ञ का अनुष्ठान करने चले थे और दक्षिणा में अच्छी-अच्छी चीजें न देकर अनुपयोगी गायें और घोड़े दे रहे थे। और कथा के अनुसार उसी समय उनके पुत्र नचिकेता के हृदय में श्रद्धा का आविर्भाव हुआ। मैं तुम्हारे लिए इस 'श्रद्धा' शब्द का अंग्रेजी अनुवाद न करूँगा, क्योंकि वह गलत होगा। समझने के लिए अर्थ की दृष्टि से यह एक अद्भुत शब्द है और बहुत कुछ तो इसके समझने पर निर्भर करता है। हम देखेंगे कि यह किस तरह शीघ्र ही फल देनेवाली है। श्रद्धा के आविर्भाव के साथ ही हम नचिकेता को आप ही आप इस तरह बातचीत करते हुए देखते हैं—'मैं बहुतों से श्रेष्ठ हूँ, कुछ लोगों से छोटा भी हूँ, परंतु कहीं भी ऐसा नहीं हूँ कि सबसे छोटा होऊँ, अतः मैं भी कुछ कर सकता हूँ।' उसका यह आत्मविश्वास और साहस बढ़ता गया और जो समस्या उसके मन में थी, उस बालक ने उसे हल करना चाहा। वह समस्या मृत्यु की समस्या थी। इसकी मीमांसा यम के घर जाने पर ही हो सकती थी, अतः वह बालक वहीं गया। निर्भीक नचिकेता यम के घर जाकर तीन दिन तक प्रतीक्षा करता रहा और तुम जानते हो, किस तरह उसने अपना अभीप्सित प्राप्त किया।

हमें जिस चीज की आवश्यकता है, वह यह श्रद्धा ही है। दुर्भाग्यवश भारत से इसका प्रायः लोप हो गया है और हमारी वर्तमान दुर्दशा का कारण भी यही है। एकमात्र इस श्रद्धा के भेद से ही मनुष्य मनुष्य में अंतर पाया जाता है।

इसका और दूसरा कारण नहीं। यह श्रद्धा ही है, जो एक मनुष्य को बड़ा और दूसरे को कमजोर और छोटा बनाती है। हमारे गुरुदेव कहा करते थे, जो अपने को दुर्बल सोचता है, वह दुर्बल ही हो जाता है और यह बिल्कुल ठीक ही है। इस श्रद्धा को तुम्हें पाना ही होगा। पश्चिमी जातियों द्वारा प्राप्त की हुई, जो भौतिक शक्ति तुम देख रहे हो, वह इस श्रद्धा का ही फल है, क्योंकि वे अपने दैहिक बल के विश्वासी हैं और यदि तुम अपनी आत्मा पर विश्वास करो तो वह और कितना अधिक कारगर होगा? उस अनंत आत्मा, उस अनंत

शक्ति पर विश्वास करो, तुम्हारे शास्त्र और तुम्हारे ऋषि एक स्वर से उसका प्रचार कर रहे हैं। वह आत्मा अनंत शक्ति का आधार है। कोई उसका नाश नहीं कर सकता। उसकी वह अनंत शक्ति प्रकट होने के लिए केवल आह्वान की प्रतीक्षा कर रही है।

यहाँ दूसरे दर्शनों और भारत के दर्शनों में महान् अंतर पाया जाता है। द्वैतवादी हो, चाहे विशिष्टाद्वैतवादी या अद्वैतवादी हो, सभी का यह दृढ़ विश्वास है कि आत्मा में संपूर्ण शक्ति अवस्थित है; केवल उसे व्यक्त करना है।

इसके लिए हमें श्रद्धा की ही जरूरत है; हमें यहाँ जितने भी मनुष्य हैं, सभी को इसकी आवश्यकता है। इसी श्रद्धा को प्राप्त करने का महान् कार्य तुम्हारे सामने पड़ा हुआ है। हमारे जातीय खून में एक प्रकार के भयानक रोग का बीज समा रहा है और वह है प्रत्येक विषय को हँसकर उड़ा देना, गांभीर्य का अभाव, इस दोष का संपूर्ण रूप से त्याग करो। वीर बनो, श्रद्धा संपन्न होओ और सबकुछ तो इसके बाद आ ही जाएगा।

अब तक मैंने कुछ भी नहीं किया, यह कार्य तुम्हें करना होगा, अगर कल मैं मर जाऊँ तो इस कार्य का अंत नहीं होगा। मुझे दृढ़विश्वास है, सर्वसाधारण जनता के भीतर से हजारों मनुष्य आकर इस व्रत को ग्रहण करेंगे और इस कार्य की इतनी उन्नति तथा विस्तार करेंगे, जिसकी आशा मैंने कभी कल्पना में भी न की होगी। मुझे अपने देश पर विश्वास है—विशेषतः अपने देश के युवकों पर। बंगाल के युवकों पर सबसे बड़ा भार है। इतना बड़ा भार किसी दूसरे प्रांत के युवकों पर कभी नहीं आया। पिछले दस वर्षों तक मैंने संपूर्ण भारत का भ्रमण किया। इससे मेरी दृढ़धारणा हो गई है कि बंगाल के युवकों के भीतर से ही उस शक्ति का प्रकाश होगा, जो भारत को उसके आध्यात्मिक अधिकार पर फिर से प्रतिष्ठित करेगी। मैं निश्चयपूर्वक कहता हूँ, इन हृदयवान उत्साही बंगाली युवकों के भीतर से ही सैकड़ों वीर उठेंगे, जो हमारे पूर्वजों द्वारा प्रचारित सनातन आध्यात्मिक सत्यों का प्रचार करने और शिक्षा देने के लिए संसार के एक छोर से दूसरे छोर तक भ्रमण करेंगे और तुम्हारे सामने यही महान् कर्तव्य है।

अतएव एक बार और तुम्हें उस 'उत्तिष्ठत जाग्रत् प्राप्य वरान्निबोधत' रूपी महान् आदर्शवाक्य का स्मरण दिलाकर मैं अपना वक्तव्य समाप्त करता हूँ। डरना नहीं, क्योंकि मनुष्य जाति के इतिहास में देखा जाता है कि जितनी शक्तियों का विकास हुआ है, सभी साधारण मनुष्यों के भीतर से ही हुआ है। संसार में बड़े-बड़े जितने प्रतिभाशाली मनुष्य हुए हैं, सभी साधारण मनुष्यों के भीतर से ही हुए हैं और इतिहास की घटनाओं की पुनरावृत्ति होगी ही। किसी बात से मत डरो। तुम अद्‌भुत कार्य करोगे। जिस क्षण तुम डर जाओगे, उसी क्षण तुम बिल्कुल शक्तिहीन हो जाओगे। संसार में दुःख का मुख्य कारण भय ही है। यही सबसे बड़ा कुसंस्कार है। यह भय हमारे दुःखों का कारण है और वह निर्भीकता है, जिससे क्षण भर में स्वर्ग प्राप्त होता है, अतएव 'उत्तिष्ठत जाग्रत् प्राप्य वरान्निबोधत'!

महानुभावो, मेरे प्रति आप लोगों ने जो अनुग्रह प्रकट किया है, उसके लिए आप लोगों को मैं फिर से धन्यवाद देता हूँ। मैं आप लोगों से इतना ही कह सकता हूँ कि मेरी इच्छा, मेरी प्रबल और आंतरिक इच्छा यह है कि मैं संसार की और सर्वोपरि अपने देश और देशवासियों की थोड़ी सी भी सेवा कर सकूँ।

(कलकत्ता की जनता द्वारा समर्पित मान-पत्र के उत्तर में दिया गया भाषण।)

□

देश का उद्धार चाहते हो तो अपनी अविनाशी ईश्वरीय शक्ति को जाग्रत् करो

यह वही भूमि है, जो पवित्र आर्यावर्त में पवित्रतम मानी जाती है। यह वही ब्रह्मवर्त है, जिसका उल्लेख हमारे महर्षि मनु ने किया है। यह वही भूमि है, जहाँ से आत्मतत्त्व की उच्चाकांक्षा का वह प्रबल स्रोत प्रवाहित हुआ है, जो आनेवाले युगों में, जैसा कि इतिहास से प्रकट है, संसार को अपनी बाढ़ से आप्लावित करनेवाला है। यह वही भूमि है, जहाँ से उसकी वेगवती नद-नदियों के समान आध्यात्मिक महत्त्वाकांक्षाएँ उत्पन्न हुईं, धीरे-धीरे एक धारा में सम्मिलित होकर शक्ति संपन्न हुई और अंत में संसार की चारों दिशाओं में फैल गईं तथा वज्र-गंभीर ध्वनि से उन्होंने अपनी महान् शक्ति की घोषणा समस्त जगत् में कर दी। यह वही वीरभूमि है, जिसे भारत पर चढ़ाई करनेवाले शत्रुओं के सभी आक्रमणों तथा अतिक्रमणों का आघात सबसे पहले सहना पड़ा था। आर्यावर्त में घुसनेवाली बाहरी बर्बर जातियों के प्रत्येक हमले का सामना इसी वीरभूमि को अपनी छाती खोलकर करना पड़ा था। यह वही भूमि है, जिसने इतनी आपत्तियाँ झेलने के बाद भी अब तक अपने गौरव और शक्ति को एकदम नहीं खोया। यही भूमि है, जहाँ बाद में दयालु नानक ने अपने अद्भुत विश्वप्रेम का उपदेश दिया; जहाँ उन्होंने अपना विशाल हृदय खोलकर सारे संसार को—केवल हिंदुओं को नहीं, वरन् मुसलमानों को भी—गले लगाने के लिए अपने हाथ फैलाए। यहीं पर हमारी जाति के सबसे बाद के तथा महान् तेजस्वी वीरों में से एक, गुरु गोविंदसिंह ने धर्म की रक्षा

लिए अपना एवं अपने प्राणप्रिय कुटुंबियों का रक्त बहा दिया; और जिनके लिए यह खून की नदी बहाई गई, उन लोगों ने भी जब उनका साथ छोड़ दिया, तब वे मर्माहत सिंह की भाँति चुपचाप दक्षिण देश में निर्जन वास के लिए चले गए और अपने देश-भाइयों के प्रति अधरों पर एक भी कटु वचन न लाते हुए, तनिक भी असंतोष प्रकट न करते हुए, शांत भाव से इहलोक से प्रयाण कर गए।

हे पंचनद-देशवासी भाइयो! यहाँ अपनी इस प्राचीन पवित्र भूमि में, तुम लोगों के सामने मैं आचार्य के रूप में नहीं खड़ा हुआ हूँ; कारण, तुम्हें शिक्षा देने योग्य ज्ञान मेरे पास बहुत ही थोड़ा है। मैं तो पूर्वी प्रांत से अपने पश्चिमी प्रांत के भाइयों के पास इसीलिए आया हूँ कि उनके साथ हृदय खोलकर वार्त्तालाप करूँ, उन्हें अपने अनुभव बताऊँ और उनके अनुभव से स्वयं लाभ उठाऊँ। मैं यहाँ यह देखने नहीं आया कि हमारे बीच क्या क्या मतभेद हैं, वरन् मैं तो यह खोजने आया हूँ कि हम ह्यगो की मिलनभूमि कौन सी है। यहाँ मैं यह जानने का प्रयत्न कर रहा हूँ, वह कौन सा आधार है, जिस पर हम लोग, आपस में सदा भाई बने रह सकते हैं, किस नींव पर प्रतिष्ठित होने से वह वाणी, जो अनंतकाल से सुनाई दे रही है, उत्तरोत्तर अधिक प्रबल होती रहेगी। मैं यहाँ तुम्हारे सामने कुछ रचनात्मक कार्यक्रम रखने आया हूँ, ध्वंसात्मक नहीं। कारण, आलोचना के दिन अब चले गए और आज हम रचनात्मक कार्य करने के लिए उत्सुक हैं। यह सत्य है कि संसार को समय-समय पर आलोचना की जरूरत हुआ करती है, यहाँ तक कि कठोर आलोचना की भी; पर वह केवल अल्पकाल के लिए ही होती है। हमेशा के लिए तो उन्नतिकारी और रचनात्मक कार्य ही वांछित होते हैं, आलोचनात्मक या ध्वंसात्मक नहीं। लगभग पिछले सौ वर्ष से हमारे इस देश में सर्वत्र आलोचना की बाढ़ सी आ गई है, उधर सभी अंधकारमय प्रदेशों पर पाश्चात्य विज्ञान का तीव्र प्रकाश डाला गया है, जिससे लोगों की दृष्टि अन्य स्थानों की अपेक्षा कोनों ओर गली-कूचों की और ही अधिक खिंच गई है। स्वभावत: इस देश में सर्वत्र महान् और तेजस्वी मेधासंपन्न पुरुषों का जन्म हुआ, जिनके हृदय में सत्य

और न्याय के प्रति प्रबल अनुराग था, जिनके अंत:करण में अपने देश के लिए और सबसे बढ़कर ईश्वर तथा अपने धर्म के लिए अगाध प्रेम था, क्योंकि ये महापुरुष अत्यधिक संवेदनशील थे, उनमें देश के प्रति इतना गहरा प्रेम था, इसलिए उन्होंने प्रत्येक वस्तु की, जिसे बुरा समझा, तीव्र आलोचना की। अतीत कालीन इन महापुरुषों की जय हो! उन्होंने देश का बहुत ही कल्याण किया है, पर आज हमें एक महावाणी सुनाई दे रही है, 'बस करो, बस करो!'

निंदा पर्याप्त हो चुकी, दोषदर्शन बहुत हो चुका! अब तो पुनर्निर्माण का, फिर से संगठन करने का समय आ गया है।

अब अपनी समस्त बिखरी हुई शक्तियों को एकत्र करने का, उन सबको एक ही केंद्र में लाने का और उस सम्मिलित शक्ति द्वारा देश को प्राय: सदियों से रुकी हुई उन्नति के मार्ग में अग्रसर करने का समय आ गया है।

घर की सफाई हो चुकी है, अब आवश्यकता है, उसे नए सिरे से आबाद करने की। रास्ता साफ कर दिया गया है, आर्यसंतानो, अब आगे बढ़ो!

सज्जनो! इसी उद्देश्य से प्रेरित होकर मैं आपके सामने आया हूँ और आरंभ में ही यह प्रकट कर देना चहाता हूँ कि मैं किसी दल या विशिष्ट संप्रदाय का नहीं हूँ। सभी दल और सभी संप्रदाय मेरे लिए महान् और महिमामय हैं।

मैं उन सबसे प्रेम करता हूँ और अपने जीवन भर मैं यही ढूँढ़ने का प्रयत्न करता रहा कि उनमें कौन सी बातें अच्छी और सच्ची हैं। इसीलिए आज मैंने संकल्प किया है कि तुम लोगों के सामने उन बातों को पेश करूँ, जिनमें हम एकमत हैं, जिससे कि हमें एकता की सम्मिलन-भूमि प्राप्त हो जाए; और यदि ईश्वर के अनुग्रह से यह संभव हो तो आओ, हम उसे ग्रहण करें और उसे सिद्धांत की सीमाओं से बाहर निकालकर कार्यरूप में परिणत करे। हम लोग हिंदू हैं। में 'हिंदू' शब्द का प्रयोग किसी बुरे अर्थ में नहीं कर रहा हूँ और मैं उन लोगों से कदापि सहमत नहीं, जो उससे कोई बुरा अर्थ समझते हों। प्राचीनकाल में उस शब्द का अर्थ था—सिंधुनदी के दूसरी ओर बसनेवाले लोग।

हमसे घृणा करनेवाले बहुतेरे लोग आज उस शब्द का कुत्सित अर्थ भले ही लगाते हों, पर केवल नाम में क्या धरा है? यह तो हम पर ही पूर्णतया निर्भर है कि 'हिंदू' नाम ऐसी प्रत्येक वस्तु का द्योतक रहे, जो महिमामय हो, आध्यात्मिक हो अथवा वह ऐसी वस्तु का द्योतक रहे, जो कलंक का समानार्थी हो, जो एक पददलित, निकम्मी और धर्मभ्रष्ट जाति का सूचक हो। यदि आज 'हिंदू' शब्द का कोई बुरा अर्थ है तो उसकी परवाह मत करो। आओ, अपने कार्यों और आचरणों को दोबारा यह दिखाने को तैयार हो जाओ कि समग्र संसार की कोई भी भाषा इससे ऊँचे, इससे महान् शब्द का आविष्कार नहीं कर सकती है। मेरे जीवन के सिद्धांतों में से एक यह भी सिद्धांत रहा है कि मैं अपने पूर्वजों की संतान कहलाने में लज्जित नहीं होता। मुझ जैसा गर्वीला मानव इस संसार में शायद ही हो, पर मैं यह स्पष्ट रूप से बता देना चाहता हूँ कि यह गर्व मुझे अपने स्वयं के गुण या शक्ति के कारण नहीं, वरन् अपने पूर्वजों के गौरव के कारण है। जितना ही मैंने अतीत का अध्ययन किया है, जितनी ही मैंने भूतकाल की और दृष्टि डाली है, उतना ही यह गर्व मुझमें अधिक आता गया है। उससे मुझे श्रद्धा की उतनी ही दृढ़ता और साहस प्राप्त हुआ है, जिसने मुझे धरती की धूलि से ऊपर उठाया है और मैं अपने उन महान् पूर्वजों के निश्चित किए हुए कार्यक्रम के अनुसार कार्य करने को प्रेरित हुआ हूँ। ऐ उन्हीं प्राचीन आर्यों की संतानो! ईश्वर करे, तुम लोगों के हृदय में भी वही गर्व आविर्भूत हो जाए, अपने पूर्वजों के प्रति वही विश्वास तुम लोगों के रक्त में भी दौड़ने लगे, वह तुम्हारे जीवन से मिलकर एक हो जाए और संसार के उद्धार के लिए कार्यशील हो!

भाइयो! यह पता लगाने के पहले कि हम ठीक किस बात में एकमत हैं तथा हमारे जातीय जीवन का सामान्य आधार क्या है, हमें एक बात स्मरण रखनी होगी, जैसे प्रत्येक मनुष्य का एक व्यक्तित्व होता है। ठीक उसी तरह प्रत्येक जाति का भी अपना एक व्यक्तित्व होता है। जिस प्रकार एक व्यक्ति कुछ विशिष्ट बातों में, अपने विशिष्ट लक्षणों में अन्य व्यक्तियों से पृथक् होता है, उसी प्रकार एक जाति की कुछ विशिष्ट लक्षणों में दूसरी जाति से भिन्न

हुआ करती है और जिस प्रकार प्रकृति की व्यवस्था में किसी विशेष उद्देश्य की पूर्ति करना हर एक मनुष्य का जीवनोद्देश्य होता है, जिस प्रकार अपने पूर्व कर्म द्वारा निर्धारित विशिष्ट मार्ग से उस मनुष्य को चलना पड़ता है, ठीक ऐसा ही जातियों के विषय में भी है। प्रत्येक जाति को किसी-न-किसी दैवनिर्दिष्ट उद्देश्य को पूरा करना पड़ता है, प्रत्येक जाति को संसार में एक संदेश देना पड़ता है तथा प्रत्येक जाति को एक व्रत विशेष का उद्यापन करना होता है, अतः आरंभ से ही हमें यह समझ लेना चाहिए कि हमारी जाति का व्रत क्या है, विधाता ने उसे भविष्य के किस निर्दिष्ट उद्देश्य के लिए नियुक्त किया है, विभिन्न राष्ट्रों की पृथक्-पृथक् उन्नति और अधिकार में हमें कौन सा स्थान ग्रहण करना है, विभिन्न जातीय स्वरों की समरसता में हमें कौन सा स्वर आलापना है।

हम अपने देश में बचपन में यह किस्सा सुना करते हैं कि कुछ सर्पों के फन में मणि होती है और जब तक मणि वहाँ है, तब तक तुम सर्प को मारने का कोई भी उपाय करो, वह नहीं मर सकता। हम लोगों ने किस्से-कहानियों में दैत्यों और दानवों की बातें पढ़ी हैं। उनके प्राण 'हीरामन तोते' के कलेजे में बंद रहते हैं और जब तक उस 'हीरामन तोते' की जान में जान रहेगी, तब तक उस दानव का बाल भी बाँका न होगा, चाहे तुम उसके टुकड़े-टुकड़े ही क्यों न कर डालो। वह बात राष्ट्रों के संबंध में भी सत्य है। राष्ट्रविशेष का जीवन भी ठीक उसी प्रकार मानो किसी बिंदु में केंद्रित रहता है, वहीं उस राष्ट्र की राष्ट्रीयता रहती है और जब तक उस मर्मस्थान पर चोट नहीं पड़ती, तब तक वह राष्ट्र मर नहीं सकता। इस तथ्य के प्रकाश में, हम संसार के इतिहास की एक अद्वितीय एवं सबसे अपूर्व घटना को समझ सकते हैं। हमारी इस श्रद्धास्पद मातृभमि पर बारंबार बर्बर जातियों के आक्रमणों के दौर आते रहे हैं। 'अल्लाहो अकबर' के गगनभेदी नारों से भारत-गगन सदियों तक गूँजता रहा है और मृत्यु की अनिश्चित छाया प्रत्येक हिंदू के सिर पर मँडराती रही है। ऐसा कोई हिंदू न रहा होगा, जिसे पल-पल मृत्यु की आशंका न होती रही हो। संसार के इतिहास में इस देश से अधिक दुःख पानेवाला तथा अधिक

पराधीनता भोगनेवाला और कौन देश हैं?

परंतु फिर भी हम जैसे पहले थे, आज भी लगभग वैसे ही बने हुए हैं। आज भी हम आवश्यकता पड़ने पर बारंबार विपत्तियों का सामना करने को तैयार हैं और इतना ही नहीं, हाल में ऐसे भी लक्षण दिखाई दे रहे हैं कि हम केवल शक्तिमान ही नहीं, वरन् बाहर जाकर दूसरों को अपने विचार देने के लिए भी उद्यत हैं; कारण विस्तार ही जीवन का लक्षण है।

हम आज देखते हैं कि हमारे भाव और विचार भारत की सरहदों के पिंजरे में ही बंद नहीं हैं, बल्कि वे तो, हम चाहें या न चाहें, भारत के बाहर बढ़ रहे हैं, अन्य देशों के साहित्य में प्रविष्ट हो रहे हैं, उन देशों में अपना स्थान प्राप्त कर रहे हैं और इतना ही नहीं, कहीं-कहीं तो वे आदेशदाता गुरु के आसन तक पहुँच गए हैं। इसका कारण यही है कि संसार की संपूर्ण उन्नति में भारत का दान सबसे श्रेष्ठ रहा है; क्योंकि उसने संसार को ऐसे दर्शन और धर्म का दान दिया है, जो मानव-मन को संलग्न रखनेवाला सबसे अधिक महान, सबसे अधिक उदात्त और सबसे श्रेष्ठ विषय है। हमारे पूर्वजों ने बहुतेरे अन्य प्रयोग किए। हम सब यह जानते हैं कि अन्य जातियों के समान, वे भी पहले बहिर्जगत् के रहस्य के अन्वेषण में लगे थे; और अपनी विशाल प्रतिभा से वह महान् जाति, प्रयत्न करने पर, उस दिशा में ऐसे ऐसे अद्भुत आविष्कार कर दिखाती, जिन पर समस्त संसार को सदैव अभिमान रहता। पर उन्होंने इस पथ को किसी उच्चतर ध्येय ही प्राप्ति के लिए छोड़ दिया। वेद के पृष्ठों से उसी महान् ध्येय की प्रतिध्वनि सुनाई देती है—

"अथ परा, यया तदक्षरमधिगम्यते।"

"वही परा विद्या है, जिससे हमें उस अविनाशी पुरुष की प्राप्ति होती है।" इस परिवर्तनशील, नश्वर प्रकृति-संबंधी विद्या—मृत्यु, दुःख और शोक से भरे इस जगत् से संबंधित विद्या बहुत बड़ी भले ही हो; एवं सचमुच ही वह बड़ी है; परंतु जो अपरिणामी और आनंदमय है, जो चिर शांति का निधान है, जो शाश्वत जीवन और पूर्णत्य का एकमात्र आश्रय-स्थान है, जिसके सिवा और कहीं सारे दुःखों का अवसान नहीं होता, इस ईश्वर से संबंध रखनेवाली

विद्या ही हमारे पूर्वजों की राय में सबसे श्रेष्ठ और उदात्त है। हमारे पूर्वज यदि चाहते तो ऐसे विज्ञानों का अन्वेषण सहज ही कर सकते थे, जो हमें केवल अन्न, वस्त्र और अपने साथियों पर आधिपत्य दे सकते हैं, जो हमें केवल दूसरों पर विजय प्राप्त करना और उन पर प्रभुत्व करना सिखाते हैं, जो बली को निर्बल पर हुकूमत करने की शिक्षा देते हैं।

पर उस परमेश्वर की अपार दया से हमारे पूर्वजों ने उस ओर बिल्कुल ध्यान न देकर एकदम दूसरी दिशा पकड़ी, जो पूर्वोक्त मार्ग से अनंत गुनी श्रेष्ठ और महान् थी, जिसमें पूर्वोक्त पथ की अपेक्षा अनंत गुना आनंद था। इस मार्ग को अपनाकर वे ऐसी अनन्य निष्ठा के साथ उस पर अग्रसर हुए कि आज वह हमारा जातीय विशेषत्व बन गया, सहस्रों वर्ष से पिता-पुत्र की उत्तराधिकार परंपरा से आता हुआ, आज वह हमारे जीवन से घुल-मिल गया है, हमारी रंगों में बहनेवाले रक्त की बूँद बूँद से मिलकर एक हो गया है, वह मानो हमारा दूसरा स्वभाव ही बन गया है, यहाँ तक कि आज 'धर्म' और 'हिंदू' ये दो शब्द समानार्थी हो गए हैं। यही हमारी जाति का वैशिष्ट्य है और इस पर कोई आघात नहीं कर सकता।

बर्बर जातियों ने यहाँ आकर तलवारों और तोपों के बल पर अपने बर्बर धर्मों का प्रचार किया, पर उनमें से एक भी हमारे मर्मस्थल का स्पर्श न कर सका, सर्प की उस 'मणि' को न छू सका, जातीय जीवन के प्राणस्वरूप उस 'हीरामन तोते' को न मार सका, अतः यही हमारी जाति की जीवन-शक्ति है और जब तक यह अव्याहत है, तब तक संसार में ऐसी कोई ताकत नहीं, जो इस जाति का विनाश कर सके। यदि हम अपनी इस सर्वश्रेष्ठ विरासत आध्यात्मिकता का न छोड़ें तो संसार के सारे अत्याचार, उत्पीड़न और दुःख हमें बिना चोट पहुँचाए ही निकल जाएँगे और हम लोग दुःख-कष्टाग्नि की उन ज्वालाओं में से प्रह्लाद के समान बिना जले बाहर निकल आएँगे।

यदि कोई हिंदू धार्मिक नहीं है तो मैं उसे हिंदू ही नहीं कहूँगा। दूसरे देशों में, भले ही मनुष्य पहले राजनीतिक हो और फिर धर्म से थोड़ा सा लगाव रखे, पर यहाँ भारत में तो हमारे जीवन का सबसे बड़ा और प्रथम कर्तव्य धर्म का

अनुष्ठान है और फिर उसके बाद, यदि अवकाश मिले तो दूसरे विषय भले ही आ जाएँ। इस तथ्य को ध्यान में रखने से हम यह बात अधिक अच्छी तरह समझ सकेंगे कि अपने राष्ट्रीय हित के लिए हमें आज क्यों सबसे पहले अपनी जाति की समस्त आध्यात्मिक शक्तियों को ढूँढ़ निकालना होगा, जैसा कि अतीतकाल में किया गया था और चिरकाल तक किया जाएगा। अपनी बिखरी हुई आध्यात्मिक शक्तियों को एकत्र करना ही भारत में राष्ट्रीय एकता स्थापित करने का एकमात्र उपाय है। जिनकी हत्तंत्री एक ही आध्यात्मिक स्वर में बँधी है, उन सबके सम्मिलन से ही भारत में राष्ट्र का संगठन होगा।

इस देश में पर्याप्त पंथ या संप्रदाय हुए हैं। आज भी ये पंथ पर्याप्त संख्या में हैं और भविष्य में भी पर्याप्त संख्या में रहेंगे; क्योंकि हमारे धर्म की यह विशेषता रही है कि उसमें व्यापक तत्त्वों की दृष्टि से इतनी उदारता है कि यद्यपि बाद में उनमें से अनेक संप्रदाय फैले हैं और उनकी बहुविध शाखा-प्रशाखाएँ फूटी हैं तो भी उनके तत्त्व हमारे सिर पर फैले हुए इस अनंत आकाश के समान विशाल हैं, स्वयं प्रकृति की भाँति नित्य और सनातन हैं, अतः संप्रदायों का होना तो स्वाभाविक ही है, परंतु जिसका होना आवश्यक नहीं है, वह है इन संप्रदायों के बीच के झगड़े-झमेले।

संप्रदाय अवश्य रहें, पर सांप्रदायिकता दूर हो जाए। सांप्रदायिकता से संसार की कोई उन्नति नहीं होगी; पर संप्रदायों के न रहने से संसार का काम नहीं चल सकता। एक ही सांप्रदायिक विचार के लोग सब काम नहीं कर सकते।

संसार की यह अनंत शक्ति कुछ थोड़े से लोगों से परिचालित नहीं हो सकती। यह बात समझ लेने पर हमारी समझ में यह भी आ जाएगा कि हमारे भीतर किसलिए यह संप्रदायभेद रूपी श्रमविभाग अनिवार्य रूप से आ गया है। भिन्न-भिन्न आध्यात्मिक शक्ति-समूहों का परिचालन करने के लिए संप्रदाय कायम रहे, परंतु जब हम देखते हैं कि हमारे प्राचीनतम शास्त्र इस बात की घोषणा कर रहे हैं कि यह सब भेदभाव केवल ऊपर का है, देखने भर का है और इन सारी विभिन्नताओं के बावजूद इनको एक साथ बाँधे रहनेवाला

परम मनोहर स्वर्णसूत्र इनके भीतर पिरोया हुआ है, तब इसके लिए हमें एक-दूसरे के साथ लड़ने-झगड़ने की कोई आवश्यकता नहीं दिखाई देती। हमारे प्राचीनतम शास्त्रों ने घोषणा की है—

"एकं सद्विप्रा बहुधा वदन्ति"

"विश्व में एक ही सद्वस्तु विद्यमान है," भारत में जहाँ सदा से सभी संप्रदाय समान रूप से सम्मानित होते आए हैं, यदि अब भी संप्रदायों के बीच ईर्ष्या-दबिश लड़ाई-झगड़े बने रहे तो धिक्कार है हमें, जो हम अपने को उन महिमान्वित पूर्वजों के वंशधर बताने का दुःसाहस करें!

मेरा विश्वास है कि कुछ ऐसे महान् तत्त्व हैं, जिन पर हम सब सहमत हैं, जिन्हें हम सभी मानते हैं—चाहे हम वैष्णव हों या शैव, शाक्त हों या गाणपत्य, चाहे प्राचीन वेदांती सिद्धांतों को मानते हों या अर्वाचीनों के ही अनुयायी हों, पुरानी लकीर के फकीर हों अथवा नवीन सुधारवादी हों और जो भी अपने को हिंदू कहता है, वह इन तत्त्वों में विश्वास रखता है। संभव है कि इन तत्त्वों की व्याख्याओं में भेद हो और वैसा होना भी चाहिए, क्योंकि हमारा यह मानदंड रहा है कि हम सबको जबरदस्ती अपने साँचे में न ढालें। हम जिस तरह की व्याख्या करें, सबको वही व्याख्या माननी पड़ेगी अथवा हमारी ही प्रणाली का अनुसरण करना होगा, जबरदस्ती ऐसी चेष्टा करना पाप है।

आज यहाँ पर जो लोग एकत्र हुए हैं, शायद वे सभी एक स्वर से यह स्वीकार करेंगे कि हम लोग वेदों को अपने धर्मरहस्यों का सनातन उपदेश मानते हैं। हम सभी यह विश्वास करते हैं कि वेदरूपी यह पवित्र शब्दराशि अनादि और अनंत है। जिस प्रकार प्रकृति का न आदि है न अंत, उसी प्रकार इसका भी आदि अंत नहीं है और जब कभी हम इस पवित्र ग्रंथ के प्रकाश में आते हैं, तब हमारे धर्म-संबंधी सारे भेदभाव झगड़े मिट जाते हैं। इसमें इस सभी सहमत हैं कि हमारे धर्म-विषयक जितने भी भेद हैं, उनकी अंतिम मीमांसा करनेवाला यही वेद है। वेद क्या है, इस पर हम लोगों में मतभेद हो सकता है। कोई संप्रदाय वेद के किसी एक अंश को दूसरे अंश से अधिक पवित्र समझ सकता है पर इससे तब तक कुछ बनता-बिगड़ता नहीं, जब तक

हम यह विश्वास करते हैं कि वेदों के प्रति श्रद्धालु होने के कारण हम सभी आपस में भाई-भाई हैं तथा उन सनातन, पवित्र और अपूर्व ग्रंथों से ही ऐसी प्रत्येक पवित्र, महान् और उत्तम वस्तु का उद्भव हुआ है, जिसके हम आज अधिकारी हैं। अच्छा यदि हमारा ऐसा ही विश्वास है तो फिर सबसे पहले इसी तत्त्व का भारत में सर्वत्र प्रचार किया जाए। यदि यही सत्य है तो फिर वेद सर्वदा ही जिस प्राधान्य के अधिकारी हैं तथा जिसमें हम सभी विश्वास करते हैं, वह प्रधानता वेदों को दी जाए, अतः हम सबकी प्रथम मिलन-भूमि है 'वेद'।

दूसरी बात यह है कि हम सब ईश्वर में विश्वास करते हैं, जो संसार की सृष्टि-स्थिति-लय-कारिणी शक्ति है, जिसमें यह सारा चराचर कल्पांत में लय होकर दूसरे कल्प के आरंभ में पुनः अद्भुत जगत्-प्रपंच रूप से बाहर निकल आता एवं अभिव्यक्त होता है। हमारी ईश्वर-विषयक कल्पना भिन्न-भिन्न प्रकार की हो सकती है—कुछ लोग ईश्वर को संपूर्ण सगुण रूप में, कुछ उन्हें सगुण पर मानव भावापन्न रूप में नहीं और कुछ उन्हें संपूर्ण निर्गुण रूप में ही मान सकते हैं और सभी अपनी-अपनी धारणा की पुष्टि में वेद के प्रमाण भी दे सकते हैं, पर इन सब विभिन्नताओं के होते हुए भी हम सभी ईश्वर में विश्वास करते हैं। इसी बात को दूसरे शब्दों में ऐसा भी कह सकते हैं कि जिससे यह समस्त चराचर उत्पन्न हुआ है, जिसके अवलंब से वह जीवित है और अंत में जिसमें वह फिर से लीन हो जाता है, उस अद्भुत अनंत शक्ति पर जो विश्वास नहीं करता, वह अपने को हिंदू नहीं कह सकता। यदि ऐसी बात है तो इस तत्त्व को भी समग्र भारत में फैलाने की चेष्टा करनी होगी। तुम इस ईश्वर का चाहे जिस भाव से प्रचार करो, ईश्वर संबंधी तुम्हारा भाव भले ही मेरे भाव से भिन्न हो, पर हम इसके लिए आपस में झगड़ा नहीं करेंगे।

हम चाहते हैं, ईश्वर का प्रचार, फिर वह किसी भी रूप में क्यों न हो। हो सकता है, ईश्वर-संबंधी इन विभिन्न धारणाओं में कोई अधिक श्रेष्ठ हो, पर याद रखना, इनमें कोई भी धारणा बुरी नहीं है। उन धारणाओं में कोई उत्कृष्ट, कोई उत्कृष्टतर और कोई उत्कृष्टतम हो सकती है पर हमारे धर्मतत्त्व

की पारिभाषिक शब्दावली में 'बुरा' नाम का कोई शब्द नहीं है, अतः ईश्वर के नाम का चाहे जो कोई जिस भाव से प्रचार करे, वह निश्चय ही ईश्वर के आशीर्वाद का भाजन होगा। उनके नाम का जितना ही अधिक प्रचार होगा, देश का उतना ही कल्याण होगा।

हमारे बच्चे बचपन से ही इस भाव को हृदय में धारण करना सीखें—अत्यंत दरिद्र और नीचातिनीच मनुष्य के घर से लेकर बड़े-से-बड़े धनी-मानी और उच्चतम मनुष्य के घर में भी ईश्वर के शुभ नाम का प्रवेश हो!

अब तीसरा तत्त्व मैं तुम लोगों के सामने प्रकट करना चाहता हूँ। हम लोग औरों की तरह यह विश्वास नहीं करते कि इस जगत् की सृष्टि केवल कुछ हजार वर्ष पहले हुई है और एक दिन इसका सदा के लिए ध्वंस हो जाएगा।

साथ ही हम यह भी विश्वास नहीं करते कि इसी जगत् के साथ शून्य से जीवात्मा की भी सृष्टि हुई है। मैं समझता हूँ कि इस विषय में भी हम सब सहमत हो सकते हैं। हमारा विश्वास है कि प्रकृति अनादि और अनंत है; पर हाँ, कल्पांत में यह स्थूल बाह्य जगत् अपनी सूक्ष्म अवस्था को प्राप्त होता है और कुछ काल तक उस सूक्ष्मावस्था में रहने के बाद पुनः उसका प्रक्षेपण होता है तथा प्रकृति नामक इस अनंत प्रपंच की अभिव्यक्ति होती है। यह तरंगाकार गति अनंतकाल से, जब स्वयं काल का ही आरंभ नहीं हुआ था, तभी से चल रही है और अनंतकाल तक चलती रहेगी।

पुनः हिंदू मात्र का यह विश्वास है कि मनुष्य केवल यह स्थूल जड़ शरीर ही नहीं है, न ही उसके अभ्यंतरस्थ यह 'मन' नामक सूक्ष्म शरीर ही प्रकृति मनुष्य है, वरन् मनुष्य तो इन दोनों से अतीत एवं श्रेष्ठ है। कारण, स्थूल शरीर परिणामी है और मन का भी वही हाल है; परंतु इन दोनों से परे 'आत्मा' नामक अनिवर्चनीय वस्तु है, जिसका न आदि है, न अंत। मैं इस में नहीं, क्योंकि आत्मा शब्द का अंग्रेजी में अनुवाद कर सकता, इसका कोई भी पर्याय गलत होगा। यह 'आत्मा' और 'विशिष्ट मृत्यु' नामक अवस्था से परिचित नहीं। इसके सिवाय एक बात है, जिसमें हमारे साथ अन्यान्य जातियों

का बिल्कुल मतभेद है। वह यह है कि आत्मा एक देह का अंत होने पर दूसरी देह धारण करती है; ऐसा करते-करते वह एक ऐसी अवस्था में पहुँचती है, जब उसे फिर शरीर धारण की कोई इच्छा या आवश्यकता नहीं रह जाती, तब वह मुक्त हो जाती है और फिर से कभी जन्म नहीं लेती। यहाँ मेरा तात्पर्य अपने शास्त्रों के संसारवाद या पुनर्जन्मवाद तथा आत्मा के नित्यत्ववाद से है। हम चाहे जिस संप्रदाय के हों, पर इस विषय में हम सभी सहमत हैं। इस आत्मा-परमात्मा के पारस्परिक संबंध के बारे में हमारे मत भिन्न हो सकते हैं। एक संप्रदाय आत्मा को परमात्मा से अनंतकाल तक अलग मान सकता है; दूसरे के मत से आत्मा उसी अनंत अग्नि की एक चिनगारी हो सकती है और फिर अन्यों के मतानुसार वह उस अनंत से एकरूप और अभिन्न हो सकती है।

पर जब तक हम सब लोग इस मौलिक तत्त्व को मानते हैं कि आत्मा अनंत है, उसकी सृष्टि कभी नहीं हुई और इसलिए उसका नाश भी कभी नहीं हो सकता, उसे तो भिन्न-भिन्न शरीरों से क्रमशः उन्नति करते-करते अंत में मनुष्य शरीर धारण कर पूर्णत्व प्राप्त करना होगा, तब तक हम आत्मा एवं परमात्मा के इस संबंध के विषय में चाहे जैसी व्याख्या क्यों न करें, उससे कुछ बनता-बिगड़ता नहीं। इसके विषय में हम सभी सहमत हैं और इसके बाद आध्यात्मिकता के क्षेत्र में सबसे उदात्त, सर्वाधिक विभेद को व्यक्ति करनेवाले और आज तक के सबसे अपूर्व आविष्कार की बात आती है।

तुम लोगों में से जिन्होंने पाश्चात्य विचार-प्रणाली का अध्ययन किया होगा, उन्होंने संभवतः यह लक्ष्य किया होगा कि एक ऐसा मौलिक प्रभेद है, जो पाश्चात्य विचारों को एक ही आघात में पौर्वात्य विचारों से पृथक् कर देता है।

वह यह है कि भारत में हम सभी, चाहे हम शाक्त हों या सौर या वैष्णव, अथवा बौद्ध या जैन ही क्यों न हों, हम सबके सब यही विश्वास करते हैं कि आत्मा स्वभावतः शुद्ध, पूर्ण, अनंत, शक्तिसंपन्न और आनंदमय है। अंतर केवल इतना है कि द्वैतवादियों के मत से आत्मा का वह स्वाभाविक आनंद

स्वभाव पिछले बुरे कर्मों के कारण संकुचित हो गया है एवं ईश्वर के अनुग्रह से वह फिर विकसित हो जाएगा और आत्मा पुनः अपने पूर्ण स्वभाव को प्राप्त हो जाएगी, पर अद्वैतवादी कहते हैं कि आत्मा के संकुचित होने की यह धारणा भी अंशतः भ्रमात्मक है, हम तो माया के आवरण के कारण ही ऐसा समझते हैं कि आत्मा अपनी सारी शक्ति गँवा बैठी है, जबकि वास्तव में उसकी समस्त शक्ति तब भी पूर्ण रूप से अभिव्यक्त रहती है। जो भी अंतर हो, पर हम एक ही केंद्रीय तत्त्व पर पहुँचते हैं कि आत्मा स्वभावतः ही पूर्ण है और यही प्राच्य और पाश्चात्य भावों के बीच एक ऐसा अंतर डाल देता है, जिसमें कहीं समझौता नहीं है। जो कुछ महान् है, जो कुछ शुभ है, पौर्वात्य उसका अन्वेषण आभ्यंतर में करता है।

जब हम पूजा-उपासना करते हैं, तब आँखें बंद कर ईश्वर को अंदर ढूँढ़ने का प्रयत्न करते हैं और पाश्चात्य अपने बाहर ही ईश्वर को ढूँढ़ता-फिरता है। पाश्चात्यों के धर्मग्रंथ प्रेरित हैं, जबकि हमारे धर्मग्रंथ अंतःप्रेरित हैं, निश्श्वास की तरह वे निकले हैं, ईश्वर निःश्वसित हैं, मंत्रद्रष्टा ऋषियों के हृदयों से निकले हैं।

यह एक प्रधान बात है, जिसे अच्छी तरह समझ लेने की आवश्यकता है। प्यारे भाइयो! मैं तुम लोगों को यह बताए देता हूँ कि यही बात भविष्य में हमें विशेष रूप से बार-बार बतलानी और समझानी पड़ेगी, क्योंकि यह मेरा दृढ़ विश्वास है और मैं तुम लोगों से भी यह बात अच्छी तरह समझ लेने को कहता हूँ कि जो व्यक्ति दिन-रात अपने को दीन-हीन या अयोग्य समझे हुए बैठा रहेगा, उसके द्वारा कुछ भी नहीं हो सकता। वास्तव में अगर दिन-रात वह अपने को दीन, नीच एवं 'कुछ नहीं' समझता है तो वह 'कुछ नहीं' ही बन जाता है। यदि तुम कहो कि मेरे अंदर शक्ति है तो तुममें शक्ति जाग उठेगी और यदि तुम सोचो कि 'मैं कुछ नहीं हूँ, दिन-रात यही सोचा करो तो तुम सचमुच ही 'कुछ नहीं' हो जाओगे। तुम्हें यह महान् तत्त्व सदा स्मरण रखना चाहिए।'

हम तो उसी सर्वशक्तिमान परमपिता की संतान हैं, उसी अनंत ब्रह्माग्नि

की चिनगारियाँ हैं—भला हम 'कुछ नहीं' क्यों कर हो सकते हैं? हम सबकुछ हैं, हम सबकुछ कर सकते हैं और मनुष्य को सबकुछ करना ही होगा। हमारे पूर्वजों में ऐसा ही दृढ़ आत्मविश्वास था। इसी आत्मविश्वासरूपी प्रेरणा-शक्ति ने उन्हें सभ्यता की उच्च से उच्चतर सीढ़ी पर चढ़ाया था और अब यदि हमारी अवनति हुई हो, हममें दोष आया हो तो मैं तुमसे सच कहता हूँ, जिस दिन हमारे पूर्वजों ने अपना यह आत्मविश्वास गँवाया, उसी दिन से हमारी यह अवनति, यह दुरवस्था आरंभ हो गई।

आत्मविश्वासहीनता का मतलब है ईश्वर में अविश्वास। क्या तुम्हें विश्वास है कि वही अनंत मंगलमय विधाता तुम्हारे भीतर से काम कर रहा है? यदि तुम ऐसा विश्वास करो कि वही सर्वव्यापी अंतर्यामी प्रत्येक अणु-परमाणु में—तुम्हारे शरीर मन और आत्मा में ओत-प्रोत है तो फिर क्या तुम कभी उत्साह से वंचित रह सकते हो? मैं पानी का एक छोटा सा बुलबुला हो सकता हूँ और तुम एक पर्वताकार तरंग; तो इससे क्या? वह अनंत समुद्र जैसा तम्हारे लिए, वैसा ही मेरे लिए भी आश्रय है। उस जीवन, शक्ति और आध्यात्मिकता के असीम सागर पर जैसा तुम्हारा, वैसा ही मेरा भी अधिकार है। मेरे जन्म से ही, मुझमें जीवन होने से ही, यह प्रमाणित हो रहा है कि तुम्हारे समान, चाहे तुम पर्वताकार तरंग ही क्यों न हो, मैं भी उसी अनंत जीवन, अनंत शिव और अनंत शक्ति के साथ नित्यसंयुक्त हूँ। अतएव भाइयो! तुम अपनी संतानों को उनके जन्मकाल से ही इस महान्, जीवनप्रदु, उच्च और उदात्त तत्त्व की शिक्षा देना शुरू कर दो। उन्हें अद्वैतवाद की ही शिक्षा देने की आवश्यकता नहीं, तुम चाहे द्वैतवाद की शिक्षा दो या जिस किसी 'वाद' की, जो भी तुम्हें रुचे, परंतु हम पहले ही देख चुके हैं कि यही सर्वमान्य 'वाद' भारत में सर्वत्र स्वीकृत है। आत्मा की पूर्णता के इस अपूर्व सिद्धांत को सभी संप्रदाय वाले समान रूप से मानते हैं, हमारे महान् दार्शनिक कपिल महर्षि ने कहा है कि पवित्रता यदि आत्मा का स्वभाव नहीं हो तो आत्मा बाद में कभी भी पवित्रता को प्राप्त नहीं हो सकती, क्योंकि जो स्वभावत: पूर्ण नहीं है, वह यदि किसी प्रकार पूर्णता पा भी ले तो वह पूर्णता उसमें स्थिर भाव से नहीं रह सकती, वह उससे पुन:

चली जाएगी। यदि अपवित्रता ही मनुष्य का स्वभाव हो तो भले ही वह कुछ समय के लिए पवित्रता प्राप्त कर ले पर वह सदा के लिए अपवित्र ही बना रहेगा। कभी-न-कभी ऐसा समय आएगा, जब वह पवित्रता धुल जाएगी, दूर हो जाएगी और फिर वही पुरानी स्वाभाविक अपवित्रता अपना सिक्का जमा लेगी, अतएव हमारे सभी दार्शनिक कहते हैं कि पवित्रता ही हमारा स्वभाव है, अपवित्रता नहीं; पूर्णता ही हमारा स्वभाव है, अपूर्णता नहीं। इस बात को तुम सदा स्मरण रखो।

उस महर्षि के सुंदर दृष्टांत का सदैव स्मरण रखो, जो शरीर-त्याग करते समय अपने मन से अपने किए हुए उत्कृष्ट कार्यों और उच्च विचारों का स्मरण करने के लिए कहते हैं। देखो, उन्होंने अपने मन से अपने दोषों और दुर्बलताओं की याद करने के लिए नहीं कहा है। यह सच है कि मनुष्य में दोष हैं, दुर्बलताएँ हैं, पर तुम सर्वदा अपने वास्तविक स्वरूप का स्मरण करो, बस यही इन दोषों और दुर्बलताओं को दूर करने का अमोघ उपाय है।

मैं समझता हूँ कि ये कतिपय तत्त्व भारतवर्ष के सभी भिन्न-भिन्न संप्रदायवाले स्वीकार करते हैं और संभवतः भविष्य में इसी सर्वस्वीकृत आधार पर समस्त संप्रदायों के लोग—वे उदार हों या कट्टर, पुरानी लकीर के फकीर हों या नई रोशनीवाले—सभी के सभी आपस में मिलकर रहेंगे, पर सबसे बढ़कर एक अन्य बात भी हमें याद रखनी चाहिए, खेद है कि इसे हम प्रायः भूल जाते हैं, वह यह कि भारत में धर्म का तात्पर्य है 'प्रत्यक्षानुभूमि', इससे कम कदापि नहीं। हमें ऐसी बात कोई नहीं सिखा सकता कि 'यदि तुम इस मत को स्वीकार करो तो तुम्हारा उद्धार हो जाएगा; क्योंकि हम उस बात पर विश्वास करते हैं ही नहीं। तुम अपने को जैसा बनाओगे, अपने को जैसे साँचे में ढालोगे, वैसे ही बनोगे। तुम जो कुछ हो, जैसे हो, वह ईश्वर की कृपा और अपने प्रयत्न से बने हो। किसी मतामत में विश्वास मात्र से तुम्हारा कोई विशेष उपकार नहीं होगा। यह 'अनुभूति' शक्तिमय—यह महान् शब्द भारत के ही आध्यात्मिक गगनमंडल से आविर्भूत हुआ है और एकमात्र हमारे ही शास्त्रों ने यह बारंबार कहा है कि ईश्वर के दर्शन करने होंगे। यह बात बड़े

साहस की है, इसमें संदेह नहीं; पर इसका लेशमात्र भी मिथ्या नहीं है, यह अक्षरशः सत्य है।'

धर्म की प्रत्यक्ष अनुभूति करनी होगी, केवल सुनने से काम नहीं चलेगा; तोते की तरह कुछ थोड़े से शब्द और धर्मविषयक बातें रट लेने से काम नहीं चलेगा; केवल बुद्धि द्वारा स्वीकार कर लेने से भी काम न चलेगा—आवश्यकता है हमारे अंदर धर्म के प्रवेश करने की, अतः ईश्वर के अस्तित्व पर विश्वास रखने का सबसे बड़ा प्रमाण यह नहीं है कि वह तर्क से सिद्ध है; वरन् ईश्वर के अस्तित्व का सर्वोच्च प्रमाण तो यह है कि हमारे यहाँ के प्राचीन तथा अर्वाचीन सभी पहुँचे हुए लोगों ने ईश्वर का साक्षात्कार किया है। आत्मा के अस्तित्व पर हम केवल इसलिए विश्वास नहीं करते कि हमारे पास उसके प्रमाण में उत्कृष्ट युक्तियाँ हैं, वरन् इसलिए कि प्राचीनकाल में भारतवर्ष के सहस्रों व्यक्तियों ने आत्मा के प्रत्यक्ष दर्शन किए हैं; आज भी ऐसे बहुत से लोग हैं, जिन्होंने आत्मोपलब्धि की है; और भविष्य में भी ऐसे हजारों लोग होंगे, जिन्हें आत्मा की प्रत्यक्ष अनुभूति होगी और जब तक मनुष्य ईश्वर के दर्शन न कर लेगा, आत्मा की उपलब्धि न कर लेगा, तब तक उनकी मुक्ति असंभव है।

अतएव, आओ, सबसे पहले हम इस बात को भलीभाँति समझ लें; और हम इसे जितना ही अधिक समझेंगे, उतना ही भारत में सांप्रदायिकता का ह्रास होगा, क्योंकि यथार्थ धार्मिक वही है, जिसने ईश्वर के दर्शन पाए हैं, जिसने अंतर में उसकी प्रत्यक्ष उपलब्धि की है। जिसने उसे देख लिया, जो हमारे निकट से भी निकट और फिर दूर से भी दूर है, उसके हृदय की गाँठें खुल जाती हैं, उसके सारे संशय दूर हो जाते हैं और वह कर्मफल के समस्त बंधनों से छुटकारा पा जाता है।

अफसोस! हम लोग बहुधा अर्थहीन वागाडंबर को ही आध्यात्मिक सत्य समझ बैठते हैं, पांडित्य से भरी सुललित वाक्य रचना को ही गंभीर धर्मानुभूति समझ लेते हैं। इसी से यह सारी सांप्रदायिकता आती है, सारा विरोधभाव उत्पन्न होता है। यदि हम एक बार इस बात को भलीभाँति समझ

लें कि 'प्रत्यक्ष अनुभूति' ही प्रकृत धर्म है तो हम अपने ही हृदय को टटोलेंगे और यह समझने का प्रयत्न करेंगे कि हमने धर्मराज्य के सत्यों की उपलब्धि की और कहाँ तक अग्रसर हुए हैं, और तब हम यह समझ जाएँगे कि हम स्वयं अंधकार में भटक रहे हैं और अपने साथ दूसरों को भी उसी अंधकार में भटका रहे हैं, बस इतना समझने पर हमारी सांप्रदायिकता और लड़ाई मिट जाएगी। यदि कोई तुमसे सांप्रदायिक झगड़ा करने को तैयार हो तो उससे पूछो, "तुमने क्या ईश्वर के दर्शन किए हैं? क्या तुम्हें कभी आत्मदर्शन प्राप्त हुआ है? यदि नहीं तो तुम्हें ईश्वर के नाम का प्रचार करने का क्या अधिकार है? तुम तो स्वयं अँधेरे में भटक रहे हो और मुझे भी उसी अँधेरे में घसीटने की कोशिश कर रहे हो? अंधा अंधे को राह दिखावे के अनुसार तुम मुझे भी गड्ढे में ले गिरोगे।"

अतएव किसी दूसरे के दोष निकालने के पहले तुमको अधिक विचार कर लेना चाहिए। सबको अपनी-अपनी राह से चलने दो—'प्रत्यक्ष अनुभूति' की ओर अग्रसर होने दो। सभी अपने-अपने हृदय में उस सत्यस्वरूप आत्मा के दर्शन करने का प्रयत्न करें और जब वे उस भूमा के, उस अनावृत सत्य के दर्शन कर लेंगे, तभी उससे प्राप्त होनेवाले अपूर्व आनंद का अनुभव कर सकेंगे। आत्मोपलब्धि से प्रसूत होनेवाला यह अपूर्व आनंद कपोल-कल्पित नहीं है; वरन् भारत के प्रत्येक ऋषि ने, प्रत्येक सत्यद्रष्टा पुरुष ने इसका प्रत्यक्ष अनुभव किया है और तब, उस आत्मदर्शी हृदय से आप ही आप प्रेम की वाणी निकलेगी; क्योंकि उसे ऐसे परम पुरुष का स्पर्श प्राप्त हुआ है, जो स्वयं प्रेमस्वरूप है, बस तभी हमारे सारे सांप्रदायिक लड़ाई-झगड़े दूर होंगे; और तभी हम 'हिंदू' शब्द को तथा प्रत्येक हिंदू-नामधारी व्यक्ति को यथार्थतः समझने हृदय में धारण करने तथा गंभीर रूप से प्रेम करने एवं आलिंगन करने में समर्थ होंगे।

मेरी बात पर ध्यान दो, केवल तभी तुम वास्तव में हिंदू कहलाने योग्य होगे, जब 'हिंदू' शब्द को सुनते ही तुम्हारे अंदर बिजली दौड़ते लग जाएगी। केवल तभी तुम सच्चे हिंदू कहला सकोगे, जब तुम किसी भी प्रांत के, कोई भी भाषा बोलनेवाले प्रत्येक हिंदू-संज्ञक व्यक्ति को एकदम अपना सगा और

स्नेही समझने लगोगे। केवल तभी तुम सच्चे हिंदू माने जाओगे, जब किसी भी हिंदू कहलानेवाले का दुःख तुम्हारे हृदय में तीर की तरह आकर चुभेगा, मानो तुम्हारा अपना लड़का ही विपत्ति में पड़ गया हो! केवल तभी तुम यथार्थतः 'हिंदू' नाम के योग्य होगे, जब तुम उनके लिए समस्त अत्याचार और उत्पीड़न सहने के लिए तैयार रहोगे। इसके ज्वलंत दृष्टांत हैं—तुम्हारे ही गुरु गोविंद सिंह, जिनकी चर्चा मैं आरंभ में ही कर चुका हूँ। इस महात्मा ने देश के शत्रुओं के विरुद्ध लोहा लिया, हिंदू धर्म की रक्षा के लिए अपने हृदय का रक्त बहाया, अपने पुत्रों को अपने आँखों के सामने मौत के घाट उतरते देखा, पर जिनके लिए इन्होंने अपना और अपने प्राणों से बढ़कर प्यारे पुत्रों का खून बहाया, उन्हीं लोगों ने इनकी सहायता करना तो दूर रहा, उलटे इन्हें त्याग दिया! यहाँ तक कि उन्हें इस प्रदेश से भी हटना पड़ा, अंत में मर्मांतक चोट खाए हुए सिंह की भाँति यह नरकेसरी शांतिपूर्वक अपने जन्मस्थान को छोड़ दक्षिण भारत में जाकर मृत्यु की राह देखने लगा; परंतु अपने जीवन के अंतिम मुहूर्त तक उसने अपने उन कृतघ्न देशवासियों के प्रति कभी अभिशाप का एक शब्द भी मुँह से नहीं निकाला।

मेरी बात पर ध्यान दो। यदि तुम देश की भलाई करना चाहते हो तो तुममें से प्रत्येक को गुरु गोविंद सिंह बनना पड़ेगा। तुम्हें अपने देशवासियों में भले ही हजारों दोष दिखाई दें, पर तुम उनकी रग-रग में बहनेवाले हिंदू रक्त की ओर ध्यान दो। तुम्हें पहले अपने इन स्वजातीय नर-रूप देवताओं की पूजा करनी होगी, भले ही वे तुम्हारी बुराई के लिए लाख चेष्टा किया करें। इनमें से प्रत्येक यदि तुम पर अभिशाप और निंदा की बौछार करे तो भी तुम इनके प्रति प्रेमपूर्ण वाणी का ही प्रयोग करो। यदि ये तुम्हें त्याग दें, पैरों से ठुकरा दें तो तुम उसी वीरकेसरी गोविंदसिंह की भाँति समाज से दूर जाकर नीरव भाव से मौत की राह देखो। जो ऐसा कर सकता है, वही सच्चा हिंदू कहलाने का अधिकारी है। हमें अपने सामने सदा इसी प्रकार का आदर्श उपस्थित रखना होगा। पारस्परिक विरोधभाव को भूलकर चारों ओर प्रेम का प्रवाह बहाना होगा।

लोग भारत के पुनरुद्धार के लिए जो जी में आए, कहें। मैं जीवन भर

काम करता रहा हूँ; कम-से-कम काम करने का प्रयत्न करता रहा हूँ; मैं अपने अनुभव के बल पर तुमसे कहता हूँ कि जब तक तुम सच्चे अर्थ में धार्मिक नहीं होते, तब तक भारत का उद्धार होना असंभव है। केवल भारत ही क्यों, सारे संसार का कल्याण इसी पर निर्भर है, क्योंकि मैं तुम्हें स्पष्टतया बताए देता हूँ कि इस समय पाश्चात्य सभ्यता की अपनी नींव तक हिल गई है।

भौतिकवाद की कच्ची रेतीली नींव पर खड़ी होनेवाली बड़ी-से-बड़ी इमारतें भी एक न एक दिन अवश्य ही आपदग्रस्त होंगी, ढह जाएँगी। इस विषय में संसार का इतिहास ही सबसे बड़ा साक्षी है। जाति पर जाति उठी हैं और जड़वाद की नींव पर, उन्होंने अपने गौरव का प्रासाद खड़ा किया है। उन्होंने संसार के समक्ष यह घोषणा की है कि जड़ के सिवा मनुष्य और कुछ नहीं है। ध्यान दो, पाश्चात्य भाषा में 'मनुष्य आत्मा छोड़ता है' पर हमारी भाषा में 'मनुष्य शरीर छोड़ता है।' पाश्चात्य मनुष्य अपने संबंध में पहले देह को ही लक्ष्य करता है, उसके बाद उसके एक आत्मा है। पर हम लोगों के अनुसार मनुष्य पहले आत्मा ही है और फिर उसके एक देह भी है। दोनों में आकाश-पाताल का अंतर है। इसलिए जितनी सभ्यताएँ भौतिक सुख-स्वच्छंदता की रेतीली नींव पर कायम हुई थीं, वे लुप्त हो गईं; परंतु भारत की सभ्यता और भारत के चरणों के पास बैठकर शिक्षा ग्रहण करनेवाले चीन और जापान की सभ्यता आज भी जीवित है; और इतना ही नहीं, बल्कि उनमें पुनरुत्थान के लक्षण भी दिखाई दे रहे हैं। 'फिनिक्स' के समान हजारों बार नष्ट होने पर भी वे पुनः अधिक तेजस्वी होकर प्रस्फुरित होने को तैयार है, पर जड़वाद के आधार पर जो सभ्यताएँ स्थापित हैं, वे यदि एक बार नष्ट हो गईं तो फिर उठ नहीं सकतीं, एक बार यदि महल ढह पड़ा तो बस सदा के लिए धूल में मिल गया! अतएव धैर्य के साथ राह देखते रहो, हम लोगों का भविष्य उज्ज्वल है।

उतावले मत बनो, किसी दूसरे का अनुकरण करने की चेष्टा मत करो। दूसरे का अनुकरण करना सभ्यता की निशानी नहीं है; यह एक महान् पाठ है, जो हमें याद रखना है। मैं यदि आप ही राजा की सी पोशाक पहन लूँ तो क्या इतने ही से मैं राजा बन जाऊँगा? शेर की खाल ओढ़कर गधा कभी शेर नहीं

बन सकता। अनुकरण करना, हीन और डरपोक की तरह अनुकरण करना कभी उन्नति के पथ पर आगे नहीं बढ़ा सकता। वह तो मनुष्य के अध:पतन का लक्षण है, जब मनुष्य अपने आपसे घृणा करने लग जाता है, तब समझना चाहिए कि उस पर अंतिम चोट बैठ चुकी है, जब वह अपने पूर्वजों को मानने में लज्जित होता है तो समझ लो कि उसका विनाश निकट है, यद्यपि मैं हिंदू जाति का एक नगण्य व्यक्ति हूँ, तथापि अपनी जाति और अपने पूर्वजों के गौरव में मैं अपना गौरव मानता हूँ।

अपने को हिंदू बताते हुए, हिंदू कहकर अपना परिचय देते हुए, मुझे एक प्रकार का गर्व सा होता है। मैं तुम लोगों का एक तुच्छ सेवक होने में अपना गौरव समझता हूँ। तुम लोग आर्य ऋषियों के वंशधर हो, उन ऋषियों के, जिनकी महत्ता की तुलना नहीं हो सकती। मुझे इसका गर्व है कि मैं तुम्हारे देश का एक नगण्य नागरिक हूँ, अतएव भाइयो, आत्मविशसी बनो। पूर्वजों के नाम से अपने को लज्जित नहीं, गौरवान्वित समझो। याद रहे, किसी का अनुकरण कदापि न करो। कदापि नहीं, जब कभी तुम औरों के विचारों का अनुकरण करते हो, तुम अपनी स्वाधीनता गँवा बैठते हो। यहाँ तक कि आध्यात्मिक विषय में भी यदि दूसरों के आज्ञाधीन हो कार्य करोगे तो अपनी सारी शक्ति, यहाँ तक कि विचार की शक्ति भी खो बैठोगे। अपने स्वयं के प्रयत्नों द्वारा अपने अंदर की शक्तियों का विकास करो पर देखो, दूसरे का अनुकरण न करो। हाँ, दूसरों के पास जो कुछ अच्छाई हो, उसे अवश्य ग्रहण करो। हमें दूसरों से अवश्य सीखना होगा। जमीन में बीज बो दो, उसके लिए पर्याप्त मिट्टी, हवा और पानी की व्यवस्था करो; जब वह बीज अंकुरित होकर कालांतर में एक विशाल वृक्ष के रूप में फैल जाता है, तब क्या वह मिट्टी बन जाता है या हवा या पानी? नहीं, वह तो विशाल वृक्ष की बनता है—मिट्टी, हवा और पानी से रस खींचकर वह अपनी प्रकृति के अनुसार एक महीरुह का रूप ही धारण करता है। उसी प्रकार तुम भी करो—औरों से उत्तम बातें सीखकर उन्नत बनो। जो सीखना नहीं चाहता, वह तो पहले ही मर चुका है। महर्षि मनु ने कहा है—

"श्रद्दधानः शुभां विद्यामाददीतावरादपि।
अन्त्यादपि परं धर्म स्त्रीरत्नं दुष्कुलादपि॥"

"स्त्री-रत्न को, भले ही वह कुलीन न हो, अपनी पत्नी के रूप में स्वीकार करो और नीच व्यक्ति की सेवा करके उससे भी श्रेष्ठ विद्या सीखो। चांडाल से भी श्रेष्ठ धर्म की शिक्षा ग्रहण करो।" औरों के पास जो कुछ भी अच्छा पाओ, सीख लो; पर उसे अपने भाव के साँचे में ढालकर लेना होगा। दूसरे से शिक्षा ग्रहण करते समय उसके ऐसे अनुगामी न बनो कि अपनी स्वतंत्रता गँवा बैठो।

भारत के इस जातीय जीवन को भूल मत जाना। पल भर के लिए भी ऐसा न सोचना कि भारतवर्ष के सभी अधिवासी यदि अमुक जाति की वेशभूषा धारण कर लेते या अमुक जाति के आचार-व्यवहारादि के अनुयायी बन जाते तो बड़ा अच्छा होता। यह तो तुम भलीभाँति जानते हो कि कुछ ही वर्षों का अभ्यास छोड़ देना कितना कठिन होता है! फिर यह ईश्वर ही जानता है कि तुम्हारे रक्त में कितने सहस्र वर्षों का संस्कार जमा हुआ है; कितने सहस्र वर्षों से यह प्रबल जातीय जीवन-स्रोत एक विशेष दिशा की ओर प्रवाहित हो रहा है और क्या तुम यह समझते हो कि वह प्रबल धारा, जो प्रायः अपने समद्र के समीप पहुँच चुकी है, पुनः उलटकर हिमालय की हिमाच्छादित चोटियों पर वापस जा सकती है? यह असंभव है! यदि ऐसी चेष्टा करोगे तो जाति ही नष्ट हो जाएगी, अतः इस जातीय जीवन-स्रोत को पूर्ववत् प्रवाहित होने दो। हाँ, जो बाँध इसके रास्ते में रुकावट डाल रहे हैं, उन्हें काट दो; इसका रास्ता साफ करके प्रवाह को मुक्त कर दो, देखोगे, यह जातीय जीवन-स्रोत अपनी स्वाभाविक शक्ति से बहता हुआ आगे बढ़ निकलेगा और यह जाति अपनी सर्वांगीण उन्नति करते करते अपने चरम लक्ष्य की ओर अग्रसर होती जाएगी।

भाइयो! यही कार्यप्रणाली है, जो हमें भारत में धर्म के क्षेत्र में अपनानी होगी। इसके सिवा और भी कई महती समस्याएँ हैं, जिनकी चर्चा समयाभाव के कारण इस रात मैं नहीं कर सकता। उदाहरण के लिए जाति-भेद-संबंधी अद्भुत समस्या को ही ले लो। मैं जीवन भर इस समस्या पर हर एक पहलू से

विचार करता रहा हूँ। भारत के प्रायः प्रत्येक प्रांत में जाकर मैंने इस समस्या का अध्ययन किया है। इस देश के लगभग हर एक भाग की विभिन्न जातियों से मैं मिला-जुला हूँ, पर जितना ही मैं इस विषय पर विचार करता हूँ, मेरे सामने उतनी ही कठिनाइयाँ आ पड़ती हैं और मैं इसके उद्देश्य अथवा तात्पर्य के विषय में किंकर्तव्यविमूढ़ सा हो जाता हूँ। अंत में अब मेरी आँखों के सामने एक क्षीण आलोक-रेखा दिखाई देने लगी है, इधर कुछ ही समय से इसका मूल उद्देश्य मेरी समझ में आने लगा है।

इसके बाद फिर खान-पान ही समस्या भी बड़ी विषम है। वास्तव में यह एक बड़ी जटिल समस्या है। साधारणतः हम लोग इसे जितना अनावश्यक समझते हैं, सच पूछो तो यह उतनी अनावश्यक नहीं है। मैं तो इस सिद्धांत पर आ पहुँचा हूँ कि आजकल खान-पान के बारे में हम लोग जिस बात पर जोर देते हैं, वह एक बड़ी विचित्र बात है—वह शास्त्रानुमोदित नहीं है। तात्पर्य यह कि खान-पान में वास्तविक पवित्रता की अवहेलना करके ही हम लोग कष्ट पा रहे हैं। हम शास्त्रानुमोदित आहार प्रथा के वास्ताविक अभिप्राय को बिल्कुल भूल गए हैं।

इसी प्रकार और भी कई समस्याएँ हैं, जिन्हें मैं तुम लोगों के समक्ष रखना चाहता हूँ और साथ ही यह बतलाना चाहता हूँ कि इन समस्याओं के समाधान क्या हैं तथा किस प्रकार इन समाधानों को कार्यरूप में परिणत किया जा सकता है, पर दुःख है, सभा के व्यवस्थित रूप से आरंभ होने में देर हो गई और अब मैं तुम लोगों को और अधिक नहीं रोकना चाहता, अतः जातिभेद तथा अन्यान्य समस्याओं पर मैं फिर भविष्य में कभी कुछ कहूँगा।

अब केवल एक बात और कहकर मैं आध्यात्मिक तत्त्वविषयक अपना वक्तव्य समाप्त कर दूँगा। भारत में धर्म बहुत दिनों से गतिहीन बना हुआ है। हम चाहते हैं कि उसमें गति उत्पन्न हो। मैं चाहता हूँ कि प्रत्येक मनुष्य के जीवन में धर्म प्रतिष्ठित हो। मैं चाहता हूँ कि प्राचीनकाल की तरह राजमहल से लेकर दरिद्र के झोंपड़े तक सर्वत्र समान भाव से धर्म का प्रवेश हो। याद रहे, धर्म की इस जाति का साधारण उत्तराधिकार एवं जन्मसिद्ध स्वत्व है।

इस धर्म को हर एक आदमी के दरवाजे तक निस्स्वार्थ भाव से पहुँचाना होगा। ईश्वर के राज्य में जिस प्रकार वायु सबके लिए समान रूप से प्राप्त होती है, उसी प्रकार भारतवर्ष में धर्म को सुलभ बनाना होगा। भारत में इसी प्रकार का कार्य करना होगा। पर छोटे-छोटे दल बाँध आपसी मतभेदों पर विवाद करते रहने से नहीं बनेगा; हमें तो उन बातों का प्रचार करना होगा, जिनमें हम सब सहमत हैं और तब आपसी मतभेद आप ही आप दूर हो जाएँगे।

मैंने भारतवासियों से बारंबार कहा है और अब भी कह रहा हूँ कि कमरे में यदि सैकड़ों वर्षों से अंधकार फैला हुआ है तो क्या 'घोर अंधकार', 'भयंकर अंधकार' कहकर चिल्लाने से अंधकार दूर हो जाएगा? नहीं; रोशनी जला दो, फिर देखो कि अँधेरे आप ही आप दूर हो जाता है या नहीं। मनुष्य के सुधार का, उसके संस्कार का यही रहस्य है। उसके समक्ष उच्चतर बातें, उच्चतर प्रेरणाएँ रखो; पहले मनुष्य में, उसकी मनुष्यता में विश्वास रखो। ऐसा विश्वास लेकर क्यों प्रारंभ करें कि मानव हीन और पतित है? मैं आज तक मनुष्य पर, बुरे-से-बुरे मनुष्य पर भी, विश्वास करके कभी विफल नहीं हुआ हूँ। जहाँ कहीं भी मैंने मानव में विश्वास किया, वहाँ मुझे इच्छित फल ही प्राप्त हुआ है—सर्वत्र सफलता ही मिली है, यद्यपि प्रारंभ में सफलता के अच्छे लक्षण नहीं दिखाई देते थे, अतः मनुष्य में विश्वास रखो, चाहे वह पंडित हो या घोर मूर्ख, साक्षात् देवता जान पड़े या मूर्तिमान शैतान; सबसे पहले मनुष्य में विश्वास रखे और तदुपरांत यह विश्वास लाने का प्रयत्न करो कि यदि उसमें दोष है, यदि वह गलतियाँ करता है, यदि वह अत्यंत घृणित और असार सिद्धांतों को अपनाता है तो वह अपने यथार्थ स्वभाव के कारण ऐसा नहीं करता, वरन् उच्चतर आदर्शों के अभाव में वैसा करता है। यदि कोई व्यक्ति असत्य की ओर जाता है तो उसका कारण यही समझो कि वह सत्य को ग्रहण नहीं कर पाता, अतः मिथ्या को दूर करने का एकमात्र उपाय यही है कि उसे सत्य का ज्ञान कराया जाए। उसे सत्य का ज्ञान दे दो और उसके साथ अपने पूर्व मन के भाव की तुलना उसे करने दो। तुमने तो उसे सत्य का असली रूप

दिखा दिया, बस यहीं तुम्हारा काम समाप्त हो गया, अब वह स्वयं उस सत्य के साथ अपने पूर्व भाव की तुलना करके देखे। यदि तुमने वास्तव में उसे सत्य का ज्ञान करा दिया है तो निश्चय जानो, मिथ्या भाव अवश्य दूर हो जाएगा। प्रकाश कभी अंधकार का नाश किए बिना नहीं रह सकता। सत्य अवश्य ही उसके भीतर के सद्भावों को प्रकाशित करेगा। यदि सारे देश का आध्यात्मिक संस्कार करना चाहते हो तो उसके लिए यही रास्ता है—'नान्यः पन्था' वाद-विवाद या लड़ाई-झगड़ों से कभी अच्छा फल नहीं हो सकता। लोगों से यह भी कहने की आवश्यकता नहीं कि तुम लोग जो कुछ कर रहे हो, वह ठीक नहीं है, खराब है। जो कुछ अच्छा है, उसे उसके सामने रख दो; फिर देखो, वे कितने आग्रह के साथ उसे ग्रहण करते हैं और फिर देखोगे कि मनुष्य मात्र में जो अविनाशी ईश्वरीय शक्ति है, वह जाग्रत् हो जाती है और जो कुछ उत्तम है, जो कुछ महिमामय है, उसे ग्रहण करने के लिए हाथ फैला देती है।

जो हमारी समग्र जाति का स्रष्टा, पालक एवं रक्षक है, जो हमारे पूर्वजों का ईश्वर है—भले ही वह विष्णु, शिव, शक्ति या गणेश आदि नामों से पुकारा जाता हो, सगुण या निगुण अथवा साकार या निराकार रूप से उसकी उपासना की जाती हो, जिसे जानकर हमारे पूर्वज 'एकं सद्विप्रा बहुधा वदन्ति' कह गए हैं, वह अपने अनंत प्रेम-शक्ति के साथ हममें प्रवेश करे, अपने शुभाशीर्वादों की हम पर वर्षा करे, हमें एक-दूसरे को समझने की सामर्थ्य दे, जिससे हम यथार्थ प्रेम के साथ, सत्य के प्रति तीव्र अनुराग के साथ एक-दूसरे के हित के लिए कार्य कर सकें, जिससे भारत के आध्यात्मिक पुनर्निर्माण के इस महत्कार्य में हमारे अंदर अपने व्यक्तिगत नामयश, व्यक्तिगत स्वार्थ, व्यक्तिगत बड़प्पन की वासना के अंकुर न फूटें।

(लाहौर में दिया गया भाषण)

□

भारत से भेजे गए अभिनंदन पत्रों एवं बधाई पत्रों पर
अमेरिका से भेजा गया ऐतिहासिक उत्तर

भारत भूतकाल की अपेक्षा, और अधिक वैभव-संपन्न तथा कल्याणकारी होकर उभरेगा

यद्यपि हिंदू-धर्मरूप सौध के अनेक भव्य आधार स्तंभ बहुतेरी सुंदर कमानियाँ और बहुतेरे विचित्रता पूर्ण कोने-कोने, कई सदियों तक जो देश को प्रलयमग्न करनेवाली बाढ़ें आई, उनमें बहकर नष्ट हो गए, तथापि उसकी नींव पूर्णतः ज्यों की त्यों अटल है—मध्यवर्ती भारवाही संधिशिला सुदृढ़ है। वह आध्यात्मिक भित्ति, जिस पर हिंदू जाति की ईश्वर-भक्ति और भूतदया का अपूर्व कीर्तिस्तंभ स्थापित हुआ है, वह किंचित् भी विचलित नहीं हुई, वरन् पूर्ववत सुदृढ़ और सबल बनी है।

मद्रास निवासी मित्रो, देशबंधुओ और सहधर्मियो!

मुझे यह जानकर परम संतोष हैं कि अपने धर्म के प्रति मेरी नगण्य सेवा आपको मान्य हुई है। मुझे यह संतोष इसलिए नहीं कि आपने मेरी व्यक्तिगत या दूर विदेश में मेरे किए हुए कार्य की प्रशंसा की हैं; वरन् यह संतोष मुझे इस कारण हैं कि हिंदू धर्म के पुनरुत्थान में आपका यह आनंद यही स्पष्टतः सूचित करता है कि यद्यपि विदेशियों के आक्रमण की आँधी-पर-आँधी हतभाग्य भारतवर्ष के भक्ति-विनम्र मस्तक पर आघात करती चली गई हैं, यद्यपि कई

शताब्दियों के हमारे उपेक्षा-भाव और हमारे विजेताओं के तिरस्कार-भाव ने हमारे पुरातन आर्यावर्त्त के वैभव के प्रकाश को धुँधला कर दिया है। जिन ईश्वर का संदेश, भारत तथा समस्त संसार को पहुँचाने का सम्मान मुझ जैसे उनके अत्यंत तुच्छ और अयोग्य सेवक को मिला है, उन ईश्वर के प्रति आपका आदरभाव सचमुच अपूर्व है। यही आपकी जन्मजात धार्मिक प्रकृति है, जिसके कारण आप उन ईश्वर में और उसके संदेश में धर्म के उस प्रबल तरंग की प्रथम गूँज का अनुभव कर रहे हैं, जो निकट भविष्य में सारे भारतवर्ष पर अपनी संपूर्ण अबाध्य शक्ति के साथ अवश्यमेव आघात करेगी और अपनी अनंत शक्ति संपन्न बाढ़ द्वारा हर प्रकार की दुर्बलता और सदोषिता को दूर बहा ले जाएगी तथा हिंदू जाति को उठाकर विधि-नियोजित उस उच्च आसन पर बिठा देगी, जहाँ उसका पहुँचना निश्चित और अनिवार्य हैं। वहाँ वह भूतकाल की अपेक्षा और भी अधिक वैभवशाली बनेगा, शताब्दियों की नीरव कष्ट-सहिष्णुता का उपयुक्त पुरस्कार पाएगा और संसार की समस्त जातियों के मध्य में अपने उद्द्देश्य-आध्यात्मिक प्रकृति संपन्न मानवजाति के विकास को पूर्ण करेगा।

दक्षिण भारत के कृतज्ञ

उत्तर भारतवासी आप दक्षिणात्यों के विशेष कृतज्ञ हैं, क्योंकि आज भारतवर्ष में जो भावमयी स्फूर्तियाँ काम कर रही है, उनमें से अधिकांश का इसी दक्षिण प्रदेश से उद्गम होना पाया जाता है। श्रेष्ठ भाष्यकारगण, युगप्रवर्तक आचार्यगण-शंकर, रामानुज और मध्वाचार्य ने इसी दक्षिण भारत में जन्म लिया है। उन भगवान् शंकराचार्य के सामने संसार का प्रत्येक अद्वैतवादी ऋणी हो मस्तक झुकाता है; उन महात्मा रामानुजाचार्य के स्वर्गीय स्पर्श ने पददलित परिया लोगों को आलवार बना दिया; तथा उत्तर भारत के एकमात्र महापुरुष श्रीकृष्णचैतन्य, जिनका प्रभाव सारे भारतवर्ष में हैं, उनके अनुयायियों ने भी उन महाविभूति मध्वाचार्य का नेतृत्व स्वीकार किया। ये सभी दक्षिण में ही उत्पन्न हुए। इस वर्तमान युग में भी काशीपुरी के वैभव में अग्रस्थान दक्षिणात्यों का ही है; आपके त्याग का ही अधिकार हिमालय के सुदूरवर्ती शिखरों पर

के पवित्र मंदिरों पर है, और इसमें कोई आश्चर्य की बात नहीं कि आपकी नसों में संत-महापुरुषों के रक्त प्रवाहित होने के कारण तथा ऐसे आचार्यों के आशीर्वाद से धन्य जीवन आपको प्राप्त होने के कारण आप लोग भी भगवान् श्रीरामकृष्ण के संदेश के मर्म को समझने में और उसे आदरपूर्वक ग्रहण करने में सर्वप्रथम अग्रसर हो रहे हैं।

दक्षिण ही वैदिक विद्या का भंडार रहा है, अतएव आप लोग मेरा यह कहना समझ लेंगे कि अज्ञ आक्रमणकारियों द्वारा पुनः-पुनः प्रतिवाद होते रहने पर भी आज श्रुति ही हिंदू धर्म के सभी विभिन्न संप्रदायों का मेरुदंड है।

वेद की संहिता और ब्राह्मण भागों की महिमा मानवजाति के इतिहास की खोज लगानेवालों के लिए और शब्दशास्त्रियों के लिए चाहे जितनी अधिक हो, "अग्निमीळे" या "इषेत्वोर्जेत्वा" या "शनोदेवीरभीष्टये" वेदमंत्रों से विभिन्न वेदियों में यज्ञों और आहुतियों के संयोग से प्राप्य फलसमूह चाहे जितना वांछनीय हो, पर यह सब तो भोगमार्ग है, और किसी ने भी इसके द्वारा मोक्षप्राप्ति का दावा नहीं किया। इसी कारण ज्ञानकांड, जो आरण्यक नामक श्रुति का श्रेष्ठ भाग है और जिसमें आध्यात्मिकता की, मोक्षमार्ग की शिक्षा दी गई है, उसी का प्रभुत्व भारत में आज तक सदा रहा है तथा भविष्य में भी रहेगा।

भूल-भुलैया में भटका युवक

वर्तमान युग का हिंदू युवक, सनातन धर्म के अनेक पंथों की भूल भुलैनयों में भटका हुआ, उस एकमात्र हिंदू धर्म को, जिसकी सार्वजनिक उपयोगिता तदुपदिष्ट "अणोरणीयान् महतो महीयान्" ईश्वर की यथार्थ प्रतिबिंब है, उस धर्म के मर्म को, अपने भ्रमात्मक पूर्वधारणाओं और दुराग्रहों के कारण, ग्रहण करने में असमर्थ होने से, जिन राष्ट्रों ने निरी भौतिकता के सिवाय कभी भी और कुछ नहीं जाना, उनसे आध्यात्मिक सत्य का पुराना पैमाना उधार लेकर अँधेरे में टटोलता हुआ, अपने पूर्वजों के धर्म को समझने का व्यर्थ का कष्ट उठाता हुआ, अंत में उस खोज को बिल्कुल त्याग देता हैं और या तो वह निपट अज्ञेयवादी बन जाता है या अपनी

धार्मिक प्रकृति की प्रेरणाओं के कारण पशुजीवन बिताने में समर्थ नहीं हो पाता और पश्चिमात्य भौतिकता को पौवांत्य गंधारी कषायों का असावधानी के साथ पान करके श्रुति की भविष्यवाणी "परियंति मुढा अंधेनैव नीयमाना यथान्धाः" को चरितार्थ करता है।

केवल वे ही बच पाते हैं, जिनकी आध्यात्मिक प्रकृति सद्गुरु के संजीवनी-स्पर्श से जाग्रत् हो चुकी है।

भगवान् भाष्यकार की कैसी सुंदर उक्ति है—

दुर्लभ त्रयमेवैतत् देवानुग्रहेतुकम्।
मनुष्यत्वं मुमुक्षुत्वं महापुरुषसंश्रयः॥

"ये तीन दुर्लभ हैं और ईश्वर के अनुग्रह से ही प्राप्त होते हैं-मनुष्यजन्म, मोक्ष की इच्छा और महात्माओं की संगति।"

चाहे वह वैशेषिकों का सूक्ष्म विश्लेषण ही हो, जिसके परिणाम में परमाणु, द्वयणु और त्रसरेणु के विचित्र सिद्धांत निकाले गए हैं, चाहे वह नैयायिकों का उससे भी विचित्रतर विश्लेषण हो, जो जाति, द्रव्य, गुण, समवाय की चर्चा में दिख पड़ता है, चाहे वह परिणामवाद के जन्मदाता सांख्यवादियों के गंभीर विचारों की प्रगति ही हो, इन सब संशोधनों के परिणामस्वरूप 'व्याससूत्र' रूपी परिपक्व फल ही क्यों न हो। मानवी मन के इन विभिन्न विश्लेषणों और संश्लेषणों में वह 'श्रुति' ही एकमात्र आधार है। इतना ही नहीं, वरन् बौद्धों और जैनियों के दार्शनिक ग्रंथों में भी श्रुति की सहायता का त्याग नहीं किया गया है और बौद्धमत के कुछ ग्रंथों में और जैनियों के अधिकांश ग्रंथों में तो श्रुति का प्रामाण्य पूर्णतः स्वीकार किया गया है; इसके अपवाद के रूप में केवल वे ही श्रुतियाँ हैं, जिन्हें वे लोग हिंसक श्रुतियों और ब्राह्मणों के द्वारा पीछे से जोड़े हुए (प्रक्षिप्त) मानते हैं। आधुनिककाल में स्वर्गीय महात्मा स्वामी दयानंद सरस्वती का यही मत है।

तब तो यह प्रस्थानत्रयी ही, द्वैत, विशिष्टद्वैत, अद्वैत और अन्य कुछ अप्रसिद्ध व्याख्याओं के साथ, हिंदू धर्म का 'प्रमाण-ग्रंथ' है। वेद के संहिताभाग प्राचीन नाराशंसी के आधुनिक स्वरूप पुराण ही उसका 'उपाख्यान' विभाग है

और वैदिक ब्राह्मण-भाग का आधुनिक स्वरूप तंत्र ही उसका 'कर्मकांड' है। इस प्रकार एकमात्र प्रस्थानत्रयी ही सभी संप्रदायों का सर्वसाधारण प्रमाण ग्रंथ हैं, परंतु प्रत्येक संप्रदाय ने पुराणों और तंत्रों में से अपने लिए एक-एक को अलग-अलग ग्रहण कर लिया है।

यदि यह पूछें कि वह कौन विशिष्ट दर्शन है, जिसकी ओर केंद्र की तरह प्राचीन और अर्वाचीन समस्त हिंदू विचार-प्रणालियाँ झुकी हुई हैं, यदि कोई हिंदू धर्म के विभिन्न स्वरूपों के असली मेरुदंड को देखना चाहे, तो निस्संदेह व्याससूत्र की ही ओर निर्देश किया जाएगा।

हिंदू धर्म का मेरुदंड

चाहे हिमालय के अरण्यों के हृदयस्पंदन को भी स्तब्ध कर देनेवाली गंभीरता की अद्वैत-केसरी को, स्वर्नदी के गंभीर स्वर में मिले हुए मेघगर्जनध्वनि में 'अस्ति-भाँति-प्रिय' की घोषणा करते हुए सुनो अथवा वृंदावन के मनोहारी कुंजों में 'पियोपीतम' की कूजन सुनो, चाहे काशीपुरी के मठों में साधुओं के साथ गहरे ध्यान में मग्न हो जाओ या नदियों के अवतार श्रीगौरांग महाप्रभु के भक्तों के उन्मादपूर्ण नृत्यों में सम्मिलित हो, 'बड़केले और तेनकेल' आदि अनेक आशायुक्त विशिष्टाद्वैत सिद्धांत के आचार्य के चरणों का आश्रय लो या माध्व संप्रदाय के आचार्यों का उपदेश श्रद्धा के साथ श्रवण करो; सांसारिक सिक्खों का "वाह गुरु की फतह" समरनाद ही सुनो, या उदासी और निर्मला लोगों के ग्रंथसाहब के उपदेशों को ही सुनो; चाहे कबीरदास के संन्यासी शिष्यों को सत् साहब कहकर प्रणाम करो और साखी (भजन) के श्रवण का आनंद उठाओ; चाहे राजपूताना के सुधारक दादू के अद्‌भुत ज्ञानभंडार को पढ़ो या उनके राजशिष्य सुंदरदास से लेकर उस 'विचार-सागर' के प्रख्यात लेखक निश्चलदास के ग्रंथों को ही पढ़ो-जिसका (विचारसागर) प्रभाव भारत में गत तीन शताब्दियों में किसी भी भाषा में लिखे हुए ग्रंथ से अधिक है; यदि उत्तर भारत के किसी भंगी मेहतर से अपने लालगुरु के उपदेशों का वर्णन करने को कहो तो इन सभी उपदेशों और विभिन्न पंथों का मूल आधार वही मत दिखाई देगा, जिसका प्रमाण 'अति' है, 'गीता' जिसकी देवी टीका है, 'शारीरिक सूत्र'

जिसका संगठित रूप है, और भारत के सभी विभिन्न मतमतांतर-परमहंस परिव्राजकचार्यों से लेकर लालगुरु के बेचारे तिरस्कृत मेहतर शिष्यों तक के मत, जिसके भिन्न-भिन्न रूप हैं।

प्रस्थानत्रयी, प्रमाण-ग्रंथ

तब तो यह प्रस्थानत्रयी ही, द्वैत, विशिष्टद्वैत, अद्वैत और अन्य कुछ अप्रसिद्ध व्याख्याओं के साथ, हिंदू धर्म का 'प्रमाण-ग्रंथ' है। वेद के संहिताभाग प्राचीन नाराशंसी के आधुनिक स्वरूप पुराण ही उसका 'उपाख्यान' विभाग है और वैदिक ब्राह्मण-भाग का आधुनिक स्वरूप तंत्र ही उसका 'कर्मकांड है। इस प्रकार एकमात्र प्रस्थानत्रयी ही सभी संप्रदायों का सर्वसाधारण प्रमाणग्रंथ हैं, परंतु प्रत्येक संप्रदाय ने पुराणों और तंत्रों में से अपने लिए एक-एक को अलग अलग ग्रहण कर लिया है।

उपरोक्त कथनानुसार तंत्र ही वैदिक कर्मकांड का किंचित् परिवर्तित आधुनिक रूप हैं और किसी पाठक या उसके संबंध में किसी अत्यंत असंबद्ध सिद्धांत में पहुँचने के पूर्व मेरा अनुरोध है कि वह तंत्रों को 'ब्राह्मण'-विशेषकर अध्वर्युभाग के साथ पढ़ लें। तंत्रों में उपयोग किए हए अधिकांश मंत्र तो 'ब्राह्मण' से ही शब्दशः उद्धृत हुए दिखाई देंगे और उनके प्रभाव के संबंध में यह कहना पर्याप्त है कि श्रौत और स्मार्त कर्मों को छोड़कर हिमालय से कन्याकुमारी तक प्रचलित शेष सब कर्मकांड तंत्रों से ही लिए गए हैं और उन्हीं के अनुसार शाक्त, शैव, वैष्णव तथा अन्यान्य संप्रदायों में उपासना की जाती है।

हाँ, मैं ऐसा तो नहीं कह सकता कि सभी हिंदू अपने धर्म के इस मूल के संबंध में पूर्णतः परिचित हैं। बहुतेरे लोगों ने तो, विशेषकर निम्न बंगदेश में इन संप्रदायों और इन महान् प्रणालियों के नाम तक नहीं सुने हैं, परंतु जानकार या अनजाने में वे सब इसी प्रस्थानत्रयी में निर्धारित योजना के अनुसार काम करते हैं।

दूसरी ओर देखो तो जहाँ कहीं हिंदी भाषा बोली जाती हैं, वहाँ अति नीच वर्गों में भी दक्षिण बंगाल के बहुतेरे उच्चतम वर्गों की अपेक्षा, वेदांत धर्म की अधिक जानकारी है।

इसका कारण क्या है?

श्री चैतन्य का प्रभाव सारे भारतवर्ष में दिखाई देता है। जहाँ कहीं भक्तिमार्ग की जानकारी है, वहाँ उनकी पूजा-मान्यता तथा उनके संबंध में सादर चर्चा प्रचलित है। मैं कई कारणों से यही मानता हूँ कि वल्लभाचार्य का संपूर्ण संप्रदाय श्रीचैतन्य महाप्रभु के संप्रदाय की एक शाखा मात्र है। पर बंगाल में उनके के शिष्य कहलानेवाले लोग यह नहीं जानते कि उनकी शक्ति सारे भारतवर्ष में आज भी किस तरह काम कर रही है! और वे समझे भी कैसे? उनके शिष्यगण तो गद्दीवाले बन गए, पर वे स्वयं तो भारत में नंगे पैर, चांडाल तक के द्वार-द्वार पर जाकर भगवान् के प्रति प्रेमसंपन्न होने की भीख माँगते फिरे।

बंगाल की आध्यात्मिक तंद्रा

बंगदेशीय न्याय मिथिलाभूमि से नवद्वीप में स्थानांतरित हुआ और शिरोमणि, गदाधर जगदीश और मनीषीगण की प्रतिभा द्वारा पोषित एवं संवर्धित हुआ, जिसमें किसी-किसी विषय में तो सारे संसार की अन्य सभी प्रणालियों से श्रेष्ठ, अपूर्व तथा उपयुक्त भाषाशिल्प में वर्णित तर्कप्रणाली के विश्लेषण का समावेश है, वह बंगीय न्याय सारे भारतवर्ष में आदर की दृष्टि से अध्ययन किया जाता है, परंतु खेद है कि बंगवासियों ने वेद के अध्ययन की अत्यंत उपेक्षा की, यहाँ तक कि पिछले कुछ वर्षों के पहले बंगाल में पतंजलि के 'महाभाष्य' का शिक्षक प्रायः मिलता ही नहीं था। केवल एक ही बार वे महान् प्रतिभाशाली भगवान् श्रीकृष्णचैतन्य ही उस अनंत 'अवच्छिन्न अवच्छेदक' के जाल से ऊपर उठा सके। उसी समय एक बार बंगाल की आध्यात्मिक तंद्रा भंग हुई और कुछ समय तक वह भी भारतवर्ष के अन्य प्रदेशों के धर्मजीवन में सहभागी हुआ।

आश्चर्य की बात है कि यद्यपि श्रीचैतन्य ने संन्यास दीक्षा एक भारतीय से ग्रहण की और इस कारण वे स्वयं भारतीय थे, पर माधवेंद्र पुरीजी के शिष्य ईश्वर पुरीजी द्वारा ही उनकी आध्यात्मिक प्रतिभा की प्रथम जागृति हुई।

ऐसा प्रतीत होता है कि बंगदेश में धार्मिक जागृति करना मानो पुरी

संप्रदाय का ही एक विधाता-निर्दिष्ट उद्द्देश्य था। भगवान् श्रीरामकृष्ण को संन्यास-आश्रम तोतापुरीजी से प्राप्त हुआ।

श्री चैतन्य महाप्रभु ने 'व्याससूत्र' पर जो भाष्य लिखा, वह या तो लुप्त हो गया या अभी तक नहीं मिल सका। उनके शिष्यगण दक्षिण के माध्व संप्रदाय के साथ सम्मिलित हो गए और क्रमशः रूप, सनातन और जीव गोस्वामी जैसे विख्यात महापुरुषों द्वारा अंगीकृत कार्यभार बाबाजी लोगों के कंधे आ पड़ा और श्रीचैतन्य महाप्रभु का महान् आंदोलन तीव्र गति से ध्वंस की ओर जाने लगा। केवल थोड़े ही वर्षों से उसके पुनरुज्जीवन का चिन्ह दिखाई दे रहा है। आशा है कि वह अपना नष्ट वैभव पुनः प्राप्त करेगा।

जो विचित्र, अशास्त्रीय, आनुवांशिक कुलगुरुओं की प्रथा बंगाल प्रांत में और अधिकतर केवल उसी प्रांत में प्रचलित हैं, वहीं उस प्रांत के भारतवर्ष के अन्य भागों के आध्यात्मिक जीवन से अलग रहने का एक और कारण है। सबसे बड़ा कारण तो यह है कि बंगदेशीय जीवन पर ऐसे महान् संन्यासी वर्ग का प्रभाव नहीं पड़ा, जो वर्ग आज भी अत्युच्च भारतीय आध्यात्मिक संस्कृति के प्रतिनिधि और भांडार स्वरूप हैं।

उच्च वर्ग की भोग-प्रवृत्ति

बंगाल के उच्च वर्ग को त्याग की रुचि कदापि नहीं है। उनकी प्रवृत्ति भोग की ओर है। वे आध्यात्मिक विषयों में गंभीर अंतर्दृष्टि कैसे प्राप्त कर सकते हैं? ***"त्यागेनैके अमृतत्त्वमानशुः"*** एकमात्र त्याग द्वारा ही अमृतत्त्व प्राप्त होता है। इसका व्यतिक्रम कैसे हो सकता है?

दूसरी ओर देखो तो हिंदीभाषी संसार में बड़े प्रभावशाली; प्रतिभावान त्यागी उपदेशकों की परंपरा ने द्वार तक वेदांत के सिद्धांतों को पहुँचा दिया है। विशेषकर 'पंजाब केसरी' रणजीत सिंह के शासनकाल में त्यागियों को जो प्रोत्साहन दिया गया था, उसके कारण नीचातिनीचों को भी वेदांत दर्शन के उच्चतम उपदेशों को ग्रहण करने का अवसर प्राप्त हो गया। सात्त्विक अभिमान के साथ पंजाबी कृषक पुत्री कहती है कि मेरा सूत कातने का चरखा भी "सोऽहम्" "सोऽहम्" पुकार रहा है। और मैंने मेहतर त्यागियों की भी

ऋषिकेश के अरण्यों में संन्यासी का वेष धारण किए वेदांत का अध्ययन करते देखा है। और वे ऐसे-वैसे नहीं हैं, अनेकों अभिमानी उच्चवर्गीय पुरुष भी उनके चरणों के समीप बैठकर शिक्षा प्राप्त करने में प्रसन्न होंगे। और ऐसा क्यों न हो? "अंत्यादपि परं धर्मम्" नीचकुलोत्पन्न मनुष्य से भी परमधर्म-परमात्म-ज्ञान की शिक्षा ली जा सकती है।

इसी तरह उत्तर-पश्चिमी प्रांत और पंजाब में धार्मिक शिक्षा बंगाल, बंबई या मद्रास की अपेक्षा अधिक है। भिन्न-भिन्न संप्रतायों के सदाकाल प्रवास करनेवाले त्यागी-दशनामी, बैरागी और पंथी लोग प्रत्येक के द्वार पर धर्म का उपदेश किया करते हैं और उसके लिए खर्च क्या पड़ता है?—केवल एक टुकड़ा रोटी और उसमें से अधिकांश कितने उदार और निस्स्वार्थ होते हैं।

सनातन धर्म के असली रक्षक

एक कचूपंथी या स्वतंत्रपंथी संन्यासी (जो अपने को किसी पंथ में शामिल नहीं करना चाहते); ऐसे हैं, जिनके द्वारा राजपूताना में सैकड़ों पाठशालाएँ और दातव्य आश्रम स्थापित हुए हैं। उन्होंने जंगलों में अस्पताल खोले हैं और हिमालय के दुर्गम गिरि-नदियों को पार करने के लिए लोहे के पुल बनवाए हैं। और वे ऐसे पुरुष हैं कि सिक्के को अपने हाथों से कभी छूते तक नहीं और कंबल के सिवाय कोई अन्य संसारी वस्तु अपने पास नहीं रखते। इसी कारण लोगों में उनका नाम 'कमलीवाले' बाबा या स्वामी पड़ गया है। वे अपना भोजन द्वार-द्वार पर जाकर माँग लिया करते हैं। मैंने उनको एक ही घर से अपना पूरा भोजन लेते नहीं देखा है। वे इसी विचार या डर से ऐसा करते हैं कि कहीं किसी एक ही गृहस्थ को उनकी भिक्षा भाररूप न हो जाए। और ऐसे वे ही एक नहीं हैं, उनके समान और कितने ही हैं। भारतवर्ष में जब तक ऐसे भूदेव जीवित रहेंगे और अपने ऐसे दैवी आचरणरूप दुर्भेद्य परकोटे में 'सनातन धर्म की रक्षा करते रहेंगे', तब तक वह पुराना धर्म क्या कभी मर सकता है?

इस अमेरिका देश में वर्ष में केवल छः मास प्रत्येक रविवार को केवल दो घंटे ही धर्मोपदेश देने के लिए पादरी लोग 30,000 रु., 40,000 रु., 50,000 रु. और कभी-कभी तो 90,000 रु. तक वार्षिक वेतन पाते हैं।

देखिए अमेरिकन लोग अपने धर्म की रक्षा के लिए किस तरह करोड़ों रुपए बहा देते हैं और बंगदेशीय नवयुवकों को यह शिक्षा दी गई है कि ये देवतुल्य परम निस्स्वार्थ कमलीवाले बाबा सरीखे संत आलसी और आवारा लोग हैं! "मद्भक्तनाञ्च ये भक्तास्ते मे भक्ततमा मताः" जो मेरे भक्तों के भक्त हैं, उन्हें मैं मेरे सबसे श्रेष्ठ भक्त मानता हूँ।

अपने गरीब देशवासियों का सोचो

अच्छा, अब एक दूसरा उदाहरण लीजिए, मान लीजिए एक अत्यंत अज्ञानी बैरागी है। वह भी किसी गाँव में पहुँचेगा तो तुलसीकृत रामायण, चैतन्यचरितामृत और यदि दक्षिणात्य हो तो दक्षिण के आलवार ग्रंथों में से जो कुछ भी वह जानता होगा, उसे ग्रामवासियों को सिखाने का भरसक प्रयत्न करेगा, क्या ऐसा करने से कोई उपकार नहीं होगा? और यह सब केवल रोटी के टुकड़े और लंगोटी के कपड़े के बदले में हो जाता है। इन लोगों की निर्दयतापूर्ण समालोचना करने से पूर्व, मेरे भाइयो! यह तो सोचो कि तुमने अपने गरीब देशभाइयों के लिए क्या किया है, जिनके खर्च से तुमने अपनी शिक्षा पाई, जिनका शोषण करके तुम अपने पदगौरव को कायम रखते हो और 'बाबाजी लोग केवल आवारा फिरनेवाले लोग होते हैं' यह सिखाने के लिए अपने शिक्षकों को वेतन देते हो।

हमारे कुछ बंगदेशीय भाई लोग हिंदू धर्म के इस पुनरुत्थान की, हिंदू धर्म का 'नया विकास' कहकर निंदा करते हैं। वे इसे 'नया' भले ही कहें, क्योंकि हिंदू धर्म केवल अभी ही बंगाल में प्रवेश कर रहा है। वहाँ अब तक तो धर्म की समग्र कल्पना केवल खान-पान और विवाह संबंधी देशाचार (स्थानीय रीतिरिवाज) के समुदाय तक ही परिमित थी।

श्रीरामकृष्ण के शिष्यगण हिंदू धर्म का जिस रूप में सारे भारतवर्ष में प्रचार कर रहे हैं, वह शास्त्रों के अनुकूल है या नहीं, ऐसे बड़े विषय का विचार करने के लिए इस छोटे से पत्रक में पर्याप्त स्थान नहीं है। पर मैं अपने समालोचकों के सामने कुछ संकेत अवश्य रखूँगा, जिनसे हमारी स्थिति को समझने में उन्हें कुछ सहायता मिल सके।

प्रथम तो मैंने ऐसी दलील कभी नहीं की कि 'काशीदास' या 'कृतिवास' के ग्रंथों से हिंदू धर्म का यथार्थ रूप जाना जा सकता है, यद्यपि उनकी वाणी 'अमृत समान' है और उनको श्रवण करनेवाले 'पुण्यवान हैं। हिंदू धर्म का यथार्थ ज्ञान प्राप्त करने के लिए हमें वेद और दर्शनशास्त्र पढ़ना चाहिए और भारत भर के महान् आचार्यों और उनके शिष्यों से उपदेश ग्रहण करना चाहिए।

सृष्टि के अनादिकत्व का सिद्धांत, केवल हिंदू धर्म का ही नहीं, वरन् बौद्ध तथा जैन धर्म का भी प्रधान आधारस्तंभ है। अब भारतवर्ष के सभी संप्रदाय स्थूल रूप से ज्ञानमार्गी और भक्तिमार्गी, इन दो श्रेणियों में विभक्त किए जा सकते हैं। यदि आप श्रीशंकराचार्यकृत शारीरिक भाष्य की भूमिका को देखें तो उसमें आपको ज्ञान की निरपेक्षता के संबंध में पूर्ण विवेचन मिलेगा और सिद्धांत यह निकाला गया है कि ब्रह्म की अनुभूति और मोक्ष की प्राप्ति किसी अनुष्ठान, मत, वर्ण, जाति या संप्रदाय पर अवलंबित नहीं है।

वेद अनादि-अनंत है

भाइयों! यदि आप 'गौतमसूत्र' से प्रारंभ करें और 'आप्त' के संबंध के उसके सिद्धांतों को वात्स्यायन भाष्य की दृष्टि से पढ़ें और शबर आदि अन्य भाष्यकारों की सहायता से मीमांसकों के मत तक पहुँच जाए तो आपको पता चलेगा कि वे अलौकिक प्रत्यक्ष तथा 'आप्त' के विषय में क्या कहते हैं, क्या हर एक व्यक्ति आप्त हो सकता है अथवा नहीं, और ऐसे आप्तों के वाक्य होने के कारण ही वेदों का प्रामाण्य है। यदि आपको यजुर्वेद की महाधरकृत प्रस्तावना पढ़ने का समय हो तो उसमें आपको इस बात का और अधिक स्पष्टीकरण मिलेगा कि वेद मनुष्य के आध्यात्मिक जीवन के नियम हैं। और इसी कारण उनका सिद्धांत है कि वेद अनादि तथा अनंत हैं।

सृष्टि के अनादिकत्व का सिद्धांत, केवल हिंदू धर्म का ही नहीं, वरन् बौद्ध तथा जैन धर्म का भी प्रधान आधारस्तंभ है।

अब भारतवर्ष के सभी संप्रदाय स्थूल रूप से-ज्ञान मार्गी और भक्ति-मार्गी-इन दो श्रेणियों में विभक्त किए जा सकते हैं। यदि आप श्रीशंकराचार्यकृत शारीरिक भाष्य की भूमिका को देखें तो उसमें आपको ज्ञान की निरपेक्षता के

संबंध में पूर्ण विवेचन मिलेगा और सिद्धांत यह निकाला गया है कि ब्रह्म की अनुभूति और मोक्ष की प्राप्ति किसी अनुष्ठान, मत, वर्ण, जाति या संप्रदाय पर अवलंबित नहीं है। कोई भी साधनचतुष्ट्य संपन्न साधक उसका अधिकारी बन सकता है। साधन-चतुष्ट्य संपूर्ण चित्तशुद्धि करनेवाले कुछ अनुष्ठान मात्र हैं।

भक्तिमार्ग के विषय में तो बंगदेशीय समालोचक भी अच्छी तरह से जानते हैं कि भक्ति के कई आचार्यों ने यह घोषणा की है कि जाति, वंश, लिंग आदि-यहाँ तक कि मनुष्ययोनि की भी आवश्यकता मोक्ष के लिए नहीं है। केवल एक आवश्यक वस्तु है भक्ति।

ज्ञान और भक्ति दोनों को निरपेक्ष बतलाकर ही सर्वत्र उपदेश दिया गया है। इसी कारण एक भी ऐसे आचार्य नहीं हैं, जिन्होंने विशेष पंथ, विशेष जाति या विशेष वंश की आवश्यकता मोक्ष के लिए बताई हो। इस संबंध में "अंतरा चापि तु तदृष्टः" इस व्यास-सूत्र का शंकर, रामानुज और मध्वकृत भाष्य पढ़िए।

समग्र उपनिषदों का अध्ययन कीजिए और संहिताओं में भी देखिए। कहीं भी मोक्ष के संबंध में अन्य धर्मों के समान मयादित या संकीर्ण विचार नहीं मिलेंगे। अन्य धर्मों के प्रति सहिष्णुता के विषय में सर्वत्र ही उल्लेख है, यहाँ तक कि अध्वर्युवेद की संहिता में चालीसवें अध्याय के तृतीय या चतुर्थ श्लोक में (यदि मुझे ठीक स्मरण है तो) कहा है—

न बुद्धिभेद जनयेदज्ञानां कर्मसंगिनाम्।

यही भाव हिंदू धर्म में सर्वत्र विद्यमान है।

अन्य धर्मों के प्रति सहिष्णुता

क्या भारतवर्ष में भी कोई मनुष्य-जब तक वह सामाजिक नियमों का पालन करता रहा-किसी भी विशिष्ट इष्टदेवता को मानने के कारण या नास्तिक या अज्ञेयवादी होने के कारण पीड़ित किया गया? समाज किसी को सामाजिक नियम भंग करने के अपराध में शामिल करे, पर प्रत्येक मनुष्य के लिए अति नीच भंग करने के लिए भी हिंदू धर्म में मोक्षमार्ग कभी बंद नहीं किया गया। इन दोनों विषयों को एक में मत मिलाइए। उदाहरणार्थ-मलाबार

में जिस सड़क से उच्च वर्ण का मनुष्य चलता है, उससे चांडाल को चलने की मनाई है, पर यदि वह मुसलमान या ईसाई हो जाए तो वह कहीं भी चल सकता है। ऐसा नियम हिंदू राजा के राज्य में सदियों से रहा है। यह अटपटा भले ही दिखे, पर अत्यंत प्रतिकूल अवस्था में भी अन्य धर्मों के प्रति सहिष्णुता का भाव तो इसमें स्पष्ट है।

एक भाव हिंदू धर्म में संसार के अन्य धर्मों की अपेक्षा विशेष है। उसके प्रकट करने में ऋषियों ने संस्कृत भाषा के प्रायः समग्र शब्दसमूह को निःशेष कर डाला है। वह भाव यह है कि मनुष्य को इसी जीवन में ईश्वर की प्राप्ति करनी होगी और अद्वैतग्रंथ प्रमाणयुक्त तर्क के साथ उसमें यह जोड़ देते हैं कि "ईश्वर को जानना ही ईश्वर हो जाना है।

"ब्रह्मवेद ब्रह्मैव भवति।"

इसके आवश्यक फलस्वरूप यह उदार और अत्यंत प्रभावशाली मत प्रकट होता है-जो कि न केवल वैदिक ऋषियों द्वारा घोषित हुआ है, जिसे न केवल विदुर, धर्मव्याध आदिकों ने ही कहा है, वरन् अभी कुछ समय पूर्व दादू-पंथी संप्रदाय के त्यागी संत निश्चलदास ने अपने विचार सागर में स्पष्टतापूर्वक कहा है—

"ब्रह्मरूप अहि ब्रह्मवित, ताकी वाणी वेद।
भाषा अथवा संस्कृत, करत भेदभ्रम छेद"

और जब वेद ही उस सत्य निर्विशेष ब्रह्म की शिक्षा देनेवाले एकमात्र शास्त्र और ईश्वर संबंधी अन्य सब मत केवल उसी के छोटे मर्यादित दर्शन मात्र है; जबकि 'सर्वलोकहितैषिणी' श्रुति भगवती धीरे से भक्त का हाथ पकड़ लेती है। और एक श्रेणी से दूसरी में, और क्रमशः अन्य सभी श्रेणियों में से, जहाँ-जहाँ से पार होना आवश्यक है, वहाँ से ले जाकर, उस निर्विशेष ब्रह्म तक पहुँचा देती है। और जब अन्य सभी धर्म उन्हीं में से रुद्धगति तथा स्थितिशील रूप में किसी एक या दूसरी श्रेणी मात्र का ही निर्देश करते हैं, तब तो संसार के सभी धर्म उस नामरहित, सीमारहित, नित्य वैदिक धर्म के अंतर्गत हैं।

"जिसने ब्रह्म को जान लिया, वह ब्रह्म बन गया, उसकी वाणी वेद है, और उसने अज्ञान का अंधकार दूर हट जाएगा, चाहे वह वाणी संस्कृत में हो या आधुनिक भाषा में हो।"

इस प्रकार द्वैतवादियों के मत के अनुसार ब्रह्म की उपलब्धि करना, ईश्वर का साक्षात्कार करना या अद्वैतवादियों के कहने के अनुसार ब्रह्म हो जाना-यही वेदों के समस्त उपदेशों का एकमात्र लक्ष्य है, और उसके और अन्य उपदेश हमारे उस लक्ष्य की ओर प्रगति के लिए सोपान स्वरूप हैं। भाष्यकार भगवान् काराचार्य की महिमा यही है कि उनकी प्रतिभा ने संन्यास के भावों की ऐसी अपूर्व व्याख्या प्रकट की।

ब्रह्म सत्य है

निरपेक्ष रूप से केवल ब्रह्म ही सत्य है। सापेक्ष सत्य की दृष्टि से भारतवर्ष और अन्य देशों के सभी विभिन्न मत ब्रह्म के भिन्न-भिन्न रूपों के आधार पर बने हुए होने के कारण सत्य हैं। बात केवल यही है कि कुछ मत, और अन्य मतों से श्रेष्ठ हैं। मान लो, एक मनुष्य सीधा सूर्य की ओर चलता जा रहा है। अपनी यात्रा में प्रत्येक पद पर वह सूर्य के नवीन-नवीन दृश्य-आकार, रूप और प्रकाश-हर क्षण नया नया देखता जाएगा, जब तक कि वह प्रत्यक्ष सूर्य तक न पहुँच जाए। पहले सूर्य जैसा उसे एक बड़े गेंद-सा दिखाई देता था, वैसा तो वह कभी नहीं था; न वह सूर्य कभी वैसा ही था, जैसा कि उसे वह अपनी यात्रा में भिन्न रूप में दिखा। तथापि यह तो सत्य ही हैं न कि हमारे उस यात्री ने सदा सूर्य को ही देखा और उस सूर्य के सिवाय और किसी अन्य वस्तु को नहीं देखा ? उसी तरह ये सभी भिन्न-भिन्न मत सत्य हैं—कुछ सनिकट हैं तो कुछ यथार्थ सूर्य से अधिक दूर हैं और 'एकमेवाद्वितीयम् ब्रह्म'।

और जब वेद ही उस सत्य निर्विशेष ब्रह्म की शिक्षा देनेवाले एकमात्र शास्त्र और ईश्वर संबंधी अन्य सब मत केवल उसी के छोटे मर्यादित दर्शन मात्र हैं; जबकि 'सर्वलोकहितैषिणी' श्रुति भगवती धीरे से भक्त का हाथ पकड़ लेती है। और एक श्रेणी से दूसरी में, और क्रमशः अन्य सभी श्रेणियों में से, जहाँ-जहाँ से पार होना आवश्यक हैं वहाँ से ले जाकर, उस निर्विशेष ब्रह्म तक

पहुँचा देती है। और जब अन्य सभी धर्म उन्हीं में से रुद्धगति तथा स्थितिशील रूप में किसी एक या दूसरी श्रेणी मात्र का ही निर्देश करते हैं, तब तो संसार के सभी धर्म उस नामरहित, सीमारहित, नित्य वैदिक धर्म के अंतर्गत हैं।

सबकुछ इसमें अंतर्निहित

सैकड़ों जीवन एक लगातार प्रयल कीजिए, युगों अपने मन के अंतःस्तल में खोजिए तो भी आपको एक भी ऐसा उदार धार्मिक विचार दिखाई नहीं देगा, जो कि आध्यात्मिकता को उस अनंत खान में पूर्व से ही अंतर्निहित न हो।

अब हिंदुओं की मूर्तिपूजा कही जानेवाली तथाकथित प्रथा को लीजिए। प्रथम तो आप जाकर उस पूजा के विभिन्न प्रकारों को सीखिए और यह निश्चय कीजिए कि वे उपासक यथार्थ में पूजा कहाँ कर रहे हैं—मंदिर में, प्रतिमा में या अपने देह-मंदिर में। पहले यह तो निश्चय रूप से जान लीजिए कि वे क्या कर रहे हैं (निंदा करनेवालों में से 90 प्रतिशत से अधिक लोग इस बात को नहीं जानते) और तब वेदांत दर्शन की दृष्टि से यह बात अपने आप ही समझ में आ जाएगी।

फिर भी हम कहेंगे कि ये कर्म अनिवार्य रूप से आवश्यक नहीं है। वरन् 'मनु' को खोलकर देखिए, जहाँ उसमें प्रत्येक वृद्ध मनुष्य के लिए चतुर्थ आश्रम ग्रहण करने की आज्ञा है और चाहे वह वैसा करें, या न करें उसे सभी कर्मों का त्याग तो करना ही चाहिए।

सर्वत्र यही पुनः पुनः कहा गया है कि ये सभी कर्म ज्ञान में जाकर समाप्त होते हैं—"ज्ञाने परिसमाप्यते"।

इन सब कारणों से यथार्थ में तो अन्य देश के भद्र लोगों की अपेक्षा किसी हिंदू किसान का भी धार्मिक ज्ञान अधिक हुआ करता है। अपने भाषणों में दर्शन और धर्मशास्त्र के यूरोपीय शब्दों के उपयोग करने के विषय उपयोग न करने के विषय में मुझे एक मित्र ने दोषी में मुझे एक मित्र ने दोषी ठहराया। संस्कृत शब्दों के ठहराया। मैं संस्कृत शब्दों का हर्षपूर्वक उपयोग करता मेरे लिए वैसा करना बहुत आसान होता, क्योंकि धर्म-भाव को प्रकट करने के लिए एकमात्र पूर्ण साधन संस्कृत भाषा ही है; पर वह मित्र यह भूल गया था कि मैं

पाश्चिमात्य श्रोताओं के सामने भाषण दे रहा था। और यद्यपि भारत के एक ईसाई पादरी ने यह कहा था कि हिंदू लोग अपने धर्मग्रंथों को अर्थ भूल गए हैं और पादरी लोगों ने ही उसका अर्थ निकाला, पादरियों के उस बृहत समुदाय में मुझे एक भी ऐसा नहीं मिला, जो संस्कृत का एक वाक्य भी समझ सकता, जिस पर भी उनमें से कई ऐसे थे, जिन्होंने वेदों तथा हिंदू धर्म के अन्य पवित्र ग्रंथों की निंदात्मक समालोचना के विद्वतापूर्ण लेख पढ़कर सुनाए!

मेरे देशबंधुओं! मैं इस देश में एक वर्ष से अधिक रह चुका हूँ। मैंने इनके समाज का प्राय: कोना-कोना छान डाला है। और दोनों का मिलान करके मैं आप लोगों को बता रहा हूँ कि जैसा पादरी लोग संसार को बताया करते हैं, उस प्रकार न तो हम लोग 'राक्षस हैं' और न वे लोग 'देवता' ही, जैसा कि उनका दावा है। पादरी लोग नैतिक पतन, बालहत्या और हिंदू विवाह-पद्धति के दोषों के संबंध में जितना ही कम बोलें, उतना ही उनके लिए बेहतर होगा। कई देशों के ऐसे यथार्थ चित्र हो सकते हैं, जिनके सामने पदारियों द्वारा खींचे हुए हिंदू समाज के सभी काल्पनिक चित्र फीके पड़ जाएँगे।

निराधार हिंदू आलोचना

यह बात सच नहीं है कि मैं किसी धर्म का विरोधी हूँ और मैं भारत के ईसाई पादरियों से शत्रुता करता हूँ, यह भी उतना ही असत्य है। परंतु अमेरिका में जिस तरीके से चंदे से धन एकत्रित करते हैं। उसका मैं अवश्य ही प्रतिवाद करता हूँ।

बच्चों की पाठ्यपुस्तकों में ऐसे चित्रों के छापने का क्या मतलब है, जिनमें कि हिंदू माता अपने बच्चे को गंगा नदी में मगर के मुँह में झोंक रही है? चित्र में माता तो काले रंग की है, परंतु बच्चे का रंग श्वेत रखा गया है, जिससे कि बच्चे के प्रति सहानुभूति अधिक बढ़े और धन अधिक प्राप्त हो। उन चित्रों का भी क्या अर्थ है, जिनमें एक मनुष्य अपनी पत्नी को अपनी हाथों से एक स्तंभ से बाँधकर इसलिए जीवित जला रहा है कि वह मरकर भूत हो जाए और उसके (अपने पति के) शत्रुओं को सताए!

मनुष्यों के समूह को कुचलते हुए बड़े-बड़े रथों के चित्र छापने का क्या

मतलब है? उस दिन इस देश में (अमेरिका में) बच्चों के लिए एक पुस्तक प्रकाशित हुई। उसमें एक सज्जन अपनी कलकत्ता-यात्रा का वर्णन कर रहे हैं। वे कहते हैं कि कलकत्ता की सड़कों में कई धर्मोंमत्त मनुष्यों पर से उनको कुचलते हुए एक बड़ा रथ चलाया जा रहा था, ऐसा मैंने देखा।

मेमफिस शहर में मैंने एक पादरी को यह प्रचार करते सुना कि भारत के प्रत्येक ग्राम में एक ऐसा तालाब रहता हैं, जो छोटे-छोटे बच्चों की हड्डियों से भरा रहता है।

हिंदुओं ने ईसा मसीह के उन शिष्यों को, जो प्रत्येक ईसाई बालक को यह सिखाते हैं कि हिंदू दुष्ट हैं, अभागे हैं और पृथ्वी में अत्यंत भयानक दानस्वरूप हैं, क्या किया हैं?

यहाँ के बालकों की रविवार की पाठशालाओं की शिक्षा का एक अंश यहीं रहता है कि जो ईसाई नहीं हैं, उन लोगों से और विशेषकर हिंदुओं से घृणा करो, ताकि बचपन से ही पादरी मिशन को अपने पैसे चंदे के रूप में देने लगें।

पादरी ईसाईयों का तो भला सोचें, सच बोलें!

यदि सत्य के लिए नहीं, तो कम-से-कम अपने बच्चों के सदाचार की रक्षा के निमित्त तो ईसाई पदारियों को चाहिए कि वे ऐसी बातें न होने दें। ऐसे बच्चे आगे बढ़कर निर्दयी पुरुष और स्त्री बनते हैं तो आश्चर्य ही क्या है?

जो प्रचारक अनंत नरकों की यातनाओं, वहाँ की प्रज्वलित अग्निज्वाला, प्रज्वलित गंधक आदि का जितना ही अधिक भयंकर वर्णन कर सके, उसे उतनी ही अधिक प्रतिष्ठा कट्टरपंथियों में मिलती है।

हमारे एक मित्र की नौकरानी लड़की को 'पुनरुत्थान संप्रदाय' के उपदेश सुनने के परिणामस्वरूप पागलखाने में रखना पड़ा। उसके लिए 'नरकाग्नि और प्रज्वलित गंधक' की मात्रा अत्यधिक हो गई। पुनश्चय, हिंदू धर्म के विरुद्ध मद्रास में प्रकाशित पुस्तकों की ओर तो देखिए। यदि इस प्रकार का एक वाक्य भी कोई हिंदू ईसाई धर्म के विरुद्ध लिख दें तो पादरी लोग बदला लेने के लिए आकाश-पाताल एक कर डालेंगे।

मेरे जीवन का उद्देश्य वैतनिक प्रचारक बनने का नहीं है। हिंदू समाज

संपूर्ण निर्दोष हैं, ऐसा दावा और कोई करे तो करे, मैं तो कदापि नहीं करूँगा। मेरे समाज की त्रुटियाँ की, या शताब्दियों के दुर्भाग्य के कारण जिन दोषों ने उसमें जड़ जमा ली हैं, उनकी जानकारी मुझे औरों की अपेक्षा अधिक है। विदेशीय मित्रो! यदि आप सच्ची सहानुभूति के साथ सहायता देने के लिए, न कि विनाश करने के लिए आते हैं तो ईश्वर आपको सफल बनाए। परंतु यदि इस दलित और पतित राष्ट्र के मस्तक पर समय-कुसमय सतत गालियों की बौछार करके अपने निजी राष्ट्र की नैतिक श्रेष्ठता की विजयपूर्ण घोषणा करना ही आपका उद्‌देश्य हैं, तो मैं आपको साफ-साफ बतला देना चाहता हूँ कि यदि किंचिदपि न्याय के साथ तुलना की जाएगी, तो नैतिक आचार में हिंदू लोग संसार की अन्य जातियों की अपेक्षा अत्यधिक उन्नत पाए जाएँगे।

भारत में किसी के धर्म पर प्रतिबंध नहीं

भारत में धर्म पर प्रतिबंध नहीं रखा गया था। किसी भी मनुष्य को अपने ईष्टदेव या संप्रदाय या अपने गुरु के चुनने में कोई रोक-टोक नहीं की जाती थी। इसी कारण यहाँ धर्म की जैसी वृद्धि हुई वैसी कहीं नहीं हुई।

दूसरी ओर यह हुआ कि धर्म के इन असंख्य विभेदों को रखने के लिए एक स्थिर बिंदु की आवश्यकता हुई और भारतवर्ष में समाज ही एक ऐसा बिंदु माना गया। परिणामस्वरूप समाज कड़ा और कठोर तथा प्रायः अचल बन गया। कारण यह है कि स्वाधीनता ही उन्नति का एकमात्र उपाय है।

इसके विपरीत, पाश्चिमात्य देशों में विभिन्न भावों के 'विकास का क्षेत्र समाज था' और 'स्थिर बिंदु था—धर्म'। पतैक्य ही यूरोपीय धर्म का मूलमंत्र बन गया और अभी भी है। और प्रत्येक नए परिवर्तन को अपने लिए थोड़ा भी स्थान प्राप्त करने के लिए रक्त की नदी में से तैरकर जाना पड़ता है। परिणामस्वरूप, वहाँ सामाजिक संगठन तो अपूर्व है, परंतु धर्म अत्यंत स्थूल जड़वाद से आगे नहीं बढ़ सका।

आज पश्चिम तो अपनी आवश्यकताओं के विषय में जाग्रत् हो रहा है और पाश्चात्य ईश्वर तत्त्वांवेषियों का मूल-मंत्र 'मनुष्य का सच्चा स्वरूप' और 'आत्मा' हो गया है। संस्कृत दर्शन का विद्यार्थी जानता है कि वायु किधर

से यह बह रही है, शक्ति कहीं से भी आए, कोई आपत्ति नहीं, पर हाँ, जब तक कि वह नवीन जीवन का संचार करती रहे।

उसी समय भारतवर्ष में नई परिस्थितियों के कारण सामाजिक रूप से पुनः संशोधन की आवश्यकता विशेष रूप से प्रतीत होने लगी। पिछले पोन सौ वर्षों में सुधार सभाओं और सुधारकों की बहुत चहल-पहल रही हैं, पर शोक की बात है कि उनमें से प्रत्येक यत्न असफल रहा। उन लोगों को समाज-सुधार का यथार्थ रहस्य विदित नहीं था। उन्होंने यथार्थ में सीखने लायक बड़ी बात को नहीं सीखा। उतावली में उन लोगों ने हमारे समाज के सारे दोषों का उत्तरदायित्व धर्म के मत्थे मढ़ दिया और कथा में वर्णित अपने मित्र के कपाल पर बैठे हुए मच्छर को मारने की इच्छा करनेवाले मनुष्य की तरह अपने मित्र और मच्छर दोनों को शायद उन्होंने एक साथ ही मार डाला होता, परंतु सौभाग्य से यहाँ तो वे स्वयं ही अचल चट्टानों पर जाकर टकराए और उस टकराने की चोट से अपना अस्तित्व ही खो बैठे। उन उदार निस्स्वार्थ आत्माओं को धन्य है, जो अपने विपथगामी प्रयत्नों में श्रम उठाते हुए असफल रहे। उनके सुधार के प्रति उत्साहरूपी वैद्युतिक आघातों की उस निद्रामग्न समाजरूपी कुंभकर्ण को अत्यंत आवश्यकता थी, पर वे पूर्णतः विनाशात्मक थे, रचनात्मक नहीं, और इसी कारण मरणशील थे, अतः मर भी गए।

विकास का प्रारंभ भीतर से

चलिए, हम उन्हें आशीर्वाद दें और उनके अनुभव से लाभ उठाएँ। उन्होंने यह पाठ नहीं पढ़ा कि विकास का भीतर से आरंभ होकर बाहर उसकी परिणति होती है और सभी क्रम-विकास पूर्ववर्ती किसी क्रम-संकोच का पुनर्विकास मात्र हैं। वे यह नहीं जान पाए कि बीज अपने चारों ओर के तत्त्वों से उपादान ग्रहण करता है, पर वृक्ष तो वह अपनी ही प्रकृति का उत्पन्न करेगा। जब तक संपूर्ण हिंदू जाति निर्मूल न हो जाए और उसकी भूमि को नई जाति अधिकृत न कर ले, तब तक समाज के ऐसे विप्लवकारी संस्कार संभव नहीं हैं। चाहे पूर्व प्रयत्न करे चाहे पश्चिम, भारत कभी यूरोप नहीं बन सकता, जब तक कि वह मर मिट न जाए।

और क्या वह कभी मर जाएगा?

पश्चिम के अशांतहृदय नास्तिक और अज्ञेयवादी को गीता और धर्मपद में ही ऐसा स्थान मिलता है। जहाँ उनका चित्त शांति पाता है। अब पाँसे पलट गए। जो हिंदू निराशा के आँसू बहाता हुआ अपने पुराने। निवासगृह को आततायियों द्वारा प्रज्वलित अग्नि से परिवेष्टित देख रहा था, आज जबकि आधुनिक विचार के शोधक प्रकाश ने धुएँ के अंधकार को हटा दिया है, तब वही हिंदू देख रहा है कि उसी का घर तो अपनी पूरी दृढ़ता के साथ खड़ा हुआ है और शेष सब लोग या तो मर मिटे या अपने-अपने घर हिंदू नमूने के अनुसार नए सिरे से बना रहे हैं।

वह भारत, जो प्राचीन काल में सभी उदात्तता, नीति और आध्यात्मिकता का जन्मस्थान रहा है वह, वह देश, जिसमें ऋषिगण विचरण करते रहे हैं, जिस भूमि में देवतुल्य मनुष्य अभी भी जीवित और जाग्रत् हैं, क्या मर जाएगा? भाइयों! मैं उस यूनानी ऋषि डायोजीनिस की लालटेन को उधार लेकर आपके पीछे-पीछे इस विशाल संसार के शहरों, ग्रामों, मैदानों और जंगलों को चलूँगा। मुझे अगर आप दिखा सकते हों तो ऐसे पुरुष दूसरे देशों में भी दिखा दीजिए। सत्य ही कहा है, "वृक्ष की पहचान उसके फलों से ही होती है।" भारतवर्ष में प्रत्येक आम्र वृक्ष के नीचे जाइए और जमीन पर गिरे हुए कच्चे, कीड़े लगे हुए फलों के बोरे के बोरे भरकर ले आइए और उनमें से प्रत्येक फल पर अत्यंत विद्वतापूर्ण सैकड़ों पुस्तकें लिख डालिए, परंतु इतने पर भी आप एक भी आम्र फल का यथार्थ वर्णन नहीं कर पाएंगे। अच्छा, अब आप एक रसीला, मीठा, पूरा पका आम उस पेड़ पर से तोड़ लीजिए और तब तो आप आम सचमुच क्या है, यह पूरा-पूरा जान गए।

उसी तरह से मानवरूपधारी ईश्वर हिंदूधर्म के यथार्थ स्वरूप का परिचय दे रहे हैं। वे उस जातिरूप वृक्ष की प्रकृति, शक्ति और संभावनाओं को स्पष्ट रूप से प्रकाशित करते हैं। वह जातिवृक्ष ऐसा है कि उसने कई शताब्दियों की सभ्यता देखी है। उस वृक्ष ने सहस्त्रों वर्षों तक झंझावात के आघातों को सहन किया फिर और भी सनातन यौवन की अक्षुण्ण शक्तियों से भरा हुआ खड़ा है।

यदि भारत नहीं रहा

क्या भारत मर जाएगा ? तब तो संसार से सारी आध्यात्मिकता का समूल नाश हो जाएगा, सारे सदाचारपूर्ण आदर्श जीवन का विनाश हो जाएगा, धर्मों के प्रति सारी मधुर सहानुभूति नष्ट हो जाएगी, सारी भावुकता का भी लोप हो जाएगा। और उसके स्थान में कामरूपी देव और विलासितारूपी देवी राज्य करेगी। धन उसका पुरोहित होगा। प्रताड़ना, पाश्विक बल और प्रतिद्वंद्विता, ये ही उनकी पूजा-पद्धति होगी और मानव आत्मा उनकी बलिसामग्री हो जाएगी। ऐसी दुर्घटना कभी हो नहीं सकती। क्रियाशक्ति की अपेक्षा सहनशक्ति कई गुना बड़ी होती है। प्रेम का बल घृणा के बल की अपेक्षा अनंत गुना अधिक है। जो समझते हैं कि हिंदू धर्म का वर्तमान पुनरुत्थान देशभक्ति की प्रवत्ति का विकास मात्र है, वे भ्रम में हैं।

आइए, सर्वप्रथम हम इस अद्भुत घटना को समझने का प्रयत्न करें। क्या यह आश्चर्य की बात नहीं है कि जब वर्तमान वैज्ञानिक खोज के प्रबल आक्रमण के सामने पाश्चिमात्य स्वमतांध धर्मों के पुराने किले टूट-टूटकर धूलि में मिल रहे हैं, जबकि आधुनिक विज्ञान के हथौड़ों की चोटें उन धार्मिक मतों को चीनी मिट्टी के बरतनों की तरह चूर-चूर कर रही हैं, जिनका आधार केवल विश्वास या चर्चा-समिति की सभाओं का बहुमत है, जबकि पाश्चात्य धर्मसमूह अत्युग्र आधुनिक विचारों की बढ़ती हुई तरंग के साथ मेल मिलाने में अपनी बुद्धि का दिवाला निकाल चुका है, जबकि अन्य धर्मों के मूल ग्रंथों के वाक्यों की, आधुनिक विचारों के नित्य बढ़नेवाले दबाव के कारण जहाँ तक बन पड़ा, अत्यंत खींचतानी की गई। उनमें से अधिकांश तो इस खींचातानी में टूट गए और रद्दीखाने में डाल दिए गए, जबकि पश्चिम के अधिकांश विचारशील व्यक्ति चर्च के साथ अपना संबंध तोड़कर अशांतिसागर में इतस्ततः बह रहे हैं, उस समय भी वेदरूपी ज्ञान के झरने में जीवनामृत पीनेवाले, वेदों से उत्पन्न केवल हिंदू और बौद्ध धर्म ही पुनरुज्जीवित हो रहे हैं।

हिंदू ही दृढ़ता से खड़ा है

पश्चिम के अशांतहृदय नास्तिक और अज्ञेयवादी को गीता और धर्मपद में ही ऐसा स्थान मिलता है। जहाँ उनका चित्त शांति पाता है। अब पाँसे पलट गए। जो हिंदू निराशा के आँसू बहाता हुआ, अपने पुराने निवासगृह को आततायियों द्वारा प्रज्वलित अग्नि से परिवेष्टित देख रहा था, आज जबकि आधुनिक विचार के शोधक प्रकाश ने धुएँ के अंधकार को हटा दिया है, तब वही हिंदू देख रहा है कि उसी का घर तो अपनी पूरी दृढ़ता के साथ खड़ा हुआ है और शेष सब लोग या तो मर मिटे या अपने-अपने घर हिंदू नमूने के अनुसार नए सिरे से बना रहे हैं। यह देखकर उस हिंदू ने अपने आँसू पोंछ डाले और यह जान लिया कि "ऊर्ध्वमूल अध:शाख अश्वत्थ" को जड़ तक काटने की कोशिश करनेवाली वह कुल्हाड़ी चीर-फाड़ करनेवाले चिकित्सक सर्जन की हितकारक छुरी ही साबित हुई।

उसने यह देख लिया कि अपने धर्म की रक्षा के लिए न तो उसे शास्त्र वाक्यों की तोड़-मोड़ करना है और न किसी अन्य प्रकार की बौद्धिक बेईमानी हो। इतना ही नहीं, वह तो अपने शास्त्रों में जो कुछ निम्न श्रेणी का है, उसे निम्न ही कहकर स्वीकार कर सकता है, क्योंकि शास्त्रकारों ने निम्नतर के अधिकारियों के लिए अरुंधती-दर्शन न्याय के अनुसार वैसा ही जानबूझकर रखा है। धन्य हैं वे पुरातन ऋषि, जिन्होंने ऐसे सर्वव्यापी, सदा विस्तारशील धर्मप्रणाली का आविष्कार किया है, जिसमें भौतिक क्षेत्र में आज तक जो आविष्कार हो चुके हैं, और जो कुछ भी भविष्य में होनेवाले हैं उन सब का सादर समावेश हो सकता है। अब तो हिंदू अपने शास्त्रों का आदर पुन: नए भाव से करने लगा है और उसने यह नई जानकारी प्राप्त की है कि जो वैज्ञानिक आविष्कार प्रत्येक मर्यादित छोटी-छोटी धर्मप्रणाली के लिए घातक सिद्ध हुए, वे सब उसके पूर्वजों के ध्यानलब्ध तुरीय अवस्था में पाए हुए सत्यों के ही बुद्धि और इंद्रियजन्य व्यावहारिक ज्ञानक्षेत्र में पुनराविष्कार मात्र हैं।

अत: उसे न तो किसी वस्तु का त्याग ही करना है और न किसी वस्तु को प्राप्त करने के लिए इधर-उधर भटकना ही है, वरन् उसके लिए इतना

ही पर्याप्त है कि वह अपने पूर्वजों से उत्तराधिकार में पाए हुए अनंत कोष में से केवल थोड़ा सा निकालकर अपने उपयोग में लाएँ और उनसे अपनी आवश्यकता की पूर्ति करें। और उसने ऐसा करना आरंभ कर दिया है और भविष्य में वह और अधिकाधिक करेगा क्या यही इस पुनरुत्थान का सच्चा कारण नहीं है?

बंगाल के नवयुवकों का आव्हान

बंगाल के नवयुवको! तुम लोगों से मेरा विशेष अनुरोध है। भाइयो! हमें यह जानकर लज्जा होती है कि जिन बहुतेरे वास्तविक दोषों के कारण विदेशी लोग हिंदू जाति को बदनाम करते हैं, उन दोषों का कारण हम ही हैं। हम ही भारतवर्ष को अन्य जातियों के सिर पर बरसनेवाली अनुचित गालियों के कारण हैं, पर ईश्वर को धन्यवाद हैं कि हम लोग इस बात को पूर्णतया जान गए हैं और उसी ईश्वर के आशीवाद से न केवल अपने को ही शुद्ध कर लेंगे, वरन् सारे भारतवर्ष को सनातन धर्म द्वारा उपदिष्ट आदर्शों के प्राप्त करने में सहायता देंगे।

सर्वप्रथम तो हमें उस चिन्ह-ईर्ष्यारूपी कलंक-को, जिसे गुलामों के ललाट में प्रकृति सदैव लगा दिया करती है, धो डालना चाहिए। किसी से ईर्ष्या मत करो। भलाई के काम करनेवाले प्रत्येक को अपने हाथ का सहारा दो। तीनों लोकों के जीवमात्र के लिए शुभकामना करो। अपने धर्म के उसी एक केंद्रवर्ती सत्य पर खड़े हो जाओ, जो हिंदू, बौद्ध और जैनियों के लिए पैतृक संपत्ति है, वह सत्य है मनुष्य की आत्मा-अज, अविनाशी, सर्वव्यापी, अनंत, मानवात्मा, जिसकी महिमा वेद भी वर्णन नहीं कर सकते, जिसके वैभव के सामने सूर्य-चंद्र, तारागण और नक्षत्रसमूहों के साथ सारा विश्व एक बिंदुवत् है। प्रत्येक स्त्री-पुरुष, यही नहीं, उच्चतम देवों से लेकर पदतलस्थ कीट पर्यंत सभी वही आत्मा, विकसित या अविकसित है। अंतर प्रकार में नहीं, केवल परिणाम में है।

आत्मा की इस अनंत शक्ति का प्रयोग जड़ वस्तु पर होने से भौतिक उन्नति होती है, विचार पर होने से बुद्धि का विकास होता है और अपने ही पर होने से मनुष्य का ईश्वर बन जाता है।

पहले हमें ईश्वर बन लेने दो। तत्पश्चात् दूसरों को ईश्वर बनाने में सहायता देंगे। "बनो और बनाओ" यही हमारा मूल-मंत्र रहे।

ऐसा न कहो कि मनुष्य पापी है। उसे यह बताओ कि तू ब्रह्म है। यदि कोई शैतान हो, तो भी हमारा कर्तव्य यही है कि हम ब्रह्म का स्मरण करें, शैतान का नहीं।

अंधकार दूर करने के लिए प्रकाश लाएँ

यदि कोठरी में अंधकार है, तो सदा अंधकार का अनुभव करते रहने और अंधकार चिल्लाते रहने से तो वह दूर नहीं होगा, बल्कि प्रकाश को भीतर ले आइए, तब वह दूर हो जाएगा। यह तो हमें समझ लेना चाहिए कि जो कुछ भी अभावात्मक है, विनाशकारी है; और केवल दोष देखनेवाला है, उसका अंत अवश्यंभावी है; और जो भावात्मक, सत्यात्मक और रचनात्मक है, वहीं अमर है और वहीं सदा रहेगा। हम यहीं कहें-'हम हैं', 'ईश्वर है' और 'हम ईश्वर हैं।' 'शिवोऽहम्-शिवोऽहम्' कहते हुए आगे बढ़ते चलिए। जड़ नहीं, वरन् चैतन्य इमारा लक्ष्य है। नाम और रूपवाले सभी नामरूपहीन सत्ता के अधीन हैं। इसी सनातन सत्य की शिक्षा श्रुति दे ही है। प्रकाश को ले आइए, अंधकार आप ही आप नष्ट हो जाएगा। वेदांतकेसरी गर्जना करे, सियार अपने अपने बिलों में छिप जाएँगे। भावों को सब ओर बिखेर दीजिए और फल अपने आप होता रहेगा। भिन्न-भिन्न रासायनिक द्रव्यों को एक साथ डाल दीजिए, उसकी सम्मिश्रण-क्रिया आप ही आप होती रहेगी। आत्मा की शक्ति का विकास कीजिए और सारे भारतवर्ष के विस्तृत क्षेत्र में उसे डाल दीजिए और जिस स्थिति की आवश्यकता है, वह आप-ही-आप प्राप्त हो जाएगी।

अपने आभ्यांतरिक ब्रह्मभाव को प्रकट कीजिए और उसके चारों ओर सबकुछ अनुकूल रूप में जुट जाएँगे। वेदों में बताए हुए इंद्र और विरोचन के उदाहरण को स्मरण रखिए। दोनों को अपने ब्रह्मत्व का बोध कराया गया था, परंतु असुर विरोचन अपनी देह को ही ब्रह्म मान बैठा। इंद्र तो देवता थे, वे समझ गए कि वास्तव में आत्मा ही ब्रह्म है। आप तो इंद्र की संतान हैं। आप

देवताओं के वंशज हैं। जड़ पदार्थ आपका ईश्वर कदापि नहीं हो सकता, शरीर आपका ईश्वर कभी नहीं हो सकता।

हमें तो कर्म ही करना है, फल अपने आप होता रहेगा। यदि कोई सामाजिक बंधन तुम्हारे ईश्वर-प्राप्ति के मार्ग में बाधक हैं तो आत्मशक्ति के सामने अपने आप ही वह टूट जाएगा। भविष्य मुझे देखता नहीं और मैं उसे देखने की परवाह भी नहीं करता। परंतु मैं अपने सामने यह एक सजीव दृश्य तो अवश्य देख रहा हूँ कि हमारी यह वृद्ध माता पुनः एक बार जाग्रत् होकर अपने सिंहासन पर नवयौवनपूर्ण और पूर्व की अपेक्षा अधिक महामहिमान्वित होकर विराजी है। शांति और आशीर्वाद के वचनों के साथ सारे संसार में उसके नाम की घोषणा कर दो।

भारत का पुररुत्थान आत्म शक्ति से

भारतवर्ष का पुनरुत्थान होगा, वह जड़ की शक्ति से नहीं, वरन् आत्मा की शक्ति द्वारा। वह उत्थान विनाश की ध्वजा लेकर नहीं, वरन् शांति और प्रेम की ध्वजा से-संन्यासियों के वेश से-धन की शक्ति से नहीं, बल्कि भिक्षापात्र की शक्ति से संपादित होगा। ऐसा मत कहो कि हम दुर्बल हैं, कमजोर हैं। आत्मा सर्वशक्तिमान हैं। श्रीरामकृष्ण के चरणों के देवी-स्पर्श से जिनका अभ्युदय हुआ है, उन मुट्ठी भर नवयुवकों की ओर देखो। उन्होंने उनके उपदेशों का प्रचार आसाम से सिंध तक और हिमालय से कन्याकुमारी तक कर डाला। वे लोग हिमालय पर्वत को बीस हजार फीट की ऊँचाई पर से पैदल ही बर्फ पर से लाँघकर तिब्बत के रहस्यमय प्रदेश में प्रविष्ट हो गए। उन्होंने अपनी रोटी भिक्षा द्वारा प्राप्त की और अपने अंग चिथड़ों से ढँके। उन पर कितने ही अत्याचार किए गए, पुलिस ने उनका पीछा किया, वे जेलखाने में डाले गए, पर अंत में जब सरकार को उनकी निर्दोषिता का निश्चय हो गया, तब वे मुक्त कर दिए गए।

उनकी संख्या अभी बीस है। कल उनकी संख्या दो हजार बना दो। बंगदेश के युवको! तुम्हारे देश को इसकी आवश्यकता है। सारे संसार को इसकी आवश्यकता है। अपने अंत:स्थित ब्रह्म को जगाओ, जो तुम्हें क्षुधा-तृष्णा, शीत-उष्ण सहन करने में समर्थ बना देगा। विलासपूर्ण भवनों में बैठे-

बैठे जीवन की सभी सुख-सामग्री से घिरे हुए रहना और धर्म की थोड़ी सी चर्चा कर लेना अन्य देशों में भले ही शोभा दे, पर भारतवर्ष को तो स्वभावत: सत्य की इससे कहीं अधिक पहचान है। वह तो प्रकृति से ही अधिक सत्यप्रेमी है। भारतवासी कपटवेश को एकदम अपनी अंत: शक्ति से ही ताड़ जाता है।

त्याग के बिना बड़ा कार्य नहीं

आप लोग त्याग करें, महान् बनें। कोई भी बड़ा कार्य बिना त्याग के नहीं किया जा सकता। स्वयं 'पुरुष' ने भी सृष्टि की रचना करने के लिए स्वार्थ त्याग किया, अपने को बलि दिया। अपने आरामों का, अपने सुखों का, अपने नाम, यश और पदों का। इतना ही नहीं, अपने जीवन तक का त्याग करो और मनुष्यरूपी श्रृंखला से ऐसा पुल बनाओ, जिस पुल पर से करोड़ों लोग इस संसार-सागर को पार कर जाएँ। समस्त मंगलकारी शक्तियों को एकत्रित करो। किस ध्वजा के नीचे तुम अग्रसर हो रहे हो, इसकी परवाह मत करो। तुम्हारी ध्वजा का रंग हरा, नीला या लाल कुछ भी हो, उसकी परवाह मत करो, बल्कि सभी रंगों को एक में मिला दो और उससे उस अत्युज्ज्वल श्वेत रंग का निर्माण करो, जो कि प्रेम का रंग है।

सेवा और प्रेम में सदा आपका

विवेकानंद

□

पत्रों में युवा आह्वान

धर्म के साथ ही, द्वार-द्वार पर शिक्षा को भी लाना होगा

स्वामीजी द्वारा श्री हरिदास बिहारी देसाई को लिखा गया पत्र, शिकागो, 20 जून, 1894

प्रिय दीवानजी साहब,

आज आपका कृपापत्र मिला। मुझे बहुत दु:ख है कि आप जैसे सहृदय को मैंने अपने उद्दंड एवं कड़े शब्दों द्वारा ठेस पहुँचाई। मैं आपके मृदु सुधारों के प्रति नतमस्तक हूँ। मैं तुम्हारी संतान हूँ, मुझ नतमस्तक को शिक्षा दी। परंतु दीवानजी साहब, आप यह अच्छी तरह जानते हैं कि मेरे स्नेह ने ही ऐसा कहने के लिए प्रेरित किया। आपको यह बताना चाहता हूँ। कि पीठ पीछे मेरी निंदा करनेवालों ने परोक्ष रूप से मुझे मेरा लाभ नहीं पहुँचाया, बल्कि इस दृष्टि से मेरा घोर अपकार ही किया है। हमारे हिंदू भाइयों ने अमेरिकनों को यह बतलाने के लिए अपनी उंगली भी नहीं हिलाई कि मैं उनका प्रतिनिधि हूँ! मेरे प्रति अमेरिकनों के कृपाभाव के निमित्त काश, हमारी जनता उनके लिए धन्यवाद के कुछ शब्द प्रेषित कर पाती और यह बताती है कि मैं उनका प्रतिनिधित्व कर रहा हूँ। अमेरिकनों से कहते रहे कि मैंने अमेरिका में ही संन्यासियों के वस्त्र धारण किए हैं, और मैं एकदम धूर्त हूँ, जहाँ तक मेरे स्वागत का प्रश्न है, इसका अमेरिकी जनता पर कोई प्रभाव नहीं पड़ा, परंतु जहाँ तक धनवानों द्वारा मेरी सहायता का प्रश्न है, इसका बहुत बुरा प्रभाव पड़ा, क्योंकि उन्होंने मेरी ऐसी सहायता करने से अपने हाथ खींच लिए और मैं यहाँ एक वर्ष से हूँ, किंतु किसी भी प्रतिष्ठित

भारतीय ने अमेरिकनों को यह बताना तक उचित नहीं समझा कि मैं 'धूर्त' नहीं हूँ। फिर यहाँ मिशनरी लोग सदा मेरे विरुद्ध कही गई बातों की ताक में रहते हैं और भारत के ईसाई पत्रों द्वारा मेरे विरुद्ध लिखी गई बातों को खोजने और उनके यहाँ प्रकाशित कराने में सदा व्यस्त रहते हैं। आपको यह विदित होना चाहिए कि यहाँ के लोग भारत में ईसाई एवं हिंदू के अंतर के संबंध में बहुत कम जानते हैं।

मेरे यहाँ आने का मुख्य प्रयोजन अपनी एक योजना के लिए धन एकत्र करना ही था। मैं आपसे ये बातें फिर कह रहा हूँ।

हमारे समाज-सुधारकों को तो घाव के स्थान का भी ज्ञान नहीं है, वे विधवाओं का विवाह कराके राष्ट्र का उद्धार कराना चाहते हैं; क्या आप मानेंगे कि किसी देश की रक्षा इस तथ्य पर आश्रित है कि उसकी विधवाओं के लिए कितने पति प्राप्त होते हैं? और न इसके लिए धर्म को ही दोषी ठहराया जा सकता है; क्योंकि एक मूर्ति-पूजा से यों कोई विशेष अंतर नहीं हो जाता। सारे दोष यहाँ हैं : यथार्थ राष्ट्र, जो झोपड़ियों में निवास करता है, अपना पौरुष विस्मृत कर बैठा है, अपना व्यक्तित्व खो चुका है। हिंदू, मुसलमान या इसाई के पैरों से रौंदे वे लोग यह समझ बैठे हैं कि जिस किसी के पास पैसा हो, वे उसी के पैरों से कुचले जाने के लिए ही पैदा हुए हैं।

पूर्व एवं पश्चिम में अंतर

पूर्व एवं पश्चिम में सारा अंतर यह है कि वे एक राष्ट्र हैं, हम नहीं, अर्थात् सभ्यता एवं शिक्षा का प्रसार यहाँ व्यापक हैं, सर्वसाधारण में व्याप्त है। उच्च वर्ग के लोग भारत और अमेरिका में समान हैं, लेकिन दोनों देशों के निम्न वर्गों में जमीन-आसमान का अंतर है। अंग्रेजों के लिए भारत को जीतना इतना आसान क्यों सिद्ध हुआ? यह इसलिए कि वे एक राष्ट्रबद्ध थे, हम नहीं। जब हमारा कोई महान् पुरुष संसार से विदा हो जाता है तो दूसरे की प्रतीक्षा में हमें शताब्दियों बैठना पड़ता है; और ये महान् पुरुषों का सर्जन उसी अनुपात में कर सकते हैं, जिस अनुपात में उनकी मृत्यु होती है। जब हमारे दीवानजी साहब नहीं रहेंगे, (जिसे हमारे देश के कल्याण के लिए भगवान् दीर्घकाल तक स्थगित रखें) तो उनके स्थान की पूर्ति के लिए, जो कठिनाई उपस्थित होगी, उसका अनुभव देश

को तत्काल ही हो जाएगा। कठिनाई का प्रत्यक्ष आभास तो इसी बात से हो जाता है कि लोगों का काम आपकी सेवाओं के बिना नहीं चल सकता। यह महान् पुरुषों का अभाव है। ऐसा क्यों ? क्योंकि महान् पुरुषों के चुनाव के लिए उनके पास उतना बड़ा क्षेत्र है, जबकि हमारे पास बहुत ही छोटा। तीस-चालीस या साठ-करोड़ आबादीवाले राष्ट्रों की तुलना में तीस करोड़ जनसंख्या वाले राष्ट्र के पास अपनी महान् आत्माओं के चुनाव के लिए सबसे छोटा क्षेत्र है।

इसका कारण यह है कि शिक्षित पुरुष एवं स्त्रियों की संख्या इन देशों में बहुत अधिक है। मेरे उदार मित्र, अब मुझे गलत न समझें, यह हमारे देश का सबसे बड़ा दोष है और इसे दूर करना ही होगा।

शिक्षित सर्वसाधारण से राष्ट्र निर्माण होगा

सर्वसाधारण को शिक्षित बनाइए एवं उन्नत कीजिए, तभी एक राष्ट्र का निर्माण हो सकता है। हमारे समाजसुधारकों को तो घाव के स्थान का भी ज्ञान नहीं है, वे विधवाओं का विवाह कराके राष्ट्र का उद्धार कराना चाहते हैं; क्या आप मानेंगे कि किसी देश की रक्षा इस तथ्य पर आश्रित है कि उसकी विधवाओं के लिए कितने पति प्राप्त होते है ? और न इसके लिए धर्म को ही दोषी ठहराया जा सकता है; क्योंकि एक मूर्ति-पूजा से यों कोई विशेष अंतर नहीं हो जाता। सारे दोष यहाँ हैं : यथार्थ राष्ट्र, जो झोपड़ियों में निवास करता है, अपना पौरुष विस्मृत कर बैठा है, अपना व्यक्तित्व खो चुका है। हिंदू, मुसलमान या ईसाई के पैरों से रौंदे वे लोग यह समझ बैठे हैं कि जिस किसी के पास पैसा हो, वे उसी के पैरों से कुचले जाने के लिए ही पैदा हुए हैं। उन्हें उनका खोया हुआ व्यक्तित्व प्रदान करना होगा। उनको शिक्षित बनाना होगा। मैं ऐसे प्रश्नों से अपने को उलझाना नहीं चाहता कि परिपाटियाँ रहें या न रहें, विधवाओं के लिए पतियों की पर्याप्त संख्या हो या न हो, जाति-प्रथा दोषपूर्ण है या नहीं ? प्रत्येक को अपनी मुक्ति का मार्ग ढूँढ़ना होगा। केवल रासायनिक सामग्री को एकत्र कर देना हमारा कर्तव्य है, ईश्वरीय विधान से रखें तो अपने आप जम जाएँगे। केवल हमें उनके मस्तिष्क में भावनाओं को आरोपित करना है, शेष सब वे अपने आप कर लेंगे। इसका तात्पर्य है, सर्वसाधारण को शिक्षित

करना। यहाँ ये कठिनाइयाँ हैं। एक अकिंचन सरकार कभी कुछ नहीं कर सकती है, न करेगी; अतः उस दिशा से किसी सहायता की आशा ही बेकार है।

शिक्षा गरीब के पास पहुँचे

अगर यह भी मान लिया जाए कि प्रत्येक गाँव में हम लोग निःशुल्क पाठशाला खोलने में समर्थ हैं, तब भी गरीब लड़के पाठशालाओं में आने की अपेक्षा अपने जीविकोपार्जन हेतु हल चलाने जाएँगे। न तो हमारे पास धन है और न हम उनको शिक्षा के लिए बुला ही सकते हैं। समस्या निराशाजनक प्रतीत होती है। मैंने एक रास्ता ढूँढ़ निकाला है। वह यह है, अगर पहाड़ मुहम्मद के पास नहीं आता तो मुहम्मद को पहाड़ के पास जाना पड़ेगा। यदि गरीब शिक्षा के निकट नहीं आ सकता तो शिक्षा को ही हल पर, कारखाने में और हर जगह गरीब के पास पहुँचना होगा। यह कैसे? आपने मेरे गुरुभाइयों को देखा है! मुझे सारे भारत में ऐसे निस्वार्थी, अच्छे एवं शिक्षित सैकड़ों मिल सकते हैं। इन लोगों को गाँव-गाँव जाने दीजिए, दरवाजे-दरवाजे पर धर्म ही नहीं, अपितु शिक्षा को भी लाना है। अपनी महिलाओं को शिक्षित बनाने के लिए भी मैंने विधवा-संगठन का एक केंद्र रखा है।

अब मान लीजिए कि ग्रामीण अपना दिन भर का काम करके अपने गाँव लौट आए हैं और किसी पेड़ के नीचे या कहीं बैठकर हुक्का पी रहे हैं। मान लीजिए, कोई दो शिक्षित संन्यासी वहाँ इनको पाकर कैमरे से खगोल-विद्या संबंधी या भिन्न-भिन्न देशों के, इतिहासों के अन्य चित्र दिखाने लगें। इस प्रकार ग्लोब, नक्शे आदि के द्वारा जबानी ही कितना काम हो सकता है, दीवानजी साहब? केवल आँख ही ज्ञान का एकमात्र द्वार नहीं है, कान भी यह सब काम कर सकता है, दीवानजी साहब! इस प्रकार उनमें भावनाओं, सदाचरणों एवं अच्छे बनने की आशा का उदय होगा।

भावनाओं को वे नहीं समझ पाते। इस देश में पूरे साल भर तक व्याख्यान देने पर भी मैं अपने कार्य के आरंभ के लिए धनार्जन की अपनी इस योजना में जरा भी सफल नहीं हो सका हूँ (निश्चय ही मुझे अपने लिए कोई अभाव नहीं हुआ) इसमें पहली बात यह है कि यह साल अमेरिका के लिए बहुत बुरा

साल है, हजारों गरीब बेरोजगार हैं। दूसरे मिशनरी तथा "मेरी योजनाओं में बाधा डालने का प्रयत्न किया करते हैं"। तीसरी बात यह है, एक साल गुजर गया और हमारे देशवासी मेरे लिए इतना भी नहीं कर सकें कि अमेरिकियों से वे कहते हैं कि मैं वंचक नहीं हूँ, बल्कि यथार्थ संन्यासी हूँ तथा मैं उनका धर्म-प्रतिनिधि हूँ। इतना तक भी कुछ शब्दों का व्यय, वे नहीं कर सके।

रामकृष्ण मार्ग दिखाएँगे

यहाँ हमारा काम खत्म हो जाता है। शेष उनके ऊपर छोड़ देना होगा। संन्यासियों में इस त्याग, इतने बड़े कार्य के लिए प्रेरणा कहाँ से मिलेगी? धार्मिक उत्साह से। प्रत्येक नई धार्मिक लहर के लिए एक केंद्र की आवश्यकता होती है। पुराने धर्म को केवल एक नया केंद्र ही पुनर्जीवित कर सकता है। अपनी रूढ़ियों एवं पुराने सिद्धांतों को सूली पर चढ़ा दीजिए, उनसे कोई लाभ नहीं होता। एक चरित्र, एक जीवन, एक केंद्र, एक ईश्वरीय ष ही मार्ग सुझा सकता है; यह एक केंद्र है, जिसके चारों ओर सभी तत्त्व एकत्र हो जाएँगे एवं ज्वार की एक लहर की तरह अपने सामने की सारी चीजें बहाते हुए सारी गंदगी को दूर करते हुए समाज पर छा जाएँगे। फिर जैसे लकड़ी को उसके रेशे की दिशा में ही चीरने में आसानी होती है, वैसे ही पुराने हिंदू धर्म का हिंदू धर्म से ही पुनरुद्धार किया जा सकता है, नए-नए सुधारों के द्वारा नहीं। साथ-ही-साथ सुधारकों को अपने में पूर्व एवं पश्चिम दोनों की संस्कृतियों का संगम कराना होगा। अब क्या आप यह नहीं सोचते हैं कि ऐसे आंदोलन का एक केंद्रबिंदु आपके दृष्टिपथ में आ चुका है और क्या आपने आनेवाले ज्वार की लहर की मर्मर ध्वनि नहीं सुनी? नेतृत्व करनेवाला वह देव-मानव, वह केंद्र भारत में उत्पन्न हुआ था। वे थे महान् श्री रामकृष्ण परमहंस और उनके चारों ओर इस प्रकार का एक समुदाय एकत्र हो रहा है। वे ही लोग यह कार्य कर दिखाएँगे।

मेरे साथ भगवान् है

दीवानजी महाराज, अब इसके लिए एक संगठन की आवश्यकता है, रुपए की जरूरत-थोड़ा सा भी, जिससे कार्य के चक्र का प्रवर्तन किया जा

सके। भारत में हमें धन किससे मिल पाता? इसीलिए, दीवानजी महाराज मैं अमेरिका चला आया। आपको यह बात शायद याद हो कि मैंने सारा धन गरीबों से माँगा था और धनियों के दान को मैं इसलिए अस्वीकार कर देता था कि मेरी भावनाओं को वे नहीं समझ पाते। इस देश में पूरे साल भर तक व्याख्यान देने पर भी मैं अपने कार्य के आरंभ के लिए धनार्जन की अपनी इस योजना में जरा भी सफल नहीं हो सका हूँ (निश्चय ही मुझे अपने लिए कोई अभाव नहीं हुआ) इसमें पहली बात यह है कि यह साल अमेरिका के लिए बहुत बुरा साल है, हजारों गरीब बेरोजगार हैं। दूसरे, मिशनरी जो "मेरी योजनाओं में बाधा डालने का प्रयत्न किया करते हैं"। तीसरी बात यह है, एक साल गुजर गया और हमारे देशवासी मेरे लिए इतना भी नहीं कर सके कि अमेरिकयों से वे कहते हैं कि मैं वंचक नहीं हूँ, बल्कि यथार्थ संन्यासी हूँ तथा मैं उनका धर्म-प्रतिनिधि हूँ। इतना तक भी कुछ शब्दों का व्यय, वे नहीं कर सके। शाबाश, मेरे देशवासियों! दीवानजी, मैं उनको प्यार करता हूँ। मानवीय सहायता को मैं लात मारता हूँ। मुझे आशा है कि वह (भगवान्) मेरे साथ रहेगा, जो सदा पर्वत-श्रेणियों एवं उपत्यकाओं में, मरुस्थलों एवं वनों में मेरे साथ रहा है; यदि यह नहीं तो किसी-न-किसी दिन इस कार्य को आगे बढ़ाने के लिए मुझसे भी बहुत अधिक योग्य एक वीर पुरुष उत्पन्न हो जाएगा।

दीवानजी, आप लंबे पत्र के लिए मुझे क्षमा कर देंगे, आप मेरे अच्छे मित्र हैं, उन बहुत थोड़ों में से एक, जो मेरे प्रति सहानुभूति रखते हैं, जो मेरे ऊपर यथार्थ में कृपालु हैं। आप यह सोचने के लिए स्वतंत्र हैं कि मैं एक स्वप्नदृष्टा हूँ या एक कल्पनाशील व्यक्ति हूँ, लेकिन आप कम-से-कम इतना विश्वास रखें कि मैं पूर्णतः एक सच्चा ईमानदार पुरुष हूँ और मुझमें सबसे बड़ा दोष यही है कि मैं अपने देश से केवल अधिक, बहुत अधिक प्रेम रखता हूँ। मेरे प्रिय मित्र, आप और आपके संबंधी जन सदा ही कल्याण के भागी हो। जो आपका प्यारा हो, उस पर भगवान् की दया-दृष्टि सदा बनी-ही-बनी रहे। मैं आपके प्रति चिंतन कृतज्ञ हूँ। आपके प्रति मैं अगाध

ऋणी हूँ; केवल इसीलिए नहीं कि आप मेरे मित्र हैं, बल्कि इसलिए भी कि आपने यावज्जीवन इतने उत्तम रूप से भारत माँ की एवं परमात्मा की सेवा की है।

आपका सतत कृतज्ञ
विवेकानंद

भारत माता युवकों का बलिदान चाहती है

आलासिंगा पैरुमल को लिखा गया पत्र, ओरियंटल होटल, याकोहामा, 10 जुलाई, 1893

प्रिय आलासिंगा, बालाजी, जि. जि.,

तथा अन्यान्य मेरे मद्रासी मित्रगण,

अपने कार्यकलाप की सूचना तुम लोगों को बराबर न देते रहने के लिए क्षमाप्रार्थी हूँ। यात्रा में जीवन बहुत व्यस्त रहता है; और विशेषत: मुझे तो बहुत सा सामान-असबाब साथ में लिए-लिए घूमने की आदत नहीं थी। इन सब वस्तुओं की देखभाल में ही मेरी सारी शक्ति लग रही है। यह सचमुच एक बड़े झंझट का काम है।

बंबई से कोलंबो पहुँचा। हमारा स्टीमर वहाँ दिनभर ठहरा रहा। इस बीच में मुझे शहर देखने का अवसर मिला। हमने सारा शहर देख डाला; वहाँ की और सब वस्तुओं में भगवान् बुद्धदेव की निर्वाण के समय की लेटी हुई मूर्ति की याद मेरे मन में अभी तक ताजी है।

दूसरा स्टेशन पेनांग था, जो मलय (मलाया) प्रायद्वीप में समुद्र के किनारे का एक छोटा सा टापू है। मलय निवासी सब मुसलमान हैं। किसी जमाने में ये लोग मशहूर समुद्री डाकू थे और व्यापारी इनके नाम से घबराते थे, किंतु आजकल जहाजी बेड़ों के महाभय से ये लोग डकैती छोड़कर शांतिपूर्ण धंधों में लग गए हैं। पेनांग से सिंगापुर जाते हुए हमें उच्च पर्वतमालाओं से युक्त सुमात्रा द्वीप दिखाई दिया। जहाज के कप्तान ने हमें समुद्री डाकुओं के

बहुत से पुराने अड्डे दिखाए। सिंगापुर स्ट्रेटस सेटलमेंट्स की राजधानी है। यहाँ एक सुंदर बाग है, जिसमें ताड़ जाति के तरह-तरह के पेड़ लगाए गए हैं। यहाँ पंखेनुमा पत्तोंवाले ताड़ के पेड़ बहुतायत से पाए जाते हैं और ब्रेड फ्रूट (Bread Fruit) नामक पेड़ तो जहाँ देखो, वहीं मिलता है। मद्रास में जिस प्रकार आम के पेड़ बहुतायत से होते हैं, उसी प्रकार यहाँ मैंगोस्टीन (Mango Steen) नामक फल बहुत होता है, पर आम तो आम ही है, उसके साथ किस फल की तुलना हो सकती है ? यद्यपि यह स्थान भूमध्य रेखा के बहुत निकट है, फिर भी मद्रास के लोग जितने काले होते हैं, यहाँ के लोग उसके अर्धांश भी काले नहीं होते। सिंगापुर में एक बढ़िया अजायबघर भी है।''

इसके बाद हांगकांग आता है। यहाँ चीनी लोग इतनी अधिक संख्या में हैं कि यह भ्रम हो जाता है कि हम चीन ही पहुँच गए हैं। ऐसा लगता है कि सभी कारोबार, वाणिज्य, व्यवसाय आदि इन्हीं के हाथों में हैं। और हांगकांग तो वास्तव में चीन ही है। ज्योंहि जहाज वहाँ लंगर डालता है कि सैकड़ों संख्या में चीनी डोंगियाँ आपको तट पर ले जाने के लिए घेर लेती हैं। दो-दो पतवारें होने के कारण ये डोंगियाँ कुछ विचित्र-सी लगती हैं। माझी डोंगी पर ही सकुटुंब रहता है। पतवारों का संचालन प्रायः स्त्री ही करती है। एक पतवार दोनों हाथों से चलाती रहती है और दूसरी को पैर से। और उनमें से नब्बे फीसदी स्त्रियों के पीछे उनके बच्चे इस प्रकार बँधे रहते है कि वे आसानी से हाथ पैर डुला सकें। मजे की बात तो यह है कि ये नन्हे-नन्हे चीनी बच्चे अपनी माताओं की पीठ पर आराम से झूलते रहते हैं और उनकी माताएँ कभी अपनी सारी शक्ति लगाकर पतवार घुमाती हैं, कभी-कभी भारी बोझ उठाती हैं, या कभी बड़ी फुरती के साथ एक डोंगी से दूसरी डोंगी पर कूद जाती हैं। लगातार इधर से उधर जानेवाली डोंगियों और वाष्पनौकाओं की भीड़-सी लगी रहती है। हर समय इन चीनी बालगोपालों के शिखायुक्त मस्तकों के चूर-चूर हो जाने का डर रहता है। पर उन्हें इसकी क्या परवाह ? उन्हें इन बाहर की हलचलों से कोई सरोकार नहीं, वे तो अपनी चावल की रोटी कुतर-कुतरकर खाने में मस्त रहते हैं, जो काम के झंझटों से बौखलाई हुई माँ उन्हें दे देती है। चीनी बच्चों को पूरा दार्शनिक ही समझिए। जिस उम्र में

भारतीय बच्चे घुटनों के बल भी नहीं चल पाते, उस उम्र में वह स्थिर भाव से चुपचाप काम पर जाता है। अभाव का महत्त्व वह अच्छी तरह सीख और समझ लेता है। चीनी और भारतीयों की नितांत दरिद्रता ने ही उनकी संस्कृतियों को निर्जीव बना रखा है। साधारण हिंदू या चीनी के लिए उसका दैनिक अभाव इतना भयंकर लगता है कि उसे और कुछ सोचने की फुरसत नहीं।

हांगकांग एक बड़ा ही सुंदर नगर है। वह पहाड़ के शिखरों और ऊँची ढालू जगहों पर बसा हुआ है। वहाँ शहर की अपेक्षा अधिक ठंड पड़ती है। पहाड़ के ऊपर एक ट्रामगाड़ी प्राय: एकदम सीधी चढ़ती है। लोहे के तारों की रस्सी से खींचकर और भाप के द्वारा वह ऊपर की ओर परिचालित होती है।

हांगकांग में हम लोग तीन दिन रहे। वहाँ से कैंटन देखने गए। यह शहर एक नदी के चढ़ाव की ओर हांगकांग से प्राय: अस्सी मील पर है। वहाँ की भीड़भाड़ और वहाँ के व्यस्त जीवन का क्या कहना! नावें तो इतनी अधिक हैं कि मानो उनसे नदी पट गई हो। ये नावें केवल व्यापार के ही काम नहीं आतीं, बल्कि सैकड़ों ऐसी भी हैं, जिनमें घर की भाँति लोग रहते है। और इनमें से बहुतेरी बहुत बढ़िया हैं और बड़ी-बड़ी हैं। वास्तव में इन्हें पानी पर तैरते हुए घर समझिए। सच पूछो तो ये बड़े-बड़े दुमंजिले या तिमंजिले मकानों की भाँति हैं, जिनके चारों ओर बरामदा है और बीच में रास्ते। पर यह सबकुछ पानी के ऊपर तैरता हुआ है। जिस जगह हम लोग उतरे, वह चीन सरकार की ओर से विदेशियों के रहने के लिए दी गई है। हमारे चारों ओर, नदी के दोनों किनारों पर मीलों तक यह नगर बसा हुआ है। एक असंख्य जनसमूह, जिसमें निरंतर कोलाहल, धक्का-मुक्की और परस्पर स्पर्धा का ही बोलबाला दिखाई देता है। परंतु इतनी आबादी, इतनी क्रियाशीलता होते हुए भी मैंने इतना गंदा शहर अब तक नहीं देखा। अर्थात् जिसे आप लोग भारतवर्ष में गंदगी समझते हैं। उस दृष्टि से नहीं, चीनी लोग कूड़े का एक तिनका भी जाया नहीं होने देते, पर ऐसा जान पड़ता है कि इन लोगों ने कभी न नहाने की कसम खा ली हो। हर एक घर में नीचे दुकान है और छत पर लोग रहते हैं। गलियाँ इतनी सँकरी हैं कि उनमें से गुजरते हुए दोनों ओर की दुकानों को आप हाथ फैलाकर लगभग छू सकते हैं। हर दस कदम पर मांस की दुकानें

मिलती हैं। ऐसी दुकानें भी हैं, जिनमें कुत्ते-बिल्लियों का मांस बिकता है। हाँ, इस तरह का मांस वही लोग खाते हैं, जो बहुत गरीब हैं।

चीनी महिलाएँ बाहर दिखाई नहीं देतीं। उनमें उत्तर भारत के ही समान परदे की प्रथा है। केवल मजदूरों की ही औरतें बाहर दिखाई पड़ती हैं। इनमें भी एकाध स्त्री ऐसी दिखाई पड़ेगी, जिसके पैर बच्चे से भी छोटे हैं और वह लड़खड़ाती हुई चलती है।

मैं बहुत से चीनी मंदिरों में गया। कैंटन में, जो सबसे बड़ा मंदिर है, वह प्रथम बौद्ध सम्राट् और सबसे पहले बौद्ध धर्म स्वीकार करनेवाले पाँच सौ पुरुषों का स्मारक-स्वरूप है। मंदिर के बीचोबीच बुद्धदेव की मूर्ति स्थापित है, उसके नीचे सम्राट् की और दोनों ओर शिष्यमंडली की मूर्तियों की कतारें हैं। ये सभी लकड़ी में खूबसूरती से खोदकर बनाई गई हैं।

कैंटन से मैं फिर हांगकांग लौटा और वहाँ से जापान पहुँचा। पहला बंदरगाह नागासाकी था। यहाँ हमारा जहाज कुछ घंटों के लिए ठहरा और हम लोग गाड़ी में बैठकर शहर घूमने गए। चीनियों में और इनमें कितना अंतर है! सफाई में जापानी लोग दुनिया में किसी से कम नहीं हैं। सभी वस्तुएँ साफ-सुथरी हैं। रास्ते प्रायः सब चौड़े, सीधे और पक्के हैं। प्रायः प्रत्येक शहर में पिंजड़ों की भाँति छोटे मकान हैं और उन बस्तियों के पीछे चीड़ के वृक्षों के कारण हरी-भरी पहाड़ियाँ हैं। जापानी लोग ठिगने, गोरे और विचित्र वेषभूषावाले हैं। उनकी चाल-ढाल, हाव-भाव, रंग-ढंग सभी सुंदर हैं। जापान सौंदर्यभूमि है। प्रायः प्रत्येक घर के पिछवाड़े में बगीचा रहता है। इन बगीचों के छोटे-छोटे लता वृक्ष, हरे-भरे कुंज, छोटे-छोटे जलाशय और नालियों पर बने हुए छोटे-छोटे पत्थर के पुल बड़े सुहावने लगते हैं। नागासाकी से चलकर हम कोबे पहुँचे। यहाँ जहाज से उतरकर हम लोग जापान का मध्य भाग देखने के उद्देश्य से स्थलमार्ग से याकोहामा आए। इस मध्य भाग में हमने तीन शहर देखे। महान् औद्योगिक नगर ओसाका, पूर्व राजधानी क्योटो और वर्तमान राजधानी टोक्यो कलकत्ते से प्रायः दुगना बड़ा होगा और आबादी भी लगभग दुनी होगी।

बिना पासपोर्ट के किसी भी विदेशी को जापान में भ्रमण करने नहीं दिया जाता।

जान पड़ता है, जापानी लोग वर्तमान आवश्यकताओं के प्रति पूर्ण सचेत हो गए हैं। उनकी एक अच्छी सुव्यवस्थित सेना है, जिसमें यहीं के अफसर द्वारा आविष्कृत तोपें काम में लाई जाती हैं और जो संसार में अद्वितीय कही जाती हैं। ये लोग अपनी नौशक्ति बढ़ाते जा रहे हैं। मैंने एक जापानी इंजीनियर की बनाई करीब एक मील लंबी सुरंग देखी है।

दियासलाई के कारखाने तो देखते ही बनते हैं। जो आवश्यक चीजें उनको लगती हैं, उन सब को अपने देश में ही बनाने की चेष्टा में लोग तुले हुए हैं। चीन और जापान के बीच में चलनेवाली एक जापानी स्टीमर लाइन है, जिसे ये लोग कुछ ही दिनों में बंबई और याकोहामा के बीच चलाना चाहते हैं।

यहाँ मैंने बहुत से मंदिर देखे। प्रत्येक मंदिर में कुछ संस्कृत मंत्र प्राचीन बंग-अक्षरों में लिखे हुए हैं। बहुत थोड़े पुरोहित संस्कृत जानते हैं, पर वे सब-के-सब बड़े बुद्धिमान हैं। अपनी उन्नति करने का आधुनिक जोश पुरोहितों तक में प्रवेश कर गया हैं। जापानियों के विषय में, जो कुछ मेरे मन में है, वह सब मैं इस छोटे से पत्र में लिखने में असमर्थ हूँ। मेरी केवल यह इच्छा है कि प्रतिवर्ष यथेष्ट संख्या में हमारे नवयुवकों को यहाँ आना चाहिए। जापानी लोगों के लिए आज भारतवर्ष सर्वोच्च और सर्वश्रेष्ठ वस्तुओं का स्वप्न-राज्य है। और तुम लोग क्या कर रहे हो? जीवनभर केवल बेकार बातें किया करते हो। आओ, इन लोगों को देखो और उसके बाद जाकर लज्जा से मुँह छिपा लो। सठियाई बुद्धिवालो, तुम्हारी तो देश से बाहर निकलते ही जाति चली जाएगी! अपनी खोपड़ी में वर्षों के अंधविश्वास का कूड़ा-करकट भरे बैठे, सैकड़ों वर्षों से केवल आहार के शुद्ध-अशुद्धि के झगड़े में ही अपनी शक्ति नष्ट करनेवाले, सैकड़ों युगों के सामाजिक अत्याचार से जिनकी सारी मानवता का अस्त हो चुका है, भला बताओ तो सही तुम कौन हो? और तुम इस समय कर ही क्या रहे हो? मूर्खों, किताब हाथ में लिए तुम केवल समुद्र किनारे फिर रहे हो, यूरोपियनों के मस्तिष्क में निकली हुई बातों को लेकर, बेसमझे दुहरा रहे

हो। तीस रुपए की मुंशीगिरी के लिए अथवा बहुत हुआ तो एक वकील बनने के लिए जी-जान से तड़प रहे हो। यही तो भारतवर्ष के नवयुवकों की सबसे बड़ी महत्त्वाकांक्षा है। तिसपर इन विद्यार्थियों के भी झुंड-के-झुंड बच्चे भी पैदा हो जाते हैं, जो भूख से तड़पते हुए उन्हें घेरकर 'बाबूजी, खाने को दो, खाने को दो' कहकर चिल्लाते रहते हैं। क्या समुद्र में इतना पानी भी न रहा कि तुम उसमें विश्वविद्यालय के डिप्लोमा, गाऊन और पुस्तकों के समेत डूब मरो?

आओ, मनुष्य बनो। उन पाखंडी पुरोहितों को, जो सदैव उन्नति के मार्ग में बाधक होते हैं, बाहर निकाल दो, क्योंकि उनका सुधार कभी न होगा। उनके हृदय कभी विशाल न होंगे। उनकी उत्पत्ति तो सैकड़ों वर्षों के अंधविश्वासों और अत्याचारों के फलस्वरूप हुई है। पहले इनको जड़मूल निकाल फेंको। आओ, मनुष्य बनो। अपने अंधकूप से बाहर निकलो और बाहर दृष्टि डालो। देखो, अन्य सब देश किस तरह आगे बढ़ रहे हैं! (क्या तुम्हें मनुष्य से प्रेम है? क्या तुम्हें अपने देश से प्रेम है? यदि 'हाँ' तो आओ; हम लोग उच्चता और उन्नति के मार्ग में प्रयत्नशील हों। पीछे मुड़कर मत देखो।)अत्यंत निकट और प्रिय संबंधी रोते हों तो रोने दो, पीछे देखो ही मत। (केवल आगे बढ़ते जाओ)

भारतमाता कम-से-कम एक हजार युवकों का बलिदान चाहती है— मस्तिष्कवाले युवकों का, पशुओं का नहीं। परमात्मा ने तुम्हारी इस निश्चेष्ट सभ्यता को तोड़ने के लिए ही अंग्रेजी राज्य को भारत में भेजा है और मद्रासियों ने ही अंग्रेजों को भारत में पैर जमाने में सबसे पहले मुख्य सहायता दी है। मद्रास ऐसे कितने निःस्वार्थी और सच्चे युवक देने के लिए तैयार है, जो गरीबों के साथ सहानुभूति रखने के लिए, भूखों को अन्न देने के लिए और सर्वसाधारण में नवजागृति का प्रचार करने के लिए प्राणों की बाजी लगाकर प्रयत्न करने को तैयार हैं और साथ ही उन लोगों को, जिन्हें तुम्हारे पूर्वजों के अत्याचारों ने पशुतुल्य बना दिया है, उन्हें मानवता का पाठ पढ़ाने के लिए अग्रसर होंगे?

तुम्हारा,

विवेकानंद

पुनश्च : धीरता और दृढ़ता के साथ चुपचाप काम करना होगा, समाचारपत्रों के जरिए हल्ला मचाने से काम न होगा। सर्वदा याद रखना नाम-यश कमाना अपना उद्देश्य नहीं है।

—वि.

बड़ा काम करना कठिन परिश्रम और कष्ट से ही होगा

आलासिंगा पेरुमल को लिखा गया पत्र, ब्रीजी मेडोज, मेटकाफ, मासाचुसेट्स 20 अगस्त, 1893

प्रिय आलासिंगा,

कल तुम्हारा पत्र मिला। शायद तुम्हें इस बीच मेरा जापान से लिखा हुआ पत्र मिला होगा। जापान से मैं वैंकुवर पहुँचा। मुझे प्रशांत महासागर के उत्तरी हिस्से में होकर जाना पड़ा। ठंड बहुत थी। गरम कपड़ों के अभाव से बड़ी तकलीफ हुई। अस्तु, किसी तरह वैंकुवर पहुँचकर, वहाँ से कनाडा होकर शिकागो पहुँचा। वहाँ लगभग बारह दिन रहा। वहाँ प्राय: हर रोज मेला देखने जाता था। वह तो एक विराट् व्यापार है! कम-से-कम बिना दस दिन घूमे सब मेले की सैर करना असंभव था। वरदा राव ने जिन महिला से मेरा परिचय करा दिया था, वे और उनके पति शिकागो समाज के बड़े गण्यमान्य व्यक्ति हैं। उन्होंने मुझसे बहुत अच्छा बरताव किया, परंतु यहाँ के लोग, जो विदेशियों का सत्कार करते हैं, वह केवल औरों को तमाशा दिखाने के ही लिए है; धन की सहायता करते समय प्राय: सभी मुँह मोड़ लेते हैं। इस साल यहाँ भारी अकाल पड़ा है, व्यापार में सभी को नुकसान हो रहा है, इसलिए मैं शिकागो बहुत दिन नहीं ठहरा। शिकागो से मैं बोस्टन आया। लल्लूभाई वहाँ तक मेरे साथ थे। उन्होंने भी मुझसे बड़ा अच्छा बरताव किया।

यहाँ बहुत खर्च होता है। तुम जानते हो कि तुमने मुझे 170 पाउंड के नोट और 9 पाउंड नकद दिए थे। अब 130 पाउंड ही रह गए हैं। मेरा औसत एक पाउंड हर रोज खर्च होता है। यहाँ एक चूरट ही का दाम हमारे यहाँ के आठ

आने हैं। अमेरिकावाले ऐसे धनी हैं कि वे पानी की तरह रुपया बहा देते हैं। सैकड़ों बार इच्छा हुई कि इस देश से चल दूँ, फिर मैंने सोचा कि मैं तो जिद्दी स्वभाव का हूँ, और मुझे भगवान् का आदेश मिला है। मेरी दृष्टि में रास्ता नहीं दिखाई देता तो न सही, परंतु उनकी आँखें तो सबकुछ देख रही हैं। चाहे मरूँ या जीऊँ, अपने उद्देश्य को नहीं छोड़ूँगा।

मैं इस समय बोस्टन के एक गाँव में एक भद्र-महिला का अतिथि हूँ। मेरी इनसे एकाएक रेलगाड़ी पर पहचान हुई थी। ये मुझे निमंत्रित कर अपने पास लाई हैं। यहाँ पर रहने से मुझे यह सुविधा होती है कि मेरा हर रोज एक पाउंड के हिसाब से जो खर्च हो रहा था, वह बच जाता है; और उनको यह लाभ होता है कि वे अपने मित्रों को बुलाकर उनको भारत से आया हुआ एक अजीब जानवर दिखा रही हैं! इन सब यातनाओं को सहना ही पड़ेगा। अब मुझे अनाहार, जाड़ा और मेरे अनोखे पहनावे के कारण रास्ते के मुसाफिरों के हँसी-मजाक, इन सभी के साथ लड़ाई कर गुजारना पड़ता है। **प्रिय वत्स, यह निश्चित जानना कि कोई भी बड़ा काम कठिन परिश्रम और कष्ट उठाए बिना नहीं बना है।**'''

याद रखो कि यह ईसाइयों का देश है। यहाँ किसी और धर्म या मत की कुछ भी प्रतिष्ठा मानो है ही नहीं। मुझे संसार के किसी भी संप्रदाय की शत्रुता का भय नहीं है। मैं तो यहाँ 'मेरी'-सुत ईसा की संतानों के बीच वास करता हूँ। प्रभु ईसा ही मुझे सहारा देंगे। एक बात मैं देख पाता हूँ कि ये लोग हिंदूधर्म के उदार मत और नजारेथ के अवतार पर मेरा प्रेम देखकर बहुत ही आकृष्ट हो रहे हैं। उनसे मैं कहा करता हूँ कि मुझे उस गालिलि के रहनेवाले महापुरुष के विरुद्ध कुछ कहना ही नहीं है; सिर्फ जैसे आप लोग ईसा को मानते हैं, वैसे ही साथ-साथ भारतीय महापुरुषों को मानना चाहिए। यह बात वे आदरपूर्वक सुन रहे हैं। अब तक मेरा काम इतना ही बना है कि लोग मेरे बारे में कुछ जान गए हैं एवं चर्चा करते हैं। यहाँ इसी तरह काम शुरू करना होगा। इसमें काफी समय लगेगा, साथ ही धन की भी आवश्यकता है। जाड़े का मौसम आ रहा है। मुझे सब प्रकार के गरम कपड़े की आवश्यकता होगी, और यहाँ वालों की अपेक्षा हमें अधिक कपड़ों की जरूरत होती है।'''वत्स, साहस अवलंबन करो।

भगवान् की इच्छा से भारत में हमसे बड़े-बड़े कार्य संपन्न होंगे। विश्वास करो, हम ही बड़े-बड़े काम करेंगे, हम गरीब लोग, जिनसे लोग घृणा करते हैं, पर जिन्होंने मनुष्य का दुःख सचमुच दिल से अनुभव किया है। राजे-रजवाड़ों से बड़े-बड़े काम बनने की आशा बहुत कम है।

कल स्त्री-कैदखाने की व्यवस्थापिका श्रीमती जोन्सन महोदया यहाँ पधारी थीं। यहाँ 'कैदखाना' नहीं कहते, किंतु 'सुधार-शाला' कहते हैं। मैंने अमेरिका में जो-जो बातें देखी हैं, उनमें से यह एक बड़ी आश्चर्यजनक वस्तु है। कैदियों से कैसा सहृदय बरताव किया जाता है, कैसे उनका चरित्र सुधर जाता है और वे लौटकर फिर कैसे समाज के आवश्यक अंग बनते हैं, ये सब बातें इतनी अद्भुत और सुंदर हैं कि तुम्हें बिना देखे विश्वास नहीं होगा। यह सब देखकर जब मैंने अपने देश की दशा सोची, तो मेरे प्राण बेचैन हो गए। भारतवर्ष में हम लोग गरीबों को, साधारण लोगों को, पतितों को क्या समझा करते हैं? उनके लिए न कोई उपाय है, न बचने की राह, और न उन्नति के लिए कोई मार्ग ही। भारत के दरिद्रों का, भारत के पतितों का, भारत के पापियों का कोई साथी नहीं-उन्हें कोई सहायता देनेवाला नहीं, वे कितनी ही कोशिश क्यों न करें, उनकी उन्नति का कोई उपाय नहीं। वे दिन-पर-दिन डूबते जा रहे हैं। राक्षस जैसा नृशंस समाज उन पर जो लगातार चोटें कर रहा है, उसका अनुभव तो वे खूब कर रहे हैं, पर वे जानते नहीं कि वे चोटें कहाँ से आ रही हैं? वे भूल गए हैं कि वे भी मनुष्य हैं। इसका फल हुआ दासत्व और पशुत्व। चिंताशील लोग कुछ समय से समाज की यह दुर्दशा समझ गए हैं, परंतु दुर्भाग्यवश, वे हिंदूधर्म के मत्थे ये दोष मढ़ रहे हैं। वे सोचते हैं कि जगत् के इस सर्वश्रेष्ठ धर्म का नाश ही समाज की उन्नति का एकमात्र उपाय है। **सुनो मित्र, प्रभु की कृपा से मुझे इसका रहस्य मालूम हो गया है। दोष धर्म का नहीं है। इसके विपरीत, तुम्हारा धर्म तो तुम्हें यही सिखाता है कि संसार भर के सभी प्राणी तुम्हारी ही आत्मा के विविध रूप हैं। समाज की इस हीनावस्था का कारण है, इस तत्त्व को व्यावहारिक आचरण में लाने का अभाव, सहानुभूति का अभाव-हृदय का अभाव।** भगवान्

तुम्हारे पास बुद्धरूप में आए और तुम्हें गरीबों, दु:खियों और पापियों के लिए आँसू बहाना और उनसे सहानुभूति करना सिखाया, परंतु तुमने उनकी बात पर ध्यान नहीं दिया। तुम्हारे पुरोहितों ने यह भयानक किस्सा गढ़ा कि भगवान् भ्रांत मत का प्रचार कर असुरों को मोहित करने आए थे। सच है; पर असुर हैं हमीं लोग, न कि वे, जिन्होंने विश्वास किया। और जिस तरह यहूदी लोग प्रभु ईसा का निषेध कर आज सारी दुनिया में सताए और दुतकारे जाकर भीख माँगते हुए फिर रहे हैं, उसी तरह तुम लोग भी, जो भी जाति तुम पर राज करना चाहती है, उसी के गुलाम बन रहे हो। हाय अत्याचारियो, तुम जानते नहीं कि अत्याचार और गुलामी मानो एक ही सिक्के के दो पहलू हैं! वे दोनों एक ही हैं।

बालाजी और जि.जि. को उस दिन की बात याद होगी, जब शाम को पांडुचेरी में एक पंडित से समुद्र-यात्रा के विषय पर हमारा वाद-विवाद हुआ था। उसके चेहरे की विकट बनावट और उसकी 'कदापि न'(हरगिज नहीं) यह बात मुझे सदैव याद रहेगी। इनकी अज्ञता की गहराई देखकर आश्चर्य करना पड़ता है। वे जानते नहीं कि भारतवर्ष जगत् का एक अत्यंत छोटा हिस्सा है, और सारा जगत् इन तीस करोड़ मनुष्यों को बड़ी घृणा से देखता है। वह देखता है कि ये सब मानो कीड़ों की तरह भारत के रमणीक क्षेत्र पर रेंग रहे हैं और एक-दूसरे पर अत्याचार करने की कोशिश कर रहे हैं। समाज की यह दशा दूर करनी होगी, परंतु धर्म का नाश करके नहीं, वरन् हिंदूधर्म के महान् उपदेशों का अनुसरण कर और उसके साथ हिंदूधर्म की स्वाभाविक परिणतिस्वरूप बौद्धधर्म की अपूर्व सहृदयता को युक्त कर **लाखों स्त्री-पुरुष पवित्रता के अग्निमंत्र से दीक्षित होकर, भगवान् के प्रति अटल विश्वास से शक्तिमान बनकर और गरीबों, पतितों तथा पददलितों के प्रति सहानुभूति से सिंह के समान साहसी बनकर इस संपूर्ण भारत देश में सर्वत्र उद्धार के संदेश का, सेवा के संदेश का, सामाजिक उत्थान के संदेश का, समानता के संदेश का प्रचार करते हुए विचरण करेंगे।**

पृथ्वी पर ऐसा कोई धर्म नहीं है, जो हिंदूधर्म के समान इतने उच्च स्वर से मानवता के गौरव का उपदेश करता हो, और पृथ्वी पर ऐसा कोई धर्म नहीं

है, जो हिंदूधर्म के समान गरीबों और निम्नजातिवालों का गला ऐसी क्रूरता से घोंटता हो। प्रभु ने मुझे दिखा दिया है कि इसमें धर्म का कोई दोष नहीं है, वरन् दोष उनका है, जो ढोंगी और दंभी हैं, जो 'पारमार्थिक' और 'व्यावहारिक' सिद्धांतों के रूप में अनेक प्रकार के अत्याचार के अस्त्र निर्माण करते हैं।

हताश न होना। याद रखना कि भगवान् गीता में कह रहे हैं, **कर्मण्येवाधिकारस्ते मा फलेषु कदाचन** श्रीमद्भगवद्गीता ॥2.47॥ "तुम्हारा अधिकार कर्म में है, फल में नहीं।" कमर कस लो, वत्स, प्रभु ने मुझे इसी काम के लिए बुलाया है। जीवनभर मैं अनेक कष्ट उठाते आया हूँ। मैंने प्राणप्रिय आत्मीयों को एक प्रकार अनाहार मरते देखा है। लोगों ने मेरी हँसी और अवज्ञा की है, और कपटी कहा है (मद्रास के बहुत से लोग अब भी मुझे ऐसा समझते हैं) और ये सब वे ही लोग हैं, जिन पर सहानुभूति करने से मुझे यह फल मिला। **वत्स, यह संसार दुःख का आगार तो है, पर यही महापुरुषों के लिए शिक्षालय-स्वरूप है। इस दुःख से ही सहानुभूति, सहिष्णुता और सर्वोपरि, उस अदम्य दृढ़ इच्छाशक्ति का विकास होता है, जिसके बल से मनुष्य सारे जगत् के चूर-चूर हो जाने पर भी रत्तीभर नहीं हिलता।** मुझे उन लोगों के लिए दुःख होता है, जो मुझे कपटी समझते हैं। वे दोषी नहीं हैं। वे बालक हैं, निरे बच्चे हैं-भले ही समाज में वे बड़े गण्यमान्य समझे जाएँ। उनकी आँखें अपने छोटे दृष्टिक्षेत्र से बाहर कुछ नहीं देखतीं। उनके नियमित कार्य केवल खान-पान, अर्थोपार्जन और वंशवृद्धि ही हैं। और ये सब कार्य वे घड़ी के काँटे की तरह नियमित रूप से किए जाते हैं। इसके सिवा उन्हें और कुछ नहीं सूझता। अहा, कैसे सुखी हैं.ये बेचारे! उनकी नींद किसी तरह टूटती ही नहीं! सदियों के पाशविक अत्याचार के फलस्वरूप, जो दुःख, हीनता, दारिद्र्य की आह भारतगगन को आच्छादित किए हुए हैं, उनसे उनके जीवन-संबंधी सुखकर स्वप्न कभी टूटते नहीं। जिन्होंने ईश्वर की प्रतिमारूपी मनुष्य को भारवाही पशु, भगवती की प्रतिमारूपिणी रमणी को संतान पैदा करनेवाली दासी और जीवन को विषमय बना दिया है, उन लोगों को युगों के मानसिक, नैतिक और दैहिक अत्याचारों की बातें कभी सपने में भी याद नहीं आतीं, परंतु

ऐसे भी अनेक मनुष्य हैं, जो देखते हैं, अनुभव करते हैं और मन-ही-मन खून के आँसू बहाते हैं, जो सोचते हैं कि इनका इलाज है, और किसी भी कीमत पर इन्हें हटाने को तैयार हैं। यहाँ तक कि अपने प्राण भी देने को प्रस्तुत हैं। इन्हीं लोगों से स्वर्गराज्य बना है। अतएव मित्रो, क्या यह स्वाभाविक नहीं है कि उच्च स्थान में अवस्थित इन महापुरुषों को उन जघन्य कीड़ों की बकवास सुनने की फुरसत नहीं, जो प्रतिक्षण अपनी शक्तिभर विष उगलने के लिए तैयार हैं?

ऊँचे पदवालों या धनिकों का भरोसा न करना। उनमें जीवनीशक्ति नहीं है। वे तो जीते हुए भी मुर्दे के समान हैं। भरोसा तुम लोगों पर है; गरीब, पदमर्यादा-रहित, किंतु विश्वास तुम्ही लोगों पर। ईश्वर पर भरोसा रखो। किसी चालबाजी की आवश्यकता नहीं; उससे कुछ भी नहीं होता। **दुःखियों का दर्द समझो और ईश्वर के पास सहायता की प्रार्थना करो, सहायता अवश्य मिलेगी।** मैं बारह वर्ष तक हृदय में यह बोझ लादे और सिर पर यह विचार लिए बहुत से तथाकथित धनिकों और अमीरों के दर-दर घूम चुका, उन्होंने मुझे केवल कपटी समझा। हृदय का रक्त बहाते हुए मैं आधी पृथ्वी का चक्कर लगाकर इस विदेश में सहायता माँगने आया। जब मेरे स्वदेश में ही लोग मुझे कपटी समझते हैं तो यदि अमेरिकावाले एक अज्ञात विदेशी भिक्षुक को भिक्षा माँगते देखें, तो वे भला क्या समझेंगे? परंतु भगवान् अनंत शक्तिमान् हैं, मैं जानता हूँ, वे मेरी सहायता करेंगे। मैं इस देश में भूख या जाड़े से भले ही मर जाऊँ, परंतु मद्रासवासी युवको! **मैं गरीब, मूर्खों और उत्पीड़ितों के लिए इस सहानुभूति और प्राणपण प्रयत्न को थाती के तौर पर तुम्हें अर्पण करता हूँ। जाओ, इसी क्षण जाओ उस पार्थसारथि के मंदिर में, जो गोकुल के दीन-दरिद्र ग्वालों के सखा थे, जो गुहक चंडाल को भी गले लगाने में नहीं हिचके, जिन्होंने अपने बुद्ध-अवतार में अमीरों का न्योता इनकार कर एक वारांगना का न्योता स्वीकार किया और उसे उबारा; जाओ उनके पास, जाकर साष्टांग प्रणाम करो और उनके सम्मुख एक महाबलि दो, अपने जीवन की बलि दो-उन दरिद्रों, पतितों और उत्पीड़ितों के लिए, जिनके लिए भगवान् युग-युग में अवतार लिया करते हैं, और जिन्हें वे सबसे अधिक प्यार**

करते हैं। और अपना सारा जीवन इन तीस करोड़ लोगों के उद्धार के लिए अर्पण कर देने का व्रत लो, जो दिनोदिन डूबते जा रहे हैं।

यह एक दिन का काम नहीं, और रास्ता भी भयंकर कँटीला है। परंतु पार्थसारथि हमारे भी सारथि होने के लिए तैयार हैं, हम यह जानते हैं। उनका नाम लेकर और उन पर अनंत विश्वास रखकर भारत के शत-शत युगों से संचित, पर्वतकाय अनंत दु:खराशि में आग लगा दो। वह जलकर राख हो ही जाएगी। तो आओ भाइयो, साहसपूर्वक इसका सामना करो! यह व्रत गुरुतर है और हम भी क्षुद्रशक्ति हैं, तो भी हम अनंतज्योति स्वरूप भगवान् के बच्चे हैं। प्रभु की जय हो, हम अवश्य सफल होंगे। सैकड़ों लोग इसमें खोते रहेंगे, पर सैकड़ों पुन: उनकी जगह खड़े हो जाएँगे। प्रभु की जय! संभव है कि मैं यहाँ विफल होकर मर जाऊँ, पर कोई और यह काम जारी रखेगा। तुम लोगों ने रोग भी जान लिया और दवा भी, अब केवल विश्वास रखना, हम धनी या अमीर लोगों की परवाह नहीं करते—हृदयहीन, कोरे मस्तिष्क युक्त लेखकों और समाचार-पत्रों में प्रकाशित उनके निस्तेज लेखों की भी परवाह नहीं करते। विश्वास, सहानुभूति, दृढ़ विश्वास और ज्वलंत सहानुभूति चाहिए। प्रभु की जय हो! जीवन तुच्छ है, मरण भी तुच्छ है, भूख तुच्छ है और जाड़ा भी तुच्छ है। जय प्रभु! आगे बढ़ते रहो, प्रभु हमारे नायक हैं। पीछे मत देखो, कौन गिरा, इसकी खबर मत लो, आगे बढ़ो, सामने चलो। भाइयो, इसी तरह हम आगे बढ़ते जाएँगे, एक गिरेगा, तो दूसरा वहाँ पर खड़ा हो जाएगा।

शुभाकांक्षी,

विवेकानंद

याद रखो, राष्ट्र झोंपड़ी में बसा है

आलासिंगा पेरुमल को लिखा गया पत्र : शिकागो, 2 नवंबर, 1893

प्रिय आलासिंगा,

कल तुम्हारा पत्र मिला। बोस्टन के निकट एक गाँव में हार्वर्ड यूनिवर्सिटी के ग्रीक भाषा के प्रोफेसर डॉ. राइट् से मेरी जान-पहचान हो गई। उन्होंने

मेरे प्रति बहुत सहानुभूति दिखाई और इस बात पर जोर दिया कि मैं सर्वधर्म सम्मेलन में अवश्य जाऊँ, क्योंकि उनके विचार से उसके द्वारा मेरा परिचय संपूर्ण अमेरिका से हो जाएगा। चूँकि मेरी वहाँ किसी से जान-पहचान न थी, इसलिए प्रोफेसर साहब ने मेरे लिए सब बंदोबस्त करने का भार अपने ऊपर लिया और उसके बाद मैं फिर शिकागो आ गया। यहाँ सर्वधर्म सम्मेलन में आए हुए पूर्वी और पश्चिमी देशों के प्रतिनिधियों के साथ एक सज्जन के मकान में मेरे ठहरने की व्यवस्था हो गई है।

जिस दिन सम्मेलन का उद्घाटन होनेवाला था, उस दिन सुबह हम लोग आर्ट पैलेस नामक एक भवन में एकत्र हुए, जिसमें एक बड़ा और कुछ छोटे-छोटे हॉल सम्मेलन के अधिवेशनों के लिए अस्थायी रूप से निर्मित किए गए थे। सभी धर्मों के प्रतिनिधि वहाँ थे। भारत से ब्राह्मसमाज के प्रतिनिधि प्रतापचंद्र मजूमदार महाशय थे, बंबई से नगरकर आए थे, जैनधर्म के प्रतिनिधि वीरचंद गांधी थे और थिआसॉफी के प्रतिनिधि श्रीमती एनी बेसेंट तथा चक्रवर्ती थे। इन सबमें मजूमदार मेरे पुराने मित्र थे और चक्रवर्ती मेरे नाम से परिचित थे। बड़े भारी जुलूस के बाद हम सब लोग मंच पर श्रेणीबद्ध बैठाए गए। कल्पना करो, नीचे एक बड़ा हॉल और ऊपर एक बहुत बड़ी गैलरी, दोनों में छह-सात हजार आदमी खचाखच भरे हैं, जो इस देश के चुने हुए सुसंस्कृत स्त्री-पुरुष हैं तथा मंच पर संसार की सभी जातियों के बड़े-बड़े विद्वान् एकत्र हैं। और मुझे, जिसने अब तक कभी समाज में भाषण नहीं दिया, इस विराट् जनसमुदाय में भाषण देना होगा! उसका उद्घाटन बड़े समारोह से संगीत और भाषणों द्वारा हुआ। तदुपरांत आए हुए प्रतिनिधियों का एक-एक करके परिचय दिया गया और वे सामने आकर अपना भाषण देते थे। निस्संदेह मेरा हृदय धड़क रहा था और जबान सूख रही थी। मैं इतना घबराया हुआ था कि सवेरे बोलने की हिम्मत न हुई। मजूमदार की वक्तृता सुंदर रही। चक्रवर्ती की तो उससे भी सुंदर। दोनों के भाषणों में खूब करतल-ध्वनि हुई। वे सब अपने भाषण तैयार करके आए थे। मैं अबोध था और बिना किसी प्रकार की तैयारी के था, किंतु मैं देवी सरस्वती को प्रणाम करके सामने आया और डॉ. बॅरोज ने मेरा परिचय दिया।

मैंने एक छोटा सा भाषण दिया। मैंने इस प्रकार संबोधन किया—'अमेरिका निवासी भगिनी तथा भ्रातृगण!' इसके बाद ही दो मिनट तक ऐसी घोर करतल-ध्वनि हुई कि कान में उँगली देते न बनी, फिर मैंने आरंभ किया और जब अपना भाषण समाप्त कर बैठा तो भावावेग से मानो मैं अवश हो गया था। दूसरे दिन सब समाचार-पत्रों में छपा कि मेरी ही वक्तृता उस दिन सबसे अधिक हृदयस्पर्शी थी। मेरा नाम अमेरिका भर में फैल गया। महान् टीकाकार श्रीधर ने ठीक ही कहा है, 'मूकं करोति वाचालं', अर्थात् जिसकी कृपा मूक को भी धाराप्रवाह वक्ता बना देती है, उस प्रभु की जय हो! उस दिन से मैं विख्यात हो गया और जिस दिन मैंने हिंदू धर्म पर अपनी वक्तृता पढ़ी, उस दिन तो हॉल में इतनी अधिक भीड़ थी, जितनी पहले कभी न हुई थी। एक समाचार-पत्र का कुछ अंश उद्‌धृत करता हूँ—"केवल महिलाएँ-ही-महिलाएँ कोने-कोने में, जहाँ देखो वहाँ ठसाठस भरी हुई दिखाई देती थीं। अन्य सब वक्तृताओं के समाप्त होने तक वे किसी प्रकार सहिष्णुतापूर्वक विवेकानंद की वक्तृता की बाट जोहती खड़ी रहीं।" तुम्हारे पास यदि मैं समाचार-पत्रों की कतरनें भेजूँ तो तुम आश्चर्यचकित हो जाओगे, परंतु तुम जानते ही हो कि मैं नाम-यश से घृणा करता हूँ। इतना ही कहना पर्याप्त होगा कि जब कभी मैं मंच पर आया तो करतल-ध्वनि से मेरा स्वागत किया गया। सभी पत्रों ने मेरी प्रशंसा के पुल बाँध दिए और उनमें जो बड़े ही कट्टर थे, उनको भी स्वीकार करना पड़ा कि 'यह मनुष्य अपनी सुंदर आकृति, आकर्षक व्यक्तित्व और आश्चर्यजनक वक्तृत्व के कारण सम्मेलन में सर्वप्रधान व्यक्ति है' इत्यादि-इत्यादि।

अमेरिकावासियों की दया का क्या कहना! मुझे अब किसी वस्तु का अभाव नहीं। मैं संतुष्ट हूँ। यूरोप जाने के लिए आवश्यक धन मुझे यहाँ से मिल जाएगा। इसलिए तुम लोगों को कष्ट सहन कर रुपए भेजने की आवश्यकता नहीं। एक बात पूछनी है—क्या तुम लोगों ने 500 रुपए एक ही साथ भेजे थे? कुक कंपनी के पास से मुझे केवल 30 पाउंड ही मिले हैं। तुमने और महाराज ने अलग-अलग रुपए भेजे हैं, परंतु फिर भी अभी तक मुझे कुछ भी रकम नहीं मिली। यदि एक साथ ही भेजे हैं, तो एक बार पूछताछ करना। नरसिंहाचार्य

नाम का एक युवक हमारी मंडली में शामिल हो गया है। पिछले तीन वर्ष वह शहर में इधर-उधर घूमता-फिरा। घूमता रहा हो या कुछ भी करता रहा हो, उसे मैं चाहता हूँ। यदि तुम उसे जानते हो तो उसका पूर्ववृत्तांत लिखो। वह तुमको जानता है। जिस वर्ष पेरिस में प्रदर्शनी हुई, उस वर्ष वह यूरोप गया था।

मुझे अब कुछ भी अभाव नहीं रहा। शहर के कई अच्छे-अच्छे घरों में मेरा प्रवेश हो गया है। मैं सदैव किसी-न-किसी का अतिथि होकर रहता हूँ, जैसी जिज्ञासा इस जाति के लोगों में है, वैसी अन्यत्र नहीं। प्रत्येक वस्तु का ज्ञान प्राप्त करना इन्हें सदैव अभीष्ट रहता है और इनकी महिलाएँ तो संसार में सबसे अधिक उन्नत हैं। सामान्यत: अमेरिकन पुरुषों की अपेक्षा अमेरिकन महिलाएँ बहुत अधिक सुसंस्कृत हैं। पुरुष तो धन कमाने के लिए आजीवन दासत्व की शृंखला में बँधे रहते हैं, परंतु नारियाँ सदैव अपनी उन्नति के अवसरों की खोज में रहती हैं। ये लोग बड़े दयालु हृदय और स्पष्टवादी हैं, जिन्हें उपदेश देने की आदत पड़ जाती है, वे यहाँ आते हैं और मुझे खेद है कि इनमें से बहुतेरे अधकचरे निकलते हैं। अमेरिकनों में भी दोष हैं और किस जाति में दोष नहीं हैं? परंतु मेरा निष्कर्ष यह है—एशिया ने सभ्यता की नींव डाली, यूरोप ने पुरुषों की उन्नति की और अमेरिका महिलाओं और जनसाधारण की उन्नति कर रहा है। यह महिलाओं और श्रमजीवियों के लिए स्वर्गतुल्य है, अब अमेरिकन की प्रजा तथा नारियों की अपने देश की प्रजा तथा नारियों से तुलना करो—भेद स्पष्ट हो जाएगा। अमेरिकन लोग द्रुत गति से उदारमना होते जा रहे हैं। उनकी तुलना उन कट्टर ईसाई मिशनरियों से न करो, जो तुम्हें भारतवर्ष में दिखाई देते हैं। यहाँ भी वैसे लोग हैं, पर उनकी संख्या दिनोदिन कम होती जा रही है और यह महान् जाति शीघ्रता से उस आध्यात्मिकता की ओर अग्रसर होती जा रही है, जिसका हिंदुओं को अभिमान है।

हिंदुओं को अपना धर्म छोड़ने की आवश्यकता नहीं। उन्हें चाहिए कि धर्म को एक उचित मर्यादा के भीतर सीमित रखें और समाज को उन्नतिशील होने के लिए स्वाधीनता दे दें। भारत के सभी समाज-सुधारकों ने पुरोहितों के अत्याचारों और अवनति का उत्तरदायित्व धर्म के मत्थे मढ़ने की एक भयंकर भूल की और

एक दुर्भेद्य गढ़ को गिराने का प्रयत्न किया। नतीजा क्या हुआ? असफलता! बुद्धदेव से लेकर राममोहन राय तक सब ने जीति-भेद को धर्म का एक अंग माना और जाति-भेद के साथ ही धर्म पर भी आघात किया और असफल रहे। पुरोहितगण चाहे कुछ भी कहें, जाति-भेद केवल एक सामाजिक विधान ही है। उसका काम हो चुका, अब तो वह भारतीय वायमंडल में दुर्गंध फैलाने के अतिरिक्त कुछ नहीं करता। यह तभी हटेगा, जब लोगों को उनका खोया हुआ सामाजिक व्यक्तित्व पुनः प्राप्त हो जाएगा। इस देश में जन्म लेनेवाला प्रत्येक व्यक्ति अपने को एक 'मनुष्य' समझता है। भारत में जन्म लेनेवाला प्रत्येक व्यक्ति समझता है कि वह समाज का एक दास है और उन्नति की एकमात्र सहायक स्वाधीनता है। उसके अभाव में अवनति अवश्यंभावी है। आधुनिक प्रतिस्पर्धा के युग में जातिविचार अपने आप नष्ट होता जा रहा है। उसका नाश करने के लिए किसी धर्म-विज्ञान की आवश्यकता नहीं। उत्तर भारत में दुकानदारी, जूतों का धंधा और शराब बनाने का काम करनेवाले ब्राह्मण देखने में आते हैं। इसका कारण?—पारस्परिक स्पर्धा। वर्तमान राज-शासन में किसी भी मनुष्य को इच्छानुसार कोई भी व्यवसाय करने की रोक-टोक नहीं। फलतः घोर प्रतियोगिता उत्पन्न हो गई, अतएव हजारों लोग नीचे पड़े रहने की अपेक्षा समाज के उच्चातिउच्च पद के योग्य बनने और उसे पाने के प्रयत्न में हैं।

मैं जाड़े भर इस देश में रहूँगा, फिर यूरोप जाऊँगा। प्रभु सब प्रबंध कर देंगे। तुम उसकी चिंता न करो। तुम्हारे प्रेम के लिए कृतज्ञता प्रकट करना मेरे लिए असंभव है।

प्रतिदिन मुझे ऐसा प्रतीत होता है कि प्रभु मेरे साथ हैं और मैं उनके पीछे-पीछे चल रहा हूँ। उनकी इच्छा पूर्ण हो¨ ।हम लोग संसार के लिए बड़े महत्त्वपूर्ण कार्य करेंगे और वे सब निस्स्वार्थ भाव से, नाम अथवा यश के लिए नहीं। 'क्यों?'—यह प्रश्न करने का हमें अधिकार नहीं; हम को अपना कार्य करते-करते प्राण छोड़ने हैं (Our's not to reason why, our's but to do and die)। साहसी बनो और इस बात का विश्वास रखो कि हमारे और तुम्हारे द्वारा महान् कार्य होने हैं। भगवान् ने बड़े-बड़े कार्य करने के लिए हमें निर्दिष्ट किया है और हम उन्हें

करेंगे। उसके लिए तैयार रहो, अर्थात् पवित्र, विशुद्ध एवं निस्स्वार्थ प्रेम संपन्न बनो। दरिद्र, दु:खी और पददलित से प्रेम करो। प्रभु तुम्हारा कल्याण करेंगे।

रामनंद के राजा और अन्य बंधुओं से प्राय: मिलते रहो और उनसे आग्रह करो कि वे भारत के साधारण लोगों के प्रति सहानुभूति रखें। उन्हें बतलाओ कि वे किस प्रकार गरीबों के प्रतिबंधकस्वरूप है और यदि वे प्रजा की उन्नति के लिए तैयार नहीं तो वे मनुष्य कहलाने योग्य भी नहीं। निर्भय होओ। प्रभु तुम्हारे साथ है और वे भारत के करोड़ों भूखों और अशिक्षितों का उद्धार करेंगे। रेलवे का एक कुली इस देश में तुम्हारे युवकों और राजाओं से अधिक सुशिक्षित है। जिस शिक्षा की हिंदू ललनाएँ कल्पना तक न कर सकती होंगी, उससे कहीं अधिक शिक्षा यहाँ प्रत्येक अमेरिकन महिला को प्राप्त है। हमें वैसी शिक्षा क्यों न प्राप्त हो ? अवश्य होनी चाहिए।

अपने को निर्धन मत समझो। धन ही एकमात्र बल नहीं है; साधुता एवं पवित्रता ही बल है। आओ, देखो, सारे संसार में यह बात सत्य है या नहीं ?

इति,

आशीर्वादक,
विवेकानंद

परिश्रम करो, अटल रहो (मद्रासी शिष्यों को लिखित)

द्वारा जार्ज डब्ल्यू हेल,
541, डियरबोर्न एवेन्यू, शिकागो,
24 जनवरी, 1894

प्रिय मित्रो,

मुझे तुम्हारे पत्र मिले। मुझे यह जानकर आश्चर्य हुआ कि मेरे संबंध में इतनी अधिक बातें भारत में पहुँच गई हैं। 'इंटीरियर' पत्रिका की समालोचना के बारे में तुमने जो उल्लेख किया है, जानना कि वह सभी अमेरिका वासियों का मत नहीं है। इस पत्रिका के बारे में लोगों को कुछ मालूम नहीं है और वहाँ के लोग इसे 'नील नाकवाले प्रेसबिटेरियनों' की पत्रिका कहते हैं। यह बहुत

ही कट्टर संप्रदाय है, किंतु ये 'नील नाकवाले' सभी लोग दुर्जन हैं, ऐसी बात नहीं है। जिसका सम्मान कर लोग आदर कर रहे हैं, उसके बारे में समालोचना करके प्रसिद्धि लाभ करने के इरादे से ही इस पत्र ने ऐसा लिखा था। अमेरिका निवासीगण एवं बहुत से पादरीगण मेरा सम्मान करते हैं। किसी प्रसिद्ध व्यक्ति को गाली देकर पत्रिका की जानकारी कराना—ऐसे छल को यहाँ के लोग खूब समझते हैं एवं इसे यहाँ कोई महत्त्व नहीं देता, किंतु भारत के पादरीगण अवश्य ही इस समालोचना का लाभ उठाकर बदनाम करने का प्रयत्न करेंगे। यदि वे ऐसा करें तो उन्हें कहना—'हे यहूदी, याद रखो, तुम पर ईश्वर का न्याय घोषित हुआ है।' उन लोगों की पुरानी इमारत की नींद भी ढह रही है; पागल के समान वे लोग कितना भी चिल्लाए, उनका नाश अवश्यंभावी है। उन पर मुझे दया आती है—प्राच्यदेशवासीगण यहाँ बहु संख्या में आने के कारण भारत में जाकर सुखी जीवन बिताने के उपाय कम होते जा रहे हैं, किंतु इनके प्रधान पादरियों में से एक भी मेरे विरोधी नहीं है, खैर, जो भी हो, जब तालाब में उतरा हूँ, अच्छी तरह से स्नान करूँगा ही।

उन लोगों के समक्ष अपने धर्म के बारे में जो संक्षिप्त विवरण मैंने पढ़ा था, उसका कुछ अंश एक समाचार-पत्र से काटकर भेज रहा हूँ। मेरे अधिकांश भाषण स्वयंस्फूर्त ही होते हैं। आशा है, इस देश से वापस जाने के पहले उन्हें पुस्तक के रूप में तैयार कर सकूँगा। भारत से किसी प्रकार की सहायता की मुझे आवश्यकता नहीं, यहाँ मुझे किसी चीज की कमी नहीं है, वरन् तुम लोगों के पास जो धन है, उससे इस संक्षिप्त भाषण को छापकर प्रकाशित करो एवं भिन्न-भिन्न भाषाओं में अनुवाद कराकर चारों तरफ इसका प्रचार करो। इससे हमारे देश के मानस-पटल पर हमारे उद्देश्य और कार्यप्रणाली अंकित रहेंगे। साथ ही एक मुख्य विद्यालय की बात एवं उससे भारत की चारों दिशाओं में शाखाएँ स्थापित करने की बात न भूलना। सहायता लाभ के लिए यहाँ मैं प्राणपण से प्रयत्न कर रहा हूँ, तुम लोग भी वहाँ प्रयत्न करो। खूब दृढ़ भाव से कार्य करो।

जहाँ तक अमेरिकी महिलाओं का प्रश्न है, उनकी कृपा के लिए अपनी कृतज्ञता प्रकट करने में मैं असमर्थ हूँ। प्रभु उनका भला करें। इस देश के प्रत्येक

आंदोलन की जान महिलाएँ हैं और वे राष्ट्र की समस्त संस्कृति का प्रतिनिधित्व करती हैं, क्योंकि पुरुष तो अपने ही शिक्षा-लाभ में अत्यधिक व्यस्त रहते हैं।

किडी का पत्र मिला। जाति-भेद रहेगा या जाएगा, इस प्रश्न से मुझे कुछ मतलब नहीं है। मेरा विचार है कि भारत और भारत के बाहर मनुष्य जाति में जिन उदार भावों का विकास हुआ है, उसकी शिक्षा गरीब से गरीब और हीन से हीन को दी जाए और फिर उन्हें स्वयं विचार करने का अवसर दिया जाए। जातिभेद रहना चाहिए या नहीं, महिलाओं को पूर्ण स्वतंत्रता मिलनी चाहिए या नहीं, मुझे इससे कोई वास्ता नहीं। **'विचार और कार्य की स्वतंत्रता ही जीवन, उन्नति और कुशल-क्षेम का एकमेव साधन है।' जहाँ स्वतंत्रता नहीं है, उस मनुष्य, उस जाति या राष्ट्र की अवनति निश्चय होगी।**

जाति-भेद हो या न हो, लोकाचार हो या न हो, परंतु जो मनुष्य या मनुष्य-श्रेणी, जाति, राष्ट्र या संप्रदाय किसी व्यक्ति के स्वतंत्र विचार या कर्म में बाधा डालती है, वह राक्षसी है और उसका नाश अवश्य होगा, परंतु स्मरण रहे कि वह स्वतंत्रता किसी को हानि पहुँचानेवाली न होनी चाहिए।

जीवन में मेरी सर्वोच्च अभिलाषा यह है कि एक ऐसा चक्र-प्रवर्तन कर दूँ, जो कि उच्च एवं श्रेष्ठ विचारों को सब के द्वार-द्वार पहुँचा दें, फिर स्त्री-पुरुषों को अपने भाग्य का निर्णय स्वयं करने दो। हमारे पूर्वजों ने तथा अन्य देशों ने जीवन के महत्त्वपूर्ण प्रश्नों पर क्या विचार किया है, यह सर्वसाधारण को जानने दो। विशेषकर उन्हें यह देखने दो कि और लोग क्या कर रहे हैं, फिर उन्हें अपना निर्णय करने दो। रासायनिक द्रव्य इकट्ठे कर दो और प्रकृति के नियमानुसार वे किसी विशेष आकार को धारण कर लेंगे। अमेरिकन महिलाओं के संबंध में मेरा वक्तव्य यही है कि वे मेरी परम हितैषी है, सिर्फ शिकागो में ही नहीं, वरन् समग्र अमेरिका भर। उनकी सहानुभूति के लिए मैं उनका कितनी हद तक कृतज्ञ हूँ, यह व्यक्त करना मेरे लिए असाध्य है। प्रभु उन्हें आशीर्वाद दें। इस देश में महिलाएँ अपनी राष्ट्रीय संस्कृति की प्रतिनिधिस्वरूप हैं। पुरुष लोग इतने कार्यरत रहते हैं कि स्वयं की उन्नति के लिए उन्हें समय नहीं मिल पाता। इस देश की महिलाएँ प्रत्येक बड़े-बड़े आंदोलनों की प्राणस्वरूप हैं।...

परिश्रम करो, अटल रहो और भगवान् पर श्रद्धा रखो। काम शुरू कर दो। मैं भी शीघ्र ही आ जाऊँगा। **"धर्म को बिना हानि पहुँचाए, जनता की उन्नति— इसे अपना आदर्श-वाक्य बना लो।"** याद रखो कि राष्ट्र झोंपड़ी में बसा हुआ है; परंतु खेद है, उन लोगों के लिए कभी किसी ने कुछ नहीं किया। हमारे आधुनिक सुधारक विधवाओं का विवाह कराने में लगे हुए हैं। निश्चय ही मुझे प्रत्येक सुधार से सहानुभूति है; परंतु राष्ट्र की भावी उन्नति विधवाओं को पति मिलने पर निर्भर नहीं, वरन् जनता की अवस्था पर निर्भर है। क्या तुम जनता की उन्नति कर सकते हो? क्या उनका खोया हुआ व्यक्तित्व, बिना उनकी स्वाभाविक आध्यात्मिक-वृत्ति को नष्ट किए, तुम वापस कर सकते हो? **क्या अभिन्नता स्वतंत्रता, कार्य-कौशल, पौरुष में तुम पश्चिमी के भी गुरु बन सकते हो? क्या उसी के साथ-साथ धर्म-विश्वास और स्वाभाविक धार्मिक वृत्ति में हिंदुओं की परम मर्यादा पर जमे रह सकते हो? यह हमारा काम है और हम इसे करेंगे ही।** तुम सबने इसी के लिए जन्म लिया है। अपने में विश्वास रखो। दृढ़ विश्वास से बड़े-बड़े कर्मों की उत्पत्ति होती है। हमेशा आगे बढ़ो। मरते दम तक गरीब और पददलितों के लिए सहानुभूति रखना, यही हमारा आदर्श वाक्य है। वीर युवको! आगे बढ़ो!

शुभाकांक्षी,

विवेकानंद

हिंदू राष्ट्र के पास अद्भुत बुद्धि एवं अन्यान्य गुण थे, तो भी क्यों टुकड़े हुए?

जूनागढ़ के दीवान हरिदास बिहारीदास देसाई को लिखा गया पत्र,

शिकागो, 29 जनवरी, 1894

प्रिय दीवानजी साहब,

आपका पिछला पत्र मुझे कुछ दिन पहले मिला। आप मेरी दुःखिनी माँ एवं भाइयों से मिलने गए थे, यह सुनकर मैं प्रसन्न हुआ, किंतु आपने मेरे हृदय के एकमात्र कोमल स्थान को स्पर्श किया है। दीवानजी, आपको यह

जानना चाहिए कि मैं कोई पाषाण-हृदय पशु नहीं हूँ। यदि मैं सारे संसार में किसी से प्रेम करता हूँ तो वह अपनी माता से। फिर भी **मैं विश्वास करता था और अब भी करता हूँ कि यदि मैं संसार-त्याग न करता तो जिस महान् आदर्श का, मेरे गुरुदेव श्रीरामकृष्ण परमहंस उपदेश करने आए थे, उसका प्रकाश न होता; और वे नवयुवक कहाँ होते, जो आजकल के भौतिकवाद और भोग-विलास की उत्ताल तरंगों को परकोटे की तरह रोक रहे हैं?** उन्होंने भारत का बहुत कल्याण किया है, विशेषतः बंगाल का, और अभी तो काम आरंभ ही हुआ है। परमात्मा की कृपा से ये लोग ऐसा काम करेंगे, जिससे जगत् युग-युग तक इन्हें आशीर्वाद देगा। इसीलिए एक ओर तो थे भारत एवं सारे संसार के धर्मों के विषय में मेरे कल्पित स्वप्न, और उन लाखों नर-नारियों के प्रति मेरा प्रेम, जो युगों से डूबते जा रहे हैं, और कोई उनकी सहायता करनेवाला नहीं है, यही नहीं, उनकी ओर तो कोई ध्यान भी नहीं देता है और दूसरी ओर था—मेरे निकटस्थ और प्रियजनों को दुःखी करना। मैंने पहला पक्ष चुना, "शेष सब प्रभु करेंगे।" यदि मुझे किसी बात का विश्वास है तो वह यह कि प्रभु मेरे साथ हैं। जब तक मैं निष्कपट हूँ, तब तक मेरा विरोध कोई नहीं कर सकता, क्योंकि प्रभू ही मेरे सहायक हैं। भारत में अनेकानेक ऐसे व्यक्ति थे, जो मुझे समझ न सके, और वे बेचारे समझते भी कैसे, क्योंकि खाने-पीने की दैनिक क्रिया को छोड़कर उनका ध्यान कभी आगे बढ़ा ही न था। आप जैसे कोई-कोई उदार हृदयवाले मनुष्य मेरा मान करते हैं, यह मैं जानता हूँ। भगवान् आपका भला करें, परंतु मान हो या अपमान, मैंने तो इन नवयुवकों का संगठन करने के लिए जन्म लिया है। यही क्या, प्रत्येक नगर में सैकड़ों मेरे साथ सम्मिलित होने को तैयार हैं, और मै चाहता हूँ, उन्हें अबाध्य गतिशील तरंगों के समान में भारत मैं सब ओर भेजूँ; और जो लोग दीन, हीन एवं पददलित हैं, उनके द्वार पर सुख-स्वाच्छंदय, नीति, धर्म एवं शिक्षा पहुँचाऊँ। और यह कार्य मैं करूँगा या मरूँगा।

हमारे लोगों में न विचार है, न गुण-ग्राहकता। इसके विपरीत एक सहस्र वर्ष के दासत्व का, जो स्वाभाविक फल है, अर्थात् भीषण ईर्ष्या और

संदेहशील प्रकृति, उसके कारण वे प्रत्येक नए विचार का वैरभाव से विरोध करते हैं। फिर ईश्वर महान् है।

आरती तथा अन्य विषय, जिनका आपने उल्लेख किया है, भारत के मठों में सब जगह प्रचलित हैं, और वेदों में पहला धर्म गुरु की पूजा मानी गई है। इसमें गुण और दोष दोनों ही पक्ष देखने में आते हैं, परंतु **आपको याद रखना चाहिए कि हम एक अनुपम संघ हैं, और हममें से किसी को भी यह अधिकार नहीं है कि वह अपने धार्मिक भाव का दूसरों पर बलपूर्वक आरोप करे।** हममें से बहुत से लोग मूर्ति-पूजा में विश्वास नहीं रखते, परंतु उन्हें दूसरों की मूर्ति-पूजा का खंडन करने का भी कोई अधिकार नहीं है, क्योंकि ऐसा करने से हमारे धर्म का मुख्य सिद्धांत टूटता है। फिर **ईश्वर भी मनुष्य रूप में और मनुष्य के द्वारा ही जाना जा सकता है।** प्रकाश का स्फुरण सब स्थानों में होता है। अँधेरे-से-अँधेरे कोने में भी, परंतु वह दीपक के रूप में ही मनुष्य के सामने प्रत्यक्ष दिखाई देता है। इसी तरह, यद्यपि ईश्वर सर्वत्र है, परंतु हम उसे एक विराट् मनुष्य के रूप में ही देख सकते हैं। ईश्वर के लिए जितने विचार हैं—जैसे कि दयालु, पालक, सहायक, रक्षक, ये सब मानवीय भावात्मक (Anthropomorphic) विचार हैं और साथ ही ये सब विचार किसी मनुष्य में गुँथे रहेंगे, चाहे उसे गुरु मानिए, चाहे ईश्वरी दूत या अवतार। मनुष्य अपनी प्रकृति से बाहर नहीं जा सकता, जैसे आप शरीर में से बाहर नहीं कूद सकते। यदि कुछ लोग अपने गुरु की उपासना करें तो इसमें क्या हानि है, विशेषत: जबकि वह गुरु सब ऐतिहासिक ईश्वरी दूतों का सम्मिश्रण करने पर भी उनसे सौ बार अधिक पवित्र हो? यदि ईसा मसीह, कृष्ण और बुद्ध की पूजा करने में कोई हानि नहीं है, तो इस मनुष्य को पूजने में क्या हानि हो सकती है, जिसके विचार या कर्म में अपवित्रता छू तक नहीं गई है, जिसकी बुद्धि अंतर्ज्ञान द्वारा सब ईश्वरी दूतों से, जो कि एकपक्षवादी हैं, कहीं अधिक बढ़ी-चढ़ी है? दर्शन, विज्ञान या अन्य किसी भी विद्या की थोड़ी भी सहायता न लेकर इसी महापुरुष ने जगत् के इतिहास में सर्वप्रथम सत्य-संबंधी इस तथ्य का

प्रचार किया कि सभी धर्म सत्य हैं एवं यही सत्य वर्तमान समय में संसार में सर्वत्र प्रतिष्ठा लाभ कर रहा है।

परंतु यह भी अनिवार्य नहीं है; और संघ के भ्रातृगणों में से आपसे किसी ने यह न कहा होगा कि आप गुरु-पूजा अवश्य कीजिए। नहीं-नहीं-नहीं। परंतु उसके साथ ही हमें यह भी अधिकार नहीं कि किसी दूसरे की पूजा को रोकें। क्यों? क्योंकि ऐसा करने से इस अद्वितीय समाज का, जिसकी संसार में उपमा नहीं पाई जा सकती, पतन हो जाएगा। दस मत और दस विचार के दस मनुष्य मेल से रह रहे हैं। थोड़ा धीरज धरिए, दीवानजी, ईश्वर दयालू और महान् है, अभी आप बहुत कुछ देखेंगे।

हम केवल सब धर्मों को सहन ही नहीं करते, वरन् उन्हें स्वीकार भी करते हैं, एवं प्रभु की सहायता से सारे संसार में इसका प्रचार करने का प्रयत्न भी मैं कर रहा हूँ।

प्रत्येक मनुष्य एवं प्रत्येक राष्ट्र को बड़ा बनाने के लिए तीन बातें आवश्यक हैं-

(1) सौजन्य की शक्ति में विश्वास।

(2) ईर्ष्या और संदेह का अभाव।

(3) जो धर्म-पथ पर चलने में और सत् कर्म करने मे संलग्न हो, उनकी सहायता करना।

क्या कारण था कि हिंदू राष्ट्र अपनी अद्‌भुत बुद्धि एवं अन्यान्य गुणों के रहते हुए भी टुकड़े-टुकड़े हो गया? मैं इसका उत्तर दूँगा—ईर्ष्या। कभी भी कोई जाति एक-दूसरे से क्षुद्रभाव से ईर्ष्या करनेवाली या एक-दूसरे के सुयश से ऐसी डाह करनेवाली न होगी जैसी कि यह दुर्भाग्य हिंदू जाति, और यदि आप कभी पश्चिमी देशों में आएँ, तो सबसे पहले पश्चिमी राष्ट्रों में इसके अभाव का अनुभव करेंगे।

भारत में तीन मनुष्य एक साथ मिलकर पाँच मिनट के लिए भी कोई काम नहीं कर सकते। हर एक मनुष्य अधिकार प्राप्त करने के लिए प्रयास करता है और अंत में पूरे संगठन की दुरवस्था हो जाती

है। भगवन्! भगवन्! कब हम ईर्ष्या करना छोड़ेंगे? ऐसे राष्ट्र में, विशेषतः बंगाल में, एक ऐसे दल का निर्माण करना, जो कि परस्पर मतभेद रखते हुए भी अटलप्रेम के सूत्र में बँधे हुए हों, क्या यह आश्चर्यजनक बात नहीं है? यह संघ क्रमशः बढ़ता रहेगा, यह अद्भुत उदारता अवरुद्ध गति से सारे भारतवर्ष में फैल जाएगी एवं घोर अज्ञान, द्वेष, जाति-भेद, पुराने अंधविश्वास और ईर्ष्या, जो इन दासों के राष्ट्र की पैतृक संपत्ति है, इनके होते हुए भी यह उदार भाव इस राष्ट्र में संजीवनी शक्ति का संचार करेगा।

इस महासमुद्र की सर्वव्यापी निश्चलता (Stagnation) के बीच आप उन इने-गिने उदार प्रकृतिवालों में से हैं, जो चट्टान की तरह खड़े हैं। प्रभु आपका सर्वदा कल्याण करें। इति।

सदैव आपका शुभचिंतक

विवेकानंद

स्वदेशवासी युवकों द्वारा होगी भारत की उन्नति

सिंगारवेलू मुदलियार 'किडी' को लिखा गया पत्र : 541, डियरबोर्न एवेन्यु, शिकागो, 3 मार्च, 1894

प्रिय किडी,

मुझे तुम्हारा पत्र मिला था, परंतु मैं निश्चय नहीं कर सका कि इसका क्या जवाब दूँ? तुम्हारा अंतिम पत्र पाने से कुछ आश्वासन मिला।...मैं तुमसे यहाँ तक सहमत हूँ कि विश्वास से अपूर्व अंतर्दृष्टि मिलती है और केवल विश्वास से भी मनुष्य मुक्ति प्राप्त कर सकता है; पर उससे संकीर्णता आ जाने और भविष्य में उन्नति होने में बाधा पड़ने की आशंका रहती है।

ज्ञानमार्ग अच्छा है, परंतु उसके शुष्क वाद-विवाद में परिणत हो जाने का डर रहता है। भक्ति बड़ी ही उच्च वस्तु है, पर उससे निरर्थक भावुकता पैदा होने के कारण असली चीज ही के नष्ट हो जाने की संभावना रहती है। हमें इन सभी का समन्वय ही चाहिए। श्रीरामकृष्ण का जीवन ऐसा ही समन्वयपूर्ण था। ऐसे महापुरुष जगत् में बहुत ही कम आते हैं, परंतु हम उनके जीवन और

उपदेशों को आदर्श के रूप में सामने रखकर आगे बढ़ सकते हैं। यदि हममें से प्रत्येक व्यक्ति उस आदर्श की पूर्णता को प्राप्त न कर सके, तो भी हम हर एक व्यक्ति के जीवन में एक-एक भाव का इस तरह विकास कर सकते हैं, जिससे उसकी एकदेशिता दूर हो जाए, जैसे सब जीवनों को मिलकर एक पूर्ण जीवन गठित हो, और एक में जिस चीज की कमी है, वह दूसरे के जीवन से पूरी हो जाए। यदि इससे प्रत्येक के जीवन में समन्वय के भाव का प्रकाश न हुआ तो न सही, पर इससे कई एक व्यक्तियों के समष्टि-जीवन में समन्वय तो हुआ। और इसमें संदेह नहीं कि यह अन्य प्रचलित धर्ममतों की अपेक्षा उन्नति करने के लिए एक अच्छा मार्ग होगा।

कोई भी धर्म लोगों के जीवन पर तभी असर कर सकता है, जबकि वे बिल्कुल उसी में लवलीन हो जाएँ। पर सतर्क रहकर चेष्टा करनी होगी कि इससे किसी संकीर्ण संप्रदाय की सृष्टि न होने पाए। इससे बचने के लिए हम अपने को एक असांप्रदायिक संप्रदाय बनाना चाहते हैं। संप्रदाय से जो लाभ होते हैं, वे भी उसमें मिलेंगे और साथ-ही-साथ सार्वभौमिक धर्म का उदार भाव भी उसमें रहेगा।

यद्यपि ईश्वर सर्वत्र है तो भी उसको हम केवल मनुष्य चरित्र के द्वारा ही जान सकते हैं। श्रीरामकृष्ण के जैसा पूर्ण चरित्र कभी किसी महापुरुष का नहीं हुआ, इसलिए हमें चाहिए कि हम उन्हीं को केंद्र बनाकर उन पर डटे रहें। हाँ, हर एक आदमी उनको अपने अपने ढंग से ग्रहण करे, इसमें कोई रुकावट नहीं डालनी चाहिए। चाहे कोई उन्हें ईश्वर माने, परित्राता या आचार्य या आदर्श पुरुष अथवा महापुरुष—जो जैसा चाहे वह उन्हें उसी ढंग से समझे।

हम न तो सामाजिक साम्यवाद का प्रचार करते हैं, न वैषम्यवाद का। पर इतना कहते हैं कि श्रीरामकृष्ण के पास सभी का समान अधिकार है और हम विशेष ध्यान इसी पर देते हैं कि उनके शिष्यवर्ग को, क्या विचारों में, क्या कार्य में पूरी स्वतंत्रता रहे। समाज अपना धंधा आप ही सँभाले। हम किसी भी मतावलंबी को अलग करना नहीं चाहते। वह एकमात्र निराकार ईश्वर को ही माने या चाहे

'सर्वं ब्रह्ममयं जगत्' ही कहे, अद्वैतवादी हो चाहे बहु देवताओं का विश्वासी हो, अज्ञेयवादी हो चाहे नास्तिक—हम किसी को अलग करना नहीं चाहते, पर यदि वह **शिष्य होना चाहे तो उसे केवल इतना ही करना होगा कि वह अपना चरित्र ऐसा बनाए, जो कि जैसा उदार हो, वैसा ही गंभीर भी।**

चरित्र-गठन के बारे में भी हम किसी विशेष नैतिक मत को ही ग्रहण करने के लिए नहीं कहते और न खान-पान के संबंध में ही सभी को एक निर्दिष्ट नियम पर चलने को कहते हैं। हाँ, हम उन कामों को करने से लोगों को मना करते है, जिससे औरों को कुछ हानि पहुँचे। धर्माधर्म का इतना ही लक्षण बताकर आगे हम लोगों को अपने ही विचारों पर निर्भर रहने का उपदेश देते हैं। **पाप या अधर्म वही है, जो उन्नति में बाधा डालता हो या पतन में सहायता करता हो; और धर्म वही है, जिससे श्रीरामकृष्ण के तुल्य बनने में सहारा मिले।**

इसके बाद कौन सा मार्ग उपयोगी है, किससे अपना लाभ होगा, यह प्रत्येक व्यक्ति स्वयं सोचे और चुन ले और उसी मार्ग से चले; इस विषय में हम सभी को स्वाधीनता देते हैं। एक की शायद मांस खाने से उन्नति सहज में होगी और दूसरे की फलमूल खाकर जीने से। जो जिसका भाव हो, वह उसी राह पर चले। यदि एक व्यक्ति किसी काम को कर रहा है आज और दूसरा उसका अनुकरण करके अपने को हानि पहुँचाए तो इस दूसरे व्यक्ति को कुछ अधिकार नहीं है कि वह पहले को गाली दे, फिर औरों को अपने मत पर लाने की जिद्द करने की बात तो दूर रही। हो सकता है कि कुछ मनुष्यों को सहधर्मिणी से उन्नति प्राप्त करने में सहायता हो, परंतु वही दूसरों के लिए विशेष हानिकारक हो सकती है। इस कारण अविवाहित शिष्य को कोई अधिकार नहीं कि वह विवाहित शिष्य से कहे कि तुम गलत राह पर चल रहे हो, फिर उस भाई को अपने नैतिक आदर्श पर लाने की बात तो अलग रही।

हमें विश्वास है कि सभी प्राणी ब्रह्म हैं। प्रत्येक आत्मा मानो बादल से ढके हुए सूर्य के समान है और एक मनुष्य से दूसरे का अंतर केवल यही है कि कहीं सूर्य के ऊपर बादलों का घना आवरण है और कहीं कुछ पतला। हमें

विश्वास है कि यही सब धर्मों की नींव है, चाहे कोई उसे जाने या न जाने और मनुष्य की भौतिक, मानसिक अथवा आध्यात्मिक उन्नति के सारे इतिहास का मूलतत्त्व यही है कि एक ही आत्मा भिन्न उपाधि या आवरण के द्वारा अपने को प्रकाशित करती है।

हमें विश्वास है कि यही वेद का चरम रहस्य है। हमें विश्वास है कि हर एक मनुष्य को चाहिए कि वह दूसरे मनुष्य को इसी तरह, अर्थात् ईश्वर समझकर, सोचे और उससे उसी तरह, अर्थात् ईश्वर-दृष्टि से बरताव करे; उसकी किसी तरह भी घृणा या निंदा करना अथवा उसे हानि पहुँचाने की चेष्टा करना उसे बिल्कुल उचित नहीं। यह केवल संन्यासी का ही नहीं, वरन् सभी नर-नारियों का कर्तव्य है।

आत्मा में लिंग या जाति का भेद नहीं है, न उसमें अपूर्णता ही है।

हमें विश्वास है कि संपूर्ण वेद, दर्शन, पुराण और तंत्र में कहीं भी यह बात नहीं है कि आत्मा में लिंग या वर्ण या जाति का भेद है। इसलिए हम उन लोगों से सहमत हैं, जो कहते हैं कि धर्म से समाज सुधार का कुछ सरोकार नहीं! फिर उन्हें भी हमारी इस बात को मानना होगा कि उसी कारण धर्म को भी किसी प्रकार का सामाजिक विधान देने या सब जीवों के बीच वैषम्यवाद का प्रचार करने का कोई अधिकार नहीं, जबकि इस कल्पित और भयानक विषमता को बिल्कुल मिटा देना ही धर्म का लक्ष्य है।

अगर कोई कहे कि इस विषमता में से जाकर ही हम अंत में समत्व और एकत्व को प्राप्त कर लेंगे तो हमारा उत्तर यह है कि वही धर्म, जिसकी दुहाई देकर ये बातें कहते हैं, बारंबार कहता है कि कीचड़-से-कीचड़ नहीं धुल सकता। विषमता से समता को पहुँचना वैसा ही है, जैसा कि बुरे कामों के द्वारा सच्चरित्र बनना।

सामाजिक विधान समाज की नाना प्रकार की दशाओं के द्वंद्व से धर्म के अनुमोदन पर बने हैं। धर्म ने यह भारी भूल की कि उसने सामाजिक विषयों में हाथ डाला, फिर अब वह धोखा देकर कहने लगा है कि समाज-सुधार से धर्म का क्या मतलब ? ऐसा कहकर धर्म अपना खंडन आप ही कर रहा है। हाँ, अब हमें

इस बात की आवश्यकता हो रही है कि धर्म समाज-सुधार में हाथ न डाले, पर इसीलिए हम यह भी कह देते हैं कि धर्म समाज का व्यवस्थापक न बने, कम-से-कम वर्तमान समय में तो कदापि इसकी चेष्टा न करे। औरों के अधिकार पर हाथ मत डालो, अपनी सीमा के भीतर रहो, तभी सब ठीक हो जाएगा।

(1) शिक्षा का अर्थ है उस पूर्णता का विकास करना, जो सब मनुष्यों में पहले ही से विद्यमान है।

(2) धर्म का अर्थ है, उस ब्रह्मत्व का विकास करना, जो सब मनुष्यों में पहले ही से विद्यमान है।

अत: दोनों स्थलों पर शिक्षक का कार्य केवल रास्ते से सब रुकावटें हटा देना ही है, जैसा मैं सर्वदा कहा करता हूँ कि औरों के अधिकारों पर हस्तक्षेप नहीं करना चाहिए, तभी सब ठीक हो जाएगा, अर्थात् हमारा कर्तव्य है रास्ता साफ कर देना—शेष सब ईश्वर ही करते हैं।

इसलिए तुम्हें ये बातें विशेषकर याद रखनी चाहिए, क्योंकि मैं देखता हूँ कि तुम्हें रात-दिन यह बात खटकती रहती है कि धर्म का केवल आत्मा से ही काम है, सामाजिक विषयों से इसका कुछ संबंध नहीं। तुम्हें यह भी सोचना चाहिए कि जिस युक्ति के बल से तुम अब धर्म को समाज-सुधार से ही अलग कर रहे हो, वही युक्ति धर्म की उस अनधिकार-चर्चा पर दोष देती है, जिससे धर्म पहले से ही समाज के लिए विधान बनाकर अनर्थ कर बैठा है, अब धर्म को समाज से अलग करने की चेष्टा ऐसी ही है कि मानो किसी आदमी ने जबरदस्ती किसी दूसरे आदमी की जमीन छीन ली; और जब वह अपनी जमीन वापस लेने की कोशिश करने लगे तो पहला आदमी रोते हुए मनुष्य मात्र के अधिकार की पवित्रता की घोषणा करे।

पुरोहितों को समाज की प्रत्येक छोटी-छोटी बात पर दस्तंदाजी करने की क्या आवश्यकता थी? इसीलिए तो लाखों आदमी अब कष्ट भोग रहे हैं।

क्षत्रिय लोग चाहे मांस खाएँ या न खाएँ, वे ही हिंदू धर्म की उन सब वस्तुओं के जन्मदाता है, जिनको तुम महत् और सुंदर देखते हो। उपनिषद् किसने लिखे थे? राम कौन थे? कृष्ण कौन थे? बुद्ध कौन थे? जैनों के तीर्थंकर

कौन थे? जब कभी क्षत्रियों ने धर्म का उपदेश दिया, उन्होंने सभी को धर्म पर अधिकार दिया और जब कभी ब्राह्मणों ने कुछ लिखा, उन्होंने औरों को सब प्रकार के अधिकारों से वंचित करने की चेष्टा की। गीता और व्याससूत्र पढ़ो या किसी से सुन लो। गीता में मुक्ति की राह पर सभी नर-नारियों, सभी जातियों और सभी वर्गों को अधिकार दिया गया है, परंतु व्यास गरीब शूद्रों को वंचित करने के लिए वेद की मनमानी व्याख्या कर रहे हैं। क्या ईश्वर तुम जैसा मूर्ख है कि एक टुकड़े मांस से उसकी दयारूपी नदी में बाधा खड़ी हो जाएगी? अगर वह ऐसा ही है तो उसका मोल एक फूटी कौड़ी भी नहीं! खैर, यह दिल्लगी की बात जाने दो, प्यारे, तुमसे मुझे यही कहना है कि इस पत्र में मैंने तुमको वह प्रणाली इंगित कर दी है, जिससे तुम्हें अपने विचार को नियमित करना होगा।

मुझसे कुछ आशा मत करना। मैं तुमको पहले ही लिख चुका और तुमसे पहले ही कह दिया है कि मुझे दृढ़ विश्वास है कि स्वदेशियों के द्वारा ही भारत की उन्नति होगी, इसीलिए कहता हूँ कि हे स्वदेशवासी युवको, क्या तुममें से कुछ लोग रामकृष्ण को केंद्र बनाकर इस नए भाव में एकदम मस्त हो सकते हो? सामग्री इकट्ठी कर श्रीरामकृष्ण की एक छोटी सी जीवनी लिखो। सचेत रहना कि उसमें कोई सिद्धाई घुसने न पाए, अर्थात् वह जीवनी इस ढंग से लिखी जाए कि वह उनके उपदेशों का एक उदाहरण बन जाए। केवल उनकी ही बातें उसमें रहें। खबरदार, मुझको या किसी और जीवित व्यक्ति को उसमें मत लाना। तुम्हारा मुख्य उद्देश्य होगा। उनकी शिक्षाओं को जगत् में फैलाना, और वह जीवनी उन्हीं की उदाहरण होगी, उनके जीवन की अन्यान्य घटनाएँ साधारण लोगों के लिए नहीं हैं। मैं खुद अयोग्य होने पर भी मेरे ऊपर एक यह विशेष काम था कि जो रत्न की पेटी मुझे सौंपी गई थी, मैं उसे मद्रास में लाकर तुम्हारे हाथों में दे दूँ, और तुम्हें ही क्यों दूँ? क्योंकि जो लोग कपटी, द्वेषपूर्ण, गुलाम-स्वभाववाले कापुरुष हैं और जिन्हें केवल जड़ वस्तुओं पर विश्वास है, वे कभी कुछ नहीं कर सकते। ईर्ष्या ही हमारे दाससुलभ जातीय चरित्र का धब्बा है। औरों का तो क्या कहना, स्वयं सर्वशक्तिमान ईश्वर भी इस ईर्ष्या के कारण हमारा कुछ भला नहीं कर सकता।...

मेरे बारे में समझो कि मुझे जो कुछ करना था, वह सब मैं कर चुका, अब मैं मर गया; यही समझो कि सब कामों का भार तुम्हीं पर है। मद्रासवासी युवको, समझो कि तुम्हीं इस काम के लिए विधाता ने भेजे हुए हो। तुम काम में लग जाओ, ईश्वर तुम्हारा भला करें। मुझे छोड़ दो, मुझे भूल जाओ, केवल श्रीरामकृष्ण का प्रचार करो, उनके उपदेशों और उनके जीवन का प्रचार करो। किसी आदमी या समाज के विरुद्ध कुछ मत कहना। जातिभेद के पक्ष में या विरुद्ध कुछ मत कहना, और किसी सामाजिक कुरीति के विरुद्ध भी कुछ कहने की आवश्यकता नहीं। केवल लोगों से यही कहो कि किसी के अधिकार पर हस्तक्षेप मत करो बस, सब ठीक हो जाएगा। साहसी, दृढ़ निष्ठावाले और प्रेमी युवको, तुम सब को मेरा आशीर्वाद।

तुम्हारा स्नेही,

विवेकानंद

देश की उन्नति एकमात्र ध्येय...

स्वामी रामकृष्णानंद को लिखा गया पत्र : द्वारा जार्ज डब्ल्यू हेल, 541, डियरबोर्न एवेन्यू, शिकागो, 19 मार्च, 1894

प्रिय शशि,

इस देश में आने के बाद मैंने तुम्हें कोई पत्र नहीं लिखा, पर हरिदास भाई (भगवान् श्रीरामकृष्ण के अन्तरंग अनुगत गृही शिष्य; बंगाल के प्रसिद्ध नाटककार और अभिनेता।) के पत्र से सब समाचार मालूम हुए। गिरीशचंद्र घोष (जूनागढ़ के भूतपूर्व दीवान। इन्होंने देशीय राजाओं से स्वामीजी का परिचय करा दिया था।) और तुमने हरिदास भाई की अच्छी खातिर की, यह ठीक ही हुआ। इस देश की-सी महिलाएँ दुनिया भर में नहीं हैं। वे कैसी पवित्र, स्वावलंबी और दयावती हैं! महिलाएँ ही यहाँ की सबकुछ हैं। विद्या, बुद्धि आदि सभी उन्हीं में हैं। "या श्रीः स्वयं सुकृतिनां भवनेषु" (जो पुण्यात्माओं के घरों में स्वयं लक्ष्मीरूपिणी हैं) इसी देश में हैं, और "पापात्मनां हृदयेष्वलक्ष्मीः" (पापियों के हृदय में अलक्ष्मीरूपिणी हैं) हमारे यहाँ हैं, बस

यही समझ लो। यहाँ की महिलाओं को देखकर तो मेरे होश उड़ गए। "त्वं श्रीस्त्वमीश्वरी त्वं ह्वी" (तुम्हीं लक्ष्मी हो, तुम्हीं ईश्वरी हो, तुम्हीं लज्जारूपिणी हो) इत्यादि। "या देवी सर्वभूतेषु शक्तिरूपेण संस्थिता" (जो देवी सब प्राणियों में शक्तिरूप से विराजती हैं) इत्यादि। यहाँ की बर्फ जैसी सफेद है, वैसी शुद्ध मनवाली हजारों नारियाँ यहाँ हैं। फिर अपने देश की दस वर्ष की उम्र में बच्चों को जन्म देनेवाली बालिकाएँ! प्रभु, मैं सब समझ रहा हूँ। हे भाई, "यत्र नार्यस्तु पूज्यंते रमंते तत्र देवता:" (जहाँ नारियों की पूजा होती है, वहाँ देवता प्रसन्न रहते हैं)—वृद्ध मनु ने कहा है। हम महापापी हैं; स्त्रियों को 'घृणित कीड़ा', 'नरक का द्वार' इत्यादि कहकर हम अध:पतित हुए हैं। बाप रे बाप! कैसा आकाश-पाताल का अंतर है! "याथातथ्यतोऽर्थान् व्यदधात्।" (जहाँ जैसा उचित हो, ईश्वर वहाँ वैसा कर्मफल का विधान करते हैं।—ईश उप.) क्या प्रभु झूठी गप्प से भूलनेवाले हैं? प्रभु ने कहा है, "त्वं स्त्री त्वं पुमानसि त्वं कुमार उत वा कुमारी" (तुम्हीं स्त्री हो और तुम्हीं पुरुष; तुम्हीं कुँवारे हो और तुम्ही क्वाँरी।—श्वेताश्वर उप.) इत्यादि और हम कह रहे हैं, "दूरमपसर रे चंडाल" (ऐ चंडाल, दूर हट) "केनैषा निर्मिता नारी मोहिनी" (किसने इस मोहिनी नारी को बनाया है?) इत्यादि। दक्षिण भारत में उच्च जातियों का नीच जातियों पर क्या ही अत्याचार मैंने देखा है! मंदिरों में देव-दासियों के नृत्य की ही धूम मची है! जो धर्म गरीबों का दु:ख नहीं मिटाता, मनुष्य को देवता नहीं बनाता, क्या वह भी धर्म है? क्या हमारा धर्म, धर्म कहलाने योग्य है? हमारा तो छूतमार्ग है, सिर्फ "मुझे मत छुओ", "मुझे मत छुओ।" हे भगवन्! जिस देश के बड़े खोपड़ीवाले आज दो हजार वर्ष से सिर्फ यही विचार कर रहे हैं कि दाहिने हाथ से खाऊँ या बाएँ हाथ से, पानी दाहिनी ओर से लूँ या बाईं ओर से,…उनकी अधोगति न होगी तो किसकी होगी? "काल: सुप्तेषु जागर्ति कालो हि दुरतिक्रम:।" (सभी के सोने पर भी काल जागता ही रहता है, काल को कोई नहीं पार कर सकता।) ईश्वर सब जानते हैं, भला उनकी आँखों में धूल कौन झोंक सकता है?

जिस देश में करोड़ों मनुष्य महुए के फूल खाकर दिन गुजारते हैं, और

दस-बीस लाख साधु और दस-बारह करोड़ ब्राह्मण उन गरीबों का खून चूसकर पीते हैं और उनकी उन्नति के लिए कोई चेष्टा नहीं करते, क्या वह देश है या नरक? क्या वह धर्म है या पिशाच का नृत्य? भाई, इस बात को गौर से समझो। मैं भारतवर्ष को घूम-घामकर देख चुका और इस देश को भी देखा। क्या बिना कारण के कहीं कार्य होता है? क्या बिना पाप के सजा मिल सकती है?

सर्वशास्त्रपुराणेषु व्यासस्य वचनद्वयम्।
परोपकारः पुण्याय पापाय परपीड़नम्॥

"सब शास्त्रों और पुराणों में व्यास के ये दो वचन हैं—परोपकार से पुण्य होता है और पर-पीड़न से पाप।"

क्या यह सच नहीं है?

भाई, यह सब देखकर खासकर देश का दारिद्रय और अज्ञता देखकर, मुझे नींद नहीं आती। मैंने एक योजना सोची तथा उसे कार्यान्वित करने का मैंने दृढ़ संकल्प किया। कन्याकुमारी में माता कुमारी के मंदिर में बैठकर, भारतवर्ष की अंतिम चट्टान पर बैठकर, मैंने सोचा कि हम जो इतने संन्यासी घूमते-फिरते हैं और लोगों को दर्शनशास्त्र की शिक्षा दे रहे हैं, यह सब निरा पागलपन है। क्या हमारे गुरुदेव नहीं कहा करते थे कि खाली पेट से धर्म नहीं होता? वे, जो गरीब जानवरों का-सा जीवन व्यतीत कर रहे हैं, उसका कारण अज्ञान है। हम युग-युग से उनका खून चूसकर पीते आए हैं और उनको पैरों से कुचला है।

कल्पना करो,...यदि कोई निस्स्वार्थ परोपकारी संन्यासी गाँव-गाँव विद्यादान करते फिरें और भाँति-भाँति के उपाय से मानचित्र, कैमरा, भूगोलक आदि के सहारे चंडाल तक सब की उन्नति के लिए घूमें, तो क्या इससे समय पर मंगल होगा या नहीं? (ये सब संकल्प मैं इतने छोटे से पत्र में नहीं लिख सकता) बात यह है कि "यदि पहाड़ मुहम्मद के पास न आए तो मुहम्मद ही पहाड़ के पास जाएगा।" (अर्थात् यदि गरीब के लड़के विद्यालयों में न आ सकें तो उनके घर पर जाकर उन्हें सिखाना होगा।) गरीब लोग इतने बेहाल हैं कि वे स्कूलों और पाठशालाओं में नहीं आ सकते।

और कविता आदि पढ़कर उन्हें कोई लाभ नहीं। हमारी जाति अपनी स्वतंत्र सत्ता खो बैठी है और यही भारत की सारी आपत्ति का कारण है। हमें जाति को उसकी खोई हुई स्वतंत्र सत्ता (Individuality) वापस देनी ही होगी और निम्न जातियों को उठाना होगा। हिंदू, मुसलमान, ईसाई सभी ने उनको पैरों तले रौंदा है। उनको उठानेवाली शक्ति भी अंदर से अर्थात् सनातनमार्गी हिंदुओं से ही आएगी। प्रत्येक देश में बुराइयाँ धर्म के कारण नहीं, बल्कि धर्म को न मानने के कारण ही विद्यमान रहती हैं। अत: धर्म का कोई दोष नहीं, दोष मनुष्य का है।

इसे करने के लिए पहले लोग चाहिए, फिर धन। मेरे गुरुदेव की कृपा से मुझे हर एक शहर में दस-पंद्रह आदमी मिलेंगे। मैं धन की चिंता में घूमा, पर भारतवर्ष के लोग भला धन से सहायता करेंगे!···वे तो स्वार्थपरता की मूर्ति हैं, भला वे देंगे! इसलिए मैं अमेरिका आया हूँ; स्वयं धन कमाऊँगा और तब देश लौटकर अपने जीवन के इस एकमात्र ध्येय की सिद्धि के लिए अपना शेष जीवन न्योछावर कर दूँगा।

जैसे हमारे देश में सामाजिक गुणों का अभाव है, वैसे यहाँ धर्म का अभाव है। मैं इनको धर्मदान कर रहा हूँ और ये मुझे धन दे रहे हैं। कहाँ तक मेरा उद्‍देश्य सफल होगा, यह तो मैं नहीं जानता।···ये लोग कपटी नहीं और इनमें ईर्ष्या बिल्कुल नहीं हैं। मैं किसी भी भारतवासी के भरोसे नहीं हूँ। स्वयं प्राणपण चेष्टा से अर्थ-संग्रह करके अपना उद्‍देश सफल करूँगा, अथवा उसी के लिए मर मिटूँगा। "सन्निमित्ते वरं त्यागो विनाशे नियते सति।" (जब मृत्यु निश्चित है तो किसी अच्छे काम के लिए मरना ही बेहतर है।)

शायद तुम सोचोगे कि क्या असंभव बातें कर रहा है! तुम्हें मालूम नहीं कि मेरे भीतर क्या है? यदि मेरे उद्‍देश्य की सफलता के लिए तुममें से कोई मेरी सहायता करे, तो उत्तम ही है, नहीं तो गुरुदेव मुझे पथ दिखाएँगे। इति। श्री श्री माताजी को मेरा कोटि-कोटि प्रणाम कहना। उनके आशीर्वाद से मेरा कुशल-मंगल है।···यह बात सभी को कहना, सभी को

पूछना—क्या सभी कोई ईर्ष्या त्यागकर एकत्र रह सकेंगे या नहीं? यदि नहीं रह सकते, तो जो ईर्ष्या किए बिना नहीं रह सकता, उसे घर वापस चले जाना ही अच्छा होगा, इससे सभी का भला होगा। हम ईर्ष्या छोड़कर इकट्ठे नहीं रह सकते, यही हमारा जातीय दोष है! वह दोष इस देश में नहीं है, इसी से यह इतने बड़े हैं।

हम जैसे कूपमंडूक दुनिया भर में नहीं हैं। कोई भी नई चीज किसी देश से आए तो अमेरिका उसे सबसे पहले अपनाएगा। और हम? अजी, हमारे ऐसे ऊँचे खानदानवाले दुनिया में और हैं ही नहीं! हम तो "आर्यवंशी" जो ठहरे! किमधिकमिति!

—विवेकानंद

उत्साह, विश्वास और श्रद्धा! यह रहें तो कुछ डर नहीं

आलासिंगा पेरुमल को लिखा गया पत्र : शिकागो, 28 मई, 1894

प्रिय आलासिंगा,

...शिक्षित युवकों पर प्रभाव डालो और उनको इकट्ठा कर एक संघ बनाओ। **बड़े-बड़े काम केवल पूर्ण स्वार्थत्याग से ही बन सकते हैं। स्वार्थ की आवश्यकता नहीं, न नाम की, न यश की**, तुम्हारे भी नहीं, मेरी भी नहीं, यहाँ तक कि हमारे गुरुदेव की भी नहीं। **जिससे उद्देश्य एवं लक्ष्य, कार्य में परिणत हो जाए, उसी का प्रयत्न करो**। ऐ मेरे साहसी, महान् सदाशय बच्चो! काम में जी-जान से लग जाओ। नाम, यश अथवा अन्य तुच्छ विषयों के लिए पीछे मत देखो। स्वार्थ को बिल्कुल त्याग दो और कार्य करो। याद रखना—***"तृणैर्गुणत्वमापन्नेर्बध्यंते मत्तदंतिनः"***—अर्थात् बहुत से तिनकों को एकत्र करने से रस्सी बन जाती है, जिससे कि मतवाला हाथी बँध सकता है। तुम सब पर भगवान् का आशीर्वाद बरसे। उनकी शक्ति तुम सब के भीतर आए। मुझे विश्वास है कि उनकी शक्ति तुममें वर्तमान है ही। वेद कहते हैं, ***"उतिष्ठत जाग्रत् प्राप्य वरान् निबोधत"*—उठो, जागो, और लक्ष्य पर पहुँचे बिना मत ठहरो। जागो, जागो, लंबी रात बीत रही**

है, सूर्योदय का प्रकाश दिखाई दे रहा है। उँची तरंग उठ रहीं है, उसका भीषण वेग किसी से न रुक सकेगा। यदि मुझे तुम्हारे पत्रों का उत्तर देने में देर हो जाए तो दु:खित या निराश न होना। लिखने में क्या फल है? **उत्साह! प्यारे, उत्साह! प्रेम! बच्चो, प्रेम! विश्वास और श्रद्धा! अगर ये रहे तो कुछ डर नहीं। भय ही सबसे बड़ा पाप है।**

सब को मेरा आशीर्वाद। मद्रास के जिन महाशयों ने हमारे कार्य में सहायता की थी, उन सभी को मेरी अनंत कृतज्ञता और प्रेम। परंतु मेरी उनसे प्रार्थना है कि वे काम में शिथिलता न करें; चारों ओर भावों को फैलाते रहो। घमंडी न होना। सब को हठ से किसी संकीर्ण मत में लाने की कोशिश कभी मत करो। किसी मतविशेष के विरुद्ध भी कुछ मत करना। हमारा काम केवल यही है कि हम अलग-अलग रासायनिक पदार्थों को एक साथ रख दें। प्रभु ही जानते हैं कि किस तरह और कब वे मिलकर दाने बन जाएँगे! सर्वोपरि, मेरी या अपनी सफलता पर घमंड न करना, अभी बड़े-बड़े काम करने बाकी हैं। भविष्य में होनेवाली सिद्धि की तुलना में यह बहुत तुच्छ है। **विश्वास रखो, विश्वास रखो, प्रभु की आज्ञा है कि भारत की उन्नति अवश्य ही होगी और साधारण तथा गरीब लोग सुखी होंगे और इसलिए प्रसन्न हो कि तुम्हीं लोग उनका कार्य करने के लिए चुने हुए यंत्र हो। धर्म की बाढ़ आ गई है। मैं देखता हूँ कि वह दुनिया को बहा ले जा रही है और कोई भी वस्तु उसको रोक नहीं सकती। वह अनंत और सर्वग्रासी है। तुम सभी आगे बढ़ो, सबकी शुभ इच्छा उसके साथ मिलाओ, सभी हाथ उसके मार्ग की बाधाएँ हटा दें। जय! प्रभु की जय!**

श्री सुब्रह्मण्य अय्यर, कृष्णस्वामी अय्यर, भट्टाचार्य और मेरे अन्यान्य मित्रों को मेरा आंतिरिक प्रेम और श्रद्धा कहना। कहना कि यद्यपि अवकाश न मिलने से मैं उनको कुछ लिख नहीं सकता हूँ, तो भी मेरा हृदय उनके प्रति बहुत ही आकृष्ट है। मैं उनका ऋण कभी नहीं चुका सकूँगा। प्रभु उन सब को आशीर्वाद दें।

मुझे किसी प्रकार की सहायता की आवश्यकता नहीं है। तुम लोग कुछ धन इकट्ठा कर एक कोष बनाने का प्रयत्न करो। शहर में जहाँ गरीब-से-गरीब लोग रहते हैं, वहाँ एक मिट्टी का घर और एक हॉल बनाओ। कुछ मैजिक लैंटर्न, थोड़े से नक्शे, ग्लोब और रासायनिक पदार्थ इकट्ठा करो। हर रोज शाम को वहाँ गरीबों को, यहाँ तक कि चंडालों को एकत्रित करो। पहले उनको धर्म के उपदेश दो, फिर मैजिक लैंटर्न और दूसरे पदार्थों के सहारे ज्योतिष, भूगोल आदि बोलचाल की भाषा में सिखाओ। एक अति तेजस्वी युवक दल गठन करो और अपनी उत्साहाग्नि उनमें जला दो। धीरे-धीरे इस दल को बढ़ाते रहो, धीरे-धीरे उसकी सीमा बढ़ने दो। तुम लोगों से जितना हो सके, करो। जब नदी में कुछ पानी नहीं रहेगा, तभी पार होंगे, ऐसा सोचकर बैठे मत रहो! समाचारपत्र और मासिकपत्र आदि चलाना है तो ठीक, परंतु बहुत देर तक चिल्लाने और कलम घिसने की अपेक्षा थोड़ा सा सच्चा काम कहीं बढ़कर है। भट्टाचार्य के घर पर एक सभा बुलाओ और कुछ धन जमाकर ऊपर कही हुई चीजें खरीदो। एक कुटिया किराए पर लो और काम में लग जाओ। यही मुख्य है; और पत्रिका आदि गौण साधन हैं। जिस तरह हो सके, साधारण गरीबों की उन्नति अवश्य ही करनी है। कार्य का आरंभ बहुत मामूली हुआ, यह सोचकर डरो मत। साहस करो। नेता बनना मत चाहो, सेवा करते रहो। नेता बनने की इस पाश्विक प्रवृत्ति ने जीवनरूपी समुद्र में बहुत से बड़े-बड़े जहाजों को डुबा दिया है। इस विषय में सावधान रहना, अर्थात् मृत्यु तक को तुच्छ समझकर निस्स्वार्थ हो जाओ और काम करो। मुझे जो-जो कहना था, सब तुमको लिख नहीं सका। ऐ वीर बालको! प्रभु तुम्हें सब समझा देंगे। कार्य में लग जाओ। ऐ प्यारे बच्चो! अब देर करने का अवसर नहीं है। प्रभु की जय हो। किडी को मेरा प्रेम कहना। मुझे सेक्रेटरी साहब का पत्र मिल गया है।

शुभाकांक्षी,

विवेकानंद

अपनी इच्छाशक्ति के ऐक्यभाव से गरीबों की सेवा करें

आलासिंगा पेरुमल को लिखा गया पत्र : 541, डियरबोर्न एविन्यू, शिकागो, 1849

प्रिय आलासिंगा,

तुम्हारा पत्र अभी मिला।...इस देश में दो तीन वर्ष तक व्याख्यान देने से धन संग्रह किया जा सकता है। मैंने कुछ यत्न किया है और यद्यपि यहाँ जनसाधारण में मेरे काम का बहुत सम्मान है, फिर भी मुझे यह काम अत्यंत अरुचिकर और मन को निम्न स्तर पर लानेवाला प्रतीत होता है। इसलिए, हे वत्स, मैंने निश्चय किया है कि इस ग्रीष्म ऋतु में ही यूरोप होते हुए भारत वापस लौट जाऊँगा। इसके खर्च के लिए मेरे पास यथेष्ट धन है—"उनकी इच्छा पूर्ण हो।"

भारतीय समाचार-पत्रों के विषय में जो तुम कहते हो, वह मैंने पढ़ा तथा उसकी आलोचना भी। उनका यह छिद्रांवेषण स्वाभाविक ही है। प्रत्येक दास-जाति का मुख्य दोष ईर्ष्या होता है। ईर्ष्या और मेल का अभाव ही पराधीनता उत्पन्न करता है और उसे स्थायी बनाता है। इस कथन की सचाई तुम नहीं समझ सकते हो, जब तक भारत से बाहर न जाओ। पाश्चात्यवासियों की सफलता का रहस्य यही सम्मिलन-शक्ति है, और उसका आधार है—परस्पर विश्वास और गुणग्रहण। जितना ही कोई राष्ट्र निर्बल या कायर होगा, उतना ही यह अवगुण अधिक प्रकट होगा।...परंतु मेरे पुत्र, तुम्हें पराधीन जाति से कुछ आशा न रखनी चाहिए। प्रायः मामला निराशाजनक सा ही है, फिर भी इसे मैं तुम सभी के समक्ष स्पष्ट रूप से कहता हूँ। सदाचार-संबंधी, जिनकी उच्च अभिलाषा मर चुकी है, भविष्यत् उन्नति के लिए जो बिल्कुल चेष्टा नहीं करते और भलाई करनेवाले को धर दबाने में जो हमेशा तत्पर हैं, ऐसे मृत जड़-पिंडों के भीतर क्या तुम प्राण-संचार कर सकते हो? क्या तुम उस वैद्य की जगह ले सकते हो, जो लातें मारते हुए उद्दंड बच्चे के गले में दवाई डालने को कोशिश करता हो? संपादक के संबंध में मेरा यही वक्तव्य है कि हमारे गुरुदेव से उन्हें थोड़ी डाँट-फटकार मिली थी, इसलिए वे हमारी छाया से भी

दूर भागते हैं। अमेरिकन और यूरोपियन विदेश में अपने देशवासी की हमेशा सहायता करेगा, किंतु कोई हिंदू, विशेषत: कोई बंगाली, अपने देशवासी को अपमानित होते देखकर हर्षित होता है।

मैं फिर तुम्हें याद दिलाता हूँ "कर्मण्येवाधिकारस्ते मा फलेषु कदाचन", "तुम्हें कर्म का अधिकार है, फल का नहीं"। चट्टान के समान दृढ़ रहो। सत्य की हमेशा जय होती है। श्रीरामकृष्ण की संतान निष्कपट एवं सत्यनिष्ठ रहें, और शेष सबकुछ ठीक हो जाएगा। कदाचित् हम लोग उसका फल देखने के लिए जीवित न रहेंगे; परंतु जैसे इस समय हम जीवित हैं, इसमें कोई संदेह नहीं है, वैसे ही शीघ्र या विलंब में इसका फल हमें निस्संदेह प्राप्त होगा। भारत को नव-विद्युत्-शक्ति की आवश्यकता है, जो जातीय धमनी में नवीन बल उत्पन्न कर सके। यह काम हमेशा धीरे-धीरे हुआ है और होगा। **निस्स्वार्थ भाव से काम करने में संतुष्ट रहो और अपनी आत्मा को धोखा न दो। पूर्ण रूप से शुद्ध, दृढ़ और निष्कपट रहो, शेष सब ठीक हो जाएगा!** अगर तुमने श्रीरामकृष्ण की संतान में कोई विशेषता देखी है, तो वह यह है। वे संपूर्णतया निष्कपट हैं। यदि मैं ऐसे सौ आदमी भी भारत में जोड़ जा सकूँ, तो मेरा काम पूरा हो जाएगा और मैं शांति से मर सकूँगा, परंतु क्या श्रेय है, यह परमात्मा ही जानते हैं। मूर्ख लोगों को व्यर्थ बकने दो। हम न तो सहायता ढूँढ़ते हैं, न उसे अस्वीकार करते हैं। हम तो उस परम पुरुष के दास हैं। क्षुद्र मनुष्यों के तुच्छ यत्न हमारी दृष्टि में न आने चाहिए। आगे बढ़ो! **सैकड़ों युगों के उद्यम से चरित्र का गठन होता है।** निराश न होओ। सत्य का एक शब्द भी लोप नहीं हो सकता। वह दीर्घकाल तक चाहे कूड़े के नीचे भले ही दबा पड़ा रहे, परंतु शीघ्र हो या देर से हो, वह प्रकट होगा ही। सत्य अनश्वर है, गुण अनश्वर है, पवित्रता अनश्वर है। मुझे सच्चे मनुष्य की आवश्यकता है, मुझे शंख-ढपोल चेले नहीं चाहिए। **वत्स, दृढ़ रहो! कोई आकर तुम्हारी सहायता करेगा, इसका भरोसा न करो, सभी मानवी सहायता की अपेक्षा क्या ईश्वर अनंतगुने शक्तिमान नहीं हैं? पवित्र बनो, ईश्वर पर विश्वास रखो, हमेशा उन पर निर्भर रहो,**

फिर तुम्हारा सब ठीक हो जाएगा, कोई भी तुम्हारे विरुद्ध कुछ कर न सकेगा। अगले पत्र में और भी विस्तारपूर्वक लिखूँगा।

मैं सोच रहा हूँ, इस ग्रीष्मऋतु में यूरोप जाऊँगा एवं शीतऋतु के प्रारंभ में भारत वापस लौटूंगा। बम्बई में उतरकर शायद राजपूताना जाऊँ, वहाँ से फिर कलकत्ता। कलकत्ते से फिर जहाज द्वारा मद्रास आऊँगा। आओ, हम प्रार्थना करें ***"तमसो मा ज्योतिर्गमय", "कृपामयी ज्योति, रास्ता दिखाओ"***, और अंधकार में से एक किरण दिखाई देगी, पथ-दर्शक कोई हाथ आगे बढ़ आएगा। मैं हमेशा तुम्हारे लिए प्रार्थना करता हूँ, तुम मेरे लिए करो। भारत के करोड़ों पददलितों के लिए, जो दारिद्र्य, पुरोहिताई के छल तथा प्रबलों के अत्याचारों से पीड़ित हैं, दिन-रात प्रत्येक आदमी प्रार्थना करे। सर्वदा उनके लिए प्रार्थना करो। मैं धनवान और उच्च श्रेणी की अपेक्षा इन पीड़ितों को ही धर्म का उपदेश देना पसंद करता हूँ। मैं न कोई तत्त्व-जिज्ञासु हूँ, न दार्शनिक हूँ और न सिद्धपुरुष हूँ। परंतु मैं निर्धन हूँ और निर्धनों से प्रेम करता हूँ। इस देश में जिन्हें गरीब कहा जाता है, उन्हें देखता हूँ - भारत के गरीबों की तुलना में इनकी अवस्था अच्छी होने पर भी यहाँ कितने लोग उनसे सहानुभूति रखते हैं? भारत में और यहाँ महान् अंतर है। बीस करोड़ नर-नारी, जो सदा गरीबी और मूर्खता में फँसे हैं, उनके लिए किसका हृदय रोता है? उनके उद्धार का क्या उपाय है? कौन उनके दुःख में दुःखी है? वे अंधकार से प्रकाश में नहीं आ सकते, उन्हें शिक्षा नहीं प्राप्त होती है—कौन उन्हें प्रकाश देगा, कौन उन्हें द्वार-द्वार शिक्षा देने के लिए घूमेगा? ये ही तुम्हारे ईश्वर हैं, ये ही तुम्हारे देवता बनें—ये ही तुम्हारे इष्ट बनें। निरंतर इनके लिए सोचो, इनके लिए काम करो, इनके लिए निरंतर प्रार्थना करो—प्रभु तुम्हें मार्ग दिखायेंगे। उसे मैं महात्मा कहता हूँ, जिसका हृदय गरीबों के लिए द्रवीभूत होता है, अन्यथा वह दुरात्मा है। आओ, हम लोग अपनी इच्छा-शक्ति को ऐक्य भाव से उनकी भलाई के लिए निरंतर प्रार्थना में लगाएँ। हम अनजान, बिना सहानुभूति के, विलापरहित, बिना सफल हुए मर जाएँगे, परंतु हमारा एक भी विचार नष्टे न होगा। वह कभी-न-कभी फल लायेगा। मेरा हृदय इतना भरपूर हो गया है कि मैं अपने भावों को व्यक्त

नहीं कर सकता; तुम्हें यह विदित है, तुम उसकी कल्पना कर सकते हो। **जब तक करोड़ों भूखे और अशिक्षित रहेंगे, तब तक मैं हरएक आदमी को विश्वास-घातक समझूँगा, जो उनके खर्च पर शिक्षित हुआ है, परंतु आज उन पर तनिक भी ध्यान नहीं देता! वे लोग, जिन्होंने गरीबों को कुचलकर धन पैदा किया है और अब ठाठ-बाट से अकड़कर चलते हैं, वे उन बीस करोड़ देशवासियों के लिए, जो इस समय भूखे और असभ्य बने हुए हैं यदि कुछ न करें, तो वे लोग घृणा के पात्र हैं।** हे भ्रातृगण, हम लोग गरीब हैं, हम लोग नगण्य हैं, किंतु हम जैसे गरीब लोग ही हमेशा उस परम पुरुष के यंत्र बने हैं। परमात्मा तुम सभी को आशीर्वाद दें।

अति प्रेम से

विवेकानंद

तुम सिंह तुल्य हों! हमें भारत को जगाना है

आलासिंगा पेरुमल को लिखा गया पत्र : संयुक्त राज्य, अमेरिका, 1894

प्रिय आलासिंगा,

एक पुरानी कहानी सुनो। एक निकम्मा भिखमंगा सड़क पर चलते-चलते एक वृद्ध को अपने मकान के द्वार पर बैठा देखकर रुककर उससे पूछने लगा, 'अमुक ग्राम कितना दूर है?' बुड्ढ़ा चुप रहा। भिखमंगे ने कई बार प्रश्न किया; परंतु उत्तर न मिला। अंत में जब वह उकताकर वापस जाने लगा, तब बुड्ढे ने खड़े होकर कहा, 'वह ग्राम यहाँ से एक मील है।' भिखमंगा कहने लगा, 'तुम पहले क्यों नहीं बोले, जब मैंने तुमसे कितनी बार पूछा था?' बुड्ढे ने उत्तर दिया, 'क्योंकि पहले तुमने जाने के लिए लापरवाही दिखाई थी और दुविधा में मालूम होते थे; परंतु अब तुम उत्साहपूर्वक आगे बढ़ रहे हो, इसलिए अब तुम उत्तर पाने के अधिकारी हो गए हो!'

हे वत्स, क्या तुम यह कहानी याद रखोगे? काम आरंभ करो, शेष सबकुछ आप-ही-आप हो जाएगा। "अनन्याश्चिंतयंतो मां ये जनाः पर्युपासते।

तेषां नित्याभियुक्तानां योगक्षेमं वहाम्यहम्।"—गीता। "जो सबकुछ छोड़कर मेरे ही ऊपर भरोसा करता है, मेरा ही चिंतन करता है। उसकी आवश्यकताओं को मैं पूरा करता हूँ।" यह भगवान् की वाणी है, न कि स्वप्न या कविकल्पना।

मैं बीच-बीच में तुम्हारे पास कुछ रकम भेजता जाऊँगा, क्योंकि पहले कलकत्ते में भी मुझे कुछ रकम भेजनी पड़ेगी। मद्रास की अपेक्षा अधिक भेजनी पड़ेगी। वहाँ का कार्य मुझ पर ही निर्भर करता है; वहाँ कार्य केवल शुरू ही हुआ है, ऐसी बात नहीं, बल्कि तीव्र गति से अग्रसर हो रहा है। उसे पहले देखना होगा। साथ ही, कलकत्ते की अपेक्षा मद्रास में सहायता मिलने की आशा अधिक है। मेरी इच्छा है कि ये दोनों केंद्र आपस में मिल-जुलकर काम करें। अभी शुरू शुरू में पूजा-पाठ, प्रचार इत्यादि के रूप में कार्य आरंभ कर देना चाहिए। सभी के मिलने के लिए एक स्थान चुन लो एवं प्रतिसप्ताह वहाँ इकट्ठे होकर पूजा करो, साथ ही भाष्यसहित उपनिषद् पढ़ो; इस तरह धीरे-धीरे काम और अध्ययन दोनों करते जाओ। तत्परता से काम में लगे रहने पर सब ठीक हो जाएगा।

···अब काम करो! जि. जि. का स्वभाव भावप्रधान है, तुम्हारी समबुद्धि है, इसीलिए दोनों मिल-जुलकर काम करो। काम में लीन हो जाओ, अभी तो काम का आरंभ ही हुआ है। प्रत्येक राष्ट्र को अपनी रक्षा स्वयं करनी होगी; हिंदू धर्म के पुनरुत्थान के लिए अमेरिका की पूँजी पर भरोसा न करो, क्योंकि यह भ्रम ही है। मैसूर एवं रामनद के राजा तथा और भी अन्यान्य लोंगो को इस कार्य की ओर सहानुभूति हो, ऐसा प्रयत्न करो। भट्टाचार्य के साथ परामर्श करके कार्य आरंभ कर दो। केंद्र बना सकना बहुत ही उत्तम बात होगी। मद्रास जैसे बड़े शहर में इसके लिए स्थान प्राप्त करने का यत्न करो, और संजीवनी शक्ति का चारों ओर प्रसार करो। धीरे-धीरे आरंभ करो। पहले गृहस्थ प्रचारकों से श्रीगणेश करो, धीरे-धीरे वे लोग भी आने लगेंगे, जो इस काम के लिए अपना जीवन समर्पण कर देंगे। शासन करनेवाले न बनो, वही सबसे अच्छा शासन करता है, जो सबकी सेवा कर सकता है। मृत्युपर्यंत सत्यपथ से विचलित न होओ। हम काम चाहते हैं, हमें धन, नाम और यश की चाह नहीं। जब कार्यारंभ इतना सुंदर हुआ है, तब यदि इस समय तुम लोग कुछ न कर सको तो तुम लोगों पर मेरा

बिल्कुल विश्वास नहीं रहेगा। अपने कार्य का प्रारंभ अति सुंदर हुआ है। भरोसा रखो। जि. जि. को अपनी गृहस्थी के भरण-पोषण के लिए कुछ करना तो नहीं पड़ता, मद्रास में एक स्थायी स्थान करने के लिए वह चंदा इकट्ठा क्यों नहीं करता ? मद्रास में केंद्र स्थापित हो जाने पर चारों ओर कार्य-विस्तार करते चलो, शुरू में प्रतिसप्ताह एकत्र होओ, स्त्रोत-पाठ, शास्त्र-पाठ इत्यादि से प्रारंभ करो। पूर्णतः निस्स्वार्थ बनो, फिर सफलता अवश्यंभावी है।

स्वयं के कार्य की स्वाधीनता रखते हुए कलकत्ते के भ्राताओं पर संपूर्ण श्रद्धाभक्ति रखना, क्योंकि वे संन्यासी जो हैं। मेरी संतान को आवश्यकता होने पर एवं अपने कार्य की सिद्धि के लिए आग में कूदने को भी तैयार रहना चाहिए। इस समय केवल काम, काम, काम, बाद में किसी समय काम स्थगित कर किसने कितना किया है, यह देखेंगे। धैर्य, अध्यवसाय और पवित्रता चाहिए।

…मैं अभी हिंदू धर्म पर कोई पुस्तक नहीं लिख रहा हूँ। मैं केवल अपने विचारों को स्मरणार्थ लिख लेता हूँ। मुझे मालूम नहीं कि मैं उन्हें कभी प्रकाशित कराऊँगा या नहीं! किताबों में क्या धरा है ? दुनिया पहले ही बहुत मूर्खता से भरी है। यदि तुम वेदांत के आधार पर एक पत्रिका निकाल सको, तो हमारे कार्य में सहायता मिलेगी। चुपचाप काम करो, दूसरों मे दोष न निकालो। अपना संदेश दो; जो तुम्हे सिखाना है, सिखाओ; इससे आगे न बढ़ो, शेष परमात्मा ज़ानते हैं। मिशनरी लोगों को यहाँ कौन पूछता है ? बहुत चिल्लाने के बाद वे लोग अब चुप हुए हैं। मैं उनकी निंदा की ओर ध्यान नहीं देता। मेरे बारे में लोगों की अच्छी धारणा है। मुझे और समाचार-पत्र न भेजो।

कार्य के अग्रसर होने के लिए कुछ शोर-गुल की आवश्यकता थी, वह बहुत हो चुका। देखते नहीं, दूसरे लोग बिना किसी भित्ति के ही कैसे अग्रसर हो रहे हैं! और तुम लोगों का कार्य इतने सुंदर तरीके से आरंभ होने के बाद भी यदि तुम लोग कुछ न कर सको, तो मुझे घोर निराशा होगी। यदि तुम सचमुच मेरी संतान हो तो तुम किसी वस्तु से न डरोगे, और किसी बात पर न रुकोगे। तुम सिंहतुल्य होगे। हमें भारत को और पूरे संसार को जाग्रत् करना है। कायरता को

पास न आने दो। मैं अस्वीकृति न सुनूँगा। समझे! मृत्युपर्यंत सत्यपथ पर अटल रहकर मेरे कथनानुसार लगे रहना होगा, फिर कार्यसिद्धि अवश्यंभावी हैं। इसका रहस्य है गुरुभक्ति; मृत्युपर्यंत गुरु में विश्वास। क्या यह तुममें है? और मेरा पूर्ण विश्वास है कि यह तुममें हैं। और तुम्हें यह भी विदित है कि मुझे तुम पर पूर्ण भरोसा है, इसलिए काम में लग जाओ। सिद्धि अवश्यंभावी है। तुम्हें पग-पग पर मेरा आशीर्वाद हैं; मेरी प्रार्थना सदैव तुम्हारे साथ रहेगी। मेल से काम करो। हर एक के साथ सहनशील होओ। सभी से मुझे प्रेम है। सदैव मेरी दृष्टी तुम पर है। आगे बढ़ो! आगे बढ़ो! अभी तो आरंभ ही है, क्या तुम जानते हो कि मेरा यहाँ थोड़ा सा भी काम भारत में बड़ी आवाज उत्पन्न करता है? मैं यहाँ से जल्दी नहीं लौटूँगा। मेरा विचार स्थायी रूप में यहाँ कुछ कर जाने का है, और इस लक्ष्य को अपने आगे रखकर मैं प्रतिदिन काम कर रहा हूँ। अमेरिकावासियों का मैं विश्वासपात्र बनता जा रहा हूँ। अपने हृदय और आशाओं को संसार के समान विस्तीर्ण कर दो। संस्कृत का अध्ययन करो, विशेषकर वेदांत के तीनों भाष्यों का। तैयार रहो, भविष्य के लिए मैंने बहुत सी बातें सोची हैं। आकर्षक वक्ता बनने का प्रयत्न करो। यदि तुममें विश्वास होगा, तो सब चीजें तुम्हे मिल जाएँगी। यही बात 'क' से कह दो, बल्कि वहाँ के मेरे सभी बच्चों से कह दो। समय पाकर वे बड़े-बड़े काम करेंगे, जिसे देखकर संसार आश्चर्य करेगा। निराश न होओ और काम करो। देखूँ तो सही तुम क्या कर सकते हो—एक मंदिर, एक प्रेस, एक पत्रिका एवं मेरे ठहरने के लिए एक मकान करके मुझे दिखाओ। यदि मद्रास में मेरे ठहरने के लिए एक मकान न कर सको, तो फिर मैं वहाँ कहाँ रहूँगा? लोगों में विद्युत्-शक्ति संचार करो! चंदा इकट्ठा करो एवं प्रचारक बनाओ।"'अपने जीवन के ध्येय पर दृढ़ रहो। अभी तक जो कार्य हुआ है, बहुत अच्छा हुआ है, और भी अच्छे कार्य करने होंगे; बढ़े चलो, आगे बढ़े चलो! मेरा विश्वास है कि इस पत्र के उत्तर में तुम लिखोगे कि तुमने कुछ काम किया है।

लोगों से लड़ाई न करो; किसी को तुम्हारी ओर से वैरभाव उत्पन्न न हो। यदि अमुक मनुष्य ईसाई बनता है तो हम क्यों बुरा मानें? जो धर्म उन्हें अपने मन के अनुकूल जान पड़ता है, उसका अनुगामी उन्हें बनने दो। वाद-विवाद

में तुम क्यों सम्मिलित होगे? लोगों के भिन्न-भिन्न मतों को सहन कर लो। धैर्य, पवित्रता एवं अध्यवसाय की जीत होगी।

तुम्हारा,

विवेकानंद

साक्षात् भगवान् नारायण-मानव देहधारी मनुष्य की पूजा करो

ॐ नमो भगवते वासुदेवाय

गुरुभाइयों को लिखा गया पत्र : अमेरिका, 1894

प्रिय भ्रातृवृंद,

इससे पहले मैंने तुम लोगों को एक पत्र लिखा है, किंतु समयाभाव से वह बहुत ही अधूरा रहा। राखाल एवं हरि ने लखनऊ से एक पत्र में लिखा था कि हिंदू समाचार-पत्र मेरी प्रशंसा कर रहे थे और वे लोग बहुत ही खुश थे कि श्री रामकृष्ण के वार्षिकोत्सव के अवसर पर बीस हजार लोगों ने भोजन किया। इस देश में मैं बहुत कुछ कार्य और कर सकता था, किंतु ब्राह्मसमाजी एवं मिशनरी लोग मेरे पीछे दौड़ रहे हैं एवं भारतीय हिंदुओं ने भी मेरे लिए कुछ नहीं किया। मेरा तात्पर्य यह है कि अगर कलकत्ता या मद्रास के हिंदुओं ने एक सभा बुलाकर मुझे अपना प्रतिनिधि स्वीकार करते हुए एक प्रस्ताव पारित करवाया होता तथा मेरे प्रति किए गए उदारतापूर्ण स्वागत के लिए अमेरिकावासियों को साधुवाद दिया होता, तो यहाँ पर कार्य में अच्छे ढंग से प्रगति होती। लेकिन एक साल बीत गया और कुछ नहीं हुआ। निश्चय ही मैंने बंगाेलियों पर कुछ भी भरोसा नहीं किया था, पर मद्रासी लोग भी तो कुछ नहीं कर सके।...

हमारी जाति से कोई भी आशा नहीं की जा सकती। किसी के मस्तिष्क में कोई नवीन विचार जाग्रत् नहीं होता, उसी एक चिथड़े से सब कोई चिपके हुए हैं; रामकृष्णदेव ऐसे थे और वैसे थे, वही लंबी-चौड़ी कहानी, जिसका न कोई आदि है और न अंत। हाय भगवन्! तुम भी तो ऐसा कुछ करके दिखलाओ

कि जिससे यह पता चले कि तुम लोगों में भी कुछ असाधारणता है, अन्यथा आज घंटा आया तो कल बिगुल और परसों चमर; आज खाट मिली, कल उसके पायों को चाँदी से मढ़ा गया, आज खाने के लिए लोगों को खिचड़ी दी गई और उनको दो हजार लंबी-चौड़ी कहानियाँ सुनाई गईं। वही चक्र, गदा, शंख, पद्‌म तथा शंख, गदा, पद्‌म, चक्र यह सब निरा पागलपन नहीं तो और क्या है? अंग्रेजी में इसी को imbecility (शारीरिक तथा मानसिक कमजोरी) कहा जाता है। जिन लोगों के मस्तिष्क में इस प्रकार के ऊल-जलूलों के सिवाय और कुछ नहीं है, उन्हीं को imbecile कहते हैं। घंटा दाईं ओर बजना चाहिए अथवा बाईं ओर, चंदन माथे पर लगाना चाहिए या अन्यत्र कहीं, आरती दो बार उतारनी चाहिए या चार बार? इन विषयों को लेकर जो दिन-रात माथापच्ची किया करते हैं, उन्हीं का नाम भाग्यहीन है और इसीलिए हम लोग श्रीहीन तथा जूतों की ठोकर खानेवाले हो गए तथा पश्चिम के लोग जगविजयी। आलस्य तथा वैराग्य में आकाश-पाताल का अंतर है।

'यदि भलाई चाहते हो तो घंटा इत्यादि को गंगाजी में सौंपकर साक्षात् भगवान् नारायण की, विराट् और स्वराट् की, मानव देहधारी प्रत्येक मनुष्य की पूजा में तत्पर होओ। यह जगत् विराट्‌रूप है, उसकी पूजा का अर्थ है, उसकी सेवा, इसी को कर्म कहते हैं। घंटे के बाद चमर लेने का अथवा भोजन की थाली सामने रखकर दस मिनट बैठना चाहिए या आधा घंटा, इस प्रकार के विचार-विमर्श का नाम कर्म नहीं है, यह तो पागलपन है। लाखों रुपए खर्च कर काशी तथा वृंदावन के मंदिरों का पट खुलता और लगता है। कहीं ठाकुरजी वस्त्र बदल रहे हैं, तो कहीं भोजन अथवा और कुछ कर रहे हैं, जिसका ठीक-ठीक तात्पर्य हम नहीं समझ पाते, किंतु दूसरी ओर जीवित ठाकुर भोजन तथा विद्या के बिना मरे जा रहे हैं। बंबई के बनिया लोग खटमलों के अस्पताल बनवा रहे हैं, किंतु मनुष्यों की ओर उनका कुछ भी ध्यान नहीं है, चाहे वे मर ही क्यों न जाएँ। तुम लोगों में इन बातों को समझने तक की भी बुद्धि नहीं है, यही हमारे देश की सबसे बड़ी बीमारी है, यह देश नहीं, पागलखाना है।'… तुम लोग अग्नि की तरह चारों ओर फैल जाओ और उस

विराट् की उपासना का प्रचार करो, जो कि कभी हमारे देश में नहीं हुआ है। लोगों के साथ विवाद करने से काम न होगा, सबसे मिलकर चलना पड़ेगा।···

गाँव-गाँव तथा घर-घर में जाकर इस आदर्श का प्रचार करो, तभी यथार्थ में कर्म का अनुष्ठान होगा; अन्यथा चुपचाप पड़े रहना तथा बीच-बीच में घंटा हिलाना, यह तो एक प्रकार का रोगविशेष है। स्वतंत्र बनो, स्वतंत्र-बुद्धि से काम लेना सीखो, अन्यथा अमुक तंत्र के अमुक पटल (अध्याय) में घंटे की लंबाई का जो उल्लेख है, उससे हमें क्या लाभ? प्रभु की इच्छा से लाखों तंत्र, वेद, पुराणादि सबकुछ तुम्हारी वाणी से अपने आप प्रकट होंगे। यदि कुछ करके दिखा सको, एक वर्ष के अंदर यदि भारत के विभिन्न स्थलों में दो-चार लाख चेले बना सको, तब मैं तुम्हारी बहादुरी समझूँगा।

क्या तुम उस छोकरे को जानते हो, जो कि माथा मुंड़ाकर बंबई से रामेश्वर गया है? वह अपने को रामकृष्णदेव का शिष्य बतलाता है? उसने न तो कभी अपने जीवन में उनको देखा और न सुना ही, क्या यह खिलवाड़ है? गुरु-परंपरा के बिना कोई भी कार्य नहीं हो सकता, क्या यह बच्चों का खेल है? वैसे ही शिष्य हो गया, क्या मजे की बात है! यदि वह कायदे से न चले तो उसे निकाल बाहर करना। गुरु-परंपरा अर्थात् जो शक्ति गुरु से शिष्य में आती है तथा उनसे उनके शिष्यों में संक्रमित होती है, उसके बिना कुछ भी नहीं हो सकता। वैसे ही अपने को रामकृष्णदेव का शिष्य कह देना, क्या यह तमाशा है? जगमोहन ने पहले मुझसे कहा था कि एक व्यक्ति अपने को मेरा गुरुभाई बतलाता है, मुझे ऐसा प्रतीत होता है कि यह वही छोकरा है; अपने को गुरुभाई कहता है, क्योंकि शिष्य कहने में लज्जा आती है। एकदम गुरु बनना चाहता है! यदि उसका आचरण ठीक न हो तो उसे अलग कर देना।

किसी कार्य का न होना ही सुबोध तथा तुलसी की मानसिक अशांति का कारण है। **गाँव-गाँव तथा घर-घर में जाकर लोकहित एवं ऐसे कार्यों में आत्मनियोग करो, जिससे कि जगत् का कल्याण हो सके। चाहे अपने को नरक में क्यों न जाना पड़े, परंतु दुसरों की मुक्ति हो। मुझे अपनी मुक्ति की चिंता नहीं है। जब तुम अपने लिए सोचने लगोगे,**

तभी मानसिक अशांति आकर उपस्थित होगी। अरे भाई, तुम्हें शांति की क्या आवश्यकता हैं? जब तुम सबकुछ छोड़ चुके हो, तब शांति तथा मुक्ति की अभिलाषा को भी त्याग दो। किसी प्रकार की चिंता अवशिष्ट न रहने पाए। **स्वर्ग, नरक, भक्ति अथवा मुक्ति की परवाह न करो। घर-घर जाकर भगवन् नाम का प्रचार करो। दूसरों की भलाई से ही अपनी भलाई होती है, अपनी मुक्ति तथा भक्ति भी दूसरों की मुक्ति तथा भक्ति से ही संभव है, अतः उसी में संलग्न हो जाओ, तन्मय रहो तथा उन्मत्त बनो। जैसे कि श्रीरामकृष्णदेव तुमसे प्रीति करते थे, मैं तुमसे प्रीति करता हूँ, वैसे ही तुम भी जगत् से प्रीति करो।**

सबको एकत्रित करो, गुणनिधि कहाँ है? उसे अपने पास बुलाओ। उससे मेरी अनंत प्रीति कहना। गुप्ता कहाँ है? यदि वह आना चाहे तो आने दो। मेरे नाम से उसे अपने पास बुलाओ। निम्नलिखित बातों को ध्यान में रखो—

1. **हम लोग संन्यासी हैं, भक्ति-मुक्ति सबकुछ हमारे लिए त्याज्य हैं।**
2. **जगत् का कल्याण करना, प्राणिमात्र का कल्याण करना हमारा व्रत है, चाहे उससे मुक्ति मिले अथवा नरक।**
3. **जगत् के कल्याण के लिए श्रीरामकृष्णदेव का आविर्भाव हुआ था। अपनी-अपनी भावनानुसार उनको तुम मनुष्य, ईश्वर, अवतार, जो कुछ कहना चाहो, कह सकते हो।**
4. **जो कोई उनको प्रणाम करेगा, तत्काल ही वह सुवर्ण बन जाएगा। इस संदेश को लेकर तुम घर-घर जाओ तो सही, देखोगे कि तुम्हारी सारी अशांति दूर हो गई है। डरने की जरूरत नहीं, डरने का कारण ही कहाँ है? तुम्हारी कोई आकांक्षा तो है नहीं, अब तक तुमने उनके नाम तथा अपने चरित्र का जो प्रचार किया है, वह ठीक है; अब** organised **(संगठित) होकर प्रचार करो, प्रभु तुम्हारे साथ हैं, डरने की कोई बात नहीं है।**

चाहे मैं मर जाऊँ या जीवित रहूँ, भारत लौटू या न लौटूँ, तुम लोग प्रेम

का प्रचार करते रहो। गुप्ता को इस कार्य में जुटा दो, किंतु यह याद रखना कि दूसरों को मारने के लिए अस्त्र-शस्त्र की आवश्यकता है, "सन्निमित्ते वरं त्यागो विनाशे नियते सति।" (मृत्यु जब अवश्यंभावी है, तब सत्कार्य के लिए प्राणत्याग करना ही श्रेयस्कर है।)

प्रेमपूर्वक तुम्हारा,

विवेकानंद

पुनश्च, पहली चिट्ठी की बात याद रखना, पुरुष तथा नारी दोनों ही आवश्यक हैं। आत्मा में नारी-पुरुष का कोई भेद नहीं हैं; रामकृष्णदेव को अवतार मात्र कह देने से ही काम चलेगा, शक्ति का विकास आवश्यक है। हजारों की संख्या में पुरुष तथा नारी चाहिए, जो कि अग्नि की तरह हिमालय से कन्याकुमारी तथा उत्तरी ध्रुव से दक्षिणी ध्रुव तक तमाम दुनिया में फैल जाएँगे। यह बच्चों का खेल नहीं है और न उसके लिए समय ही है। जो बच्चों का खेल खेलना चाहते हैं, उन्हें इसी समय पृथक् हो जाना चाहिए, नहीं तो आगे उनके लिए बड़ी विपत्ति खड़ी हो जाएगी। Organisation (संगठन) चाहिए, आलस्य को दूर कर दो, प्रचार करते रहो, अग्नि की तरह चारों ओर फैल जाओ। मुझ पर भरोसा न रखो, चाहे मैं मर जाऊँ अथवा जीवित रहूँ, तुम लोग प्रचार करते रहो।

विवेकानंद

माँ की कृपा लाखों बार अधिक मूल्यवान है
(स्वामी शिवानंद को लिखित)

संयुक्त राज्य, अमेरिका,

1894

प्रिय शिवानंद,

तुम्हारा पत्र अभी मिला। कदाचित् तुम्हें मेरे पहले पत्र मिल चुके होंगे और तुम्हें मालूम हो गया होगा कि और कुछ सामान अमेरिका भेजने की कोई आवश्यकता नहीं है। 'अति सर्वत्र वर्जयेत्'। समाचार-पत्रों की इस

भिनभिनाहट ने निस्संदेह मुझे प्रसिद्ध कर दिया है, परंतु इसका प्रभाव भारत में अधिक है और यहाँ कम। इसके विपरीत निरंतर समाचार-पत्रों की घोषनाएँ ऊँचे वर्ग के मनुष्यों के मन में एक अरुचि सी पैदा कर देती है, अतएव जो हुई सो पर्याप्त है, अब तुम भारत में इन सभाओं के ढंग पर अपने आप को संगठित करने की चेष्टा करो। इस देश में तुम्हें कुछ और भेजने की आवश्यकता नहीं। धन के विषय में बात यह है कि मैंने परम पूजनीय माताजी के लिए मकान बनाने का संकल्प कर लिया है, क्योंकि महिलाओं को उसकी पहले आवश्यकता है। माँ के स्थान के लिए मैं लगभग 7,000 रुपए भेज सकता हूँ। यदि वह पहले हो जाए तो फिर मुझे किसी बात की चिंता नहीं। मुझे आशा है कि इस देश से जाने के बाद भी मुझे 1,600 रुपए प्रतिवर्ष मिलते रहेंगे। वह रुपया मैं माताओं के स्थान के लिए रखूँगा, इससे कार्य आगे बढ़ता जाएगा। मैंने तुम्हें जमीन के बारे में पहले ही लिखा है।

मैं इससे पहले ही भारत को लौट आता, परंतु भारत में धन नहीं है। सहस्रों लोग श्रीरामकृष्णदेव का आदर करते हैं, परंतु कोई फूटी कौड़ी भी नहीं देगा—यह है भारत! यहाँ लोगों के पास धन है और वे लोग दान भी करते हैं। अगले शीतकाल में मैं भारत आ जाऊँगा, तब तक तुम लोग मिल-जुलकर रहो।

संसार सिद्धांतों की कुछ परवाह भी नहीं करता। वह मनुष्य ही को मानता है, जो मनुष्य उन्हें प्रिय होगा, उसके वचन वे शांति से सुनेंगे, चाहे वे कैसे ही निरर्थक हों; परंतु जो मनुष्य उन्हें अप्रिय होगा, उसके वचन नहीं सुनेंगे। इस पर विचार करो और अपने आचरण में यथोचित परिवर्तन करो, सब बातें ठीक हो जाएँगी। यदि तुम नेता बनना चाहते हो तो सबके दास बनो। यह सच्चा रहस्य है। यदि तुम्हारे वचन कठोर भी होंगे, तब भी तुम्हारा प्रेम स्वतः जान पड़ेगा। मनुष्य प्रेम को पहचानता है, चाहे वह किसी भी भाषा में प्रकट हो।

मेरे प्यारे भाई, श्रीरामकृष्णदेव ईश्वर के अवतार थे, इसमें मुझे तनिक भी संदेह नहीं है, परंतु वे कहते थे कि लोगों को स्वयं देखने दो, जबरदस्ती क्या कोई किसी को दिखा सकता है ? और यही मेरी आपत्ति है।

लोगों को अपना मत प्रकट करने दो। हमें इसमें क्या आपत्ति है? **श्रीरामकृष्णदेव का अध्ययन किए बिना वेद-वेदांत, भागवत और अन्य पुराणों का महत्त्व समझना असंभव है।**

'माँ' के जीवन का विलक्षण महत्त्व तुम लोग अभी नहीं समझ सके हो, तुममें से एक भी नहीं, परंतु धीरे-धीरे तुम जानोगे। शक्ति के बिना संसार का उद्धार नहीं हो सकता। क्या कारण है कि संसार के सब देशों में हमारा देश ही सबसे अधिक बलहीन और पिछड़ा हुआ है? इसका कारण यही है कि वहाँ शक्ति का निरादर होता है। उस अनुपम शक्ति को भारत में पुनः जाग्रत् करने के लिए माँ का जन्म हुआ है और उन्हें केंद्र बनाकर फिर से गार्गी और मैत्रेयी का जन्म संसार में होगा। प्रिय भाई, अभी तुम बहुत थोड़ा समझते हो, परंतु धीरे-धीरे तुम सब जान जाओगे। इसलिए मैं उनका मठ पहले चाहता हूँ।··· शक्ति की कृपा बिना कुछ भी प्राप्त नहीं हो सकता। अमेरिका और यूरोप में मैं क्या देखता हूँ? शक्ति की उपासना, परंतु अज्ञानवश वे उसकी उपासना इंद्रियभोग द्वारा करते हैं, फिर कल्पना करो कि जो पवित्रता से सात्त्विक भाव द्वारा अपनी माता के रूप में उसे पूजेंगे, वे कितने कल्याण को प्राप्त करेंगे! दिन-पर-दिन सब बातें मेरी समझ में आ रही हैं। मेरी अंतर्दृष्टि का धीरे-धीरे विकास हो रहा है। इसलिए हमें माँ का मठ पहले बनाना चाहिए। पहले माँ और उनकी पुत्रियाँ, फिर पिता और उनके पुत्र—क्या तुम यह समझ सकते हो?···मेरे लिए माँ की कृपा पिता की कृपा से लाखों बार अधिक मूल्यवान है। माँ की कृपा, माँ का आशीष मेरे लिए सर्वश्रेष्ठ है। कृपया मझे क्षमा करो। मैं माँ के विषय में कुछ कट्टर हूँ। यदि माँ की आज्ञा होगी तो उनके भूत कुछ भी काम कर सकते हैं। अमेरिका के लिए प्रस्थान करने से पहले मैंने माँ को लिखा था कि वे मुझे आशीर्वाद दें। उनका आशीर्वाद आया और एक ही छलाँग में मैंने समुद्र पार कर लिया। देखा तुमने! इस विकट शीतकाल में मैं स्थान-स्थान में भाषण कर रहा हूँ और विषम बाधाओं से लड़ रहा है, जिससे कि माँ के भठ के लिए कुछ धन एकत्र हो सके।···निरंजन की लड़वैए की सी वृत्ति है, परंतु उसे माँ के लिए बड़ी भक्ति है और उसकी झक को मैं सहन कर

सकता हूँ। वह अब बहुत ही आश्चर्यजनक काम कर रहा है। मैं सब खबर रखता हूँ और तुमने मद्रासियों के साथ सहयोग करके बहुत अच्छा किया। प्रिय भाई, मुझे तुमसे बड़ी आशा है। तुम सबको साथ मिलकर काम करने के लिए संगठित करो, जैसे ही तुम माँ के लिए जमीन ले लोगे, मैं सीधा भारत के लिए चल दूँगा। जमीन का टुकड़ा बड़ा होना चाहिए। शुरू में मिट्टी का घर होने दो, समय पर मैं सुंदर भवन बनवा दूँगा। डरो नहीं।

मलेरिया का मुख्य कारण पानी होता है, क्यों नहीं तुम दो-तीन फिल्टर बनाते? यदि तुम पहले पानी को उबाल लोगे, फिर छानोगे तब वह हानिकारक न होगा।...कृपा करके दो बड़े 'पैसचर' के फिलटर मोल लो, जो कीटाणुओं से सुरक्षित हों। उसी में खाना पकाओ और पीने के काम में लाओ तो तुम मलेरिया का नाम कभी न सुनोगे। आगे बड़ो, आगे बढ़ो; काम, काम, काम—अभी तो काम का आरंभ ही है।

किमधिकमिति

विवेकानंद

छुआछूत मार्ग से मुक्त बनो और मनुष्य बनो...
(स्वामी ब्रह्मानंद को लिखित)

ॐ नमो भगवते श्री रामकृष्णाय

संयुक्त राज्य अमेरिका,

1894

प्राणाधिकेषु,

तारक दादा और हरि का पहला पत्र अब मिला। उससे मालूम हुआ कि वे लोग कलकत्ता आ रहे हैं। मेरे पर्व पत्र से सभी ज्ञात हए हो। रामदयाल बाबू का भी पत्र मिला, तदनुसार फोटो भेजूँगा। माताजी के लिए जमीन खरीदना होगा। फिलहाल मिट्टी का ही मकान हो, बाद में देखा जाएगा, लेकिन जमीन बड़ी होनी चाहिए। किस तरह किसको रुपया भेजूँगा, लिखना। तुममें से कोई

विषय-कर्म का भार सँभालो।···विमला (कालीकृष्ण ठाकुर के दामाद) ने एक लंबी चिट्‌ठी भेजी है कि उन्हें हिंदू धर्म में बहुत ज्ञान प्राप्त हो गया है। प्रतिष्ठा से बचने के लिए मुझे बहुत सारे सुंदर उपदेश दिया है और अपने गुरु शशि बाबू की आर्थिक दुर्दशा के बारे में लिखा है। शिव! शिव!···विमला ने शशि बाबू की लिखी एक पुस्तक भेजी है; उसमें सूक्ष्म तत्त्व की वैज्ञानिक व्याख्या की गई है। विमला की इच्छा है कि इस देश से पुस्तक छपाने की सहायता मिल जाए। इसका मेरे पास कोई उपाय नहीं, क्योंकि ये लोग बँगला बिल्कुल नहीं जानते। फिर ईसाई लोग हिंदू धर्म की सहायता क्यों करेंगे? अब विमला को सहज ब्रह्मज्ञान प्राप्त हुआ है : पृथ्वी में हिंदू श्रेष्ठ हैं और उनमें भी ब्राह्मण! और इन ब्राह्मणों में भी विमला और शशि, इन दोनों के अलावा दूसरे कोई धर्मलाभ नहीं कर सकते। धर्म क्या अभी भारत में रह गया है, भाई? ज्ञान मार्ग, भक्ति मार्ग, योग मार्ग, सबका पलायन, और अब बचा है केवल छुआछूत-मार्ग, 'मुझे मत छुओ', 'मुझे मत छुओ'। सारा संसार अपवित्र है, मैं ही केवल शुद्ध हूँ! सहज ब्रह्मज्ञान! वाह! हे भगवान्! आजकल ब्रह्म न तो हृदय-कंदरा में है, न गोलोक में और न सब जीवों में, अब यह भात की हाँड़ी में है! पहले महत् का लक्षण था—त्रिभुवन-मुपकार श्रेणिभिः प्रीयमाणः, 'सेवा के अनेक कामों से तीनों लोकों को प्रसन्न रखना', परंतु अब है, मैं पवित्र हूँ और सब संसार अपवित्र, रुपए लाओ, धरो मेरे पैरों के नीचे।···जिन महापुरुष ने मुझसे अपने कर्मकोलाहल बंद करके घर लौटने के लिए लिखा है, उनसे कहना कि कुत्ते की तरह किसी के पैर चाटना मेरा स्वभाव नहीं है। उससे कहो कि अगर वह मर्द है तो मठ बनाकर फिर मुझे बुलाए! अन्यथा मैं किसके घर में लौट आऊँ? यह देश ही मेरा घर है, भारत में क्या रखा है? वहाँ धर्म का आदर कौन करता है? विद्या का सम्मान कौन करता है? घर वापस आओ! घर कहाँ है?

इस बार ऐसे महोत्सव करो, जैसे पहले कभी न हुआ हो। मैं एक 'परमहंस महाशय का जीवन चरित' लिख भेजूँगा। उसे छपवाकर तथा अनुवाद कराकर बेचोगे। मुफ्त वितरण करने पर लोग पढ़ते नहीं हैं, कुछ दाम लेना। कोलाहल का अंत! अभी तो आरंभ ही हुआ है। मुझे मुक्ति और भक्ति की चाह नहीं। लाखों

नरकों में जाना मुझे स्वीकार है, **वसंतवल्लोकहितं चरन्तः** ('वसंत की तरह लोगों का हित करते हुए') यही मेरा धर्म है। मैं आलसी, निष्ठुर, निर्दय और स्वार्थी मनुष्यों से कोई संबंध नहीं रखना चाहता। जिसके भाग्य में होगा, वह इस महाकार्य में सहायता कर सकता है।...सावधान! सावधान! यह सब क्या बच्चों का खेल है? सपना है?...भाई, एक बार कमर कसके काम में जुट जाओ।... तुम लोग मनुष्य बनो।...समाचार-पत्र भेजने की अब आवश्यकता नहीं। यहाँ ढेर लग गया है। तुममें से किसी में संगठन-शक्ति नहीं है। बड़े दुःख की बात है। सबको मेरा प्यार कहना, मैं सबकी सहायता चाहता हूँ; खबरदार! किसी से झगड़ा न करना। याद रखो कि न धन का कोई मूल्य है, न नाम का, न यश का, न विद्या का, केवल चरित्र ही कठिनाइयों के दुर्भेद्य पत्थर की दीवारों में से गुजर सकता है। लोगों के मतामत की अवहेलना न करना, उससे वे बड़े ही क्रुद्ध हो जाते हैं। स्थान-स्थान पर केंद्र स्थापित करना होगा। यह तो बड़ा आसान है। जहाँ-जहाँ तुम लोग जाओगे, वहीं-वहीं एक केंद्र स्थापित कर दोगे। इसी तरह काम होगा। जहाँ भी पाँच लोग उन्हें मानते हों, वहीं एक डेरा बनाओ। ऐसे ही करते रहो और सभी से पत्र-व्यवहार बनाए रखो।

प्रेम में सदैव तुम्हारा

विवेकानंद

मैं उस भगवान् या धर्म पर विश्वास नहीं करता जो विपदा के आँसू पोंछता है

आलासिंगा पेरुमल को लिखा गया पत्र : वाशिंगटन, 27 अक्तूबर, 1894

प्रिय आलासिंगा,

तुम्हें मेरा शुभ आशीर्वाद। इस बीच तुम्हें मेरा पत्र मिला होगा। कभी-कभी मैं तुम लोगों को चिट्ठी द्वारा डाँटता हूँ, इसलिए कुछ बुरा न मानना। तुम सभी को मैं किस हद तक प्यार करता हूँ, यह तुम अच्छी तरह जानते ही हो।

तुम मेरे कार्यकलाप के बारे में पूर्ण विवरण जानना चाहते हो कि मैं कहाँ-कहाँ गया था, क्या कर रहा हूँ; साथ ही मेरे भाषण के सारांश भी जानना चाहते हो। साधारण तौर पर यह जानना कि मैं यहाँ वही काम कर रहा हूँ, जो भारतवर्ष में करता था। सदा ईश्वर पर भरोसा रखना और भविष्य के लिए कोई संकल्प न करना।

···तुम्हें याद रखना चाहिए कि मुझे इस देश में निरंतर काम करना पड़ता है और अपने विचारों को पुस्तकाकार में लिपिबद्ध करने का मुझे अवकाश नहीं है, यहाँ तक कि इस लगातार परिश्रम ने मेरे स्नायुओं को कमजोर बना दिया है और मैं इसका अनुभव भी कर रहा हूँ। तुम और मद्रासवासी सब मित्रों ने मेरे लिए जो अत्यंत निस्स्वार्थ और वीरोचित काम किया है, इसके लिए अपनी कृतज्ञता मैं किन शब्दों में प्रकट करूँ? संघ बनाने की शक्ति मुझमें नहीं है, मेरी प्रकृति अध्ययन और ध्यान की तरफ स्वतः झुकती है। मैं सोचता हूँ कि मैं बहुत-कुछ कर चुका, अब मुझे विश्राम की आवश्यकता है और मैं उनको थोड़ी-बहुत शिक्षा देना चाहता हूँ, जिन्हें मेरे गुरुदेव ने मुझे सौंपा है। अब तो तुम जान गए कि तुम क्या कर सकते हो, क्योंकि, हे मद्रासवासी युवको, तुम्हीं ने वास्तव में सबकुछ किया है; मैं तो केवल चुपचाप खड़ा रहा। मैं एक त्यागी संन्यासी हूँ और मैं केवल एक ही वस्तु चाहता हूँ। **मैं उस भगवान् या धर्म पर विश्वास नहीं करता, जो न विधवाओं के आँसू पोंछ सकता है और न अनाथों के मुँह में एक टुकड़ा रोटी ही पहुँचा सकता है। किसी धर्म के सिद्धांत कितने ही महत्त्वपूर्ण क्यों न हों, मैं उसे तब तक नहीं मानता, जब तक वह कुछ ग्रंथों और मतों तक ही परिमित है।** हमारी आँखें सामने की ओर कपाल में हैं, पीछे नहीं। सामने बढ़ते रहो और जिसे तुम अपना धर्म कहकर गौरव का अनुभव करते हो, उसे कार्यरूप में परिणत करो। ईश्वर तुम्हें आशीर्वाद देंगे।

मेरी ओर मत ताको, अपनी ओर देखो। मुझे इस बात का आनंद है कि मैं थोड़ा सा उत्साह संचार करने का साधन बना। इससे लाभ उठाओ, इसी के सहारे बढ़ चलो, बस, तभी सबकुछ ठीक हो जाएगा। वत्स, प्रेम कभी निष्फल नहीं होता; कल हो चाहे परसों, या युगों के बाद, पर सत्य की जय अवश्य होगी।

प्रेम ही मैदान जीत लेगा। **क्या तुम अपने भाई, मनुष्य जाति को प्यार करते हो? ईश्वर को फिर कहाँ ढूँढ़ने चले हो, ये सब गरीब, दुःखी, दुबले मनुष्य क्या ईश्वर नहीं हैं? इन्हीं की पूजा पहले क्यों नहीं करते? गंगातट पर फिर कुँआ खोदने की चेष्टा क्यों? प्रेम की असाध्य-साधिनी शक्ति पर विश्वास करो।** इस झूठे जगमगाहटवाले नाम-यश की परवाह कौन करता है? समाचार-पत्रों में क्या छपता है, क्या नहीं, उसकी मैं कभी खबर ही नहीं लेता हूँ। **क्या तुम्हारे पास प्रेम है? तब तो तुम सर्वशक्तिमान हो। क्या तुम संपूर्ण निस्स्वार्थ हो? तो फिर तुम्हें कौन रोक सकता है? चरित्र ही की सर्वत्र विजय होती है। समुद्र के तल में भी भगवान् ही अपनी संतानों की रक्षा करते हैं। तुम्हारे देश के लिए वीरों की आवश्यकता है—वीर बनो!**

सब लोग मुझे भारत लौटने को कहते हैं। वे सोचते हैं कि मेरे लौटने पर अधिक काम हो सकेगा। मित्र, यह उनकी भूल है। इस समय वहाँ, जो उत्साह पैदा हुआ है, वह तनिक-सा देशप्रेम भर ही है, उसका कुछ मूल्य नहीं। यदि वह सच्चा उत्साह है, तो बहुत शीघ्र देखोगे कि सैकड़ों वीर सामने आकर उस कार्य को आगे बढ़ा रहे हैं। अतएव, जान लो कि वास्तव में तुम्हीं ने सबकुछ किया है, और आगे चलो। मेरे भरोसे मत रहो। विस्तृत कार्यक्षेत्र सामने पड़ा है। धार्मिक मत-मतांतरों से मुझे क्या काम? मैं तो ईश्वर का दास हूँ, और सब प्रकार के उच्च भावों के विस्तार के लिए इस देश से अच्छा क्षेत्र मुझे कहाँ मिलेगा? यहाँ तो यदि एक आदमी मेरे विरुद्ध रहे तो सौ आदमी मेरी सहायता करने को तैयार हैं; सबसे अच्छी जगह यही है, जहाँ मनुष्य-मनुष्य से सहानुभूति रखता है, और जहाँ नारियाँ देवियाँ हैं। प्रशंसा मिलने पर मूर्ख भी खड़ा हो सकता है और कायर भी साहसी का सा डौल दिखा सकता है, पर तभी, जबकि सब कामों का परिणाम शुभ होना निश्चित हो; परंतु **सच्चा वीर चुपचाप काम करता जाता है। एक बुद्ध के प्रकट होने के पूर्व कितने बुद्ध चुपचाप काम कर गए! वत्स, मुझे ईश्वर पर विश्वास है, साथ ही मनुष्य पर भी। दुःखी लोगों की सहायता करने में मैं विश्वास करता हूँ और दूसरों को बचाने के लिए मैं नरक तक जाने के लिए भी तैयार हूँ।** अगर पाश्चात्य देशवालों की बात कहो तो उन्होंने

मुझे भोजन और आश्रय दिया, मुझसे मित्र का-सा व्यवहार किया और मेरी रक्षा की। यहाँ तक कि अत्यंत कट्टर ईसाई लोगों ने भी। परंतु हमारी जाति उस समय क्या करती है, जब इनका कोई पादरी भारतवर्ष में जाता है? तुम उसको छूते तक नहीं, वे तो म्लेच्छ हैं! प्यारे, कोई मनुष्य, कोई जाति, दूसरों से घृणा करते हुए जी तक नहीं सकती। भारत के भाग्य का निपटारा उसी दिन हो चुका, जब उसने इस म्लेच्छ शब्द को ढूँढ़ निकाला, दूसरों से अपना नाता तोड़ दिया। खबरदार! जो तुमने इस भाव की पुष्टि की! वेदांत की बातें बघारना तो खूब सरल है, पर इसके छोटे-से-छोटे सिद्धांतों को काम में लाना कितना कठिन है!

तुम्हारा चिरकल्याणाकांक्षी,

विवेकानंद

पु. : **इन दो चीजों से बचे रहना—सत्ताप्रियता और ईर्ष्या। सदा आत्मविश्वास का अभ्यास करना।**

वि.

मुझे विश्वास है कि हमारा गौरवमय भविष्य में और भी गौरवमय होगा

राजा प्यारीमोहन मुखर्जी को लिखा गया पत्र : न्यूयार्क, 18 नवंबर, 1894

प्रिय महाशय,

कलकत्ता टाउनहाल की सभा में हाल ही में जो प्रस्ताव स्वीकृत हुए तथा मेरे अपने नगरवासियों ने जिन सुहावने शब्दों में मुझे याद किया है, उन्हें मैंने पढ़ा।

महाशय, मेरी तुच्छ-सी सेवा के लिए आपने जो आदर प्रकट किया है, उसके लिए आप मेरा हार्दिक धन्यवाद स्वीकार कीजिए।

मुझे पूर्ण विश्वास है कि कोई भी मनुष्य या राष्ट्र अपने को दूसरों से अलग रखकर जी नहीं सकता, और जब कभी गौरव, नीति

या पवित्रता की भ्रांत धारणा से ऐसा प्रयत्न किया गया, तब उसका परिणाम उस पृथक् होनेवाले पक्ष के लिए सदैव घातक सिद्ध हुआ।

मेरी समझ में भारतवर्ष के पतन और अवनति का एकमात्र मुख्य कारण जाति के चारों ओर रीति-रिवाजों की एक दीवार खड़ी कर देना ही था, जिसकी भित्ति दूसरों की घृणा पर स्थापित थी, और जिसका यथार्थ उद्देश्य प्राचीनकाल में हिंदू-जाति को आसपासवाली बौद्ध जातियों के संसर्ग से अलग रखना था।

प्राचीन या नवीन तर्कजाल इसे चाहे जिस तरह ढाँकने का प्रयत्न करे, पर इसका अनिवार्य फल, उस नैतिक साधारण नियम की सिद्धि, कि कोई भी बिना अपने को अध:पतित किए दूसरों से घृणा नहीं कर सकता, यह हुआ कि जो जाति सभी प्राचीन जातियों में सर्वश्रेष्ठ थी, उसका नाम पृथ्वी की जातियों में एक घृणा-सूचक साधारण शब्द-सा हो गया है। हम उस सार्वभौमिक नियम की अवहेलना के परिणाम के प्रत्यक्ष दृष्टांतस्वरूप ही हो गए हैं, जिसका हमारे ही पूर्वजों ने पहले-पहल आविष्कार और विवेचन किया था।

लेन-देन ही संसार का नियम है और यदि भारत फिर से उठना चाहे तो यह परमावश्यक है कि वह अपने रत्नों को बाहर लाकर पृथ्वी की जातियों में बिखेर दे, और इसके बदले में वे जो कुछ दे सकें उसे सहर्ष ग्रहण करे। **विस्तार ही जीवन है और संकोच मृत्यु; प्रेम ही जीवन है और द्वेष मृत्यु।** हमने उसी दिन से मरना शुरू किया, जब से हम अन्यान्य जातियों से घृणा करने लगे, और यह मृत्यु बिना इसके किसी दूसरे उपाय से रुक नहीं सकती कि हम फिर से विस्तार को अपनाएँ, जो कि जीवन हैं।

अतएव, हमें संसार की सभी जातियों से मिलना पड़ेगा। **और प्रत्येक हिंदू, जो विदेश भ्रमण करने जाता है, उन सैकड़ों मनुष्यों से अपने देश को अधिक लाभ पहुँचाता है, जो केवल कुसंस्कार और स्वार्थपरता की समष्टि हैं, और जिनके जीवन का एकमात्र उद्देश्य 'न खाएँ, न खाने दें' कहावत के अनुसार, न अपना हित करना है, न पराए का। पाश्चात्य जातियों ने जातीय जीवन के जो आश्चर्यजनक प्रासाद बनाए हैं, वे चरित्ररूपी सुदृढ़ स्तंभों पर खड़े हैं, और जब तक हम बहुसंख्यक वैसे**

चरित्र न गढ़ सकें, तब तक हमारे लिए किसी शक्तिविशेष के विरुद्ध अपना असंतोष प्रकट करते रहना निरर्थक है।

क्या वे लोग स्वाधीनता पाने योग्य हैं, जो दूसरों को स्वाधीनता देने के लिए प्रस्तुत नहीं? व्यर्थ का असंतोष जताते हुए शक्तिक्षय करने के बदले हम चुपचाप और वीरता के साथ काम करते चले जाएँ। मेरा तो पूर्ण विश्वास है कि संसार की कोई भी शक्ति किसी से वह वस्तु अलग नहीं रख सकती, जिसके लिए वह वास्तव में योग्य हो। अतीत तो हमारा गौरवमय था ही, पर मुझे हार्दिक विश्वास है कि भविष्य और भी गौरवमय होगा।

शंकर हमें पवित्रता, धैर्य और अध्यवसाय में अविचलित रखें।

भवदीय विश्वस्त,

विवेकानंद

वीर हृदय युवको!

भारत को उठाना होगा, गरीबों को खिलाना होगा, शिक्षा का विस्तार करना होगा

आलसिंगा पेरुमल आदि मद्रासी शिष्यों न्यूयॉर्क से 19 नवंबर, 1894 को लिखा स्वामीजी का ऐतिहासिक पत्र

वीर हृदय युवको!

तुम्हारा 11 अक्टूबर का पत्र कल पाकर बड़ा ही आनंद हुआ। यह बड़े संतोष की बात है कि अब तक हमारा कार्य बिना रोक-टोक के उन्नति ही करता चला आ रहा है। जैसे भी हो सके, हमें संघ को दृढ़प्रतिष्ठित और उन्नत बनाना होगा और इसमें हमें सफलता मिलेगी। अवश्य मिलेगी। 'नहीं' कहने से···और किसी बात की आवश्यकता नहीं, आवश्यकता है केवल प्रेम, निश्छलता और धैर्य की। जीवन का अर्थ ही वृद्धि अर्थात् विस्तार यानी प्रेम है। इसलिए प्रेम ही जीवन है, यही जीवन का एकमात्र नियम है और स्वार्थपरता ही मृत्यु है। इहलोक एवं परलोक में यही बात सत्य है। परोपकर ही जीवन है,

परोपकार न करना ही मृत्यु है। जितने नरपशु तुम देखते हो, उनमें नब्बे प्रतिशत मृत हैं, वे प्रेत हैं, क्योंकि मेरे बच्चो, जिसमें प्रेम नहीं है, वह जी भी नहीं सकता।

दरिद्रों का दुःख महसूस करें

मेरे बच्चो, सबके लिए तुम्हारे दिल में दर्द हो, गरीब, मूर्ख एवं पददलित मनुष्यों के दुःख को तुम महसूस करो, तब तक महसूस करो, जब तक तुम्हारे हृदय की धड़कन न रुक जाए, मस्तिष्क चकराने न लगे और तुम्हें ऐसा प्रतीत होने लगे कि तुम पागल हो जाओगे फिर ईश्वर के चरणों में अपना दिल खोलकर रख दो और तब तुम्हें शक्ति, सहायता और अदम्य उत्साह की प्राप्ति होगी। गत दस वर्षों से मैं अपना मूलमंत्र घोषित करता आया हूँ—संघर्ष करते रहो और अब भी मैं कहता हूँ कि अविराम संघर्ष करते चलो। जब चारों ओर अंधकार-ही-अंधकार दिखता था, तब मैं कहता था—संघर्ष करते रहो, अब जब थोड़ा-थोड़ा उजाला दिखाई दे रहा है, तब भी मैं कहता हूँ कि संघर्ष करते चलो। डरो मत मेरे बच्चो। अनंत नक्षत्रखचित आकाश की ओर भयभीत दृष्टि से ऐसे मत ताको, जैसे कि वह हमें कुचल ही डालेगा। धीरज धरो। देखोगे कि कुछ ही घंटों में वह सब-का-सब तुम्हारे पैरों तले आ गया है। धीरज धरो, न धन से काम होता है, न नाम से, न यश काम आता है, न विद्या, प्रेम ही से सबकुछ होता है। चरित्र ही कठिनाइयों की संगीन दीवारें तोड़कर अपना रास्ता बना सकता है।

उन्नति की पहली शर्त स्वाधीनता

अब हमारे सामने समस्या यह है कि स्वाधीनता के बिना किसी प्रकार की उन्नति संभव नहीं। हमारे पूर्वजों ने धार्मिक विचारों में स्वाधीनता दी थी और उसी से हमें एक आश्चर्यजनक धर्म मिला है, पर उन्होंने समाज के पैर बड़ी-बड़ी जंजीरों से जकड़ दिए और इसके फलस्वरूप हमारा समाज, एक शब्द में, भयंकर और पैशाचिक हो गया है। पाश्चात्य देशों में समाज को सदैव स्वाधीनता मिलती रही है, इसलिए उनके समाज को देखो। दूसरी तरफ उनके धर्म को भी देखो।

उन्नति की पहली शर्त है—स्वाधीनता। जैसे मनुष्य को सोचने-विचारने

और उसे व्यक्त करने की स्वाधीनता मिलनी चाहिए, वैसे ही उसे खान-पान, पोशाक-पहनावा, विवाह-शादी, हरेक बात में स्वाधीनता मिलनी चाहिए, जब तक कि वह दूसरो को हानि न पहुँचाए।

हम मूर्खों की तरह भौतिक सभ्यता की निंदा किया करते हैं। अंगूर खट्टे हैं न! उस मूर्खोचित बात को मान लेने पर भी यह कहना पड़ेगा कि सारे भारतवर्ष में लगभग एक लाख नर-नारी ही यथार्थ रूप से धार्मिक हैं। अब प्रश्न यह है कि क्या इतने लोगों की धार्मिक उन्नति के लिए भारत के तीस करोड़ अधिवासियों को बर्बरों का सा जीवन व्यतीत करना और भूखों मरना होगा? क्यों कोई भूखों मरे? मुसलमानों के लिए हिंदुओं को जीत सकना कैसे संभव हुआ? यह हिंदुओं की भौतिक सभ्यता का निरादर करने के कारण ही हुआ। सिले हुए कपड़े तक पहनना मुसलमानों ने इन्हें सिखलाया। क्या अच्छा होता, यदि हिंदू मुसलमानों के साफ ढंग से खाने की तरकीब सीख लेते, जिसमें रास्ते की गर्द भोजन के साथ न मिलने पाती। भौतिक सभ्यता, यहाँ तक कि विलासमयता की भी जरूरत होती है, क्योंकि उससे गरीबों को गम मिलता है। रोटी ! रोटी! मुझे इस बात का विश्वास नहीं है कि वह भगवान्, मुझे यहाँ पर रोटी नहीं दे सकता, वहीं स्वर्ग में मुझे अनंत सुख देगा। राम कहो, भारत को उठाना होगा, गरीबी को भोजन देना होगा, शिक्षा का विस्तार करना होगा और पुरोहित-प्रपंच की बुराइयों का निराकरण करना होगा। पुरोहित प्रपंच की बुराइयों और सामाजिक अत्याचारों का कहीं नाम-निशान न रहे। सबके लिए अधिक अन्न और सबको अधिकाधिक सुविधाएँ मिलती रहें। हमारे मूर्ख नौजवान अंग्रेजों से अधिक राजनीतिक अधिकार पाने के लिए सभाएँ आयोजित करते हैं। इस पर अंग्रेज केवल हँसते हैं। स्वाधीनता पाने का अधिकार उसे नहीं, जो औरों को स्वाधीनता देने को तैयार न हो। मान लो कि अंग्रेजों ने तुम्हें सब अधिकार दे दिए, पर उससे क्या फल होगा? कोई-न-कोई अति प्रबल होकर सब लोगों से सारे अधिकार छीन लेगा और उन लोगों को दबाने की कोशिश करेगा, और गुलाम तो शक्ति चाहता है, दूसरों को गुलाम बनाने के लिए।

धर्म पर बलः स्वाधीन समाज

इसलिए हमें वह अवस्था धीरे-धीरे लानी पड़ेगी, अपने धर्म पर अधिक बल देते हुए और समाज को स्वाधीनता देते हुए। प्राचीन धर्म से पुरोहित-प्रपंच की बुराइयों को एक बार उखाड़ दो तो तुम्हें संसार का सबसे अच्छा धर्म उपलब्ध हो जाएगा। मेरी बात समझते हो ना! भारत का धर्म लेकर एक यूरोपीय समाज का निर्माण कर सकते हो? मुझे विश्वास है कि यह संभव है और एक दिन ऐसा अवश्य होगा।

सबको समान समझें

इसके लिए सबसे अच्छा उपाय मध्य भारत में एक उपनिवेश की स्थापना करना है, जहाँ तुम अपने विचारों का स्वतंत्रतापूर्वक अनुसरण कर सको। फिर ये ही मुट्ठी भर लोग सारे संसार में अपने विचार फैला देंगे। इस बीच एक मुख्य केंद्र बनाओ और भारत भर में उसकी शाखाएँ खोलते जाओ। अभी केवल धर्मभित्ति पर ही इसकी स्थापना करो और अभी किसी उथल-पुथल मचानेवाले समाजिक सुधार का प्रचार मत करो। साथ ही इतना ध्यान रहे कि किन्हीं मूर्खताप्रस्त कुसंस्कार को सहारा न देना। जैसे—पूर्वकाल में शंकराचार्य, रामानुज तथा चैतन्य आदि आचार्यों ने सबको समान समझकर मुक्ति में सबका समान अधिकार घोषित किया था, वैसे ही समाज को पुनः गठित करने की कोशिश करो।

उत्साह से हृदय भर लो और सब जगह फैल जाओ। काम करो, काम करो! नेतृत्व करते समय सबके दास हो जाओ, निस्स्वार्थी हो और कभी एक मित्र को पीठ पीछे दूसरे को निंदा करते मत सुनो। अनंत धैर्य रखो, तभी सफलता तुम्हारे हाथ आएगी। भारत का कोई अखबार या किसी के पते अब मुझे भेजने की आवश्यकता नहीं। मेरे पास उनके ढेर जमा हो गए, अब बस करो। अब इतना ही समझो कि जहाँ-जहाँ तुम कोई सार्वजनिक सभा बुला सके, वहीं काम करने का तुम्हें थोड़ा मौका मिल गया। उसी के सहारे काम करो। काम करो, काम करो, औरों के हित के लिए काम करना जीवन का

लक्ष्य है। मैंने श्री अय्यर को अलग पत्र में लिखा, पर अभिनंदन पत्र का जो उत्तर मैंने दिया, शायद वही पर्याप्त हो। उनसे मेरा और कृतज्ञता ज्ञापन करना। वे सभी महानुभाव हैं। हाँ, एक बात के लिए सतर्क रहना, दूसरों पर अपना रोब जमाने की कोशिश मत करना। मैं सदा तुम्हीं को पत्र भेजता हूँ, इसलिए तुम मेरे अन्य मित्रों से अपना महत्त्व प्रकट करने की फिक्र में न रहना। मैं जानता हूँ कि तुम इतने निर्बोध न होगे, पर तो भी मैं तुम्हें सतर्क कर देना, अपना कर्तव्य समझता हूँ। सभी संगठनों का सत्यानाश इसी से होता है। काम करो, काम करो, दूसरो की भलाई के लिए काम करना ही जीवन है।

कुछ पाने के लिए नहीं, सबकी समान समझो

मैं चाहता हूँ कि हममें किसी प्रकार की कपटता, कोई मक्कारी, कोई दुष्टता न रहे। मैं सदैव प्रभु पर निर्भर रहा हूँ, सत्य पर निर्भर रहा हूँ, जो कि दिन के प्रकाश की भाँति उज्ज्वल हैं। मरते समय मेरी विवेक–बुद्धि पर यह धब्बा न रहे कि मैंने नाम या यश पाने के लिए, वहाँ तक कि परोपकार करने के लिए दुग्गी चालों से काम लिया था। दुराचार की गंध या बदनीयती का काम तक न रहने पाए।

किसी प्रकार टाल–मटोल या छिपे तौर से बदमाशी या गुप्त शठता हममें न रहे–परदे की आड़ में कुछ न किया जाए। गुरु का विशेष कृपापात्र होने का कोई भी दावा न करे, यहाँ तक कि हममें कोई गुरु भी न रहे। मेरे साहसी बच्चो, आगे बढ़ो, चाहे धन आए या न आए, आदमी मिले या न मिले। क्या तुम्हारे पास प्रेम है ? क्या तुम्हें ईश्वर पर भरोसा है। बस, आगे बढ़ो, तुम्हें कोई न रोक सकेगा।

भारत से प्रकाशित थियोसॉफिस्टों की पत्रिका में लिखा है कि थियोसॉफिस्टो ने ही मेरी सफलता की यह राह साफ कर दी थी। ऐसी! क्या बकवास है।··· थियोसॉफिस्टों ने मेरी राह साफ की ?

सतर्क रहो। जो कुछ असत्य है, उसे पास न फटकने दो। सत्य पर डटे रहो, बस तभी हम सफल होंगे···शायद थोड़ा अधिक समय लगे, पर सफल हम अवश्य होंगे। इस तरह काम करते जाओ कि मानो मैं कभी था ही नहीं! इस तरह

काम करो कि मानो तुममें से हर एक के ऊपर सारा काम आ पड़ा है। भविष्य की पचास सदियाँ तुम्हारी ओर ताक रहीं हैं, भारत का भविष्य तुम पर ही निर्भर है। काम करते जाओ! पता नहीं कब मैं स्वदेश लौटूँगा! यहाँ काम करने का बड़ा अच्छा क्षेत्र है। भारत में लोग अधिक-से-अधिक मेरी प्रशंसा भर कर सकते हैं, पर वे किसी काम के लिए एक पैसा भी न देंगे, और दें भी तो कहाँ से? वे स्वयं भिखारी हैं न? फिर गत दो हजार या इससे भी अधिक वर्षों से वे परोपकार करने की प्रवृत्ति ही खो बैठे हैं, राष्ट्र, जनसाधारण आदि के विचारों को वे अभी-अभी सीख रहे हैं। इसलिए मुझे उनकी कोई शिकायत नहीं करनी है। आगे और भी विस्तार से लिखूँगा। तुम लोगों को सदैव मेरा आशीर्वाद।

तुम्हारा

विवेकानंद

भारत का उत्थान होगा

डॉ. नांजुंदाराव को लिखा गया पत्र : संयुक्त राज्य अमेरिका, 30 नवंबर, 1894

प्रिय,

तुम्हारा सुंदर पत्र मुझे अभी-अभी मिला। तुम श्रीरामकृष्ण को समझ सके, यह जानकर मुझे बड़ा हर्ष है। तुम्हारे तीव्र वैराग्य से मुझे और भी आनंद मिला। ईश्वरप्राप्ति का यही एक आवश्यक अंग है। पहले ही से मुझे मद्रास से बड़ी आशा थी, और अभी भी विश्वास है कि मद्रास से वह आध्यात्मिक तरंग उठेगी, जो सारे भारत को प्लावित कर देगी। मैं तो इतना ही कह सकता हूँ कि ईश्वर तुम्हारे शुभ संकल्पों का वेग उत्साह के साथ बढ़ाते रहें; परंतु वत्स यहाँ कठिनाइयाँ भी हैं। पहले तो किसी मनुष्य को शीघ्रता नहीं करनी चाहिए; दूसरे, तुम्हें अपनी माता और स्त्री के संबंध में सहृदयतापूर्वक विचारों से काम लेना उचित हैं। सच है, तुम कह सकते हो कि आप श्रीरामकृष्ण के शिष्यों ने संसार-त्याग करते समय अपने माता-पिता की सम्मति की अपेक्षा नहीं की। मैं जानता हूँ और ठीक जानता हूँ, बड़े-बड़े काम बिना बड़े स्वार्थ-त्याग के

नहीं हो सकते। मैं अच्छी तरह जानता हूँ, भारतमाता अपनी उन्नति के लिए अपनी श्रेष्ठ संतानों की बलि चाहती हैं, और यह मेरी आंतरिक अभिलाषा है कि तुम उन्हीं में से एक सौभाग्यशाली होगे।

जगत् के इतिहास से तुम जानते हो कि महापुरुषों ने बड़े-बड़े स्वार्थत्याग किए और उनके शुभ फल का भोग जनता ने ही किया। अगर तुम अपनी ही मुक्ति के लिए सबकुछ त्यागना चाहते हो, तो फिर वह त्याग कैसा? क्या तुम संसार के कल्याण के लिए अपनी मुक्तिकामना तक छोड़ने को तैयार हो? तुम स्वयं ब्रह्मस्वरूप हो, इस पर विचार करो। मेरी सम्मति में तुम्हें कुछ दिनों के लिए ब्रह्मचारी बनकर रहना चाहिए। अर्थात् कुछ काल के लिए स्त्री संगवर्जन करके अपने पिता के घर में ही रहो; यही 'कुटीचक' अवस्था है। संसार की हितकामना पर अपने महान् स्वार्थत्याग के संबंध में अपनी पत्नी को सहमत करने की चेष्टा करो। **अगर तुममें ज्वलंत विश्वास, सर्वविजयिनी प्रीति और सर्वशक्तिमयी शुद्धि है, तो तुम्हारे शीघ्र सफल होने में मुझे कुछ भी संदेह नहीं। शरीर, मन और अपने प्राणों का उत्सर्ग करके श्रीरामकृष्ण की शिक्षाओं का विस्तार करते जाओ, क्योंकि कर्म पहला सोपान है।** खूब मन लगाकर संस्कृत का अध्ययन करो और साधना का भी अभ्यास करते रहो। कारण, तुम्हें मनुष्यजाति का श्रेष्ठ शिक्षक होना है। हमारे गुरूदेव कहते थे, कोई आत्महत्या करना चाहे तो वह नहरनी ही से काम चला सकता है, परंतु दूसरों को मारना हो तो तोप-तलवार की आवश्यकता होती है। समय आने पर तुम्हें वह अधिकार प्राप्त हो जाएगा, जब तुम संसार में चारों ओर उनके पवित्र नाम का प्रचार करोगे। तुम्हारा संकल्प शुभ और पवित्र है। ईश्वर तुम्हें उन्नत करें, परंतु जल्दी में कुछ कर न बैठना। पहले कर्म और साधना द्वारा अपने को पवित्र करो।

भारत चिरकाल से दुःख सह रहा है; सनातन धर्म दीर्घकाल से अत्याचार पीड़ित है। परंतु ईश्वर दयामय हैं, वे फिर अपनी संतानों के परित्राण के लिए आए हैं, पुनः पतित भारत को उठने का सुयोग मिला है। श्रीरामकृष्ण के पदप्रांत में बैठने पर ही भारत का उत्थान हो सकता है। उनकी जीवनी एवं उनकी शिक्षाओं को चारों ओर फैलाना होगा,

हिंदू समाज के अंग में, रोम-रोम में उन्हें भरना होगा। यह कौन करेगा? श्रीरामकृष्ण की पताका हाथ में लेकर संसार की मुक्ति के लिए विचरण करनेवाला है कोई? नाम और यश, ऐश्वर्य और भोग का, यहाँ तक कि इहलोक और परलोक की सारी आशाओं का बलिदान करके अवनति का प्रवाह रोकनेवाला है कोई? कुछ इने गिने युवक इस पुराने किले के जीर्ण खंड में कूद पड़े हैं, उन्होंने अपने प्राणों का उत्सर्ग कर दिया है, परंतु इनकी संख्या थोड़ी है। हम चाहते हैं कि ऐसे ही मनुष्य कई हजार हो जाएँ। वे आएँ, उनका स्वागत है। मुझे हर्ष है कि हमारे प्रभु ने तुम्हारे मन में उन्हीं में से एक होने के भाव भरे। वह धन्य है, जिसे प्रभु ने चुन लिया। तुम्हारा संकल्प शुभ है, तुम्हारी आशाएँ उच्च हैं, घोर अंधकार में डूबे हुए हजारों मनुष्यों को प्रभु के ज्ञानालोक के सम्मुख करनेवाला तुम्हारा लक्ष्य संसार के सब लक्ष्यों से महान् है।

परंतु वत्स, इस मार्ग में बाधाएँ भी हैं। जल्दबाजी से कोई काम नहीं होता। पवित्रता, धैर्य और अध्यवसाय, इन्हीं तीनों गुणों से सफलता मिलती है, और सर्वोपरि है प्रेम। तुम्हारे सामने अनंत समय हैं, अतएव, अनुचित शीघ्रता आवश्यक नहीं। यदि तुम पवित्र और निष्कपट हो तो सब काम ठीक हो जाएँगे। हमें तुम्हारे जैसे हजारों की आवश्यकता है, जो समाज पर टूट पड़ें और जहाँ कहीं वे जाएँ, वहीं नए जीवन और नई शक्ति का संचार कर दें। ईश्वर तुम्हारी मनोकामना पूर्ण करें।

आशीर्वादक,

विवेकानंद

साहसी व्यक्ति ही महान् कार्य कर सकते है

आलासिंगा पेरुमल को लिखा गया पत्र : अमेरिका, 1 जुलाई, 1895

प्रिय आलासिंगा,

तुम्हारी भेजी हुई मिशनरियों की पुस्तक के साथ रामनद के राजासाहब का फोटो मुझे मिला। राजासाहब तथा मैसूर के दीवान साहब इन दोनों को ही मैंने पत्र लिखा है। रमाबाई के दल के लोगों के साथ डा. जेंस के वाद-विवाद से

यह स्पष्ट है कि मिशनरियों की उक्त पुस्तक बहुत दिन पहले ही यहाँ आ पहुँची है। उस पुस्तक में एक बात असत्य है। मैंने इस देश में किसी बड़े होटल में कभी भोजन नहीं किया है, साथ ही मैं होटल में रहा भी बहुत ही कम हूँ। चूँकि 'बाल्टिमोर' के छोटे होटलवाले अज्ञ हैं, निग्रो समझकर किसी काले आदमी को वे स्थान नहीं देते, इसलिए डॉ. व्ह्रूमैन को, जिनका कि मैं अतिथि था, मुझे वहाँ के एक बड़े होटल में ले जाने को बाध्य होना पड़ा था; क्योंकि उन लोगों को नीग्रो तथा विदेशियों का भेद मालूम है। आलासिंगा, मैं तुमसे यह कहना चाहता हूँ कि तुम लोगों को स्वयं अपनी रक्षा करनी होगी। दूधमुँहे बच्चों की तरह तुम क्यों आचरण कर रहे हो? यदि कोई तुम्हारे धर्म पर आक्रमण करता है तो क्यों नहीं तुम अपना समर्थन करते तथा उसके मुँह पर जवाब देते? मेरे लिए तुम्हें डरने की कोई आवश्यकता नहीं है; यहाँ पर शत्रुओं की अपेक्षा मेरे मित्रों की संख्या कहीं अधिक है। यहाँ के निवासियों में ईसाइयों की संख्या एक-तिहाई मात्र है और पढ़े-लिखे व्यक्तियों में से बहुत ही कम लोग मिशनरियों की परवाह करते हैं। साथ ही एक बात और है कि मिशनरी लोग, जिस विषय का विरोध करते हैं, शिक्षित व्यक्ति उस विषय को इसीलिए पसंद करते हैं कि मिशनरी लोग उसके विपक्ष में हैं। मिशनरियों का प्रभाव अब यहाँ काफी घट चुका है तथा दिनोदिन और भी घटता जा रहा है। हिंदूधर्म पर उनके आक्रमण करने से यदि तुम्हें चोट पहुँचती है तो झुँझलाएँ हुए बच्चों की तरह क्यों तुम मेरे पास अपना रोना रोते हो? क्या तुम उसका जवाब नहीं दे सकते तथा धर्म के दोषों को नहीं दिखला सकते? कायरता तो कोई धर्म नहीं है!

इस अल्पकाल में ही यहाँ के भद्र समाज के कुछ व्यक्तियों ने मेरी भावनाओं को अपनाया है। आगामी वर्ष मैं उनका संगठन इस प्रकार से करूँगा, जिससे वे लोग कार्यक्षम हो सकें। तब कार्य अच्छी तरह से चलता रहेगा। तदनंतर मेरे भारत चले जाने पर भी यहाँ मेरे ऐसे अनेक मित्र रहेंगे, जो कि यहाँ पर मेरे सहायक होंगे तथा भारत में भी मेरी सहायता करते रहेंगे; अतः तुम्हारे लिए डरने की कोई बात नहीं है। किंतु जब तक तुम लोग मिशनरियों द्वारा किए गए आक्रमण का कोई प्रतिकार न कर केवलमात्र चिल्लाते तथा कूदते रहोगे,

तब तक मैं तुम्हारे कृत्यों को देखकर हँसता रहूँगा। ऐसा प्रतीत होता है कि तुम लोग तो मानो बच्चों के हाथ के खिलौने हो, नहीं तो और क्या हो? "स्वामीजी, मिशनरी लोग हमें काट रहे हैं, उफ! बड़ी जलन है, क्या करना चाहिए?" स्वामीजी आखिर बूढ़े बालकों के लिए कर ही क्या सकते हैं?

वत्स, मैं तो यह समझता हूँ कि वहाँ जाकर मुझे तुम लोगों को मनुष्य बनाना होगा। मैं यह जानता हूँ कि भारत में केवलमात्र नपुंसक तथा नारियों का निवास है। इसमें नाराज तथा परेशान होने की कोई बात नहीं है। भारत में कार्य करने के लिए मुझे धन की भी व्यवस्था करनी होगी। दुर्बल-मस्तिष्क तथा अयोग्य व्यक्तियों के हाथों में मैं नहीं पड़ना चाहता हूँ।

तुम लोगों को घबराना नहीं चाहिए; जितना संभव हो, कार्य करते रहो, चाहे वह कितना भी कम क्यों न हो। मुझे अकेला ही आद्योपांत सबकुछ करना है। कलकत्ते के लोग इतने संकुचित मनोवृत्ति के हैं! और तुम मद्रासी लोग इतने डरपोक हो कि कुत्ते की आवाज से भी चौंक उठते हो! 'नायमात्मा बलहीनेन लभ्यः।' 'कायर लोग इस आत्मतत्त्व को प्राप्त नहीं कर सकते।' मेरे लिए तुम्हें डरना नहीं चाहिए, प्रभु मेरे साथ है। तुम लोग केवलमात्र अपनी ही रक्षा करते रहो और मुझे यह दिखलाओ कि तुम इस कार्य को कर सकते हो, तभी मुझे संतोष होगा। कौन मेरे बारे में क्या कह रहा है, इस विषय को लेकर मुझे तंग न करो। किसी मूर्ख की समालोचना सुनने के लिए मेरे पास समय नहीं है। तुम बच्चे हो, तुम्हें क्या पता है कि **असीम धैर्य, महान् साहस तथा कठोर प्रयत्न से ही उत्कृष्ट फल की प्राप्ति हुआ करती है।** किडी की अंतरात्मा जिस प्रकार रह-रहकर चक्कर लगाने में अभ्यस्त है, मुझे शंका है कि उसके फलस्वरूप उसके भावों का भी परिवर्तन हो रहा है। जरा बाहर निकलकर वह कलम क्यों नहीं पकड़ता? 'स्वामीजी, स्वामीजी' की रट न लगाकर क्या मद्रासी लोग उन दुष्टों के विरुद्ध संग्राम की घोषणा नहीं कर सकते, जिससे कि उन्हें दयाप्रार्थी बनकर 'त्राहि-त्राहि' की आवाज लगानी पड़े? तुम्हें डर किस बात का है? **केवल साहसी व्यक्ति ही महान् कार्यों को कर सकते हैं, कायर व्यक्ति नहीं। अविश्वासियो, सदा के लिए यह जान रखना**

कि प्रभु मेरे हाथ पकड़े हुए हैं। जब तक मैं पवित्र तथा उनका दास बना रहूँगा, तब तक कोई भी मेरा बाल बाँका न कर सकेगा।

तुम लोग जल्दी ही पत्रिका प्रकाशित कर डालो। जैसे भी हो, मैं बहुत शीघ्र ही तुम लोगों को और रुपए भेज रहा हूँ तथा बीच-बीच में भेजता रहूँगा। कार्य करते चलो! अपनी जाति के लिए कुछ करो। इससे वे लोग तुम्हारी सहायता करेंगे। पहले मिशनरियों के विरुद्ध चाबुक लेकर उनकी खबर लो। तब समग्र जाति तुम्हारे साथ होगी। साहसी बनो, साहसी बनो।

मनुष्य सिर्फ एक बार ही मरा करता है। मेरे शिष्य कभी भी किसी भी प्रकार से कायर न बनें।

सदा प्रतिबद्ध
विवेकानंद

डरो मत…तुम वीरो हो! (स्वामी अखंडानंद को लिखित)

कैलीफोर्निआ,
21 फरवरी, 1900

कल्याणवरेषु,

तुम्हारा पत्र पाकर और विस्तारपूर्वक सब समाचार पढ़कर मुझे अति हर्ष हुआ। विद्या और पांडित्य बाह्य आडंबर है और बाह्य भाग में केवल चमक है, परंतु सब शक्तियों का सिंहासन हृदय होता है। ज्ञानमय, शक्तिमय तथा कर्ममय आत्मा का निवासस्थान मस्तिष्क में नहीं, वरन् हृदय में है। 'शतं चैका च हृदयस्य नाड्य' (श्रीमद्भगवद्गीता॥ ६.५॥)—हृदय की नाड़ियाँ एक सौ एक हैं, इत्यादि। मुख्य नाड़ी का केंद्र, जिसे Sympathetic Ganglia कहते हैं, हृदय के निकट होता है; और यही आत्मा का निवास दुर्ग है। जितना अधिक तुम हृदय का विकास कर सकोगे, उतनी अधिक तुम्हारी विजय होगी। बुद्धि की भाषा तो कोई-कोई समझ सकता है, परंतु वह भाषा, जो हृदय से निकलती है, उसे ब्रह्मा से लेकर घास के तिनके तक सभी समझ सकते हैं, परंतु हमें अपने देश में तो ऐसे लोगों को जाग्रत् करना है, जो मृतप्राय है। इसमें समय

लगेगा, परंतु यदि तुममें असीम धीरज और उद्योगशक्ति है तो सफलता तुम्हें निश्चित रूप से ही प्राप्त होगी। इसमें तनिक भी त्रुटि नहीं हो सकती।

अंग्रेज कर्मचारियों का क्या दोष है? क्या वे परिवार, जिनकी अस्वाभाविक निर्दयता के बारे में तुमने लिखा है, भारत में अनोखे हैं? या ऐसों का बाहुल्य है? पूरे देश में यह एक ही कथा है, परंतु यह स्वार्थपरता जो हमारे देश में साधारणतः पाई जाती है, निरी दुष्टता का ही परिणाम नहीं है। यह पाशविक स्वार्थपरता शताब्दियों की निष्फलता और अत्याचार का फल है। यह वास्तविक स्वार्थपरता नहीं है, परंतु अगाध नैराश्य है। सफलता के पहले झोंके में यह शांत हो जाएगा। अंग्रेज कर्मचारी चारों ओर इसी को देखते हैं, इसीलिए उन्हें आरंभ से ही विश्वास कैसे हो सकता है? परंतु मुझे यह बताओ कि जब सच्चा कार्य वे प्रत्यक्ष देखते हैं तो वे क्या सहानुभूति नहीं प्रकट करते?

इन उग्र दुर्भिक्ष, जल-प्रलय, रोग और महामारी के दिनों में कहो, तुम्हारे कांग्रेसवाले कहाँ हैं? क्या यह कहना पर्याप्त होगा कि "राजशासन हमारे हाथ में दे दो?" और उनकी सुनेगा भी कौन? यदि मनुष्य काम करता है तो क्या उसे अपना मुख खोलकर कुछ माँगना पड़ता है? यदि तुम्हारे जैसे दो हजार लोग कई जिलों में काम करते हों तो क्या राजनीतिक आंदोलन के विषय में अंग्रेज स्वयं अपनी बारे में तुमसे सम्मति नहीं लेंगे? स्वकार्यमुद्धरेत्प्राज्ञः— "बुद्धिमान मनुष्य को अपना कार्य स्वयं पूर्ण करना चाहिए"।...अ—को केंद्र खोलने की आज्ञा नहीं मिली, परंतु इससे क्या? क्या किशनगढ़ ने नहीं मान लिया? उसे चुपचाप काम करने दो, किसी से कुछ कहने की या विवाद करने की आवश्यकता नहीं है। जो जगज्जननी के इस कार्य में सहायता करेगा, उस पर उनकी कृपा होगी और जो उसका विरोध करेगा, वह केवल— अकारणाविष्कृतबैर-दारुणः—अकारण ही दारुण वैर का आविष्कार ही न करेगा, वरन् अपने भाग्य पर भी कुठाराघात करेगा। शनैः पन्थाः इत्यादि सब अपने समय पर होगा। बूँद-बूँद से घड़ा भरता है, जब कोई बड़ा काम होता है, जब नींव पड़ती है या मार्ग बनता है, जब दैवी शक्ति की आवश्यकता होती है, तब एक या दो असाधारण मनुष्य विघ्न और कठिनाइयों के पहाड़ को

पार करते हुए चुपचाप और शांति से काम करते हैं। जब सहस्रों मनुष्यों का लाभ होता है, तब बड़ा कोलाहल मचता है और पूरा देश प्रशंसा से गूँज उठता है, परंतु तब तक वह यंत्र तीव्रता से चल चुका होता है और कोई बालक भी उसे चलाने की सामर्थ्य रखता है या कोई भी मूर्ख उसकी गति में वृद्धि कर सकता है, किंतु यह अच्छी तरह समझ लो कि एक या दो गाँवों का ही, जो उपकार हुआ है, वह अनाथालय, जिसमें बीस-पच्चीस अनाथ ही हैं तथा वे ही दस-बीस कार्यकर्ता नितांत पर्याप्त हैं। यही एक केंद्र है, जो कभी नष्ट होने का नहीं। यहाँ से लाखों मनुष्यों को समय पाकर लाभ पहुँचेगा। अभी हमको आधे दर्जन सिंह चाहिए, उसके बाद सैकड़ों गीदड़ भी उत्तम काम कर सकेंगे।

यदि अनाथ बालिकाएँ तुम्हारे आश्रय में किसी प्रकार आ जाएँ तो तुम उन्हें सबसे पहले ले लेना। नहीं तो ईसाई मिशनरी उन बेचारियों को ले जाएँगे। यदि तुम्हारे पास उनके लिए विशेष प्रबंध नहीं है तो इसकी क्या चिंता? जगज्जननी की इच्छा से उनका प्रबंध हो जाएगा, जब तुम्हें घोड़ा मिले तो चाबुक की चिंता न करो।''' अभी तुम्हें जो मिले, उसे ले लो, अभी चुनाव-छँटाव न करना, अपने समय पर सब चीजें ठीक हो जाएँगी। प्रत्येक उद्योग में विघ्नों का सामना करना करना पड़ता है, परंतु धीरे-धीरे मार्ग सुगम हो जाता है।

अंग्रेज कर्मचारी को मेरी ओर से बहुत-बहुत धन्यवाद का संदेशा देना। निर्भय होकर काम करो—कैसे वीर हो। शाबाश! खूब अच्छा कार्य किया! भागलपुर में केंद्र खोलने का जो तुमने लिखा है, वह विचार विद्यार्थियों को शिक्षा देना इत्यादि। निस्संदेह बहुत अच्छा है, परंतु हमारा संघ दीन-हीन, दरिद्र, निरक्षर, किसान तथा श्रमिक समाज के लिए है और उनके लिए सबकुछ करने के बाद समय बचेगा, केवल तब कुलीनों की बारी आएगी। प्रेम द्वारा तुम उन किसान और श्रमिक लोगों को जीत सकोगे। इसके पश्चात् वे स्वयं थोड़ा सा धन संग्रह कर अपने गाँव में ऐसे ही संघ बनाएँगे और धीरे-धीरे उन्हीं लोगों में शिक्षक पैदा हो जाएँगे।

कुछ ग्रामीण लड़के और लड़कियों को विद्या के आरंभिक सिद्धांत सिखा दो और अनेक विचार उनकी बुद्धि में बिठा दो। इसके बाद प्रत्येक ग्राम के

किसान रुपया जमा करके अपने-अपने ग्रामों में एक-एक संघ स्थापित करेंगे। उद्धरेदात्मनात्मानम्—"अपनी आत्मा का अपने उद्योग से उद्धार करो"। यह सब परिस्थितियों में लागू होता है। हम उनकी सहायता इसीलिए करते हैं, जिससे वे स्वयं अपनी सहायता कर सकें। वे तुम्हें प्रतिदिन का भोजन प्राप्त करा देते हैं, यही इस बात का द्योतक है कि कुछ यथार्थ कार्य हुआ है। जिस क्षण उन्हें अपनी अवस्था का ज्ञान हो जाएगा और वे सहायता और उन्नति की आवश्यकता को समझेंगे, तब जानना कि तुम्हारा प्रभाव पड़ रहा है और तुम ठीक रास्ते पर हो। धनवान श्रेणी के लोग दया से गरीबों के लिए, जो थोड़ी-सी भलाई करते हैं, वह स्थायी नहीं होती और अंत मैं दोनों पक्षों को हानि पहुँचाती है। किसान और श्रमिक-समाज मरणासन्न अवस्था में है, इसलिए जिस चीज की आवश्यकता है, वह यह है कि धनवान उन्हें अपनी शक्ति पुनः प्राप्त करने में सहायता दें और कुछ नहीं, फिर किसानों व मजदूरों को अपनी समस्याओं का सामना और समाधान स्वयं करने दो, परंतु तुम्हें सावधान रहना चाहिए कि गरीब किसान-मजदूर और धनवानों में परस्पर कहीं जाति-विरोध का बीज न पड़ जाए। यह ध्यान रखो कि धनिकों के प्रति दुर्वचन न कहो—स्वकार्यमुद्धरेत्प्राज्ञः—"ज्ञानी मनुष्य को अपना कार्य अपने उद्योग से करना चाहिए।"

गुरु की जय हो! जगज्जननी की जय हो! भय क्या है! अवसर, औषधि तथा इसका उपयोग स्वयं ही आ उपस्थित होंगे। मैं परिणाम की चिंता नहीं करता, चाहे अच्छा हो या बुरा। इतना काम यदि तुम करोगे तो मुझे हर्ष होगा। वाद-प्रतिवाद, मूल-वाक्य, शास्त्र, सांप्रदायिक मत-मतांतर—इनसे मैं अपनी इस बढ़ती हुई उम्र में विष की तरह द्वेष करता हूँ। यह निश्चित रूप से जानो कि जो काम करेगा, वह मेरे सिर का मुकुट होगा। व्यर्थ शब्दों का विवाद और शोर मचाने में हमारा समय नष्ट हो रहा है और हमारी जीवन-शक्ति क्षीण हो रही है और मनुष्य-जाति के कल्याण के लिए एक पग भी हम आगे नहीं बढ़ पा रहे हैं।—'माभैः', 'डरो मत', शाबाश! निश्चय ही तुम वीर हो। श्रीगुरु तुम्हारे हृदय-सिंहासन पर स्थित रहें और जगज्जननी तुम्हें मार्गप्रदर्शन करें! इति।

—विवेकानंद

□□□